W0313814

THOMAS RING

ASTROLOGISCHE MENSCHENKUNDE II

THOMAS RING

ASTROLOGISCHE MENSCHENKUNDE II

AUSDRUCK UND RICHTUNG DER KRÄFTE

VERLAG HERMANN BAUER
FREIBURG IM BREISGAU

Die Deutsche Bibliothek – CIP-Einheitsaufnahme

Ring, Thomas:
Astrologische Menschenkunde / Thomas Ring. –
Freiburg im Breisgau : Bauer

2. Ausdruck und Richtung der Kräfte. –
6. Aufl. – 1994
ISBN 3-7626-0422-3

Mit 15 Zeichnungen,
zahlreichen Tabellen und Überschriften

6. Auflage 1994
ISBN 3-7626-0422-3

Druck und Bindung: Ebner Ulm
Printed in Germany

INHALT

DIE INTERESSENSPHÄRE
(Die Häuser)

Allgemeindarstellung

Einzeldarstellungen

VORWORT

Wer kennt heute nicht sein Tierkreiszeichen? Im Auftrag des «Instituts für Grenzgebiete der Psychologie und Psychohygiene», Freiburg i. Br., wurde 1952 vom «Institut für Demoskopie», Allensbach/Bodensee, eine Repräsentativbefragung durchgeführt. Sie stellte fest, daß in der Westdeutschen Bundesrepublik, einschließlich Westberlins, von 100 Befragten 69 in der Lage sind, ihr Zeichen – das heißt den Abschnitt der Jahresbahn, in dem die Sonne bei der Geburt stand – anzugeben. Auf die Frage «Glauben Sie an einen Zusammenhang zwischen dem menschlichen Schicksal und den Sternen?« antwortete rund die Hälfte mit »nein«, weit über ein Viertel mit »ja«, der Rest gab unentschiedene Antworten. Ähnlich liegen die Verhältnisse in anderen Ländern, nur ergab z. B. eine Befragung in England den Unterschied, daß dort der Anteil der Astrologiegläubigen mit höherem Bildungsstande zunimmt – bei uns liegt das Schwergewicht bei mittlerer Reife – und auch die regelmäßigen Kirchenbesucher eher zur Bejahung geneigt sind, als in Westdeutschland. Die detaillierte Umfrage, worauf sich Glaube oder Ablehnung stütze und was unter Astrologie überhaupt verstanden werde, enthüllt allerdings eine erschreckende Vorherrschaft ihrer vulgärsten Entartung, der Zeitungsastrologie. Von den 56 Prozent, die vorgeben, sich mit Astrologie zu beschäftigen, haben nur 7 Prozent ihr individuelles Horoskop stellen lassen, und auch dabei dürfen wir vielfach fragwürdige Erzeugnisse annehmen.

Vom Blickpunkt der geistigen Volksgesundheit aus bildet es jedenfalls ein Gegenwartsproblem, mit dem kommerzialisierten Aberglauben, der darin steckt, fertig zu werden. Es ist der Untersuchung wert, wieweit der Erfolg der Zeitungsastrologie erklärt werden kann durch unbewußte, aus der Neurosenlehre bekannte Mechanismen, wie weit ein unausrottbarer Rest magischen Denkens mitspielt, oder wie tief das Bewußtsein von der ältesten Typologie, der zwölf Zeichen sowie der in ihnen mitgedachten vier Temperamente usw., verankert ist. In Druckwerken, als Schmuck an öffentlichen Gebäuden und anderswo tauchen die einprägsamen Tierkreisbilder auf – wenn auch mehr als Verlegenheitslösungen in einer an überdauernden Symbolen armen Zeit –, die meisten Zeitgenossen haben wenigstens dunkle Vorstellungen von der kulturgeschichtlichen Rolle der Astrologie.

Man kann die Ansicht vertreten, die Astrologie sollte von der zuständigen Wissenschaft geprüft, und es sollte danach entschieden werden, was in der Öffentlichkeit zugelassen und was als schädlicher Aberglaube unterdrückt werden soll. Hierfür stimmten 21 Prozent in der genannten Umfrage, während 47 Prozent der Meinung waren, die Astrologie sei für die Öffentlichkeit gleichgültig; wer sich dafür interessiere, solle tun und lassen können, was er wolle. Nur 8 Prozent stimmten für striktes Verbot, 4 Prozent für öffentliche Anerkennung. Doch das Problem beginnt bereits mit der «zuständigen Wissenschaft», da es sich um ein universalistisches Gedankengebäude handelt, dessen Tatsachennachweis an die Kenntnis seiner Grundgedanken und Regeln geknüpft ist. Unsere fachlich erzogenen Akademiker huldigen in der Mehrzahl dem Bildungsvorurteil, schon die Möglichkeit der Astrologie dürfe ohne nähere Einsicht in den Gegenstand – auch der neueren Literatur darüber – bestritten werden. Ein kleiner Prozentsatz akademischer Außenseiter hat dagegen das Beste für eine Revision des astrologischen Gedankens geleistet. Umso beachtlicher, als dies heißt, sich zu exponieren; Astrologie stellt ja bei uns ein geradezu affektbesetztes Gebiet dar. Anders ist das Klima der meist kühleren Urteilshaltung englischer Kollegen in solchen Grenzfragen; sie meinen etwa: «ich teile diese Auffassung nicht, und das Problem ist mir gleichgültig, doch wer dafür ist, wird seine Gründe haben, dies respektiere ich».

Wie man sich auch dazu stellen mag, zu gefestigtem Urteil gelangt man weder durch Vorurteile noch durch nachlässig tolerierende Einstellung. Auch können diese Dinge nicht im Unterhaltungston vorgetragen werden, sie verlangen eingehende Analyse und Definition, eigene Erfahrung. Mißverständnisse erzeugt andererseits der von kritiklosen Anhängern genährte Glaube, die Astrologie sei ein fertiges Regelsystem, das man nach dem Erlernen einiger technischer Griffe ohne weiteres auf das Menschenleben, lies -schicksal, anwenden könne. Wer sich heute ernsthaft mit Astrologie in ihrer historischen Form befassen will, wird wohl oder übel den Ballast damit verquickten Aberglaubens wegräumen müssen, ohne aber, wie schon Kepler in gleicher Lage betonte, «das Kind mit dem Bade auszuschütten». Dies kompliziert unser Vorgehen und zwingt uns manche Teiluntersuchung auf, die vorgefaßter Ablehnung oder Zustimmung umständlich erscheinen mag. Besonders die Aussagegrenzen einer Deutung wollen aus der Sache heraus erkannt und streng berücksichtigt sein.

Der Name Kepler berührt noch etwas anderes. Bezeichnet er doch genau den geschichtlichen Zeitpunkt, von dem ab astrologisches Denken zurückblieb hinter der Entwicklung der Naturwissenschaften, bis es einer veränderten Weise, die Welt zu sehen, als Anachronismus gegenüberstand und auch in seiner Wiederbelebung durch die Romantik nicht durchdringen konnte. Dies liegt nicht am Weltblick, den die Astrologie zur Voraussetzung hat, sondern an der überkommenen Deutungsart. Die Astrologie der Antike und des Mittelalters hatte eine im Grund statische Auffassung von Eigenschaften und Schicksalen, abgelesen aus himmlischen Anzeichen. Statt dessen denken wir heute in dynamischen Begriffen, worin sich die Entwicklung vom aristotelischen zum galileischen Denken widerspiegelt. Diese Entwicklung gilt es im hier behandelten Aussagegebiet, im Charakterologischen, nachzuholen; dasselbe, was aus einem Katalog fertiger und unveränderlicher Eigenschaften gedeutet wurde, sehen wir in Verlaufsformen aus Anlagen hervorgehen, unter Mitwirkung der abwandelnden Umwelt und des selbstbestimmenden Faktors im Menschen. Ein derartiges Unterfangen bringt uns in fruchtbare Auseinandersetzung mit heutigen psychologischen Schulen, die vom empirischen Befund aus nach seelischen Grundfunktionen, angeborenen Triebstrukturen und dergleichen suchen, ohne daß die astrologischen Elemente einfach übersetzt und an eine solche Lehre angehängt werden könnten. Sie wollen vielmehr in ihrer eigenständigen Art, das individuelle Wesensgefüge zu beschreiben, erfaßt sein. Wenn in den folgenden Darlegungen der Temperamente auf Aristoteles zurückgegriffen wird, so geschieht es keinesfalls, um einen neuen Aristotelismus zu begründen, sondern um die Herkunft dieser relativ beständigen Klassifizierungen aufzuzeigen.

Welche Wissenschaft dürfte denn nun ein gültiges Urteil abgeben, wie weit Astrologie mit unserem heutigen Weltbilde vereinbar ist? Der Mensch, der sich einstens als das Maß aller Dinge betrachtete, wurde durch die mechanistische Naturansicht zu einem Stäubchen im All. Er entschädigt sich für seine Nichtigkeit dadurch, daß er Raketen in den Raum hinausschießt. Sollte es uns in Bälde gelingen, mit Hilfe einer solchen Rakete den Mond von hinten zu photographieren, so werden nur Teile eines toten Körpers auf die Platte kommen. Was besagt dies darüber, ob die Periodizität des Mondumlaufs, die für uns auf der Erde im Wechsel von Ebbe und Flut gewaltig in Erscheinung tritt und sich auch in den festen Massen bemerkbar macht, etwas für lebende Wesen bedeutet? Daß solche Zusammenhänge denkbar sind, lehren nicht nur genaue Beobachtungen über Fortpflanzungszeiten niederer Meerestiere, sondern seit je wurde auch die weibliche Periode beim Menschen zum Mondlauf in Beziehung gesetzt. Statistische Untersuchungen über die Termine legen uns nahe, den individuellen Fall als Abwandlung einer mondperiodischen Norm aufzufassen.

Hier aber kommt der springende Punkt: natürlich ist die Fortpflanzung, das mütterliche Prinzip keine Wirkung des Mondes draußen im Weltraum, sondern sie gehören zu den Grundeigenschaften des Lebens. Bestehen die genannten Zusammenhänge, so haben wir es mit einem Einbau von Lebensfunktionen in den Kosmos zu tun. Ihre Möglichkeit betrifft Fragen der Biologie, während Astronomie und Physik den lebendigen Gefügen gegenüber indifferent sind; darüber hilft kein Mehrheitsbeschluß einer astronomischen Gesellschaft gegen die Astrologie hinweg. Die Hypothese eines Biokosmos, des Eingebautseins von Anlageplänen lebender Ganzheiten in ihre kosmische Umwelt setzt die Autonomie des Organischen, die biozentrische Umweltlehre voraus, sie durchzudenken erfordert einige Beschäftigung mit konstruktiven Anschauungen der heutigen Lebenslehre.

Freilich dürfen wir nicht glauben, hierin läge ein Beweis für die Astrologie, wir sprechen nur von ihrer Vereinbarkeit mit unserem Weltbild. Das astrologische Begriffssystem als Ganzes will zunächst hingenommen und an der vergleichenden Beobachtung menschlicher Individuen verifiziert werden. Unsere Hypothese gibt uns jedoch einen Ansatzpunkt, die Elemente anders zu sehen und das Problem umzustellen von «Gestirneinflüssen» auf «fundamentale Lebensäußerungen», diese als Untergrund des charakterlichen Aufbaues genommen. Von hier gelingt uns der Einbruch in das erstarrte Regelwerk der alten Astrologie, das Flüssigmachen ihrer Vorstellungen, und viele altüberlieferte «magische Korrespondenzen» können einem Verständnis zugeführt werden im darin niedergeschlagenen Wissen vom Menschen. Allerdings, so einfach wie im vulgären «Horoskop der Woche» liest sich's nicht, und selbst beste Tradition will gesiebt, gesichtet sein; auf uraltem Boden in Neuland befindlich, gilt es im Sinne Hegels, «die Anstrengung des Begriffs auf sich zu nehmen«.

Im Schwarzwald, Herbst 1958

Thomas Ring

NEUE VORFRAGEN

Wie dem ersten Bande, lasse ich auch dem zweiten einige Fragen vorangehen, die ausklammern kann, wer zunächst die Bekanntschaft mit den Elementen der Deutung machen will. Mancher dürfte erst über deren Anschaulichkeit, gewonnen aus den Einzeldarstellungen, Geschmack finden an der Theorie. So wie bei den «Planeten» wird aber gerade die Beantwortung dieser Vorfragen uns dem Wesen der Astrologie als Menschenkunde näher bringen. Betreffen doch die beiden Formen des kreisläufigen Systems, von dem die Rede sein soll, nunmehr das Herzstück der Astrologie schon in ältesten Zeiten: das Maß aller Erscheinungs-Mannigfaltigkeit, eine uns sowohl umfassende als auch eingeborene Ordnung, ein Bleibendes innerhalb der Abläufe, welche die Dinge in wechselnde, ungleichartige Beziehung bringen. Daß diese Ordnung, dies Bleibende im Wesen des Lebendigen liegt, ist das Neue der hier gebrachten Auffassung. Ehemals nahm man kosmisches Eingebettetsein naiv vertrauend als Geschenk des Himmels hin. Wir Heutigen müssen uns Rechenschaft geben, unter welchen Gesichtspunkten ein derartiger Gedanke überhaupt zu denken sei.

Urtümlicher Bilderkreis und Lebens-Bezugssystem

Von hohem geschichtlichem Alter ist der Tierkreis, einem jeden bekannt durch die allgemein verbreiteten Sinnbilder der zwölf Zeichen. Er bedeutet Kosmos im Sinne ordnender Zusammenfassung des Geschehens. Aber das – übrigens verschiedene – Alter und die Einprägsamkeit der Bilder bieten dem, den ihre Deutkraft nicht intuitiv überzeugt, einen gar wenig verläßlichen Ansatz der Forschung. Hieraus etwas erschließen zu wollen begegnet dem kritischen

Einwand, alle Tierkreiserfahrungen könnten das Gesamtprodukt der Wirkung mythologischer Vorstellungen auf empfängliche Gemüter, sowie dadurch verfälschte Beobachtungen enthalten. Um diese Kategorie von Deutungselementen zu verstehen, müssen wir mit eigenen und selbständigen Überlegungen herangehen. Weniger kommt es dabei auf überraschend neue Tatsachen an, als auf den Blickwinkel, längst schon Bekanntes zu sehen. Eine reinliche Scheidung wird nötig. Die Bebilderung des Tierkreises, das heißt die überlieferte anthropomorphe Veranschaulichung und mythische Dramatisierung, ferner die Versuche zur Vereinbarung dieser – an die Sternbilder fixierten – Vorstellungen mit der schon im Altertum erkannten Präzession (vgl. S. 48), solches macht ein Thema für sich aus. Es geht den Kulturhistoriker an. Auf ihn mögen sich unentwegte Gegner stützen, welche die Gehalte der Astrologie als geschichtliche Überbleibsel, Reste eines urtümlichen Glaubens, hinreichend zu erklären vermeinen. Etwas anderes dagegen ist ein Ableitungsversuch wie der hier gebrachte, Inhalte betreffend, die nach meiner Behauptung jenen Bildern als einsehbare Tatsachen zugrunde liegen. Der Einwand, es handle sich nur um eine Projektion geschichtlich entstandener Vorstellungen an den Himmel, kann jederzeit durch Erfahrung widerlegt werden, wenn man – wie bei jeder Sache geboten – die Bedingungen des Experiments beachtet. So viel oder wenig uns die Bildersprache der alten Kulturen sagen mag, von derlei Einkleidungen wollen wir uns einmal strikte frei halten, um einen unbefangenen Zugang zur Tierkreisordnung zu gewinnen.

Daß es mit Kreisläufen eine eigene Bewandtnis habe, ist die Grundüberzeugung dichterischer Intuition.

> Nach ewigen, ehrnen,
> Großen Gesetzen
> Müssen wir alle
> Unseres Daseins
> Kreise vollenden.
>
> (Goethe, «Das Göttliche»)

Die Frage, wann, wo, unter welchen Verhältnissen die überlieferten Bilder des Tierkreises entstanden und wie sie richtig auszulegen seien, tritt zurück vor der Erkenntnis des Kreislaufs als etwas in seinem Wesen Ungeschichtliches. Als Ablauf ist er eine Form von Zeitlichkeit, doch eben diejenige Form, worin Zeit sozusagen «festrinnt», indem sie immer wieder in sich zurückläuft. Kreisende Zeit hebt sich auf in «Ewigkeit». Gegenüber geschichtlichem Weiterlaufen durch Veränderung verkörpern ihre wiederkehrenden Momente etwas Ruhendes; an das Atommodell denkend, dürfen wir im Wortsinne sagen «verkörpern». Als ganzer versinnbildlicht der Kreis die Ruhe im Veränderlichen, im Werden und Vergehen von Einzelerscheinungen; diese bekommen darin den Charakter von Phasen einer aus sich selbst erneuerten Gesamtbeziehung.

In diesem Sinne sprechen wir vom Wasserkreislauf, vom Blutkreislauf oder, näher auf unser Thema bezogen, von der wiederkehrenden Folge der Jahreszeiten, vom alltäglich wiederholten Licht- und Wärmewechsel. Auch psychologisch ist uns ein derartiger Turnus von Abläufen nicht unbekannt. Verfolgen wir etwa, wie eine fixe Idee sich gegen sie anstreitende Argumente mit Scheinwiderlegungen durchsetzt, bis befriedigt ihre «Wiederbestätigung» erreicht wird. Die Unfruchtbarkeit einer Diskussion auf dem Boden fixer Ideen und daraus erzeugter Vorurteile – Streitgespräche über Astrologie erfolgen meist so – erhellt in negativer Form etwas zum Kreislauf Gehöriges: Vieles mag gesagt werden, doch Neues wächst nicht hinzu, nichts andersartig Angestrebtes schreitet fort. Ich wähle gerade dieses Beispiel eines Leerlaufs, weil er deutlicher macht als jene Naturkreisläufe, wie bedingt der besagte «Ewigkeitscharakter» ist; mit Aushebelung seiner Grundvoraussetzungen bricht der Kreislauf zusammen. Dennoch gehört die Tendenz eines ewig sich Erneuernden zu seinem Wesen.

Zu erweiterter Sicht gelangen wir, wenn wir ganz allgemein nach Bedingungen einer Dauer des Seins fragen. Etwas Beständiges im Geschehen mechanisch konstruieren, liefe auf das Perpetuum Mobile hinaus, das ja bekanntlich an Reibung, Abnutzung und dergleichen scheitert. Jedoch in welcher Form ist ein Ausgleich der Weltprozesse, ist eine organische Selbsterneuerung möglich? Von naturwissenschaftlichen Erwägungen her kommt R. H. Francé zur Antwort, daß die Gleichgewichtslage, auf die wir den Begriff der Dauer anwenden, im Kosmos durch das Mittel des Kreislaufs verwirklicht wird.[1] Freilich ist dies in mehr übertragenem Sinne des Worts gemeint, die Bewegungen der Gestirne geben nur den himmelsmechanischen Aspekt der Sache; wir müssen uns sowohl mit den Gesetzen von der Erhaltung der Materie und der Energie, als auch mit denen der Lebensformen befassen, um die Selbsterneuerung der natürlichen Weltordnung in ganzer Tragweite zu verstehen. Das All hält harmonisch zusammen vermöge solcher Kreisläufe, darin hebt sich auf, was in betreff der Einzelwesen ihr Anfang und ihr Ende heißt. So beschaffene Harmonie läßt uns vom Kosmos als dem Wohlgeordneten sprechen, in Francés Definition: «ein einheitliches und durch Gesetze geordnetes Ganzes».

Mit dem Erhaltungsgesetz des Kosmos ist der Blickpunkt gewonnen, der einem Worte wie Nietzsches «ewiger Wiederkunft des Gleichen» seinen Sinn gibt. Etwas anderes als Ben Akibas resigniertes «Alles ist schon dagewesen!» Wie dieser meinte es Schopenhauer in der Anwendung auf die Geschichte: das ewige Einerlei, das in ihr wiederkehre, ein Bild trostloser Langeweile. Für die Feststellung einseitig geschichtlich und ethisch Denkender hat es den Ton der Ergebnislosigkeit, einen auf denselben Punkt zurückführenden Kreislauf zu denken. Darum widerstrebt es ihnen, aus Naturkreisläufen etwas herzuleiten, was die freie Selbstbestimmung des Menschen bedrohen könnte.

Denn unfühlend
Ist die Natur:
Es leuchtet die Sonne
Über Bös- und Gute,

[1] R. H. Francé, «Bios» Bd. II, VIII. Kapitel «Das Harmoniegesetz»; Franz Hanfstaengl, München, 1921.

Und dem Verbrecher
Glänzen, wie dem Besten,
Der Mond und die Sterne.

Wohl in schroffster Form bringt dies Weininger in seiner Gegenüberstellung von sittlicher Freiheit und Naturgesetz zum Ausdruck, er urteilt: «Die Kreisbewegung hebt die Freiheit auf und ordnet sie einer Gesetzlichkeit unter.»[2] Vom sittlichen Wollen aus, erfaßt als unablässiges Streben, als unendliches und unumkehrbar in die Zukunft hinein gerichtetes Fortschreiten, wendet er sich gegen «jede positive Wertung der Planetenbewegung». Folgerecht reichen seine Verurteilungen bis in die «weibliche» Kreisbewegung im Tanz – der Walzer ist ihm «die absolut fatalistische Musik» –; seine Abwertungen treffen das Naturhafte darin, er gilt ihm als sinnlos, zwecklos, lächerlich, eitel, gemein, die Kreisbewegung als eine selbstzufriedene Wiederholung immerfort des Gleichen. Weiningers einseitig überspitzte ethische Haltung rückt etwas wie den astrologischen Tierkreis bestenfalls in den Rang einer fixen Idee, während sich aus der ästhetischen Einstellung Nietzsches gar wohl eine positive Wertung erreichen ließe.

Ohne hier die Dialektik von Ethik und Aesthetik durchführen zu müssen, kommen wir mit bereits aus dem I. Bande bekannten Kategorien an dies Problem heran. Harmonie, als konstituives Element in einem Lebens- und Wesensganzen, begriffen wir unter dem Sinnzeichen ♀, ihr entgegengesetzt Selektion als Element aktiver Entäußerung unter dem Sinnzeichen ♂, beides in der Zusammengehörigkeit ihres Gegensatzes gesehen. Wenn wir nun Kreisläufe in Betracht stellen, dann als Ausdruck solchen Zuordnens und Einordnens, der Harmonie mit dem Kosmos, sowie der Korrelation von Bestandteilen in einem ausgeglichenen Verhältnis. Harmonie wird aber erst sichtbar gegenüber der stoß- und ruckartigen Ungleichartigkeit auslesender, einander widerstreitender Vorgänge, ge-

[2] O. Weininger, «Über die letzten Dinge», 5. Aufl., Wien-Leipzig, 1918.

genüber dem Steigerungsprinzip, das, indem es irreguläre Durchbrüche durch den Gleichlauf zuwege bringt, die absolute Dauer harmonischer Gebilde und Proportionen in Frage stellt. Wollen wir die «männliche» Einseitigkeit Weiningers korrigieren, so müssen wir dies aktive Prinzip zusammen mit dem passiven der Harmonie gelten lassen. In idealer Verbildlichung ihrer beider Zusammengehörigkeit kommen wir zur Hilfsvorstellung einer zylindrischen Spirale; sie erscheint dem Blick von oben oder unten in reiner Kreisform, zeigt dagegen von der Seite gesehen ein Ansteigen. Dies Bild veranschaulicht, daß etwas, was für die eine Blickweise ein Kreislauf ist und in sich zurückmündet, dennoch für die andere Blickweise keine wert- und rangmäßige Wiederkehr «immer desselben» darzustellen braucht, sondern Verschiebung des Niveaus, Aufwärtsstreben, Entwicklung zuläßt.

Nur allein der Mensch
vermag das Unmögliche;
Er unterscheidet,
Wählet und richtet;
Er kann dem Augenblick
Dauer verleihen.

Harmonikal richtig verstandene Wiederholungen erstrecken sich demnach nur auf Übereinstimmung in Prinzipien, deren Äußerung auf verschiedenem Niveau möglich ist. Unter dem so umrissenen Vorbehalt wird hier vom kreisläufigen System gesprochen.

Was uns als Tierkreis überliefert ist, stammt aus der Anschauungswelt des vorgeschichtlichen Menschen, als er zum Blick auf das Stetige, die Ordnung gereift war. Er maß, verglich und deutete die Zeitlichkeit seines Daseins an kosmischen Kreisläufen; ein Nachhall hiervon klingt für uns in den Jahresfesten durch, bei manchen in ununterbrochener Tradition von Ritual und Bedeutung, bei anderen entstellt und umgedeutet. Die jährliche Sonnenbahn war ein vielgestaltig bearbeitetes Thema der mythologischen «Exegese des Symbols», wie Bachofen es nennt.[3] Das Heilsbringersymbol wurde an Hand urtümlicher Bildersprache zerlegt in Begebnisse, Stationen oder Aufgaben, die der Sonnenheld – Gilgamesch, Herakles, Simson, Siegfried – auf seinem Lebens-Rundgang zu erfüllen hatte. Mit der eigentlichen Astrologie bemächtigte sich dann konstruktives Denken mehr und mehr dieser für das Leben allgemein gesetzten Ordnung. Eingeordnet, «geortet« sind darin die vier antiken Elemente und Temperamente, die drei indischen Gunas und andere Aufgliederungen des Urmaßes. Wenn wir uns heute als Erben einer langen Geistesgeschichte diesem Symbol wieder nähern und von der Bildersprache absehen, so setzen wir dies konstruktive Denken fort und erfassen das ganze als ein Lebens-Bezugssystem. Aufgabe des konstruktiven Denkens ist es, Strukturelemente an Stelle von Bildinhalten denkbar zu machen. Problematisch werden Ordnung, Maß, Struktur erst dann, wenn wir Kausalanschauungen hineintragen, als handle es sich um etwas von außen her Bewirktes.

Denkt man an Sternbilder, dann erscheint der Tierkreis, von dem wir hier sprechen, als eine schematisch-abstrakte Angelegenheit. Doch jene, die Ekliptik umlagernde Grup-

[3] Unverkennbar zeigt sich hieran folgendes. Nur bedingt konnte Sinn und Wesen von Kreisabschnitten in bildhafte Gestaltung eingehen: als die *zwischen* personifizierten Kräften («Göttern») *waltende Ordnung* (daher «Burgen», «Säle» der Götter, woraus nachher die «Himmelshäuser» wurden, beim Halbgott die «Stationen« seines mythischen Lebensganges), später setzte man dafür Diagramme. Auch die *geometrische* Darstellungsweise gehört als «Mandala» zu den relativ frühen Erwerbungen des Menschengeistes. Das Hineinsehen von Bildern in bestimmte Gruppen von Sternen, das «Sternbild» – unterschiedlich bei verschiedenen Kulturen, da die Bilder nicht notwendig aus der Figurierung hervorgehen – muß als *nachträgliche Fixierung* solcher Gehalte gelten, verbildlicht, weil eben der Mythos nur in Bildern denken konnte. Wenn dabei totemistische Vorstellungen mit eingebaut wurden («Tier»-Kreis), so war dies ein Aufnehmen primitiverer Vorstellungsformen in schon entwickeltere kosmische Symbolik. – Der Ausdruck von J. J. Bachofen stammt aus «Versuch über die Gräbersymbolik der Alten», 2. unveränderte Aufl., 1925.

pen von Fixsternen, sind nur für das Auge eines irdischen Beobachters zusammenhängende Gebilde. Sie umfassen Sterne in verschiedener Weltraumtiefe. Außerdem sind sie ungleich groß; man vergleiche etwa das Bild der Jungfrau mit dem darauffolgenden der Waage, dessen Sterne zuerst gar nicht als selbständiges Bild, sondern als die Scheren des Skorpions gegolten. Demgegenüber stellt die gleichmäßige Zwölfteilung eine mathematische Konstruktion dar. Eine Sachlage, an der auch Keplers naturwissenschaftlicher Sinn in Konflikt mit seinem geometrisch-harmonikalen Denken kam, da «diese uralte Austeilung des Zodiaks in 12 gleiche Stück meistenteils auf der Menschen Willkür bestehe, und die Zeichen nicht realiter oder naturaliter so genau geschieden sind». Er ließ nur «vier natürliche Stück in diesem Umkreis» zu, «... weil die Sonne, welche das Jahr machet, in ihrem Umgang vier allzeit beständige Marksteine setzet, einen, da sie am höchsten kommt, den andern, da sie sich am niedrigsten senket, und zwei, da sie Tag und Nacht gleich machet.»[4] Ja, nimmt man das wiederkehrende Verhältnis der Erde zur Sonne, das tropische Jahr, zeitlich genau, so dürften wir angesichts der verschieden langen Jahreszeiten auch in diesen vier kardinalen Punkten nicht die Grundlage einer gleichmäßigen inneren Gliederung, sondern nur die Angelpunkte des Eingehängtseins in die äußere Realität erblicken.

Soweit es um die Fixsterne im Hintergrund der Jahresbahn geht, herausgelöst aus dem scheinbaren Zusammenhang als Tierkreisbilder, müssen wir nach physikalischen Wirkungen fragen. Die Milchstraße, zu der unsere Ekliptik schräg liegt, und also die Art der Einfügung unseres Sonnensystems in sie, das größere kosmische System, all dies wird dann wichtig; die räumliche Lage und Drehung ferner Spiralsysteme, Sternhaufen, von ihnen herrührende Strahlungen, Doppelsterne vom Typus des Algol, enorme

4 H. A. Strauß und S. Strauß-Kloebe, «Die Astrologie des Johannes Keppler», Abschnitt «Gutachten über das feurige Trigon. 1603.» München- Berlin, 1926.

Massenpackungen wie beim Siriusbegleiter, die Theorien über Neubildung von Materie und kosmische Zerfallsprozesse, kurz, die gesamte heutige Astrophysik erlangt Bedeutung. Es ist möglich, daß wir in absehbarer Zeit ein einigermaßen zusammenhängendes Bild der tatsächlich nachweisbaren Weltraumwirkungen bekommen. Doch für den «astrologischen Tierkreis» dürfen wir auf diesem Wege keine Begründung erwarten. Aus prinzipiellen Gründen nicht: naturwissenschaftliche Anschauungen von Ursache und Folgewirkung enthalten ein ganz anderes Erklärungsprinzip als dasjenige, das für die scharf abgegrenzten Kreisabschnitte und ihre symmetrische Ordnung gelten kann.

Die gliedernde Zahl

Indem wir etwas im Kreise ordnen, nehmen wir stillschweigend eine zahlenmäßige Gliederung vor. Sei uns der Umgang mit Zahlen noch so geläufig, ihr Wesen gibt uns einiges zu bedenken auf. Gewohntermaßen handhaben wir sie im Abzählen, Vervielfachen, im rechnerischen Gebrauch als Mengenangabe. Dieser quantitative Charakter der Zahl, gemeinhin für das alleinige an ihr gehalten, sowie ihre allgemeine und abstrakte Verwendbarkeit haben sie zum vornehmsten wissenschaftlichen Werkmittel gemacht; zahlenmäßige Beziehungen lassen sich herstellen, wo keine anderen auffindbar sind. Anschauliches Weltbild oder mathematisches System der Natur: die wissenschaftliche Betonung liegt auf der Systematik. Zwar zeugt eine solche noch nicht ohne weiteres von tieferem Einblick, doch von klarerem Verstehen des logischen Verhältnisses der Sätze, unter denen Welt begriffen wird.

Vorwissenschaftlich diente die Zahl noch etwas anderem, einer darstellenden Symbolik der Schöpfung. Dieser Charakter als Ordinalia, als Ordnungszahlen, betrifft, wo er auf Anschauliches Bezug nimmt, das Verhältnis von Raum- oder Zeitpunkten nach Gliederung und Reihenfolge, Stufung und Rang. So geordnete Dinge meinen nicht dasselbe wie die bloße Anzahl von Stücken oder das Wievielfache an Energie beim einen Zeitzeichen zu der beim anderen. Eine derartige Zahlengeordnetheit duldet kein beliebiges Hinzufügen oder Wegnehmen von Einheiten, ohne im Wesen zerstört zu sein. Dies Wesen aber ist ein durch Zahlenverhältnisse ausgedrücktes Zueinander der betreffenden Dinge, es liegt im proportionalen Wert dieser Dinge als Bestimmungsstücke eines Ganzen. In diesem Bezug kann man von einem qualitativen Charakter der Zahl sprechen. Ihrer Allgemeinheit gemäß suchte man die so verstandene Zahl auch vom konkreten Inhalt abzulösen; aus «reinen» Zahlen schlossen die Pythagoräer, die Kabbala und ihre Nachfolge auf die metaphysische Struktur einer Sache. Hier entsprang die vielgerügte «Zahlenspielerei», womit das rationale Erklügeln von Zusammenhängen aus abstrakten Zahlen-Beziehungen gemeint ist, ein vom konkreten Bezug losgelöstes Spiel «mit» der Zahl.

Anders die Rolle dieses rationalen Mittels, der Zahl, in der Irrationalität echten Spiels. Was im Spiel fröhliche Urstände feiert, ist die Spannung zwischen Zahl und Formel einerseits, schöpferischer Phantasie anderseits. Der Spielgedanke flüchtet geradezu in eine Ordnung und Folge, die als zahlbefaßte Regel dem Witz, der Lust, der Tollheit freien Handelns, freien Erfindens ihren Halt gibt. Zahl setzt Grenzen gegen das Beliebige, Zufällige, Ungefähre. Vom improvisierten oder schon geregelt übernommenen Spiel der Kinder bis zum Kartenspiel, dem Tanz, dem Kampfspiel der Erwachsenen besteht darin kein Unterschied. Im «sakralen Spiel», der Weihehandlung, wird die feierliche Stimmung wesentlich getragen durch die «bemessene» Strenge, mit welcher Handlung auf Handlung folgt. Das vorgeschriebene Hintereinander der Abwicklung bedeutungsvollen Tuns, in Einheit mit dem umgrenzten und eingeteilten Ort des Spiels, bringt so einen Gesamtinhalt geordnet zur Schau. Einerseits geht dies ein in die mimischen Künste und die Musik, andererseits berührt es sich mit den Raum- und Massegruppierungen der bildenden Künste, im Ansatz ebenfalls Äußerungen des Spieltriebes. Sie alle beziehen aus dem zahlenformalen Element, dem Maß, die geistige Fassung als ästhetisches Werk, die sich dem Abgleiten in momentane individuelle Launen widersetzt. Gesehen aus der Indifferenz dieses formalen Elements läßt sich, wie Huizinga betont, die Kulthandlung kaum vom Spiel zur Unterhaltung scheiden.[5] Diese Seite spielerischer Betätigung reicht somit in die Wurzeln des Religiösen und Künstlerischen, wie auch in Aberglaube, Zauberei, und endlich in die Erholung vom innerlich «maßlosen» Nervenverbrauch im «Ernst» des Lebens.

Gründe genug – zumal wenn Erwartung von Glück oder Vorsehung im Spiel –, den astrologischen Bilderkreis, sowie die wie Spielsteine darauf gesetzten Planeten, in der Nachbarschaft des Orakelns aus Karten und anderen Mitteln der Mantik anzutreffen! Wir machen bei solchen Praktiken die Erfahrung, daß die Kombination mit einer begrenzten Anzahl von Möglichkeiten bei darauf eingespielter Intuition zu richtigen Ergebnissen führen kann. Wer die Astrologie durchaus in die Geschichte menschlicher Irrtümer einreihen will, erhält als neues Argument die «Hypostase»: der Tierkreis unterstelle, was zu einer mantischen Prozedur dienlich sei, dem Weltraum als Wirklichkeit. Ungeachtet einer Menge zweifellos so eingestellter Ausleger ist diesem Einwand mit der Frage zu begegnen: wer mischt hier das Spiel? Mantische Prozeduren können gelingen, unzufällig, weil bei ihnen der Kombination ein Vorgang vorangeht, der die Anordnung und Auslese des zu Deutenden herstellt und worin ein freier Spielraum für Veranstaltungen des Unbewußten belassen ist. Die Bedeutungsträger eines solchen Spiels sind ordnungsmäßig aufeinander abgestimmt; sie in eine aktuelle Lage zu bringen, die eine Aussage erlaubt, darin liegt der Sinn des Kartenmischens, Losewerfens. Gerade diese Freiheit fällt in der

[5] J. Huizinga «Homo Ludens», Pantheon Akademische Verlagsanstalt, Amsterdam, 1939. Eingehender befaßt sich mit der Bedeutung der Zahl im Spiel: Gerhard von Kujawa «Ursprung und Sinn des Spiels», E. A. Seemann, Leipzig, 1940.

Astrologie fort. Bei ihr geht die Mischung des Spiels aus der Gleichgültigkeit der Himmelsmechanik hervor. Trotzdem – vielleicht nicht unberechtigt – eine Art von Spielsituation darin zu sehen, führt uns zu einer wichtigen Unterscheidung. Die verwendete Zahlenordnung einerseits, kosmischen Verhältnissen entnommen, sowie anderseits Sinn und Bedeutung, die irgendein menschliches Vermögen mit ihrer Hilfe ermitteln kann, sind zweierlei. Wollen wir dem nachgehen, so haben wir methodisch zu scheiden: hier inhaltlich gerichtete Erkenntnisarbeit, dort Untersuchung der zahlenmäsigen Form, deren Allgemeinheit diese Inhalte einbegreift. Die Spielsituation mag dann für die intuitive Seite der Deutung gelten, doch die Anordnung des zu Deutenden und seine ordnungsmäßige Grundlage sind ihr entzogen.

Dies setzt voraus, daß Ordnungszahlen nicht lediglich auf das Spiel zutreffen, wo sie willkürliche Setzungen blieben, sondern auch in Gegenstände der Naturforschung hineinragen. Vorfindlich in den Tatsachen: wir müssen also ausschalten, was für ein ordnendes Spiel der Gedanken erfunden wurde. Auf echten Ordinalien beruht nun z. B. das periodische System der Chemie (Ordnung der Stoffe nach ganzzahligen Verhältnissen ihrer Verbindungsgewichte, daraus ersichtliche Beziehung ihrer chemischen Qualitäten), erinnert sei ferner an den Benzolring und die von ihm abgeleiteten Strukturformeln der organischen Chemie. Wir sind nur nicht gewohnt, die Dinge so zu nennen. Im einheitlichen Zweckzusammenhang der Wissenschaft von der Materie rangiert die Ordnungszahl anders als in vorwissenschaftlicher Geistesbetätigung. Sie rückt in den Hintergrund gegenüber Rechenzeichen, die es wertfrei mit «Größen» zu tun haben. Physikalisch verstehen wir die materielle Wirklichkeit als das Produkt gesetzmäßiger, quantitativ-räumlicher Umsetzungen letzter Baubestandteile; «Qualität» wird uns dabei zum Nebenergebnis solcher Lageveränderungen, «zahlenbefaßte Ordnung» zur Gedächtnisstütze bei der Bearbeitung von empirischem Material. Auch die Lebensschöpfung erklären wir weitgehend mit Hilfe dieser Wissenschaft von der Materie in physiologisch-maschinell gedachten Vollzugsformen. Der Versuch aber, den Organismus restlos mechanisch verstehen zu können, erweist sich als undurchführbar. Unerfaßt bleibt damit sein Eigentümliches, chemische Qualitäten so oder so einzuschalten und Gestalt zahlengeordnet aufzubauen. Die Reizempfänglichkeit, die Stoffe wählende und mit ihnen bauende Tätigkeit des Lebens, seine artbesonderen Regulationen treten heraus aus derjenigen Einheit des Materiellen, die wir durch Betrachtung der Dinge in Größenordnungen herstellen. Das quantitativ Gewichtige kann ihm gleichgültig, das quantitativ Geringfügige wichtig sein – kleine Ursache, große Wirkung gilt hier oft –, weil es im Lebensvollzug nach Wertordnungen geht.

Fragen wir nach diesen, so kommt jene ordinale Bedeutung der Zahl wieder zu Ehren. Allerdings spielt das Verhältnis von Qualität und Ordnungszahl im Organismus auf versteckte Weise mit. Die Bauform materieller Körper ohne Bezug auf anderes als sich, worin ein Kristall verkörperte Geometrie schlechthin «ist», weicht in der Lebensgestalt einer «Deformierung nach Zwecken», deren Bezug in die Umwelt weist. Das gemeinhin verschwundene Mathematische taucht souverän wieder auf als Anwendungsform bei instinktiven Verrichtungen (Trichterwickler, Spinne), in Schmuckformen (Blütenordnungen), mehr oder minder verbunden mit schützender Funktion (Schuppenbelag, Panzerschildmusterung), im Gerüstbau (Kieselalgen), es bleibt nach Nicolai Hartmann im Organischen «als ein mehr hintergründiges Moment erhalten».[6] Von Ordnungszahlen eigentlichen Sinnes können wir erst sprechen, wo sie strukturbestimmend auftreten. Wenn wir bei der Giraffe mit ihrem fast zwei Meter langen Hals, beim Delphin, dem der Kopf unmittelbar am Rumpfe zu sitzen scheint, ebenso 7 Halswirbel finden wie beim Menschen, so drückt dies eine für die Struktur der Wirbeltiere wesent-

[6] Vgl. Anmerkung Bd. I, S. 12.

liche funktionelle Gliederung aus. Gestalt- und Strukturbetrachtung können solcher Ordnungszahlen nicht entraten, sie gliedern die Verhältnisse des umgrenzten Ganzen.

Die Untersuchung derartiger Zahlenverhältnisse mit der Tendenz, ein Grundgesetz der im Kosmos verwirklichten Proportionen zu ermitteln, wurde neu belebt durch die harmonikale Forschung von Hans Kayser.[7] Er geht wie seinerzeit Kepler von akustischen Gesetzen aus; diese zeigen den «hörenden Menschen» hineingestellt in Beziehungen, die als Schwingungszahlen, Saitenlänge, Verhältnis von Obertönen und Untertönen zu einem angeschlagenen Grundton streng auf physikalischen Tatsachen aufbauen, ohne aber kausal daraus hergeleitet oder darin begrenzt zu sein. Die gefundene Zahlenordnung umfaßt für das harmonikale Denken beide Dimensionen der Anschauung; sie gilt für die Gestaltetheit, die Teilung ebensowohl von räumlichen wie von zeitlichen Ganzen, wird zur Brücke des Zusammenhangs zwischen der Raum-Körperwelt und der Zeit-Phasenwelt. Ist die Allgemeingültigkeit dieser Zahlenverhältnisse gesichert, so stecken darin auch Formeln, nach denen der Mensch in die Mitte seiner, notwendig auf ihn bezogenen Welt, in der er enthalten, gestellt ist. Im schon Pythagoras bekannten, durch Frh. von Thymus wiederentdeckten «Lambdoma» (Veranschaulichung in einem Diagramm, das dem griechischen Buchstaben Lambda ähnelt) sieht Kayser eine auf die innere Gliederung des Tierkreises anwendbare Schlüsselfigur. Zur Tierkreisordnung als solcher können wir jedenfalls auf harmonikalem Wege gelangen. Um die Inhalte zu verstehen, den Sinn eines in sich zurückmündenden Systems und die Bedeutung seiner einzelnen Abschnitte, schlagen wir nunmehr andere Wege ein.

[7] Angabe der wichtigsten Werke Bd. I, S. 247. Für Probleme der Lebensgestalt besonders bedeutsam «Harmonia Plantarum», Benno Schwabe & Co., Basel, 1943.

Direkt erfahrbar wird die vorerst hypothetische Kreisordnung im seelischen Bereich. Hierbei ist erstaunlich, daß die systematisierende Psychologie bis heute so gut wie gar nicht in kreisläufigen Systemen dachte. Vergegenwärtigen wir uns einmal den Aufriß eines solchen, wofür der Tierkreis als formales Modell dienen möge.

Die Anordnung im Kreise gestattet, Begriffe von Ausdrucks- und Verhaltensweisen oder Streberichtungen dergestalt in Beziehung zu bringen, daß sich extreme Möglichkeiten voneinander abheben, sowie gleichzeitig eine zusammenhängende Verbindung der verschiedenen Gegensatzpaare hergestellt wird. Beschriften wir markierte Punkte dieses Kreises mit irgendwelchen Begriffen oder Sinnzeichen, so sind die einander gegenüberliegenden Punkte auffaßbar als Typus und Gegentypus, bezw. Pol und Gegenpol einer bestimmten Typenachse. Ein im ganzen stimmendes System erfordert eine sinnvolle Aufeinanderfolge dieser Punkte im kreisläufigen Hintereinander, wie sich auch in jeder anderen Ordnung gelesen sinnvolle Querbeziehungen ergeben müssen. Es muß mit anderen Worten vollkommene Symmetrie unter den Begriffen des Systems herrschen. Gelingt es, die elementaren seelischen Äußerungen, bzw., als ungleich betonte Merkmale, die charakterologischen Grundformen in einem solchen System unterzubringen, dann wird es die Ansätze der polar aufgebauten Typologien enthalten. Doch verliert sich darin das Dürftige einer bloßen Gegenüberstellung von Typen. Statt aus der Fülle der Erscheinungen eine einzige Achse auszugliedern – deren Schärfe wir, mit der Wirklichkeit in Konflikt geratend, durch die behelfsweise Konstruktion von Mischtypen wieder verwischen –, können wir die jeweilige Charakterwirklichkeit einem zusammenhängenden System der Erscheinungsfülle eingliedern. Wir werden dem Einzelfall gerecht, er ist in diesem System «geortet». Charakter wird dann darstellbar in verschieden starken und verschieden konstellierten Anteilen an dieser und jener Typenachse.

Lassen wir vorläufig auf sich beruhen, ob die Zahlenordnung des Tierkreises die einzig mögliche und richtige sei; schon wegen des Anspruchs einer solchen Konstruktionsidee ist er der Untersuchung würdig. Diese Idee verwirft die Anschauung vom «Abbrechen des mathematischen Verhältnisses» im Seelischen, sein «Verschwinden» darin, «um nur noch in den Inhaltskategorien der Erkenntnis wieder aufzutauchen» (N. Hartmann, vgl. Anm. Bd. I, S. 12). Unhaltbar wird mit ihrer Gültigkeit die, auch von Kant vertretene, Meinung, daß unter den Seinsebenen allein die seelische Ebene ausgeschlossen sei vom Vorwalten mathematischer Vernunft. Indem der so verstandene Tierkreis die seelischen Strukturen eingeordnet in den Kosmos zur Vorstellung bringt, vollendet die Astrologie die Mathematisierbarkeit des Seins. Die seelischen Abläufe, dem naiv sie Erlebenden ein ungeregeltes Gewoge von Gefühlen, Stimmungen, sich kreuzenden Trieben und dergleichen, dieses scheinbare Chaos begreifen wir als in sich geordnetes, mit den Grundlagen des Seins verwobenes Wesensgefüge.

Von hier aus ist der Anschluß an heutige charakterologische Fragestellungen zu suchen. Für den Psychologen und Charakterologen bliebe dies alles ja beziehungsleer ohne Berührungspunkte in den einteilenden Begriffen, unter die er empirische Befunde ordnet. Je umfassender nun statt einzelner typenhafter Anschnitte eine systematische Charaktergliederung herausgearbeitet wird, je mehr anderseits in der Astrologie eine methodische Selbstbesinnung Platz greift, umso deutlicher treten Übereinstimmungen und Unterschiede der verwendeten Begriffe hervor. Den charakterologischen Methoden ist gemeinsam, daß sie von außen her einteilend an komplexe Erscheinungen herangehen und Grundfunktionen, Struktur zu ermitteln suchen, während die Astrologie es umgekehrt mit gegebenen Strukturgliedern zu tun hat, deren äußere Wirklichkeitsprägung aufzufinden ist. Beider Vorgehen muß in bestimmten Punkten zusammentreffen, so verschieden die Vorstellungen vom Aufbau des Charakters sein mögen.

Wie reif die Situation zur Klärung dieses Verhältnisses ist, sei kurz erläutert an der Charakterologie von Albert Wellek[8]. Er nimmt 7 Bereiche oder Schichten an, durch welche die variative Ausformung nach je 2 polar gegensätzlichen Seiten durchgreift, hierbei faßt er die verschiedensten typologischen Ansätze ordnend zusammen. Sein siebenstufiges Schichtenschema entwirft Wellek in kritischer Auseinandersetzung mit Rothackers Schichttheorie;[9] abgesehen von abweichenden Benennungen meint er aber wie dieser eine entwicklungsmäßige Reihe von einem urtümlichen, frühen «Grunde» an zu späteren Bereichen des «Oberbaues». Wellek stellt als Parallelen auf:

Rothacker	*Wellek*
	7 Wille
6 Ich	6 Verstand
	5 Phantasie
4 Emotionalität	4 Gefühl
	3 Empfindung
2 Tier in mir	2 Trieb
1 Leben in mir	1 Vitalität

Zwanglos, ohne von der Siebenzahl bestochen zu sein, finden wir begriffliche Übereinstimmung einiger hauptsächlicher der im I. Bd. erläuterten Wesenskräfte mit Bereichen Welleks, und zwar:

[8] Albert Wellek «Die Polarität im Aufbau des Charakters», A. Francke AG, Bern, 1950.

[9] E. Rothacker, «Die Schichten der Persönlichkeit», 1938, 1948.

7 ☉ Wille

6 ☿ Verstand

5 Phantasie

4 ☽ Gefühl

3 ♀ Empfindung

2 ♂ Trieb

1 Vitalität

Gerade an diesen Berührungspunkten läßt sich anderseits der Unterschied zweier senkrecht zueinander geführter Schnitte verdeutlichen. Schichten der Persönlichkeit im Sinne Rothackers liegen entwicklungstheoretisch verglichen nicht in einer Ebene nebeneinander, nicht horizontal, ebensowenig die Bereiche Welleks. Eine so gesehene Struktur ist genetisch gemeint, wobei frühe Stufen nicht durch späte ersetzt, sondern überbaut werden, in ihrer Wirkungsweise aber erhalten bleiben. Dagegen die im Verhältnis der Wesenskräfte erfaßte Struktur machte ich vorstellbar als horizontalen Querschnitt durch die Kette der Generationen, die Kräfte selbst also vertikal hindurchragend durch «frühe» oder «späte» Schichten (vgl. Bd. I, S. 16 ff.). Auf jeder Stufe der Entwicklung sind diese Wesenskräfte mit anderen Entsprechungen beteiligt am Aufbau der Individualität, profilierter und persönlicher hervortretend, strenger durch bewußte Verantwortlichkeit kontrolliert mit der fortgeschrittenen Individuationsstufe.[10] Die gene-

[10] Ein für die Praxis entscheidend wichtiger theoretischer Gesichtspunkt! Es kann nicht oft und deutlich genug wiederholt werden, daß hier die Fehlschläge derjenigen Astrologen, die alles und jedes aus dem Horoskop ableiten wollen, einsetzen. Nach ihrer Auffassung wäre etwa ein Triebverbrechen kosmisch determiniert. Doch nur die konfliktbildende Spannung des «Täter»-Elements ♂ ist durch Aspekte angezeigt, nicht die Entwicklungsstufe, auf der sich das Trieb- und Dranghafte auswirkt.

tische Blickweise zieht davon jeweils Entsprechungen heraus, welche sich einer Ordnung vom Primitiven zum Hochindividuierten einfügen, erfaßt aber nicht das Durchragende. Wollen wir den horizontalen und den vertikalen Ordnungsgedanken als zusammen bestehend, jeder auf seine Weise gültig, anwenden, so müssen wir uns klar sein über den oft verschiedenen Gebrauch gleichlautender Begriffe.

In einer genetischen Ordnung z. B. bleibt Trieb schlechthin Trieb in der Primitivität organgebundener Vitalziele, ohne von sich aus in höhere Individuationsstufen zu weisen, wie das unter ♂ begriffene Trieb- und Dranghafte. Nur allgemein spricht Rothacker davon, daß alle differenzierten Funktionen der oberen Schichten in den unteren bereits vorgeformt sind. Ferner hat Wille in einer solchen Ordnung, die ihn gegensätzlich abhebt vom untersten Bereich, der bloßen Vitalität, durchaus den Inhalt des rationalen Willensbegriffs, obzwar bei Wellek getrennt vom Verstande angeführt. Er wird gedacht als Agens dessen, was bei Rothackers «Ich» (kortikale Person) den Bezugspunkt des persönlichen Verhältnisses zur Welt darstellt, abgenabelt von der Wirkungsweise des «Es» (Tiefenperson). So verstandener Wille weist nicht ebenfalls nach unten wie das unter ☉ begriffene Leben-Organisierende.

Spürbar jedoch tendiert Wellek noch zu einem anderen Strukturbegriff und meidet eine Überspannung des genetischen Stufenschemas; in der Bestimmung «tieferer» Regungen sucht er eine Ordnung auf den «Kern» der Struktur hin, den er im Gemüt sieht, «zweieinig mit dem Gewissen». Hier wird die mittenhafte Rolle wichtig, die er wegen der «Allgegenwart der Gefühle im Erleben» und ihrer «diffusganzheitlichen Beschaffenheit» dem Gefühl gibt, in weitgehender Annäherung an unser Element ☽ (vgl. Bd. I, S. 78, Abb. 1). Wir verstehen nur das Diffuse dieses Elements gegensätzlich zum – gleichfalls in alles übrige eingreifenden – Konturierten des im Schichtenschema fehlenden Elements ♄; diesem Grenzsetzenden schreiben wir in der Kernstruktur die Entsprechung «Gewissen» zu, «Gemüt» für ☽ vorbehaltend. Der «diffusganzheitlichen» Beschaffenheit des Lunaren setzen wir also die «konturiertganzheitliche» des Saturnalen entgegen, die in anderer Hinsicht wiederum der «zentriertganzheitlichen» des Solaren gegenüber steht. Diese für ☉ bezeichnende Zentrierung finden wir im «Leben in mir» lediglich auf entwicklungsmäßig tieferer Stufe als im «Ich», wo es sich transformiert in «Leben, dem Selbstbewußtsein wert, gelebt zu werden»; demgemäß ist eine der Entsprechungen dieses Symbols der Gesamt-Lebensantrieb, einschließlich naturhafter Steuerung des Handelns, eine andere Entsprechung die verantwortliche Willensbildung, und in der Kernstruktur gilt dafür «Eigenverantwortung».

Ebenso wie das Grenzsetzende, fehlt in der genetischen Stufung das Sinngebende, ♃, das Element produktiver Reife, Erfüllung und Vollendung, möglich auf jeder Individuationsstufe (jeder gleich nahe seinem Guten, Bestmöglichen). Hierin nicht abgeschlossene Entwicklungsziele gehen in «Phantasie» mit ein, die wir in ihrer bildprojektiven Eigenart sowie dem, was bei Rothacker «Kind in mir» heißt, dem Lunaren zuordnen, zugleich ein Auffangbereich für ♆, soweit es sich um visionäre Überschreitung der saturnalen Erfahrungsgrenze handelt. Phantasie nimmt demnach am «Diffusganzheitlichen» teil als ein mehrere Komponenten verbindender Begriff.

Es hat, wie gezeigt, gewisse, in den verschiedenen Ansätzen und Ordnungsgedanken begründete, aber nicht unüberwindliche Schwierigkeiten, mit der Charakterologie zu einer gemeinsamen Sprache zu kommen. Diese Unterschiede wollen ins Auge gefaßt sein; sie zu übergehen, würde leidige Verwechslungen hervorrufen und aneinander vorbeireden lassen, während die Beachtung der Blickweisen das unterschiedliche Verhältnis zum selben Gegenstande klärt. Zugleich besagt dieser Hinweis, daß weder der astrologische Ansatz ersetzbar ist, noch etwa eine Entbehrlichkeit der Charakterologie durch die astrologische Menschenkunde angestrebt wird.

Die als Beispiel gewählte Charakterologie Welleks bahnt weiterhin eine Durchpolarisierung der Bereiche bezw.

Schichten (mit dreimaligem Blickwechsel) nach typologisch herausgearbeiteten Begriffen an; auf diese Weise gelangt Wellek zur Mannigfaltigkeit charakterlicher Erscheinungen, zu Charakterzügen oder Eigenschaften. Sein polarer Aufbau zielt nicht auf die «triviale» Tatsache gemeinhin festgestellter gegensatzhaltiger, ja widerspruchsvoller Charaktere, sondern auf Polarität als wesentliche Eigentümlichkeit des Charakteraufbaues, erfaßt in der Koexistenz von «Typ» und «Gegentyp». Seine Aufstellungen enthalten vieles, was in den kreisläufigen Systemen der Astrologie wieder auftaucht. Bei dieser freilich kann es sich immer nur um Erscheinungen innerhalb der astrologischen Aussagegrenzen handeln, nicht um etwas, das auf moralischen Urteilen, Bewertung als Vorzug oder Mangel, sowie entwicklungsmäßiger Differenzierung beruht.

Hinsichtlich des Charakter-Grundbaues ist Welleks polaristischer Baugedanke mit jeder Setzung und Gegensetzung der in unserem Kreis geordneten Begriffe verwirklicht. Doch unterscheiden wir von dieser Rolle der Polarität im Aufbau des kreisläufigen Systems die Kräfte-Widersprüche und anderen Spannungsformen (unter «Aspekte» dargestellt, I. Bd.), aus denen die aktuellen Probleme hervorgehen; die hier verankerte Gegensatzhaltigkeit der Charaktere, besonders der spannungsreichen Genialen, erscheint mir gar nicht so trivial. Nur müssen wir sie eben unterscheiden von den Polaritäten des allgemeinen Grundbaues, die beim Akutwerden der Probleme mitspielen im Sinne des gegensätzlich Zusammengehörigen jeweils betonter Kreisabschnitte. «Betont», dies meint Standort der Planetensymbole im Kreis, und so führt weiterhin die messungstechnische Ermittlung der Charakteranlagen zu den der Astrologie eigentümlichen Begriffen. Mars bleibt Mars – der Planet –, ob er im Osten oder Westen des Tageskreises, im Frühlings- oder Herbstpunkt des Jahreskreises steht. Doch die unter ♂ symbolisierte Wesenskraft erfährt damit eine Abwandlung; das heißt, den Kräften sind zwei – variabel ineinandergeschaltete – Sphären zugeordnet, in denen sie nach Ausdruck und Richtung modifiziert werden. Die Substanz der Deutung liegt in den Kräften, die Sphären betreffen Form und Ziel ihres Wirksamwerdens. Mit dem Ausdruck «Kraft» gehen wir hinaus über die Neutralität von «Bereich», sehen darin also eine Wirkfähigkeit, eine Bereitschaft, zur Äußerung zu kommen, und zwar nicht erst dann, wenn geeignete Entfaltungsbedingungen vorliegen, sondern unter Umständen selbsttätig sich solche Bedingungen verschaffend. Die Sphären enthalten demgegenüber nur «Leerformen» der Verwirklichung. Auf diese, die Abwandlung der Kräfte in der Lebensmannigfaltigkeit mit darin zutage tretenden Extremen, bezieht sich der Aufbau des kreisläufigen Systems, das beiden Sphären zugrunde liegt: Ansprechbarkeiten, Temperamente, Arten des Verhaltens, Ansätze der Begabungen in der einen, Erwartungen, Zielrichtungen in der anderen Sphäre.

Hier kommt aber ein Punkt, an dem fraglich wird, ob gewohnte charakterologische Begriffe zur Übersetzung genügen. Die im Kreis liegende Dynamik überschreitet streng genommen die statische Struktur von «Eigenschaften», sie leitet über ins Umweltliche und darauf abgestimmte Haltungen, Leistungen, Änderungen der Verlaufsgestalt. Das kreisläufige System bezieht sich auf den Grundbau des Charakters in der Weise, daß es ihn auf Umwelt hin entworfen zeigt. Damit hebt sich die Unverbundenheit zweier Blickweisen auf, deren eine den Charakter des Menschen als geschlossenes Ganzes, und deren andere – abgetrennt, nach unvergleichlichen Maßstäben – sein Hineingestelltsein in ein soziales Feld anvisiert: dort der Einzelne für sich mit seinen Eigenschaften, da die ihn einschränkende oder fördernde, lediglich als ihren Exponenten ihn gelten lassende soziale Mitwelt. Beide Blickweisen sind als ergänzender Gegensatz im Kreissystem verankert, dieses kreist um einen gemeinsamen Schwerpunkt. Wohl hat die Charakterologie schon immer die Hinwendung zum Mitmenschen beachtet und als Beeinflußbarkeit, Anregungs- und Ergänzungsbedürfnis, Nachahmungstrieb, Interventionismus,

Imponiergehabe usw. in empirische Eigenschaftsbegriffe zu fassen gesucht, wenn sie nicht ethisch gefärbte Begriffe wie Altruismus, Aufopferung usw. einführte; wohl stellte Spranger den «sozialen Menschen» als einen eigenen Typus auf, in dem der Gemeinschaftsgeist als Urtrieb der Seele herrscht. Worum es uns aber hier geht, ist das Verständnis der Individualität in einem von Geburt an vorhandenen strukturellen Bezogensein auf die soziale Mitwelt.[11] Wie gerade die Praxis der heutigen Gruppentherapie zeigt, gibt es sowohl Verwandelbarkeit starrer Verhaltensweisen, als auch persönliche Bevorzugungen in der Wahlsituation, weshalb der Erfolg oder Mißerfolg therapeutischer Einwirkung weitgehend durch Auswahl der Patienten und richtige Zusammenstellung der Gruppe bestimmt wird.[12] Astrologie erfaßt nun den Einzelnen als Sonderfall der allgemeinen Menschennatur anlagemäßig eingebaut in das Kollektiv. Unter Kollektiv verstehe ich eine Gruppe von Menschen meinesgleichen, wenn auch mit Art- und Niveauunterschieden, die in der gesammelten Macht der Anschauungen, Gewohnheiten des Umgangs usw. mir wie ein selb-

[11] Am nahesten streift an dies Problem Otto Tumlirz, «Anthropologische Psychologie» (Ernst Reinhardt Vlg. München/Basel, 1955). «Das Ich ist nicht allein auf das Nicht-Ich gerichtet, dieses ragt auch umgekehrt in das Erleben des Ichs herein, und zwar ebenso als gegenständliche Außenwelt wie als persönliche Mitwelt der Mitmenschen und als überpersönliche Welt der Werte und geistigen Güter.» Die Eigenart des Erfassens von Außenwelt sieht T. in Erbanlagen gegründet, sowie bis zu gewissem Grad durch Umwelt geformt, gefördert oder gehemmt; Triebwelt, Rasse usw. bestimmen das mitmenschliche Verhältnis. Jedoch seinem Satz «Eigenwelt und Fremdwelten gehören untrennbar, aber in polarer Spannung und Gegensätzlichkeit zusammen» kann erst auf astrologischer Basis, verstanden im Sinne *anlagemäßigen Eingebautseins des Einzelnen in die Gruppe,* der richtige anthropologische Ort gegeben werden.

[12] Vgl. H. R. Teirich, «Soziometrie und Gruppenpsychotherapie», Zeitschr. f. Psychotherapie u. Medizinische Psychologie, 1957, Heft 2, dort ausgiebige Literaturangabe. – Die von Moreno ausgebaute Soziometrie sucht die psychischen und sozialen Strömungen innerhalb einer Gruppe, experimentell ermittelt, in Diagrammform darzustellen. Diese Soziogramme beweisen, daß Gruppenbildung niemals zufällig oder ziellos ist.

ständiges Wesen gegenübertritt. Genau untersucht ist aber dies «Fremde» mehr oder weniger Teil meines «Eigenen», wenigstens dem Prinzip nach, und die Stellungnahme so oder so zu dem, woran ich teilhabe, in bestimmten Anlagen vorgeformt. Was vereinseitigt schlechthin sozialwertig gilt, enthält zugleich individuelle Aufbauwerte.

Merkwürdig mag es manchen anmuten, daß so der älteste Vorläufer menschenkundlicher Betrachtung spezifisch heutige Einsichten aufzunehmen vermag, daß die astrologische Konsequenz zu einer Art von Atomtheorie der Soziologie führt! Doch eben damit hängt die Lösung des Kreisproblems in der Dialektik seiner Gegenüberstellung von Eigen- und Fremdwerten zusammen. Die Bildung sozialer Gruppen kommt nicht zustande ohne gewisse Bereitschaften, anlagemäßig vorhanden in den Individuen. Diesen Verklammerungen entgegen stehen die Ausklammerungen, bezw. persönlichen Abgrenzungen und Familienegoismen, die Reservate der Selbständigkeit, des natürlichen Eigenlebens. Derartige Anlagen erstrecken sich auf Grundhaltungen des sozialen Bezugs, als solche gar wohl zu unterscheiden von habituellen Einstellungen auf das Zeitgemäße, das Klassenbedingte und Landesübliche. Sie sind nicht Ergebnis des geschichtlichen Werdens sozialer Wirklichkeit, sondern ihre geschichtslosen Voraussetzungen.

Mit dem Aufdecken dieser Zusammenhänge befreien wir uns von der suggestiv-hypnotischen Einwirkung der altüberlieferten Bilder, als sei im historischen Gewand der Astrologie ihr letzter Sinn beschlossen. Zugleich entgehen wir durch den Mannigfaltigkeitsgrad der sich ergebenden Kombinationen den Starrheiten, zu denen typologische Vereinfachung verleitet. Der Typus ist ein konstruierter Idealfall. In Wirklichkeit treffen wir den Menschen stets «unrein» an, nämlich in konkreter Vielfalt von Anlagen, deren jede erst durch Vereinseitigung den «reinen» Typus ergäbe. Diesem Sachverhalt entsprechen wir durch Vorstellung eines realen Miteinanders verschiedener Achsen in einem und demselben Menschen, die Pole geben jeweils extreme, wenn man will als «Typen» beschreibbare Ausprägungen an. Die Achsen schneiden sich in der Mitte des Kreises, dem Schnittpunkt aller Möglichkeiten differenzierender Aussagen, die aus Art, Stärke und Lage der betonten Punkte an der Peripherie folgern. Das Verhalten, die Handlungen der Menschen verstehen wir aber nicht allein aus einem abgeschlossenen Charakter. Dessen Gegensatzhaltigkeit, betreffend unmittelbaren Ausdruck und Interessenlage, überhöht sich in den Widersprüchen, welche die soziale Wirklichkeit uns aufzwingt, wenn wir darin uns darleben und bestimmte Interessen verfolgen. Hier wird der Unterschied der beiden Sphären wichtig. Die Herausbildung habitueller Einstellungen erfolgt offenkundig stärker bezogen auf die Interessensphäre (Häuser der alten Astrologie), hauptsächlich in sie geht ein, womit sich die «soziale Feldforschung» befaßt, das jeweilige Handeln unter dem Einfluß der Sozietät. Die Ausdruckssphäre (Tierkreis) betrifft die weniger beeinflußbaren naturhaften Reaktionen auf Umwelt, in verdeckterer Form liegt ihr jedoch die gleiche Polarisierung zu Grunde.

Wir erhalten einen Rahmen, der bleibende Charakteranlagen in sich faßt und gleichzeitig ein Schema für weitergehende Entwicklung darstellt, bezw. hinzutretende Erwerbungen denselben Maßstäben einordnen läßt. Insofern die Beziehung der Abschnitte einer bestimmten Verlaufsrichtung folgt, bekommt der Kreis, den wir eingangs als statisches Anordnungsschema betrachteten, eine Dynamik, wird er zum «kreisläufigen System». Der Drehsinn des Kreislaufs betrifft dasselbe, was Viktor v. Weizsäcker in seinem «Gestaltkreis»[13] untersucht, das Verhältnis der Pole von Bewegung und Wahrnehmung, die Beziehung zwischen Ich und Umwelt (einschl. sozialer Mitwelt, Gemeinschaft): zwei einander ergänzende Einflußrichtungen, des Ichs auf die Umwelt und der Umwelt auf das Ich.

In der ursprünglich auf Austausch mit der Umwelt angelegten Natur des Lebendigen, nicht in «Gestirnwirkun-

[13] Viktor v. Weizsäcker, «Der Gestaltkreis», Thieme Leipzig, 1940.

gen», sehe ich somit die Grundlage der zwölf Prinzipien, ihrer Gegensätze und anderen Symmetriebeziehungen, ihrer Aufeinanderfolge von einem Ausgangspunkt bis zur Rückkehr in diesen. Erinnern wir uns des Bildes der zylindrischen Spirale, so haben wir in diesem kreisläufigen Bezugssystem keine starre Wiederholung «immer desselben», sondern wiederkehrende, Streben, Entwicklung, Niveauverschiebung zulassende Prinzipien der Selbstentfaltung.

Der kosmobiologische Umweltsbegriff

Grundlagenforschung in der Astrologie hat vor allem zu klären, auf welcher Ebene des Seins ihre Fundamente ruhen. Im ersten Bande legte ich dar, ausgehend vom Stufenbau der materiellen, organischen, seelischen, geistigen Ebene, daß ich diese Fundamente eine Stufe höher ansetze als auf der materiellen Ebene, die uns Anhaltspunkte zur Erstellung des Meßbildes liefert, sowie eine Stufe tiefer als auf der seelischen, zu der unsere charakterologische Deutung Bezug nimmt: in der Welt des Organischen also. Gleicherweise wie die «Planeten» der zu deutenden Konstellation als Symbole für organische Bildekräfte aufgefaßt wurden, sind nun auch «Tierkreis» und «Häuser» der alten Astrologie einem Verständnis als Kategorien des Organischen näher zu bringen.

Es mag als dahin gerichtete Tendenz gelten, wenn unter den verschiedenen Erklärungshypothesen für den Tierkreis sich heute die Jahreszeiten-Analogie einiger Beliebtheit erfreut. Sie geht bereits zurück auf Andeutungen bei Claudius Ptolemäus (Tetrabiblos) und sein offenbares Bestreben, mythische Bilder durch Naturvorstellungen zu ersetzen. Die Tierkreis-Erklärung wird damit abgehängt vom Kreis der ekliptischen Sternbilder, deren stetige Verschiebung zum Frühlingspunkt (sog. Präzession) seit langem bekannt war; die Ursächlichkeit verlegt sich in einen Sonnenkreis, auf die Bedeutung der Sonne für den alljährlich wiederkehrenden Wandel in den Lebenserscheinungen. Eindrucksvoll ist ja das Bild des Jahres besonders in unseren mittleren Breiten, wobei das Hervortreten der Extreme zur Zeit der Wendepunkte den beiden Tag- und Nachtgleichen die Rolle von Umschaltepunkten zuteilt. In diesem komplexen Erscheinungsbild, vornehmlich der Pflanzenwelt, ergeben sich als natürliche Quadranten eines Kreislaufs: I Keimung und ansteigendes Wirksamwerden organischer Bildekräfte im Frühjahr, II sommerliche Höchstentfaltung, Ausformung und Befruchtung, III beginnendes Einziehen äußerer Wirkkräfte und Abstoßen der Frucht im Herbst, IV vollzogene Wendung nach innen und winterliche Umorientierung auf ein Wiederentfalten. Die hiermit in großen Zügen thematisch bestimmte Norm macht einen Gesamtablauf sinnfällig, aus dem sich artmäßige Besonderheiten als Varianten ausgliedern.

Bei raschfertiger Einteilung in Frühlings-, Sommer-, Herbst- und Wintermenschen, sowie in den oft bilderreich ausgeschmückten Darstellungen dieser Theorie – wie schön etwa erklärt man den rauhen, zersetzenden «Skorpion» aus den Herbststürmen, der vermodernden Sommerpracht! – wird nur meist eines übergangen. Auf unserer südlichen Halbkugel liegen die Jahreszeiten gegensätzlich zu denen auf der nördlichen, die Bedeutung der entsprechenden Abschnitte kehrt sich jedoch nicht um. Allerdings gibt es Auffassungen, die, wenigstens andeutungsweise, dies in Betracht ziehen und an einen Rhythmus fortlaufender Entfaltungen auf der Erde denken, der mit dem Herbstpunkt auf die Südhalbkugel sinkt und mit dem Frühlingspunkt wieder zur Nordhalbkugel steigt.[14] Ein Gesamtrhythmus der Erde wird also zweierlei – um die Halbzeit verschoben ablaufenden – Ausprägungen unterlegt. Wenig jedoch kann es überzeugen, wenn dieser pendelnde Gang in einen Einfluß-Kausalismus hineingepreßt wird, der gleichförmig zum Ausdruck käme bei den auf verschiedenen Schauplätzen geborenen Individuen, zumal dabei die Verhältnisse

[14] Frh. v. Klöckler, «Kursus der Astrologie» Bd. II, 5. Auflage, Hermann Bauer Verlag, Freiburg im Breisgau 1978.

der Äquatorzone und der Polargebiete ganz unberücksichtigt bleiben. So verstanden erscheinen einfach die Jahreszeiten unserer nördlichen gemäßigten Zone schablonenhaft auf alles übertragen. Geringe Stütze bieten dann die mit Abstand betrachtet wertvollen Hinweise auf tatsächliche jahresperiodische Erscheinungen beim Menschen.[15]

Zweifellos ist der Rhythmus des Jahres (ihm eingehängt derjenige des Tages) grundlegend für das Erdenleben. Auch hat die Jahreszeiten-Analogie gewisse inhaltliche Berechtigungen für die vegetative Seite der Menschennatur und lehrte ferner Quadranten zusammenfassen, eine Verlaufsgestalt des ganzen Kreislaufs sehen. Was aber von Klima, Wetter und dergleichen abhängt und vereinigt mit lokalen Bodenverhältnissen das Erscheinungsbild bestimmt, kann für das Problem des Tierkreises nur von sekundärer Bedeutung sein. Von primärer ist das darin steckende Ordnungsmäßige; es gilt ja zu erfassen, was Bezug hat auf den Kosmotypus als Zwischenglied zwischen Phänotypus und Genotypus (vgl. Bd. I, S. 11). Dies lenkt das Augenmerk auf die Herstellung periodisch wiederkehrender Bedingungen, in welche das artverschiedene Leben auf der Erde, sowohl der Nord- als auch der Südhalbkugel, versetzt wird. Die in schräger Achsenlage vollführte Bewegung der Erde um die Sonne ist es, deren Projektion an den Weltraum-Hintergrund den Kreis der Sternbilder ergibt und dies die Ekliptik umsäumende Band uns in einer regelmäßig auf- und absteigenden, nach rechts oder links rükkenden Bewegung erscheinen läßt. Ins Gewicht fällt ferner der Umstand, daß die Bahn der Erde keine rein kreisförmige, sondern eine schwach elliptische ist, womit Extreme

[15] Eine reiche Materialsammlung brachte W. Hellpach in «Die Geopsychischen Erscheinungen» (Engelmann Leipzig, 2. Aufl. 1917, 4. Aufl. 1935 unter «Geopsyche»), betreffend körperliche und geistige Leistungsfähigkeit von Schulkindern, Erregungszustände bei Geisteskranken, Häufung der Selbstmorde usw. – Hierher gehören auch die Untersuchungen von de Rudder, ein besonders interessantes Kapitel sind die sog. «Saisonkrankheiten» mit gegensätzlichen Monaten des Auftretens auf den Halbkugeln. – Vgl. meine Zusammenstellung in «Das Lebewesen im Rhythmus des Weltraums», DVA Stuttgart, 1939.

der Sonnennähe und Sonnenferne sowie eine an verschiedenen Punkten der Bahn verschiedene Geschwindigkeit der Erde korrespondieren.

Hier setzen ernst zu nehmende Bemühungen um Herausarbeitung eines physikalischen Unterbaues der Tierkreisordnung an, insbesondere seien die Namen E. M. Winkel und W. Hartmann genannt.[16] Eine eingehende Auseinandersetzung damit muß ich mir an dieser Stelle versagen, als zu weit abführend vom gestellten Hauptthema: der Lebensreaktion. Der energetisch-quantitative Ausdruck des Ordnungsbildes, das wir mit Jahr und Tag umschreiben, wird auch von den genannten Autoren als Reiz auf den Organismus aufgefaßt. (Ihr Einstieg in die Lösung des Problems ist daher keineswegs zu verwechseln mit den im astrologischen Schrifttum oft ad hoc konstruierten «zwölf Kraftfeldern», aus denen die Deutungsinhalte ursächlich

[16] E. M. Winkel «Naturwissenschaft und Astrologie», Dom Verlag, Augsburg, 1927. W. geht aus von der verschiedenen Näherungsgeschwindigkeit (radiale Bewegung der Erde auf die Sonne zu oder von ihr fort) und sieht die Anwendung des Dopplerprinzips berechtigt; er legt zu Grunde, daß Energiequantum und Ausdrucksänderung seiner Dynamik sich proportional dem Bewegungsverhältnis zwischen Erreger (energiestrahlende Sonne) und Empfänger (Organismus als irdisches Elementarteilchen) verändern. In der Durchführung dieses Gedankens kommt W. zu menschlichen Verhaltenstypen, analog den einzelnen Bahnabschnitten. – Wilhelm Hartmann, «Die Lösung des uralten Rätsels um Mensch und Stern», Ulrich & Co., Nürnberg, 1950. H. faßt die Ekliptik mit Sonne, Mond und Planeten als ein Feld auf, dessen Zustand sich im Geburtsaugenblick – abklingend mit den Zuständen wenige Stunden danach – dem Neugeborenen als Schockwirkung überträgt. Bei der «Bewegung» der Ekliptik relativ zum «ruhend» scheinenden Standort auf der Erde stellt H. den Wechsel von 4 relativen Bewegungsarten in Betracht. Die Umschaltung erfolgt an den Äquinoktien und Solstitien, wobei in jedem Quadranten 2 Bewegungsarten ineinandergreifen: in I abnehmende Linksdrehung, zunehmende Aufwärtsbewegung, in II zunehmende Rechtsdrehung, abnehmende Aufwärtsbewegung, in III abnehmende Rechtsdrehung, zunehmende Abwärtsbewegung, in IV zunehmende Linksdrehung, abnehmende Abwärtsbewegung. Hier knüpft H. mit seiner Impuls- und Schocktheorie an, um die Einwirkung auf das Lebende, aufgespeichert in Form von Engrammen, zu erklären.

herstammen sollen!). Reizerregung gehört zu den materiellen Bedingungen der Lebensäußerung, impliziert aber noch nicht die Art der Reaktion, die dem Organischen eigene Antwort auf den Reiz. Dies ist der springende Punkt; so sehr wir uns um einen quantitativen Nachweis der Kreiseinteilung und tatsächlich ausgeübter Reize mühen müssen, die Auslösungsweise und damit die uns angehenden Inhalte folgern aus autonomen Ordnungen des Organischen. Wir dürfen nur einen Rahmen zur Einordnung von Urphänomenen des Lebens erwarten, die also in das Erscheinungsbild des Jahres hineingeborgen sind und darin abgewandelt nach sekundären Bedingungen zum Ausdruck kommen.

Was den energetisch-quantitativen Unterbau anbelangt, so wäre der Forschung ein schlechter Dienst erwiesen, wollte man verkennen, daß wir wenig über die Teilung in Quadranten, wie sie schon Kepler anerkannte, hinausgekommen sind. Innerhalb der 4 kardinalen Punkte folgt der Rhythmus nicht etwa einem ruckweisen, dreigestuften Energiegefäll, das in genügend markierter Schärfe den Nachweis einer Zwölfteilung des Ganzen darböte.[17] Richten wir den Blick kritisch auf diese noch bestehende Lücke, so kommen wir weiter, als wenn wir sie mit pseudo-physikalischen Behauptungen (vermuteten Kraftfeldern) zudekken. Auch bei den Aspekten lag die Sache ähnlich, materielle Wirkungsbilder bei 180° und 90°, fehlende bei 120°, 60°, Proportionen, die aber in Saitenteilung und Gestal-

[17] Für die Tageskurve macht allerdings E. M. Winkel aus erdmagnetischen Schwankungen, wie sie durch die Geophysik festgestellt wurden, einen dreifachen Rhythmus innerhalb der Quadranten geltend. Die sog. Spitzen der «Zwischenhäuser» wären demnach nicht als gleichwertige Teilhöhepunkte aufzufassen, sondern als Bestandteile einer bestimmten Kurve, mit fließenden Übergängen. – W. Hartmann sieht bezüglich der Ekliptik eine Differenzierung innerhalb der Quadranten dadurch vorgezeichnet, daß Zu- bezw. Abnahme der beiden sich überschneidenden Bewegungsarten im umgekehrten Verhältnis steht, was seiner Darlegung nach mannigfache, der astrologischen Erfahrung entsprechende Gesichtspunkte ergibt: gleichfalls in fließender Gestuftheit zu denken.

tung auftreten.[17a] Der Befund stimmt merkwürdig überein mit Überlieferungen des Denkens in Ordnungszahlen, das schon immer in der 4 die materielle Zahl, die des Kreuzes, der Elemente usw. sah, in der 3 dagegen die Schöpfungszahl, die der produktiven lebendigen Entfaltung; (vgl. Anm. S. 87) es fragt sich, ob darin nicht noch mehr als «Zahlenspielerei» steckt, nämlich ein intuitives Erfassen der sich einbauenden Lebensordnung. Das kreisläufige System, von dem hier die Rede ist, betrachten wir jedenfalls als Ordnungsformel organischen Lebens, nicht die in ihr befaßten Lebensäußerungen als Niederschlag und Folge anorganischer Ursachen. Wollte man aus dem Mangel exakt materieller Anhaltspunkte für die Zwölfteilung die weitere Untersuchung aussetzen, dann wäre es ebenso, als würde man in der Biologie morphologische Fragen beiseite stellen, weil Gestalt mechanistisch nicht befriedigend erklärt werden kann.

Gerade Gestalt, Gesamtregulation innerhalb der gestalteten Ganzheit, also mechanistisch Unerfaßbares, ist in den astrologischen Aussagebezirken enthalten. Was besagt es denn, daß unter Umständen der Aszendent einer Versuchsperson ihr vom Gesicht, aus Gang, Gliederbau und Gebärde, aus dem ganzen angeborenen Gehabe abgelesen werden kann? Auf welcher Grundlage sind (unter der im I. Bd. erläuterten «Wenn-Dann»-Voraussetzung) körperliche Krankheitsdispositionen aus dem Meßbilde erschließbar? Die Grundlage kann nur dort liegen, wo physiognomische Betrachtung sowie Begriffe wie Gesundheit und Krankheit anwendbar sind: im Organischen, gesehen als eigengesetzliche Ebene zwischen dem Materiellen und dem Seelischen. Schon jede Aussage über Temparament rührt an die körperkonstitutionelle Unterbauung seelischen Geschehens, weist in leib-seelische Zusammenhänge hinein und die darin

[17a] Vgl. Bd. I, S. 245 ff. Erst neuerdings bringen Untersuchungen von R. Tomaschek über Erdbebenhäufigkeit bei bestimmten Konstellationen ein Auftreten des Winkels 120°. Vgl. R. Tomaschek «Kosmische Kraftfelder und astrale Wirkung», Ebertin-Verlag, Aalen, Württemberg, 1959.

bedingte Form, mit welcher seelische Energie auf Reize der Umwelt anspricht. Sind Aussagen dieser Art aus dem astrologischen Meßbilde möglich und wollte man die Erscheinungen kausal ableiten von den Gegenständen, die zur Ausmessung dienen, dann müßte man aus dem Weltraum kommende organismisch richtende, gestaltbewirkende, krank oder gesund machende Energien annehmen. Statt auf diese Weise die Begriffe der Physik zu überspannen, nehmen wir eine Schwenkung vor und legen die Ursächlichkeit in die autonome Lebensgestaltung, sich einordnend in kosmische Umraumsverhältnisse. Begriffen wir die «Planeten» als Symbole organischer Bildekräfte, so verstehen wir nun «Tierkreis» und «Häuser» als Bezugssysteme ihrer Äußerung im Verhältnis des Organismus zur Umwelt.

Unseren heutigen, der Eigenständigkeit des Organischen entsprechenden Begriff der Umwelt verdanken wir Jakob von Uexküll.[18] Demzufolge hat jedes Tier seine eigene Umwelt, diejenige, auf die es in seiner Organisation angelegt ist. Vorgeformt liegt in seinen Sinnesorganen (Rezeptoren) die Struktur des Wahrgenommenen (Merkwelt), sowie in seinen Tätigkeitsorganen (Effektoren) die Struktur des praktisch wirksam Beherrschten (Wirkwelt). Diese arteigenen Strukturen entscheiden über seinen Ausschnitt an «Welt», seinen Anteil am Naturganzen. Auf Grund des «Plans» seiner Anlage – des Baues, der Wahrnehmung und Tätigkeit, der Entfaltung, Reifung und Selbstregulierung – ist der Organismus harmonisch eingepaßt in seine ihm genügende Umwelt.

Wenn Uexküll in seiner Spätzeit den Gedanken ausspricht, daß diese Pläne einer zusammenfassenden Planmäßigkeit der Natur angehören, so setzt dies nicht notwendig einen planenden Geist außerhalb des Organischen

[18] J. v. Uexküll, «Theoretische Biologie», Gebr. Paetel, Berlin, 1920; «Umwelt und Innenwelt der Tiere», Julius Springer, Berlin, 1921; einen guten Überblick vermittelt «Bedeutungslehre», sowie, mit G. Kriszat und einem Vorwort von A. Portmann herausgegeben, «Streifzüge durch die Umwelten von Tieren und Menschen«, Rowohlt, Hamburg, 1956.

voraus. Ein solcher hätte für naturwissenschaftliche Blickweise das Unbefriedigende der «Entelechie», sofern man diese nicht als innewohnende Zielstrebigkeit des Lebendigen versteht, sondern als gedachte Form, die sich im Stoff verwirklicht, solchermaßen Gestalt, Ordnung aus Eigenheiten unseres Intellekts erklärend. Das Eingreifen derartiger Formideen in die Materie kann keinesfalls so hinreichend plausibel gemacht werden, daß sie nicht einen im Grunde fremden Eindringling, bezw. in Nicolai Hartmanns Ausdrucksweise eine «kategoriale Grenzüberschreitung von oben her» darstellen würden. Für das organisch kosmologische Denken jedoch liegt das Ordnende im Organischen selbst, treibt es von innen her zur Selbstentwicklung und -vollendung. Das Wesentliche des neuen biologischen Umweltsbegriffs besteht im Unterschied zur Gleichgültigkeit bloßer Umgebung, etwa der Umgebung eines Minerals, objektiv vorhanden «im» Raum des Physikers, «neben» und «mit» anderen, gleichen Gesetzen gehorchenden Körpern. Die biologische Umwelt hat ihre Mitte in einem lebenden Subjekt, von dem ihm eigene Beziehungen zur Welt ausgehen. In diesem Beziehungsfeld tragen die Dinge, auf die es anspricht, bestimmte Bedeutungen, sie sind Merkmale oder Signale zur Auslösung wesenseigener Reaktionen.

Die vielfachen Beobachtungen über das Eingepaßtsein organischen Lebens in kosmische Perioden[19] nötigen uns zu folgender Überlegung.

[19] Dabei finden sich Fälle erstaunlicher astronomischer Exaktheit bezüglich des Dreikörpersystems Sonne-Erde-Mond, vor allem bei Laichzeiten gewisser niederer Meerestiere; aber auch Begattungszeiten und Trächtigkeitsdauer der Säugetiere sind als Einpassung in das Jahr und den Mondmonat aufzufassen. In diesem Zusammenhang sprach ich von «organischer Astronomie» (in «Das Lebewesen im Rhythmus des Weltraums»). Das Problem lautet, ob wir in dergleichen Periodizitäten die kausale Folge von Gestirnwirkungen sehen müssen oder an *eigenständige Maßnahmen des Lebens, das die Fortpflanzung seiner Arten in kosmische Perioden einbaut,* zu denken haben. Die Pflanzenwelt verhält sich überwiegend passiv gegenüber der Jahreszeitenfolge, in der Tierwelt finden wir aktivere Unabhängigmachung von der Bedingtheit darin.

Kein Organismus ist völlig abgeschlossen, sich genügend, sondern nur in Umweltsbeziehungen lebensfähig. Die biologische Umweltsauffassung zeigt uns das Lebewesen in Harmonie mit seiner ihm angemessenen Umwelt, als Eigenkosmos. Wo aber endet diese Umwelt? Über die in Organen – Werkzeugen von Maschinencharakter – begründete arteigene Merk- und Wirkwelt hinaus wird letzte Harmonie erst im makrokosmischen Zusammenhang gewährleistet. In resonanzmäßig latent vorhandenen und gelegentlich aktivierten Beziehungen hierzu müssen wir begründet suchen, was einerseits einzelne Wesen und Arten in kosmische Perioden einordnet, anderseits im Gesamt des Lebens uns den Gedanken einer «großen Planmäßigkeit» aufdrängt. Bei letzterer brauchen wir uns keinen irgendwie erdachten ideellen Plan, den die Organismen mit festgelegten Entwicklungszielen durchführen, vorzustellen. Wir wissen genau genommen nur von Ordnungsweisen. Ihre Zusammenfassung aber können wir nachzeichnen in einer universellen Regel der Umweltsbeziehung überhaupt, worin die möglichen Einzelvorgänge, ohne endgültig fixierte Entwicklungsziele, prinzipiell enthalten sind. Es gilt demnach, diese allgemeinen Prinzipien des Umweltsbezugs und -austausches der Organismen zu ermitteln, eine Inhaltsfolge, die sich überall dort herstellt, wo Lebendes in Beziehung zu einer Umwelt kommt.

Da wir es mit polar gegensätzlicher Ausrichtung und Funktion der Begegnung (Subjekt-Objekt), sowie mit einer in sich zurücklaufenden Folge von Abwicklungen zu tun haben, ergibt sich mit innerer Notwendigkeit eine kreisläufige Anordnung dieser Prinzipien. Wenn nun kosmische Kreisläufe bestimmte Rhythmen darstellen, die für das gesamte Leben auf der Erde von Bedeutung sind – periodischer Wechsel und Umschlag lebensnotwendiger Energie –, so setzen wir die Hypothese, uns die Lebewesen, ungeachtet ihrer konkreten Unterschiedlichkeit und voneinander abweichenden Daseinsweise, mit dem besagten Ordnungsschema eingebaut zu denken in diese Kreisläufe. Dies ist der Kerninhalt des kosmobiologischen Umweltbegriffs.

Methodisch sind hierbei zu scheiden: die inhaltliche Seite, Aufbau und Gliederung eines solchen Systems von Grundbedeutungen, sowie die formale Seite, Einbau in die kosmische Umwelt.[20] Die erste hier in den Vordergrund rükkend, finden wir Grundzüge einer inhaltlichen Gliederung in Uexkülls Arbeiten. Für die Einpassung der Tiersubjekte, der einfachsten wie der kompliziertesten, in ihre Umwelten stellte er das bekannte Schema des Funktionskreises auf; der Inhalt geht eindeutig aus der Abbildung hervor. Er ergänzte dies allgemeine Schema dann durch Aufstellung mehrerer Kreistypen, je nachdem, ob es sich um die Reaktion von Artgenossen in der Fortpflanzung, um

[20] Formale Seite: Das Ordnungsschema tritt in zwei Formen auf, Tierkreis und Häuser. Rechnerisch handelt es sich um eine Teilung im ersten Falle der Ekliptik, im zweiten Falle des Äquators in je 12 gleich große Abschnitte. Die mit den Teilungspunkten gekennzeichneten Richtungen vom Mittelpunkt der Erde aus betreffen den Raum, in dem die beiden periodischen Erdbewegungen, aus denen sich zeitlich Jahr und Tag ergibt, erfolgen. Eine natürliche Vierteilung des Jahres ist durch die Äquinoktien und Solstitien gegeben, des Tages durch Horizont und Meridian; das letztere System liegt also für jeden Ort auf der Erde anders, je nach geographischer Länge und Breite, d. h. rechnerisch ist die Äquatorteilung auf den Ort zu beziehen. Nehmen wir jeden der beiden Kreise als Bewegungsganzes, so geben diese 4 Punkte eine Achse erreichbarer Extreme, sowie eine Achse des Ausgleichs und der Umschaltung von Energietendenzen an. Die letztgenannte Achse deckt sich mit dem Grundschnitt unseres Ordnungsschemas (Horizontalschnitt der gebrachten Diagramme). Im sonnenbezogenen Tageskreis scheidet diese Achse Tag und Nacht, im Jahreskreis stellt sie eine Verbindung des ekliptikalen Systems mit der schräg dazu liegenden Rotationsebene her: zweimal im Jahre (an den Tag- und Nachtgleichen) bilden die beiden Schnittstellen der Ekliptik und des Äquators eine Linie mit der Geraden vom Erdmittelpunkt zur Sonne. Ob nun davon der Frühlings- oder Herbstpunkt als Beginn des Kreislaufs (analog «Sonnenaufgang» im Tageskreis) gelten soll, entscheidet sich nicht aus dem Bild der Jahreszeiten (Nord- und Südhalbkugel gegensätzlich), sondern aus dem Verhältnis zur Apsidenlinie, der Linie größter Sonnennähe oder -ferne, sowie damit gesteigerter oder herabgeminderter Intensität der Erdbewegung. Der Frühlingspunkt gilt uns als Beginn eines Zusammenhangs, der mit der Wendung zur größten Sonnenferne (erreicht kurz nach unserer Sommer-Sonnenwende) einsetzt. Ihn setzen wir analog dem Schnittpunkt zwischen Ekliptik und Osthorizont im Tageskreis.

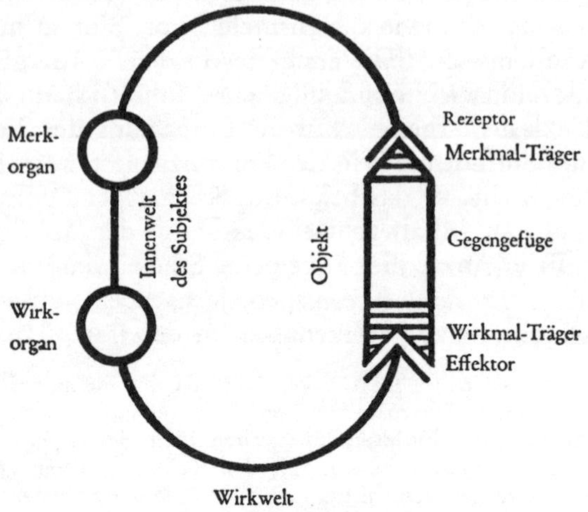

Abb. 1
Funktionskreis nach Jakob v. Uexküll

die Auseinandersetzung mit Feind und Beute – bezw. auch gegenseitige Unterstützung – in der Symbiose oder um Einbeziehung der mineralischen Welt, des Mediums handelt. Diese Unterscheidungen betreffen eine verschiedene Qualität und Rolle der Umweltsdinge, Uexküll spricht vom Erlebniston, den sie haben. Wir werden später diese Tönungen als solche der Quadranten in ein zusammenfassendes Schema, das die Schnittlinie des Funktionskreises beibehält, aufgenommen sehen.

Nur in einem kann ich Uexküll nicht folgen. Wir müssen uns hüten, das Schema einer in Organen und Instinkten festgelegten Umwelt – zusamt der damit gegebenen geschichtslosen Harmonie – ohne weiteres auf den Menschen zu übertragen. Das Eigentümliche der menschlichen

Situation besteht in der Heraushebung aus naturfixiertem Verhalten als ein Wesen mit «Welt» und «Geschichte». In der weltoffenen Menschenanlage gibt es artmäßiges Verschiedensein und zugleich Verstehen des Andersgearteten, Entwicklung auf bewußtem Wege, anwachsende Objektbewältigung. Während das Tier instinkthaft der Symbiose eingefügt ist und bleibt, verändert der unabgeschlossene, folgerichtig weitergehende geschichtliche Prozeß unsere Formen der Zusammenschlusses, die soziale Mitwelt, sowie unser Verhältnis zur außermenschlichen Natur. Harmoniestörung ist darin nicht als bloßes Negativum, sondern als weitertreibendes Moment enthalten. Wir kommen demnach nicht ohne inhaltliche Ergänzungen aus, die gerade dies Herauswachsen aus dem Animalischen und instinktmäßig Festgeprägten betreffen.

Uexkülls Gedankengänge, Extrakt zahlloser Beobachtungen und in der Biologie von umwälzender Wirkung, bewegen sich eigentlich auf altem philosophischem Boden. Leben als Ausgleich entgegengesetzt gerichteter Kräfte von Organismus und Umwelt, seine Erhaltung als Prozeß des gestörten und immer wieder hergestellten Gleichgewichts, war schon ein Grundgedanke in Schellings Naturphilosophie. Mit Uexküll trat eine Forschergeneration an, die sich erneut von der zwischenzeitlich herrschenden mechanistischen Betrachtungsweise abgrenzte; die Bejahung einer Innenwelt der Tiere ergab sich ihm aus der Rolle des Bildes (Merkbild und Suchbild). Darin liegt der Übergang von der organischen zur seelischen Ebene. Steigen wir eine weitere Seinsstufe hinan, zur geistigen Ebene, wo mit der bewußten Subjekt-Objekt-Scheidung unser spezifisch Menschliches gründet, so können wir wiederum zurückgreifen auf Fichtes dialektischen Entfaltungsprozeß des zugleich wollenden und erkennenden Ichs. Gemeinhin wird dieser Philosoph als subjektiver Idealist einrangiert. Dies summarische Urteil übergeht, daß er den Bezug zum vorbewußten Lebensuntergrund beibehielt in der Auffassung des Ichs als «reine Tätigkeit», die polar zusammengehörige

Gegensetzung von Ich und Nicht-Ich galt ihm «ohne unser wissentliches Zutun in uns vorhanden». Indem dieser tätige Pol in seinem leidenden (empfindenden) Gegenpol von Seiten der Objekte her Bestimmung, Begrenzung erfährt, stellt die «Handlung des menschlichen Geistes» in der fortgesetzten Vereinigung des Entgegengesetzten allmählich «ein Universum mit all seinen Merkmalen» heraus.[21] Fichte erfaßte so das Weltoffene und Geschichtliche im zweipoligen Ansatz unseres Erkennens; dieser Ansatz, in Uexkülls Funktionskreis die Schnittlinie von harmonisch ineinander Eingepaßtem, wird damit zur Linie der Entscheidungen, durch die sich das autonome Vernunftwesen verwirklicht.

An der von Fichte, Schelling und Hegel beeinflußten Naturphilosophie wurde einst kritisiert, daß sie in Betracht von Entwicklungen den dialektischen Dreischritt einführte; man argumentierte, dieser verleite zu rationalen Auslegungen, die für den empirischen Beobachter der Natur nicht stichhaltig seien. Was indes in der strengen Naturkausalität keinen Platz hat, kann sehr wohl in einem finalen Bedeutungssystem zu Recht gelten. Ein solcher Dreischritt steckt schon in der thetisch-antithetischen Sicht des Verhältnisses von Organismus und Umwelt, deren Vereinigung in einem Dritten, dem zusammenschließenden Funktionskreis, die Lebenserscheinungen hervorbringt. Wir betrachten die Dinge bereits in dieser Denkform, sobald wir das Lebewesen nicht objektivistisch nur als materiellen Körper beschreiben, sondern als Subjekt in die Mitte seiner Beziehungs- und Bedeutungswelt gestellt sehen. Uexküll hat die Fruchtbarkeit solcher Betrachtungsweise gezeigt, fruchtbar, weil er sich auf Bedeutungen (Merk- und Wirkmale), die in den Lebensvorgängen selbst aktualisiert werden, beschränkte. Für deren Verständnis ist dies von unleugbarer Aufschlußkraft und trifft genau das, worin das Leben über maschinenmäßig-physiologische Abwicklungen hinausgeht.

[21] Citate aus J. G. Fichte, «Grundriß des Eigentümlichen der Wissenschaftslehre», Fritz Eckardt Verlag, Leipzig, 1911.

Weitaus ungewohnter freilich mag die Anwendung des dialektischen Dreischritts auf die Gliederung unseres Ordnungsschemas sein, wie in der nachfolgenden Allgemeindarstellung durchgeführt (S. 85 ff.). In ihm aber liegt der Schlüssel für das entwickelnde Fortschreiten im Kreis und die systematische Denkbarkeit dessen, was mit der altüberlieferten Qualitäten-Dreiheit gemeint war. Hierdurch wird jeder Quadranteninhalt dreifach abgewandelt, wie ebenso von den 4 kardinalen Punkten aus der Dreischritt durch das Gesamtmaß des Kreises hindurchgreift. So machen wir das schon von den alten Tierkreis-Theoretikern erfaßte Eigentümliche dieser Zwölfheit uns auf eine neue Weise bewußt: die Überschneidung mehrerer ordender Gesichtspunkte in jedem Prinzip, je nach den Grundzahlen, welche die 12 aufbauen. Daß dies keine bloße Zahlenspielerei ist, erweist sich in der methodischen Aufschlüsselung durch die Praxis. Für denjenigen, der die Inhalte als oberflächliche Aufzählung von Eigenschaftsbegriffen nehmen will, schillern die 12 Zeichen in einer Vielbedeutung, je nachdem er sie wendet. Wer dagegen methodisch damit arbeitet, erhält durch die innere Konstruktion des Kreises verschiedene Blickwinkel, um Faktoren jenseits der Aussagegrenze kombinativ in Rechnung zu stellen; logischerweise spielt z. B. das Entwicklungsniveau in der Durchprägung der Dreiheit eine andere Rolle als bei den Temperamenten.

Zum Temperament schließlich, bislang in der Psychologie vom Zusammenbestehen seelischer Äußerungsweisen mit gewissen physiologischen Eigentümlichkeiten her untersucht, wobei mehrere Einteilungen offen bleiben, bekommen wir einen neuen Zugang, der die alte Vierheit bestätigt. In einem Ordnungsschema, das die Koordinaten des menschlichen Seins zusammengefaßt enthält, darf unser Teilhaben an den vier Ebenen des Seins nicht fehlen. Abgesehen davon, daß sie alle vier bei jedem Menschen ineinandergreifen, gibt es individuelle Unterschiede, nämlich charakterliche Affinitäten zu dieser oder jener Ebene. In solchen von Geburt an bestehenden Mehr- oder Minderbetonungen, schon in der Leibesgestalt und -konstitution zum Ausdruck kommend, sehen wir die Wurzel der am wenigsten veränderbaren Eigenschaften, die als Temperament bezeichnet werden. Allerdings müssen wir die Temperamentbegriffe einer Revision unterziehen; anstatt sie, wie es häufig geschieht, für typenhaft vereinfachende Zuschnitte zu verwenden, sprechen wir von abzuwägenden Anteilen am Gesamttemperament eines Menschen und kommen damit auf den antiken Gedanken der «Mischung» mit differenzierender Feststellung zurück. Temperament gehört zur naturnächsten Untermalung der Ausdruckssphäre (Tierkreis); in der Interessensphäre (den Häusern) klingt die entsprechende Einteilung nur in veränderter Form, als Bedeutungston an, ohne die Ausdrucksunmittelbarkeit, die wir mit dem Begriff des Temperaments verknüpfen.

Nach diesen Richtlinien stellen wir das kreisläufige System auf. Bezüglich der Anordnung seiner Komponenten, des Verwobenseins der darin verschränkten Inhalte zur Symmetrie des Ganzen, kommt es auf den inneren Begründungszusammenhang an. Bezüglich der Richtigkeit entscheidet allein die Erfahrung, wie stets merzt sie herangetragene Vorstellungen aus, die nicht durch Sachverhalte gedeckt sind. Die folgende Allgemeindarstellung soll möglichst schrittweise erhellen, was in der praktischen Anwendung zu Tage tritt. Hauptsächlich beschränken wir uns auf den charakterologischen Aussagebereich, Körperorganisches nur streifend; die medizinischen Entsprechungen bedürfen einer weiter ausholenden Lehre der Organik.[22]

[22] Den Aufriß einer solchen habe ich versucht in «Tierkreis und menschlicher Organismus», Ebertin-Verlag Aalen, 1958. Das Büchlein kann für das Studium des organischen Unterbaues seelischer Phänomene und Haltungsanlagen ergänzend herangezogen werden.

Ausblick in die Gegenwart

Auf philosophische Geister des Altertums, des Mittelalters und der Renaissance übte die Astrologie einen Zauber aus einerseits als allumfassende Ordnungslehre, anderseits durch den darin verborgenen Gedanken alldurchflutenden Lebens. Dem äußeren Bilde der Ordnung, in der sich dies All-Leben vollzieht, den Himmelsbewegungen, entspricht der «innere Himmel» des Paracelsus, wonach «im menschen sind sonn, mon, saturnus, mercurius, venus und all zeichen, der polus arcticus und antarcticus, der wagen und alle quart in zodiaco»; hier liegen die ausgebärenden Urbilder oder matrices, und «das bei uns die selbigen matrices auch sind wie außen, drumb so entpfinden wirs und die, die der selbigen constellation sind in der concordanz»[23]. Für Keplers «harmonices mundi» galt die Erde als beseelt, ihm «leuchtet in der Seele der Erde auch ein Abbild des Tierkreises, ja sogar des gesamten sichtbaren Sternhimmels», und das gleiche «kann füglich auch auf die Grundvermögen der menschlichen Seele angewendet werden». Nicht in der äußeren «Austeilung in zwölf Zeichen» sah er das Wesen des Zodiaks – ein Wort, das er übrigens nicht von zoon = Tier, sondern zodion = Bild herleitete –, er sah es im Kreis als Symbol transzendentaler Harmonie, «in ihm liegen die Urbilder und die Urvorstellungen der Größenlehre», für unseren inneren Mittelpunkt «im gewissen Sinne Ur-Beziehbarkeit der Seele selbst»[24]. Im Werk desselben Mannes an der Scheide zweier Blickweisen erleben wir aber auch die ganze Spannung zwischen dieser Weltschau und der Redlichkeit des Naturforschers, der wegen 8 Bogenminuten Abweichung des beobachteten Mars vom theoretisch errechneten Standort einen Berg mühseliger Untersuchungen verwarf, um

[23] Sudhoff Gesamtausgabe, Abt. I, Bd. I, S. 78.

[24] «Zusammenklänge der Welten» in der Übersetzung von Otto J. Bryk (Diederichs 1918), IV. Buch, VII. Abschnitt; die Ableitung des Wortes Zodiak aus dem «Gutachten über das feurige Trigon. 1603»; das Schlußcitat des obigen Abschnitts aus «Astronomia Nova».

endlich durch kritische Verarbeitung dieses Fehlers «den Weg zur Erneuerung der gesamten Himmelswissenschaft» gebahnt zu finden.

Wir Heutige müssen die gleiche Spannung vom Gegenpol des unversalistischen Weltblicks, vom konkreten Einzelwissen her durchtragen, um den alten Bildern einen Sinn, der über geistesgeschichtliche Bedeutung hinausgeht, entnehmen zu können. Dreieinhalb Jahrhunderte Naturforschung haben aus dem Ethos solcher «acht Bogenminuten» gearbeitet. Sie beschenkten uns mit einem ungeheuer ausgebreiteten, aus Gründen rationeller Bearbeitung auf Spezialgebiete verteilten Erfahrungsstoff. Die lange Vorherrschaft kausal-mechanischer Denkweise, die Arbeitsteilung des Wissenschaftsbetriebes hinderten anderseits die Astrologie, sich folgerichtig fortzuentwickeln. In einem unzusammenhängenden Weltbilde läuft ihr Grundgedanke leer. Bei Leibnizens prästabilierter Harmonie, in Goethes intuitiver Naturschau und der romantischen Naturphilosophie konnte er noch mitklingen. Dagegen für nüchterne Tatsachenmenschen ohne inneren Mittelpunkt lebte höchstens ein Anachronismus weiter, der Orakelfragen vulgärer Art mit dafür gebildeten Regeln beantwortete. Wenn nun heute die Astrologie aus sich heraus Erneuerung findet, dann nützt ihr am allerwenigsten das Gerede von der «ältesten», der «königlichen» Wissenschaft. Im Bereich der Fragen heutiger Forschung vielmehr endet ihr Interregnum, überall da, wo über fachliche Beschränkung hinweg wieder Voraussetzungen einer Universitas erarbeitet werden.

Es sind lebhaft in Fluß befindliche und für den, der an ihrer Lösung teilnimmt, erregende Fragen, die unser Weltbild heute umgestalten.

Allzu ängstlich meist, in gestrigen Vorstellungen und Forderungen befangen, sucht man die astrologischen Inhalte abhängig zu machen von Beweisketten durch Strahlung und verwandte Erklärungen. Doch der Alleinanspruch lückenloser Naturkausalität (auch in der Mikrophysik schon durchbrochen) und der Gesichtspunkt der

Biophysik werden überformt von der Eigengesetzlichkeit des Lebens. Vor Problemen wie Entwicklung, Umwelt, Gestalt ringt die Biologie heute um ihre Geltung als Grundwissenschaft mit selbständigen Methoden. Den physikalisch-chemischen Erklärungen gegenüber entstehen damit Brückenprobleme zweier Seinsschichten. Vor allem erhebt sich die Frage, wie die Einzelpläne organischer Ganzheiten eingefügt sind in den mathematischen Entwurf der Natur, den die Physik darstellt. Gerade sie, in letzter Verfeinerung des Verhältnisses von Denken und Experiment, tendiert wieder zur Denkbarmachung einer endlichen, geordneten Welt, eines Kosmos, dessen Teile in Hinsicht auf Gesetzlichkeit des Naturganzen in Beziehung stehen. An dieser Stelle setzt die kosmobiologische Hypothese ein. Um sie fruchtbar zu machen, gilt es, den ganzen Umfang der Entdeckungen und daran geknüpften Überlegungen sowohl der Physik als auch der Biologie zu studieren. Praktisch stoßen diese Seinsbereiche für unsere Frage zusammen, wo die Erde als Schauplatz von Umraumswirkungen betrachtet und das Eigentümliche organischer Umweltsreaktion sichtbar wird daran, wie artverschieden die Wesen in gleiche Periodizitäten eingebaut sind.

Beim Menschen befinden wir uns mit solchen Zusammenhängen erst in seinem organismischen Unterbau. Folgerungen für die nächsthöhere Ebene stellen neue Brückenprobleme. Hier nun hat die Tiefenpsychologie überwachbare Zugänge zu Urbildern des Unbewußten geschaffen, innerseelischen Mächten, deren sinnverdichtende Kraft sich unterhalb bewußter Auseinandersetzungen mit der Welt bewahrt hat. Gegebenenfalls greifen sie in unser akutes Seelenleben ein als sinnvoll regelnde Funktion. Wir haben daraus ein neues Verhältnis zu urtümlichen Symbolen und ihrer Deutbarkeit gewonnen. Ist es uns anderseits gelungen, an Hand der kosmobiologischen Hypothese, geprüft und bewährt an Meßbildern menschlicher Individuen, die Brückenübergänge vom Organischen ins Seelische zu finden, so dürfen wir in diesen Urbildern mehr als einen festgehaltenen Niederschlag der menschlichen Frühgeschichte erblicken. Es handelt sich dann um tatsächliche Rückverbindungen zum Kosmos. Diese bilden das Quellgebiet mythischer Vorstellungen, ekstatisch-religiöser Innenschau, sie scheinen hindurch im musisch-bildnerischen Akt und in Eingebungen bei existentiellen Grunderschütterungen, wenn die rationalen Maßstäbe versagen. Aus solcher Sicht entziffern wir die urtümliche astrologische Bildersprache anders als nur kultur- und geistesgeschichtlich, indem wir zugleich mit der Deutung des reinen Bildgehalts abziehen, was zusätzlich aus Anschauungen der jeweiligen Völker und Kulturen stammt.

Angewandt auf die Menschenseele enthält der abstrakt mathematische Rahmen, das Meßbild, eine uns sonderbar anmutende Verräumlichung des Unräumlichen: was im Umkreis der Erde sich gegenüber liegt, entspricht anlagemäßigen Gegensätzen unseres Inneren. Hieraus, Innen- und Außenwelt noch wenig trennend, erwuchs der große Analogiegedanke «wie oben, so unten». Auf einer überwölbenden Kuppel unbedingten Seins sah der antike Mensch das Schicksal geschrieben. Heute sehen wir das Sein geschichtet und die Schichten in bestimmter Weise einander bedingend[25], sehen das denkbare Einssein von Charakter und Schicksal auf Pfeilern ruhen, die aus unteren Seinsschichten durchragen. Was im Organischen raumgestaltend wirksame Bildekräfte sind, übersetzt sich im Seelischen in Urbilder des Bedeutungszusammenhangs, Ausdruck regelnder Grundfunktionen, und nimmt im Geistigen die Form primär bestimmender Ideen an. Dasselbe Element also, das erkenntnismäßig in seinem Prinzip begriffen wird, kann innerseelisch als bedeutungshaltiges Bild geschaut werden und verbildlicht etwas, was sich im Organischen unreflektiert betätigt. Inbegriffen ist darin Materielles insoweit, als das Organische einen Bau- und Bildestoff und ein Lebensmedium braucht, sich in bestimm-

[25] Allerdings ist dieser Gedanke bei Plato und Aristoteles bereits vorgebildet; vgl. Nicolai Hartmann «Die Anfänge des Schichtungsgedankens in der Alten Philosophie», Verlag d. Akademie der Wissenschaften, Berlin, 1943.

ten Beziehungen zu materiellen Seinseigenschaften ausgestaltet und darlebt.

Auf solche Zusammenhänge ausgerichtet kann die Astrologie wieder eine Ordnungslehre werden, die den Menschen in die Mitte seiner Welt gestellt betrachtet und Ergebnisse der Einzelwissenschaften in sich aufnimmt. Mit ihren Elementen menschliche Wirklichkeit deuten, heißt Symbole aufschließen. Das Mittel hierfür sind die Entsprechungsreihen, sie enthalten das auf verschiedenen Ebenen einander Analoge. Die konkreten Gehalte der Ebenen wollen für sich untersucht, die Lage einer Erscheinung darin will genau bestimmt sein, um den richtigen Ansatz der Deutung zu finden. Dies bezieht sich auf wissenschaftliche Methodik, schließt intuitive Deutung und mit der «Spielsituation» sich einstellende, zutreffende Bilder nicht aus. Studieren wir den Aufbau des Charakters im Vergleich mit Methoden, die empirisch feststellend herangehen, so verfolgen wir in vertikaler Aufbaurichtung die Grundfunktionen bis dahin, wo bewußtes Verhalten abändernd in den naturgegebenen Zustand eingreift. Hieran werden wir der Aussagegrenzen inne, der Abwandlung durch Familienerbe, sowie durch Erziehung und andere Milieueinflüsse, den in ihnen verdichteten Zustand des sozialen Feldes und der geschichtlichen Situation, insbesondere aber durch das Einsetzen des selbstbestimmenden Faktors. So viel Grenzen für den Aussageschematismus, so viel Möglichkeiten einer differenzierten Aussage, wenn wir die abwandelnden Bedingungen jenseits dieser Grenzen erkennen und die hierauf abgepaßte Entsprechung wählen.

Das Ureigene der Astrologie als Menschenkunde, ihr Beitrag an die Gegenwart mit ihren Problemen, besteht in etwas, wodurch sich empirische Tatsachensammlungen erst zusammenschließen: innere Einheit einer auf Welt hin entworfenen organisch-seelisch-geistigen Struktur des Menschen. Gespiegelt am Welthintergrund seines Antretens erweist sich der Einzelne determiniert, Struktur ist Schicksal und auf jedem erreichten Niveau stellt sie sich wieder her. Im Querschnitt gesehen bleibt er unveränderlich derselbe.

Zugleich aber bezeichnet der selbstbestimmende Faktor in ihm das Weltoffene, Ansteigende. Es gibt dennoch freie Entscheidungswahl, Streben, geschichtlichen Weitergang, mit dem Niveau ändern sich die Entsprechungen, mit hinzugewachsener Welt wechseln die Dinge aus, in denen sich sein Wesen manifestiert. In diesen beiden Blickweisen, deren Paradoxie wir im Gedanken der Entwicklungsspirale aufheben, ist der Mensch gleichzeitig ein vorbestimmtes Ganzes wie eine ständig offene Frage: «geprägte Form die lebend sich entwickelt».

DIE SPHÄRE DES AUSDRUCKS
(Der Tierkreis)

ALLGEMEINDARSTELLUNG

Die scheinbare Sonnenbahn als gemeinsamer Meßkreis

Unsere Erde bewegt sich mit den übrigen Planeten in annähernd derselben Ebene – genannt Ekliptik – um die Sonne, einen geringen Neigungswinkel hat auch die Bahn des Mondes. Von der Erde aus gesehen laufen also Planeten und Mond auf der scheinbaren Bahn der Sonne; geben wir der Sonnenbahn eine feste Einteilung, so läßt sich die Lage der uns astrologisch interessierenden Körper in Graden eines gemeinsamen Meßkreises ausdrücken. Naturgemäß bieten sich für eine solche Einteilung die Raumrichtungen der Sonne zur Zeit der Tag- und Nachtgleichen sowie der größten Tag- und Nachtunterschiede an. Diese 4 alljährlich wiederkehrenden Punkte gliedern den ekliptischen Umkreis der Erde in Quadranten, als Einsatzpunkt der Zählung gilt die Tag- und Nachtgleiche im Frühjahr[1]. Macht man nun die Erfahrung, daß bei Plane-

[1] Dies ist unabhängig davon, ob in irgend einer historischen Zeit das Jahr etwa vom längsten Tage an gerechnet wurde und welche mythologische Vorstellung damit verknüpft war. Julius Schwabe sucht in seinem als Beitrag zur Mythenforschung verdienstvollen Buche «Archetypus und Tierkreis» (Benno Schwabe & Co., Bern 1951) darzulegen, daß die «richtige Grundstellung des Tierkreises» schon im zweiten vorchristlichen Jahrtausend «in die Brüche gegangen» sei. Schwabe verwechselt den mythengeschichtlichen Hergang mit der Fixierung des astrologischen Meßkreises, kommt zu einer Verurteilung der Astrologie, sieht in ihr lediglich eine angewandte Symbolik, die mit der Verschiebung der Tierkreisbilder (Präzession) zusammenbrechen müsse. Doch die historische Erklärung, einbeschlossen der Werdegang astrologischer Vorstellungen, mag nur demjenigen als Wider-

tenstellungen in bestimmten Abschnitten dieses Kreises die durch den betreffenden Planeten symbolisierte Wesenskraft im Menschen abgewandelt auftritt, und zwar regelmäßig in bestimmter Weise, sucht man ferner die Ursache dieser Erscheinung in der betreffenden Raumrichtung, so entsteht ein folgenschwerer Irrtum.

Um den Ort eines Planeten anvisieren und bestimmen zu können, bedienen wir uns des Fixsternhimmels. Die Projektionslinie Erde: Planet trifft in ihrer Verlängerung stets auf das Band von Fixsterngruppen, das die Ekliptik umsäumt. Es sind dies die bekannten Tierkreis-Sternbilder, für unseren Blick ein fest bleibender Hintergrund der Bewegungen im Sonnensystem. Wer sich den astrologischen Sachverhalt nur in Form von Gestirnwirkungen vorstellen kann, glaubt von diesen Sternbildern herrühren, was er am Menschen beobachtet. Hier setzt der oft gehörte Einwand der «Präzession des Frühlingspunktes» an. Infolge einer kreiselnden Bewegung der Erdachse, die in rund 26 000 Jahren einen doppelten Kegelmantel beschreibt, drehen sich die ekliptischen Sternbilder langsam dem Sonnenlauf entgegen. Der Frühlingspunkt liegt nicht mehr am Rande des Sternbildes «Widder» wie ungefähr zur Zeit des Hipparch, sondern hat inzwischen das der «Fische» durchwandert und nähert sich gegenwärtig dem «Wassermann». Der Meßkreis der Konstellationen hingegen rechnet nach wie vor (außer bei der indischen Astrologie, welche die Präzession mitmachte) vom Frühlingspunkte an. Astronomisch werden Stellungen der Gestirne normalerweise in Gradzahlen von 0 bis 360 angegeben. Verwendet man zum leichteren Überblick die traditionellen Tierkreisnamen, so sei man sich darüber klar, daß Abschnitte von je 30 Grad gemeint sind, die nicht in Deckung stehen mit den gleichnamigen Sternbildern. Wir müssen die Inhalte unabhängig von ihnen betrachten. Die «Figuren» stellen

legung genügen, der sich gar nicht oder unzureichend um eigene Erfahrung von den Deutungsinhalten müht. Durch sein Vorurteil gegen das «Horoskopwesen» entging dem Autor, daß er nur Belege für frühgeschichtliches Erfassen der bleibenden Kreisordnung häuft.

eine optische Täuschung aus der Erdperspektive dar, die «zwölf Zeichen» sind eine Fiktion, der «Tierkreis» existiert naturwissenschaftlich gar nicht, nicht einmal eine «Ekliptik die sich dreht». Abgesehen von einer Relativbewegung des ganzen Feldes zur Erde gibt es nur auf dieser Ebene bewegte Gestirne. Deutungsmäßig aber wird uns dieser Meßkreis zu etwas inhaltserfüllt Wesenhaftem.

In der astrologischen Erfahrung bestätigt sich die Teilung in 12 Abschnitte mit mehr oder minder scharfen Cäsuren. Die traditionellen Namen und Sinnzeichen dieser Abschnitte seien hier beibehalten:

0– 30	Grad	♈	Widder
30– 60	Grad	♉	Stier
60– 90	Grad	♊	Zwillinge
90–120	Grad	♋	Krebs
120–150	Grad	♌	Löwe
150–180	Grad	♍	Jungfrau
180–210	Grad	♎	Waage
210–240	Grad	♏	Skorpion
240–270	Grad	♐	Schütze
270–300	Grad	♑	Steinbock
300–330	Grad	♒	Wassermann
330–360	Grad	♓	Fische

Bei allem, was über zutreffenden Symbolgehalt dieser Namen angeführt werden mag, bleibe uns doch die Herkunft und Bedingtheit in vorderasiatischen, ägyptischen und griechischen Frühkulturen bewußt, die Chinesen, Malayen, Azteken hatten andere Tierkreisbilder. Wir lassen solche bildmäßige Umschreibungen auf sich beruhen, suchen die Inhalte aus ihren Grundbestimmungen zu verstehen.

Bloßes Benennen sich äußernder Kräfte, die Feststellung etwa, ein Mensch sei aktiv, wäre charakterologisch etwas allzu Unbestimmtes, Relatives. Jeder ist es irgendwann und in irgendeiner Weise. Gäbe es auch ein Verfahren, die Menge der Äußerungsenergie des einen Menschen im Vergleich zu der des anderen festzustellen, so würde dies wenig sagen über die individuelle *Form*, aktiv zu sein. Derartiges erfassen wir erst, wenn wir wissen, in welche Richtung die Antriebe gehen, sowie auf welche Art und Weise sie sich bekunden. Das erste betrifft die Interessen, Motive, das zweite den Ausdruck der tätigen Äußerung.

Lassen wir die Motive zunächst beiseite und befassen wir uns mit dem Prinzip des Ausdrucks. Klages versteht unter Ausdruck die sichtbar werdende Lebensäußerung, die er zunehmen sieht mit wachsender Erregung und abnehmen mit anwachsendem Äußerungswiderstand. Die astrologische Diagnostik spricht von sich äußernden Kräften und zwar unterscheidet sie solche von Antriebs- und solche von Hemmungscharakter. Es wird darum klarzustellen sein, wieweit überhaupt von einem selbständigen Ausdrucksprinzip die Rede sein kann. Gibt es doch schon kräftestrukturell begründete Äußerungen, die der Begriffsbestimmung von Klages genügen, ablesbar aus dem Verhältnis der «solaren» und der «saturnalen» Reihe in bestimmten Aspekten. Am prägnantesten bezeichnet etwa der analytische Aspekt zwischen ♂ und ♄ eine Tendenz der Antriebshemmung. Das heißt, richtig gesagt: Trieb und Drang können zwar erregt sein, die aktive Entäußerung wird jedoch von Fall zu Fall zurückgehalten und vermag sich nur schwer durchzusetzen; wo nicht schon körperorganische Behinderungen vorliegen, kleiden sich die Hemmungen ein in Motive des Selbstschutzes gegen bestehende oder eingebildete Gefahren, Gesellschaftsmeinung, Furcht vor Energievergeudung usw. Zur genaueren Bestimmung des Falls sollen uns die beiden hier entwickelten Sphären verhelfen. Jedenfalls aber bildet die so zustandegekommene

Äußerung das Ergebnis des Widerstreits zweier Kräfte. Deren spannungsvolles Bezogensein aufeinander rollt in Gefühlen, Vorstellungen, Argumenten ab, in denen sowohl ♂ als auch ♄ seine Entsprechungen findet.

Diese kräftestrukturell begründete Art von Äußerung kommt relativ leicht unter bewußte Kontrolle. Zwar nicht das Entstehen, doch das Bewältigen des Konflikts kann bis zu gewissem Grade durch Einsicht und Wille gesteuert werden. Anders liegt der folgende Sachverhalt, bei dem wir jetzt vom Kräftegefüge, dem Bewältigen oder Nichtbewältigen seiner Spannungen absehen.

Bestimmten Menschen ist es von Geburt an eigen, daß sie in jeder Form aktiver Entäußerung verhaltener, schwerfälliger sind, bedachtsamer vorgehen als andere. Ein solcher Mensch kann z. B. ebenso aufgestachelt sein wie jemand, der seinen Impulsen sofort Luft zu machen pflegt, hält aber die Äußerung selbst da zurück, wo kein Beurteiltwerden durch die Mitwelt droht und sonstige äußere Motive außer Betracht stehen. Auch ohne «Publikum», ohne «Zweck» und nicht auf Grund einer Kräfte-Problematik verhält er sich so, ferner meinen wir natürlich nicht Fälle anerzogener bewußter Zurückhaltung, sondern ein angeborenes Sosein des Verhaltens. Macht dieses Sosein gegebenenfalls «sozial angepaßter», als wenn sich jemand von Natur aus leichter gehen läßt, so steckt darin kein Verdienst, oft genug betrifft es lediglich «Unterlassungsünden» gegenüber den «Tatsünden» der zu expansiverem Ausdruck Getriebenen. Ergeben sich Konflikte daraus, dann erst durch den Vergleich mit anderen und den Wunsch, unbeschwert wie sie zu sein; doch sind dies zusätzliche, eigentlich unechte, weil aus Reflexionen entstandene Konflikte. Ein solcher – summarisch gesagt – Ausdrucksverhaltener ist etwas anderes als ein Antriebsgehemmter. Auf Herz und Nieren geprüft könnte und möchte er mit niemandem tauschen, er gäbe damit sich selbst in einer wesentlichen Eigenschaft, der persönlichen Ausdrucksqualität von ♂, auf.

Gemeinhin pflegt man einfach von Temperament zu

sprechen. Gewiß sehen auch wir Temperamentsmäßiges darin enthalten, nicht aber in der verallgemeinernden Weise verstanden, ein Mensch als Ganzer habe dies oder jenes Temperament. So gehandhabt werden alle Einteilungssysteme an der Wirklichkeit strittig und man wäre gedrungen, immer neue Unterteilungen anzunehmen. Der vorige Fall bezieht sich nur auf ♂, aktive Entäußerung und ihren verhaltenen Ausdruck; die sinnliche Ansprechbarkeit kann dabei, analog anders gestellter ♀, durchaus lebhaft sein und Besitz ergreifen vom Verhalten, soweit in Form passiver Zuordnung möglich. Temperament betrachten wir als relativ beständige Färbung und Tönung, die jedes einzelne Anlage-Radikal im individuellen Falle hat, wenn es «in Kraft tritt». Letzteres ist in heftiger Ausdruckstönung sogar bei saturnalen Hemmungen möglich, die dann, vorausgesetzt, ♄ trete als «Verneiner» auf, wie ein ruckartig vorgeschobener Riegel sind. Den paradoxesten Anlage-Äußerungen also kommen wir bei, indem wir Temperament teilbar und bezogen auf jede Wesenskraft für sich verstehen. Im Gesamt-Temperament eines Menschen vereinigen sich meist verschiedene Temperamentsarten in bestimmter Aufeinanderbeziehung.

Unsere Ausdrucksprinzipien fassen die so verstandenen Temperamente in sich. Hierdurch erhält jedes Prinzip etwas Eigentümliches. Aber es geht darin nicht auf sondern schließt noch andere Momente ein. Beziehen wir Temperament allgemein auf seelische Bewegungsmerkmale, so tritt dieselbe vorhin angedeutete Verhaltenheit – das «Erdhafte» der alten Symbolik – in verschiedener Form auf. Sie kann beim einen Menschen die Form gegenstandsgebundener Nachdrücklichkeit des Strebens haben, die Dinge in Hauptpunkten vorwärtsbringend, im sachlich stetigen Vorgehen äußerungssicher, während er mit Privatmeinungen schwer herausrückt. Bei einem anderen Menschen kann es die Form des Beharrens in subjektiver Zuständlichkeit sein, die ihn schwer sich zu neuen und ungewohnten Tätigkeiten aufraffen läßt, jedoch verläßlich macht in eingewöhnten, mit gleichmäßigem Turnus wiederkehrenden, bedächtig Stück für Stück zu erledigenden Dingen. Bei einem Dritten schließlich, auf veränderliche Wechselfälle eingestellt, auch zwischen Sachlichem und Persönlichem pendelnd, wickelt sich alles in der Form beweglicher Differenziertheit ab, doch der freie Schwung des Ausdrucks wird behindert durch detaillistische Rücksichten, die ihn ständig in Gefahr bringen, ins Nebensächliche abzugleiten.

Offenkundig kommt in den angedeuteten Fällen etwas anderes zum Vorschein als das Temperament. Es betrifft auch nicht die Interessenlage, sondern etwas, das in der Ausdruckssphäre bleibt und das wir hier Grundformen des Wirkens und Werdens nennen. Sie haben Bezug auf die Art des Schaffens sowie den Verlauf von Entwicklungen. Für den Ausdruck eines temperamentmäßig «erdhaft» eingefärbten Anlage-Radikals bestehen demnach dreierlei Varianten, unterschieden in der Folge der Beispiele als ♑, ♉, ♍. Gemeinsam ist ihnen, daß die Äußerung einer gewissen Verhaltenheit und Sachbindung unterliegt, doch bei jeder Variante gelangen Entwicklungs- und Schaffensimpulse in diesen oder jenen Umständen besser zum Zuge.

Zu den angeführten Unterscheidungen treten dann noch andere hinzu, welche die tieferen Lebensbezüge angeben und bei denen demgemäß der genetische Faktor stark mitspricht. Solange wir die einfachen Maßstäbe, nach denen sich die Ausdruckssphäre der Kräfte im ganzen ordnet, nicht erfaßt haben, stehen wir einer verwickelten Variationsbreite von Einzelfällen gegenüber. Das Bekanntsein dieser Maßstäbe jedoch hilft uns, die im Leben dargebotene Mannigfaltigkeit als Beobachter methodisch zu verstehen, als Deuter aus dem Meßbilde – wenn einige Stichworte über Niveau usw. vorgegeben sind – zu erschließen. Den individuellen Fall begreifen wir dabei als Kombination der Wesenskräfte mit den Formen der Abwandlung, die jede Kraft im Ausdruck erfährt. So wird das scheinbar unermeßlich Mannigfaltige individueller Erscheinungen einsichtig als befaßt in einer begrenzten Anzahl von Elementen.

Zahlenbestimmtheit dieses für alle Wesenskräfte gemeinsam gültigen Systems heißt aber nicht bloß Aufzählen von Varianten, sondern inneres Geordnetsein. Dieses ist das Um und Auf der Ausdruckssphäre. Den notwendigen Zusammenhang unterschiedlicher Momente wie Temperament, Wirk- und Werde-Grundformen, tätige und leidende Form, Lebensdimensionen begreifen wir zuletzt aus einem Leitgedanken der Abfolge von Prinzipien, in denen jeweils die Anteile an den genannten Momenten eine Einheit bilden. Von einer Sphäre sprechen wir, weil diese Anordnung eine kreisläufige ist, so daß das Endstadium der Folge wieder in den Ausgangspunkt einmündet. Alle darin unterschiedenen Momente sind symmetrisch angeordnet; was in einem Prinzip, sich überschneidend, zusammentrifft, kommt einheitlich verschmolzen zur Erscheinung. So hat jedes Prinzip seine unverwechselbare Eigenart und steht doch zu den übrigen in geordneter Beziehung, eingefügt dem Kreisganzen. Um nicht an mechanische Bestimmtheit zu denken (wie sie sogar in Klages' Definition, trotz seiner spontanistischen Gesamtauffassung, durchleuchtet), ist es angebracht, für die Charakterisierung dieser Ausdrucksweisen den Begriff des Stils zu wählen. Die Stilform vereinigt mehrerlei Einzelformen in einer gemeinsam ihnen eigentümlichen, prinzipiell begreifbaren Gesamtausrichtung, durch welche die einzelnen Äußerungen ihr einheitliches Gepräge erhalten. Stil hängt mit einer bestimmten Erlebnisart zusammen; diese kann im Zusammenspiel von Gebärde, Haltung und Gang mit Gemütsbewegungen, in bildnerischer Darstellung wie in Sprechweise und Schreibbewegungen der Hand auf gleiche «stiltypische» Art zum Ausdruck kommen.

Wie auch die Unterscheidungen in dieser Sphäre beschaffen sein mögen, in jedem Falle folgert ein weiteres. Nach der nun schon bekannten Charakteristik der Wesenskräfte wird eine bestimmte Kraft besser in diesem, eine andere besser in jenem Prinzip zum ihr gemäßen Ausdruck gelangen, sich stilgerecht äußern. Umgekehrt muß anderswo ein Widerspruch zwischen Kraft und Prinzip entstehen, die Kraft durch das Ausdrucksprinzip eine Umbiegung erfahren, ihre Äußerung in Gefahr der Stilwidrigkeit geraten. Die Prinzipienfolge, wenn logisch richtig in der Kreis-Symmetrie aufgehend, enthält sowohl Höhepunkte als auch Tiefenpunkte der stilgerechten Auswirkung für alle Wesenskräfte. Insofern die Polarität den obersten Teilungsmodus dieser Symmetrie bildet, ist damit gefordert, daß die Zuordnung der Kräfte und Stilformen übereinstimmt mit der gegensätzlichen Koordination der Wesenskräfte unter sich. Deren Gegensatzpaare müssen sich auch im Kreis der Stilformen gegenüberstehen, so daß die eine Kraft ihren Höhepunkt da hat, wo der Tiefenpunkt der anderen sitzt.

Unmöglich etwa kommt aktive Entäußerung, ♂, in den geschilderten drei Formen «erdhafter» Verhaltenheit zur freien unbekümmerten Spontaneität, die ihr gemäß wäre. Wohl aber findet passive Zuordnung, ♀ , darin ihren stilgerechten Ausdruck und zwar im Prinzip subjektiv zuständlicher Gewöhnung und Beharrung, ♉. Diesem steht in ♏ ein Prinzip gegenüber, das spontane Antriebe, sobald aus den sonstigen in ihm sich überschneidenden Bedingungen frei kommend, zur exzessiven Äußerung bringt.

Solcherlei theoretische Forderungen treten zusammen, so daß von den getroffenen Unterscheidungen jede einen bestimmten Platz im Kreise besetzen muß. Auf diese Art entsteht ein streng geordnetes Bezugssystem, das seine logische Stimmigkeit in sich trägt, ein gerundetes Ganzes, offen jedoch in Hinsicht der «Entwicklungsspirale» und der darauf bezogenen Entsprechungen.

Temperamente

Mannigfache Fragenreihen rollt der Ausdruck Temperament auf, der nach Kretschmer «zunächst noch kein geschlossener Begriff, sondern ein heuristisches Kennwort» ist. Dem Bemühen um sichere Einteilungen steht das Verzweifeln an der Möglichkeit solcher überhaupt entgegen. Völlige Ablehnung würde eine Grunderfahrung des leibseelischen Zusammenhangs verwerfen, die Beobachtung von Wesensunterschieden der seelischen Erregbarkeit und Äußerung, von feststehenden Reaktionsartungen, die zusammen mit angeborenen Eigentümlichkeiten der Leibeskonstitution auftreten. Die antike Säftelehre freilich, aus der die Namen der «vier Temperamente» herrühren, müssen wir preisgeben, ohne damit diesen ältesten typologischen Ansatz als sinnlos betrachten zu dürfen. Erheblichere Schwierigkeiten bereitet es, hindurchzublicken durch die Entstellungen, welche die gewöhnliche Anwendung der jahrhundertelang hartnäckig sich erhaltenden Vierheit geschaffen hat. Außer daß es eine Vergröberung bedeutet, die Gesamtpersönlichkeit temperamentsmäßig einzureihen und schlechthin von «dem» Melancholiker, Phlegmatiker, Choleriker, Sanguiniker zu sprechen, wurde der Goldgehalt im ausmünzenden Sprachgebrauch herabgesetzt, indem man darunter simpel den Schwermütigen, den Bequemen, den Zornmütigen, den Heiteren verstand. Immerhin verblieb auch darin eine qualitative Auffassung gegenüber der schließlichen Auflösung des Begriffs im Quantitativen, als nur mehr von «viel» oder «wenig» Temperament haben die Rede ging.

Gerade hier knüpfte Klages an und erleichterte sich durch Anerkennung dieses Sprachgebrauchs, polemisierend gegen Kant und Wundt, die er «kritikloser Annahme uralter Glaubensmeinungen» zieh, die Übertragung des Temperamentbegriffs auf eine einzige graduierbare Anlage. Obzwar eingenommen gegen «die Abhängigkeit unserer Verstandesbemühungen von den einmal geprägten Formen des Denkens, insonderheit von der Herrschaft der Zahl», konnte er die Graduierung doch nur in Form einer solchen, der Zweizahl, verdeutlichen: Schnelligkeit und Langsamkeit, gedeutet als Verhältnis von Triebkraft und Widerstand. Das charakterologische Verdienst von Klages beruht sehr auf dieser Vereinfachung gegenüber Wundt, wodurch er die Ausdrucksgestalt vom Verlauf her verstehen lehrte. Doch sei nicht übersehen, daß er damit den eigentlichen Temperamentbegriff aufhob in einer intellektuellen Formel, die absieht von den Qualitäten der Farbe und Stimmung. Vor ihm machte Wundt die überlieferte Vierheit in folgendem Schema rational faßlich:

	stark	*schwach*
schnell	cholerisch	sanguinisch
langsam	melancholisch	phlegmatisch

Wundts Vokabular für die Reaktionsweise belassend, ändern wir es gemäß der astrologischen Erfahrung in Bezug auf Gefühle etwas ab, weil Gefühle durch Tempo und Stärke nicht genügend charakterisiert sind, und denken an Raschheit und Nachhaltigkeit, Schwere und Leichtheit der Gemütsbewegungen (nicht Leichtigkeit, leichte Entstehung von Gefühlen, sondern ihr qualitatives Leichtsein durch geringes Haften am gegenständlichen Anlaß). So erhalten wir für jedes Temperament eine Überschneidung zweier Qualitätsbestimmungen:

melanch.: nachhaltige Schwere von Gefühlen
= langsame + starke Reaktionen ♑ ♉ ♍,
choler. : rasche Schwere von Gefühlen
= schnelle + starke Reaktionen ♈ ♌ ♐,
phlegm. : nachhaltige Leichtheit von Gefühlen
= langsame + schwache Reaktionen ♋ ♏ ♓,
sanguin. : rasche Leichtheit von Gefühlen
= schnelle + schwache Reaktionen ♎ ♒ ♊.

Melancholisch

«Nachhaltige Schwere» bezeichnet Anstauung, Sperrigkeit, Schwerlöslichkeit von Gefühlen, d. h. sie lösen sich schwer vom Eindruck, der sie hervorrief, sind nicht leicht auflös- und verwandelbar durch andersartige Vorstellungen. Daher Schwernehmen der Dinge, denen sie gelten, nicht Mitgehenkönnen mit dadurch Ausgeschlossenem, auch wenn dessen Reiz nervenmäßig empfunden wird. Einbehalten der Spannungen, die auf

Auslösung an ganz bestimmten Gegenständen abzielen. Geringe Vertauschbarkeit der Ziele, bei eingesessenen Wünschen können unbrechbare äußere Widerstände tragisch werden. Starke psychische Komplexneigung, depressive Tendenz. Schwerfällig im Wiederherstellen gestörten Gleichgewichts, wenn dadurch absorbiert nach außen hin ablehnende Haltung. Kälte und Sprödigkeit gegenüber dem, was erlebnisneutral, vereinigen sich mit Tiefe und Ausdauer in Liebe und Haß.

Cholerisch

«Rasche Schwere» bezeichnet affektive Reizbarkeit und Wucht des Ausdrucks von Gefühlen, deren starke Gespanntheit zur Sofortlösung hindrängt. Eindrücke, obzwar leidenschaftlich ergriffen, setzen sich nicht fest, keine angestaute Problematik. Statt dessen ein rasches Überleiten des Gefühlsverhältnisses auf Wirken, tätige Maßnahmen, Erobern oder Wegschaffen des Reizes. Durch Umsatz in Tatwille gelingt die Ablösung auch schwerster Affekte vom Gegenstand, bezw. Erhebung über Schwierigkeiten der Lage. Vertrauen in die eigene Dynamik, Sinn für Humor in oft drastischen Wendungen, lebhafte Wunschkraft. Offenes Bekunden von Liebe oder Haß, unmittelbares Abreagieren von Spannungen, gegebenenfalls am vertauschten Ziel; Komplexbildung nur bei behindertem Auswirkenkönnen, Freiheitsbeschränkung, in unwürdig empfundenen Verhältnissen. Gewichtignehmen der eigenen Stimmungslage, bei Störungen oder durchkreuzten Absichten oft überhitzte, harte oder gewaltsame Äußerung.

Phlegmatisch

«Nachhaltige Leichtheit» bezeichnet angestaute, aber gering haftende Gefühle, d. h. sie lösen sich relativ leicht vom Eindruck, der sie hervorrief, dessen jedoch nachwirkende Spannung abgegeben werden kann an andere Gegenstände, die in irgendetwas daran anklingen. Infolge der Löslichkeit lenkbar, Verwirklichung an Punkten des geringsten Widerstandes. Im Äußeren mehr lässig und bequem, Verfolgen der Ziele ohne großen Nachdruck, sie auf Umwegen und durch Anlehnung erreichend.

Stärker herrscht das Gemüthafte mit seinen Mutungen und Übertragungen, dem Mühen um Stimmungsgleichgewicht, das bei Störungen relativ bald wieder hergestellt ist, wenn die Lebensumstände zwanglos einen Ausgleich gestatten. Stehen jedoch die Bedingungen des Gemüts im Widerstreit mit äußeren Härten, Anspannungen, Tätigkeitsforderungen, so staut sich die innere Problematik; dann komplexhaftes Festsetzen von Unterlassung und Versäumnis, durch Minderwertigkeitsgefühle verstopfte Lösungswege. Anregungsbereitschaft, die aber Mühsal nur unmittelbar getragen durch Liebe oder Haß auf sich nimmt.

Sanguinisch

«Rasche Leichtheit» bezeichnet Nichthaften, Nichtstauung des Gefühls, das sich seiner Spannung sofort entledigt, lenksam durch lebhaft ventilierte Vorstellungen, abgelöst vom Gegenstand und Eindruck. Rasches Eingehen auf den Reiz, Mitschwingen, vom einen zum anderen überspringendes Erleben, schwungvoll in der Bekundung. In zwangloser Anpassung leicht hergestelltes Gleichgewicht, wenn auch häufig auf Kosten der Versenkung und Vertiefung. Nervenmäßig reagibel, ohne sich den Eindrücken lange hinzugeben, häufiges Umschwenken von Liebe oder Haß. Geringe psychische Komplexneigung, es sei denn, man bezeichne die Flucht vor Schwierigem und Bedrükkendem als komplexhaft. Fähigkeit, Unangenehmes leichtherzig zu vergessen und in das eigene Lebenssystem nicht Hineinpassendes zu übersehen. Das Herantretende zurechtstilisiert nach eigenem Wunsch und Vorhaben aufgreifend, frisch und tätig mit unmittelbarem Ausdruck der Gestimmtheit, Ausweichen vor bindenden Festlegungen.

Unsere Darstellung ist ein vorläufiger Auszug mit Eingehen auf Wundts Schema. Hält man sie gegen den landläufigen Gebrauch der vier Begriffe, so zeigt sich, daß dieser Begriffsgebrauch in einem zwar häufig vorkommenden, doch durchaus nicht einzig möglichen Resultat einer Anlage einsetzt, dies Resultat des Bedrücktseins, Aufbrausens, Trägeseins, Heiterseins zum Typischen stempelt und von da her das ganze Bild der Temperamente verzeichnet. «Der Phlegmatiker» gilt geradezu sprichwörtlich für einen stumpfen, faulen Menschen, auch innerlich indolent, «der Choleriker» für einen wilden, aufgeregten Gewalttäter usw. Auch psychologische Schilderungen sind selten frei von dieser Verzeichnung, die bedingte, standpunkthafte gesehene Endwirkungen statt Elementares zum Ansatz einer Typologisierung nimmt.[2] Hierdurch treten mannigfache Verwechslungen ein, unversehens gleitet die Beschreibung in Bewertung über, indem die «heitere Oberflächlichkeit des Sanguinikers» der «ernsten Gemütstiefe des Melancholikers» gegenüber gesetzt wird. Doch – summarische Benennungen einmal mitgemacht – auch der «Phlegmatiker» ist gegebenenfalls heiter bewegt, nur hat dies etwas Stillvergnügtes, Gedämpftes, seine ebensogut mögliche Schwermut ist lockerer, eben auch stilltraurig, nicht so abgründig, unumstimmbar und ausweglos scheinend, wie sie beim «Melancholiker» sein kann. Bei diesem wieder kommen, wenn auch seltener als beim «Choleriker», Zornesausbrü-

[2] Besonders schlecht pflegt der «Phlegmatiker» wegzukommen. Selbst Lersch (in «Aufbau der Person», J. A. Barth, München 1954) sagt: «Vom phlegmatischen (lahmen, ledernen) Temperament, von Temperamentsarmut sprechen wir bei Menschen, die deshalb nicht nach außen tätig werden, weil sie gleichgültig sind, d. h. keine Wertergriffenheiten und deshalb keine endothymen Bewegungs- und Handlungsantriebe erleben.» Dies meint etwas anderes als das, wovon hier die Rede ist und der Psychologe, der von solchen Einteilungsbegriffen ausgeht, rechnet oft Zurückgebliebene anderer Temperamentsart dazu; vor allem die inaktiven und materiell genüßlichen Züge des minder entwickelten ♉-Typus werden als «Phlegma» gedeutet. In «Temperamentsarmut» steckt die quantitative Auffassung von «viel» oder «wenig» Temperament, der Ausdruck «ledern» ist bei der von uns gefundenen Löslichkeit der Gefühle und Lockerheit der Vorstellungen unangebracht, fehlende Wertergriffenheit widerspricht völlig den Erfahrungen von den betreffenden, z. B. bei Künstlern häufigen Zeichen (vgl. Meßbild Schubert Bd. I). Das Problem besteht vielmehr darin, daß Ansprechbarkeit auf Phantasiewerte sich schwer in der Welt realer Nutzwerte äußern und in Ehrgeizhandlungen umsetzen kann: eine Quelle der besonders bei ♋ und ♓ häufigen Minderwertigkeitsgefühle. Richtiger in unserem Sinne sind die anderen Temperamente gezeichnet; die von Lersch betonte «hohe sthenische Erregbarkeit» des «Cholerikers» enthält einen Hinweis auf die später hier behandelte Beziehung dieses Temperaments zur organischen Schicht.

che vor, umso vernichtender, als sich darin eine lange angestaute Spannung entlädt, und so weiter.

Es würde uns ständig mit gewohnten Meinungen in Kollission bringen, wollten wir diese Temperamentsbezeichnungen beibehalten. Sie sind auch nicht das Ursprüngliche und Temperament umfaßt mehr als Gefühle. Die antike, auf die Astrologie übergegangene Auffassung verstand Temperament zuerst als Ausdrucksprägung der elementarischen Natur im Menschen. Die Temperamentbegriffe wurden entwickelt aus den «vier Elementen», dem Erdhaften, dem Feurigen, dem Wäßrigen, dem Luftigen. Empedokles sah die Seele entstanden aus dem Wirbel der vier Elemente, in Gang gesetzt durch Liebe und Haß, als erstrebenswertes menschliches Ideal galt den Griechen die «richtige Mischung», die Harmonie der Elemente. Aristoteles brachte die elementare Vierheit zu derjenigen der Urqualitäten in Beziehung. An jedem Element ließ er zwei Qualitäten teilhaben und dachte als einigendes Fünftes einen Zentralbegriff des Wesenhaften, Unerzeugten und Unzerstörbaren, die spätere essentia der Scholastiker, die Quintessenz der Alchimisten.

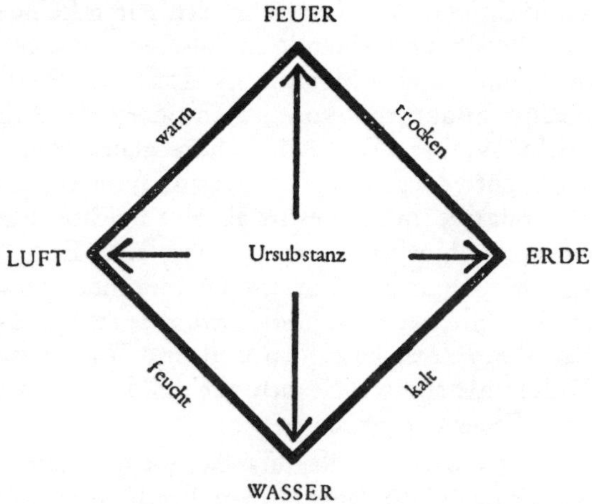

Abb. 2

Die 4 Elemente und 4 Urqualitäten nach Aristoteles

Unschwer erkennen wir angedeutet, was wir heute Aggregatzustände der Materie nennen, nicht etwa sind chemische Elemente gemeint.

Erde	= der *feste* Aggregatzustand	(melancholisch)
Wasser	= der *flüssige* Aggregatzustand	(phlegmatisch)
Luft	= der *gasförmige* Aggregatzustand	(sanguinisch)
Feuer	= die *Wärmeinhaltssteigerung*	(cholerisch)

«Erde» steht analog dem Zustand dichtester Stofflichkeit, der erstarrten, kompakten Masse infolge enger Kohäsion der sie zusammensetzenden Teile, des Stillstands der Moleküle. Der umgrenzte Körper hält fest gefügt zusammen. «Feuer» bedeutet das Gegenextrem, die den Molekülen mitgeteilte Beschleunigung, die sie auseinandertreibt. Das Auftreten dieser Bewegungsenergie als Wärme hat eine die Körpergrenzen überschreitende Tendenz. Mit «Wasser» und «Luft» sind die beiden Zustände bezeichnet, in deren erstem sich die Moleküle aneinander vorbeidrängen und schieben, wobei die Masse in Fluß kommt, in deren zweitem sie, den Zusammenhang aufgebend, mit größter Geschwindigkeit durch den Raum sausen, wobei die Masse sich «verflüchtigt». Wir dürfen bei den Alten keine experimentelle Physik und Chemie in unserem heutigen Sinne erwarten, sondern eine Metaphysik stofflicher Phänomene. Man dachte im anthropokosmischen Bezug. So Aristoteles (De Coelo IV, 1): «Das Körperliche geht, seiner Bewegung nach, entweder nach oben oder nach unten, und zwar nicht nur relativ, sondern es ist absolut Leichtes und absolut Schweres», hierfür setzte er Feuer und Erde, wovon «jenes nach oben an das Extrem des Himmels, dieses nach unten in die Mitte ...», d. h. die Erdmitte strebt. Zwischen diesen beiden Extremen bilden Luft und Wasser die Mittler, «andere als sie, welche sich zueinander verhalten wie jene», wie Feuer und Erde.

Vorhin, als wir von Gemütsbewegung, von nachhaltigen und raschen Gefühlen sprachen, brachten wir, was Aristoteles die Extreme nennt, unter dem Ausdruck «Schwere» in Deckung. Nun bezeichnen sie eben darin Gegentendenzen. Die scheinbare Unstimmigkeit ist aufhellbar, wenn wir, wie in der Folgezeit auch auf physische Dinge angewandt wurde, dem Begriff der positiven Schwere (Trägheit) den einer negativen, ihrer Umkehr entgegensetzen.[3] Als Analogie erhalten wir damit für die Extreme: Schwere im positiven Sinne = träge Masse, Zusammenziehung; Schwere im negativen Sinne = dynamische Wucht, Auseinandertreibung, anwendbar auf das Bild der «seelischen Aggregatzustände». Einerseits also «Erdschwere», Verhaftung im Körperzuständlichen, Herabziehen zum starr Materiellen, äußerungsverhaltende Kälte, hartes Umgrenztsein bis zur Verkapselung, anderseits feurige «Schwere der Affekte», Motorik und Expansität, Wärmestrahlung, äußerungssteigernder Auftrieb bis zum himmelstürmenden Schwung. Zwischen diesen Extremen verhalten sich die beiden Mittleren ähnlich, doch gemildert. Das Wäßrige ist dem Erdschweren genähert, hat teil am Kalten, Verzögernden, doch seine Zuständlichkeit ist nicht mehr starr, sondern gelockert, die Dinge kommen in Fluß, sind formbar. Das Luftige enthält Auftrieb und Motorik, hat teil am Warmen, doch in der affektiven Zuständlichkeit nicht so unbedingt getrieben und weniger abstrahlend, als selbst temperiert, gelöst von zwingenden Leidenschaften. Von Bedeutung ist, daß anschaulich genommen Wasser und Luft die beiden Medien sind, in denen sich das Leben abspielt; dem entsprechen einfügsame und vermittelnde Eigenschaften.

[3] Enthalten in Mayows «Feuerluft» (spiritus igno aërus), in G. F. Stahls «Phlogiston», womit man dem Verbrennungsprozeß beizukommen suchte, bevor Lavoisier den Vorgang mit der Sauerstofftheorie erklärte. Dadurch, daß dieser in *experimentellen Bedingungen der chemischen Änderung von Körpern* dachte, schied er die heutige Chemie vom alchimistischen Denken ab, das metaphysische Voraussetzungen in die Körperwelt hineintrug. Die Symbolik der Aggregatzustände wird hiervon nicht berührt, weil es sich bei ihnen um Charakteristika der Stoffe nur insoweit handelt, als deren *Zustandsänderungen* gesetzmäßig mit der *Temperatur* zusammenhängen, jeder Stoff macht die Stufen bei anderen Temperaturgraden durch. Der Mensch wird in dieser Symbolik vorwiegend als *Temperaturwesen* betrachtet.

Diese Verhältnisse bringen wir zum Ausdruck, indem wir das Schema Wundts etwas anders anschreiben und so lesen, daß wir links unten beginnen und den Blick rechts herum aufwärts führen bis zum oberen Extrem. Dann haben wir die Folge fest, flüssig, gasförmig und den Energiefaktor, dessen Zufuhr sie bewirkt.

Extreme	*Feuer*	cholerisch	sanguinisch	*Luft*	Mittler
	Erde	melancholisch	phlegmatisch	*Wasser*	

Aus dem Schema von Aristoteles können wir noch andere Bestimmungen ziehen, wenn wir die verbindenden Qualitäten betrachten. Um an Stelle vager Meinungen verläßliche Kriterien zu gewinnen, lohnt es sich, ausführlicher darauf einzugehen. Natürlich gilt dies immer als Analogie verstanden, nicht etwa als kausale Ableitung seelischer Zustände aus materiellen Aggregatzuständen, doch stimmt die Analogie und reicht bis in konstitutionelle Eigentümlichkeiten der entsprechenden Temperamente hinein.

(Wer hier noch nicht so in Einzelheiten gehen will, kann die folgenden kleingedruckten Ausführungen vorläufig zurückstellen.)

«Warm» verbindet richtig Feuer als den treibenden Energiefaktor mit Luft als gasförmigem Zustand, «kalt» bezieht sich auf eingeschränkte Molekülarbewegung und verbindet Wasser als flüssigen mit Erde als festem Zustand. Analog stehen raschere oder trägere organische wie seelische Vorgänge bei den entsprechenden Temperamenten, stärkeres Gedrängtsein zur Bekundung der Gefühle nach außen bei «warm», stärkere Zurückhaltung bei «kalt». Auf dieser Schnittlinie liegen Berührungspunkte mit C. G. Jung in seiner Unterscheidung von Extraversion und Introversion («Psychologische Typen»)[4], sowie mit dem erwähn-

[4] Gemeint ist in der Hauptsache überwiegende *Wendung nach außen,* äußeren Situationen aufgeschlossen, die Objekte ergreifend, oder aber *Wendung nach innen,* auf das Subjekt und seine Interessen zurückgezogen. Eine Tendenz zum ersten ist bei Feuer und Luft, zum

ten Temperamentbegriff von Klages. Dessen Formel einschließlich ihrer Abwandlungen (in «Grundlagen der Charakterkunde») bleibt ja auf der Linie des Verlaufstempos, der Bewegungslust und des Drängens von Gefühlen nach Ausdruck, unterschieden vom langsamen Tempo mit nachhaltigen, sich anstauenden Gefühlen. Durch die Beschränkung hierauf sucht er Temperament überhaupt aus dem Grad der Verstärkung bezw. Schwächung entweder von Triebkraft oder von Widerstand zu ermitteln. Dies führt nicht nur zu der besprochenen Verwechslung mit kräftestrukturellen Erscheinungen, sondern der grundsätzliche Unterschied liegt in der Betrachtung nach *Art* oder *Grad*. Dieser bleibt *quantitativ*, Temperament als Reaktionsartung jedoch verlangt *qualitative* Gesichtspunkte.

Schwieriger sind darum die Qualitäten «trocken» und «feucht» zu verstehen, sie verweigern sich quantitativer Betrachtungsweise. Sollte Aristoteles etwa nur der schönen Ordnung halber zwischen Luft und Wasser das verbindende Feuchte gesetzt oder, im Anschaulichen bleibend, an die feuchtigkeitsansaugende Atmosphäre gedacht haben? Sieht man vom Übergang der Verdampfung ab, so entspräche «trocken» dem gasförmigen Zustand weit eher. Doch die letztere Qualität als Verbindendes von Erde und Feuer anzutreffen, weist auf Gegenüberstellung zu etwas hin, was diese beiden gemeinsam haben. Dies Gemeinsame der Extreme ist – wichtig für das analoge seelische Erscheinungsbild – die im Quadrataspekt zuweilen bis zur Unerträglichkeit gesteigerte Spannung ihres Plus-Minus-Verhältnisses. Hier sind wir nun bei etwas oft Mißverstande-

zweiten bei Erde und Wasser unverkennbar vorhanden. Doch spielt auch die Betonung der Interessensphäre (obere oder untere Hälfte) und anderes hinein. Ich halte es für abwegig, eine aus elementaren Begriffsbestimmungen entwickelte, differenzierende Diagnostik etwa zu Gunsten einer vereinfachenden Typenlehre aufzugeben. Deren Brauchbarkeit für überschlägliche Sichtung sei deswegen nicht bestritten; als verschieden ansetzende Betrachtungsschnitte, die eben deswegen, weil sie von der Differenziertheit des komplexen Ganzen absehen, gewisse Momente bei einseitigen Fällen deutlich herausheben, sind die Typologien jedenfalls des Studiums wert. – Eine beachtliche Untersuchung der in das Thema «Innenmensch und Außenmensch» hineinspielenden Typenbegriffe und ihre astrologische Einreihung bringt Dr. W. A. Koch in seiner Schrift gleichen Titels (Zenit Verlag, München 1956). Wo meine Auffassungen davon abweichen, z. B. im Begriff der Spannung, geht dies aus meinen Darlegungen hervor.

nem; meist wird an die Häufigkeit nach außen sich entladender Spannungen gedacht, gespannt gilt vielen gleichbedeutend mit krampfiger Aktivität. Urteilt man von dieser Energiebekundung, den rascher herausplatzenden Heftigkeiten, dem Ungestüm aus, so wird allein das Plus des Feuerelements beachtet, dagegen das Minus des Erdelements, seine Inaktivität, als Mangel an Spannung bewertet. Man muß hier dasselbe in der Umkehrung der Vorzeichen sehen, beim Erdhaften an ein Gestrafftsein nach innen denken. Der Vergleich der Aggregatzustände zeigt dasjenige, was im Flüssigen und Gasförmigen gestaffelt frei wird, Bewegungsenergie, im Festen durch Kohäsion der Moleküle gebunden. Er zeigt aber auch in der Rückbildbarkeit der Zustände eine Gegentendenz, die zur räumlichen Ausgestaltung des Stoffs in seiner ureigenen ruhenden Form drängt; der gestaltlos ausgebreitete Gaszustand enthält potentiell den Kristall, hergestellt, sobald die Moleküle durch Entzug von Wärme zur Ruhelage kommen. Das zur Spannung gehörige, im analogen seelischen Bild überwiegende Verhaltungsmoment, seine Sperrungs- und Verdrängungstendenz, hat seinen Grund im Haften am Stationären, ruhend Ausgeformten, mit dem man in irgendeinem gestalthaften Bezug identifiziert ist. Der Gegensatz zwischen diesen Extremen nun, Geschehen entfesselnder Bewegungsenergie einerseits, Stillstand im geschlossenen Formzusammenhalt anderseits, in ihrer Absolutheit aufeinander bezogen heißt hier «trocken»; gemeinsam ist den analogen Erscheinungen das Markante, scharf Profilierte, Entschiedene der Gerichtetheit oder des Gebautseins.

Zum Spannungsbegriff, oft gebraucht, selten definiert, sei die Ansicht Goethes angeführt: «Spannung ist der indifferent scheinende Zustand eines energischen Wesens in völliger Bereitschaft sich zu manifestieren, zu differenzieren, zu polarisieren.»[5] Dies verstehen wir also in Gedoppeltheit der energischen Äußerung einerseits, der tektonisch ausgerichteten Zurückhaltung anderseits, den Menschen als Energie auswirkendes und zugleich im Materiellen bauendes Wesen. In ihrem Gegensatz wird um die Gestaltung des Daseins gerungen, wobei, um genau zu sein, die Spannungshaltigkeit des Temperaments gesondert betrachtet sein will von der problematischen Spannung[6]. Diese ist kräfte-

[5] «Über Naturwissenschaft», Einzelne Betrachtungen und Aphorismen.

[6] Problematische Spannungen folgern aus den *Beziehungen der*

strukturell begründet und tritt inhaltlich bezogen auf, jene als Reaktionsartung betrifft elementare Schemata des Verhaltens zum äußeren Anlaß. Die «feurigen Schemata» sind offenkundig gespannter nach der Energieseite; sie zeigen sozusagen eine Bereitschaft auf dem Sprungbrett, der indifferent scheinende Zustand birgt erhöhte motorische Reizbarkeit und platzt zuweilen beim geringsten Anlaß auf. In den «erdhaften Schemata» wird demgegenüber der Schein der Indifferenz spröder bewahrt, daher gelten sie als spannungslos, sind es aber nicht. Bei ihnen neigt das Spannungsmoment zum Verhaltenden, dem wesenseigenen Baugesetz und seiner materiellen Verwirklichung; von außen beurteilt zeigt es sich oft im Negativum, in der Verdrängung spontaner Bereitschaften, bringt aber bei Bedrohung seiner Werte auch größte Widerstandshärte auf, die Abweisung fremder Ansprüche erreicht eine im «Wäßrigen» unaufbringliche Gestrafftheit. Da diese Spannungsseite zu etwas tendiert, was in der Umwelt nicht offenbar, nur materiell eingekleidet daliegt, ergibt sich bei Verkennung von Anlaß und Grund des Verhaltens manchmal ein krampfiges Verbocktsein bis in organische Spasmen hinein. Im Energiesinne ist diese Anlage schwerfällig reagibel, der einbehaltene umweltliche Reiz setzt aber meist in Form nervöser Spannung den Intellekt in Tätigkeit,

Wesenskräfte, behandelt unter «Aspekte», ihre Lösung im Falle des Akutwerdens erfordert Einsicht in die *inhaltliche* Lage des Problems. Daher größere Erziehbarkeit gegenüber Temperamentsäußerungen. Der Gegensatz energisch-tektonisch tritt im Verhältnis der solaren zur saturnalen Reihe auf, das S. 50 gebrachte Beispiel ♂ □ ♄ enthält ihn; eine so begründete Triebhemmung verlangt, um zur Lösung zu kommen, Eingehen auf den Inhalt tektonischer Maßstäbe (Gesellschaft, Selbstachtung usw.), welche die freie Bekundung hindern. – – Wer geneigt ist, Begriffe wie den vielbezüglichen der Spannung für summarische Einreihungen zu gebrauchen, wird es als paradox empfinden, das Zeichen ♏, das dem Temperament nach auf der Lösungsseite liegt, später als «Das seelisch Spannungstragende» bezeichnet zu sehen. Hiermit meine ich *Spannungen aus dem Gefäll der inneren Vielschichtigkeit,* die bei diesem krisenschwangeren Prinzip wie bei keinem anderen zur Geltung kommen; im Durchhalten, Durchtragen der aufgerührten Emotionen erweist sich anderseits seine «fixe» Natur. Es geht wie bei allen Wasserzeichen um Lösung, doch sie hängt vom Entwicklungsniveau ab. Wir finden darum in Konflikten ebensowohl brutale Lösungen von durchbrechenden Rudimentärschichten aus, als auch beim höher Entwickelten grundsätzlichen Verzicht, Entsagung und Verwandlung, Neufixierung der Werte.

um Lösungen sachlicher Art zu erreichen; unbewußt weiterwirkende Überforderungen werden als dumpfer Druck empfunden (Quelle von Depressionszuständen bes. bei ♉). In allem «Trokkenen» liegt als Entgleisungsgefahr die Übertreibung nach dieser oder jener Spannungsseite: selbstherrlicher, chaotischer Aktivismus oder sachunterworfenes Eingebaut- und Verbautsein.

Dem Spannungsfaktor steht der bei «feucht» einzusetzende Lösungsfaktor entgegen, dem Trocken-Spröden das Geschmeidige. Ein polarer Gegensatz wäre nun schlecht bestimmt aus dem Nichtvorhandensein einer positiven Eigenschaft, wenn man etwa dem Muskeltonus die Schlaffheit entgegensetzt; damit käme man hier nur auf das Formlose, Weiche, Nachgiebige. Zum Eigentlichen verhilft uns die Analogie der entsprechenden Aggregatzustände. Das Flüssige ist «erdnäher», folgt dem Gefäll und schmiegt sich in Höhlungen, Risse, Klüfte der festen Unterlage hinein, das Gasförmige ist «feuernäher», folgt seiner Tendenz der Ausbreitung und gleichmäßigen Erfüllung des dargebotenen Raums. Es sind die beiden Mittler zwischen den Extremen, sie haben die Eigenschaft der Mischbarkeit verschiedener Stoffe und begünstigen chemische Verbindungen; vor allem findet in ihnen raschere oder langsamere Bewegung statt, die sowohl im Zustand des Mediums die Geschöpfe umfließt, als auch in diesen selbst die organischen Prozesse durchführt. Analog stehen seelische Ablaufs- und Verhaltensschemata. Hinsichtlich der Gefühle sprachen wir vorhin von Leichtheit als beiden gemeinsam. Wir unterscheiden darin nun das angelehnt an Bedingungen Strömende des Wäßrigen, das aufgelockert und bindungslos Flüchtige des Luftigen. Jedes hat dementsprechend seine eigenen Lösungsformen, das Luftige die rasche Umsetzung äußerer Reize in Blickpunkte, Einfälle, Vorschläge, das Wäßrige eine langsamere Herausbildung adäquater Symbole des seelischen Eigenlebens. Auf diese Weise wird der Reaktionsanlaß bei beiden «feuchten» Elementen leichter assimiliert und eine Form gefunden, Umweltliches aufzunehmen und dennoch ihm zu entgleiten, auf anderes überzugehen. Dagegen die «trockenen» Elemente gehen solche Verbindungen eigentlich gar nicht ein, sondern der Reiz wird direkt oder umwegig abreagiert, oder aber akkumuliert, das heißt man wird die Spannung nicht los und bleibt am Anlaß haften.

So kommen wir auf die von Klages anderwärts untergebrachten Begriffe der Bindung und Lösung, sehen darin teilweise schon vorinhaltlich, temperamentsmäßig Begründetes. «Trokken» bedeutet gespannte Bindung durch etwas (Tätigkeitsziel bei Feuer, gegenständlicher Anlaß bei Erde), wovon sich «feucht» leichter distanziert, den Eindruck elastischer ausgleichend; «trocken» neigt demgemäß zu «unerschütterlichen Stellungnahmen» (nur extrem verschieden in der Bekundung), schließt also gegebenenfalls, wenn die Voraussetzungen entfallen, auch stärkere Erschütterbarkeit ein als die weich-anpassende oder ausgleichend-schwankende Gegenhaltung «feucht». Vereinigt sich der gespannte Gegensatz des Feurigen und Erdhaften im Gestaltungsmoment, so differenziert sich das gelöstere Gegenüber des Luftigen und Wäßrigen mehr nach der Stimmungsseite; Gefühle, welche die Reaktionen begleiten, empfangen eine hellere Getöntheit aus der luftigen Entledigungs-, eine dunklere aus der wäßrigen Stauungstendenz. Im noch tieferen Absinken entsteht dann beim Erdhaften das Gedrückte, «Pessimistische» gegenüber dem luftigen Gehobenen, «Optimistischen» und der manchmal lauten Lustigkeit des Feurigen.

Der Bindungs- und Lösungsfaktor im Temperament (zum Unterschied von dem, was Klages im Auge hat) stammt unabhängig vom Intellekt aus der unmittelbaren Lebensbetätigung; er geht daher in die Vitalitätsform ein, ohne jedoch Aussagen über vorhandene «Menge» an Vitalität zu gestatten (Aussagegrenze: Familienerbe). Auch hierin treten die Extreme hervor. Das feurige Temperament erscheint gemeinhin vitaler, weil die gesamte im Augenblick verfügbare Vitalität eingeht in die Äußerungswucht des Affekts, womit der Mensch den reizerregenden Gegenstand zu beherrschen, sein Ziel zu erreichen strebt. Diese stoßweise Verausgabung kann jedoch zu frühem Verbrauch führen, wenn genügende Erbreserven fehlen. Im erdhaften Gegenextrem erscheint die Äußerung unvital, weil der Mensch, vom Gegenstand im lastenden Gewicht seiner Konkretheit beherrscht, den Anlaß zwar auch mit dem Gesamtvorrat an Vitalität, doch mehr in sukzessiver Gründlichkeit verarbeitet. Diese sparsame Ausgabe kann eine der Voraussetzungen umso größerer Lebenszähigkeit sein. Es gibt also im Extrem eine von Augenblick zu Augenblick verschwendete, sowie demgegenüber eine sozusagen in Raten abgegebene, nur im nötigen Falle voll eingesetzte Vitalität; beides sagt nichts über den vorhandenen Gesamtvorrat aus. Solche Beobachtungen führen uns – zum Unterschied vom üblichen «mehr» oder «weniger» an Vitalität – zum qualitativen Vitalitätston, später unter «Einzeldarstellungen» bei jedem Zeichen beschrieben.

Fragen wir uns, was in jedem der so verstandenen Temperamente sich aus der Überschneidung von zweierlei Qualitäten als eigentümlich herausbildet, so erhalten wir die Eckbegriffe des nachfolgenden Schemas.

Gegenstandshaftung erdhaft	*Ausdrucksleichtigkeit* luftig
nachhaltige Anstauung gespannt, gebunden	rascher Ausdruck gelockert, gelöst
rascher Ausdruck gespannt, gebunden	nachhaltige Anstauung gelockert, gelöst
Äußerungswucht feurig	*Vorstellungsfluß* wäßrig

In diesem Sinne, gestützt auf Erfahrung aus den individuellen Meßbildern, gebrauchen wir im folgenden die alten Bezeichnungen der Elementarzustände, zumal die unbefangene Menschenbeobachtung, die noch nichts von Klassifizierung nach Temperamenten weiß, sich derselben Ausdrücke meistens richtig bedient. Sie unterscheidet gar wohl zwischen der erdhaften Schwere des Tatsachengebundenen und den schweren Affekten des feurig Veranlagten, der die Welt mit glühendem Herzen ergreift, zwischen der ideengetragenen Leichtigkeit eines, der mit seiner Vorstellungswelt in der Luft hängt, dessen Flüchtigkeit oder bodenloser Leichtsinn Hindernisse überfliegen möchte sowie anderseits der Leichtheit, mit der es bei äußerer Stille und Untätigkeit innerlich strömen und fließen kann. Der verbildlichende Sprachgeist legt sich nicht fest auf den trägen Phlegmatiker als Wertungsbegriff, umfaßt jedoch, wenn abwertend, auch den Versumpften, sorglos Dahinplätschernden, im Strome Mitschwimmenden oder den Luftikus und windigen Bruder, den wirr überhitzten Feuerkopf, der seine Kräfte stichflammenartig verpufft und schließlich den Belasteten, am Boden Klebenden mit seinem erdverhafteten Trübsinn. Gerade Temperamentsäußerungen gegenüber wird die Sprache farbenreich. Nur gehen die Ausdrücke natürlich fehl, wenn sie zur verallgemeinernden Kennzeichnung einer Gesamtpersönlichkeit gebraucht werden. Komplexes verlangt Systematik, Regel und Beziehung der Teilerscheinungen.

Ähnlich steht es mit den Urqualitäten. Ihre Geltung erweist sich in einem der empirischen Feststellung zugänglichen Bereiche, in der Leibeskonstitution. Hieraus empfängt der Begriff des Temperaments sein Eigentümliches, einen Zusammenhang von inneren Vorgängen mit physiologischen Artungen zu bezeichnen. «Trocken» ist in dieser Hinsicht gleichbedeutend mit dem Spannungsfaktor, «warm» mit dem Dynamisierungsfaktor, «kalt» mit dem Kontraktionsfaktor, «feucht» mit dem Lösungsfaktor. Je zwei überschneiden sich in jedem Temperament. Wir haben die Beschreibung mit nunmehr veränderten Namen der Temperamente zu ergänzen.[7]

Erdhaft = Gegenstandshaftung
(Spannung + Kontraktion)

Größte Langsamkeit der organischen Prozesse, die zum gesunden Funktionieren eines geregelten Lebenswandels und in der Ernährungsweise genauer Beachtung der dargereichten Stoffe bedürfen. Bei Sünden hiergegen stockender Kreislauf, verzögerte Abscheidung der Stoffwechselprodukte, Stauungen. Träger Blutumlauf, schlechte Oxydation, daher Kältegefühl.

[7] Selbstverständlich werden die Ausdrücke «Prozeß» und «Phase» hier wie im ganzen Buche im allgemein üblichen, nicht in dem eingeschränkten Sinne gebraucht, auf den sie seit Jaspers («Allgemeine Psychopathologie») in der Psychiatrie festgelegt sind, wo sie zur Unterscheidung zweier krankhafter Vorgänge dienen.

Relativ säftearm, leicht ermüdet, dennoch im ganzen ausdauernd. Erkrankungen zeigen Tendenz zum chronischen Verlauf, oft Verschleppungen. Nervöse Reizung bei geringer darauf anspringender Motorik.

In der seelischen Haltung gebunden durch Tatsachen sowohl des leiblichen Zustandes, als auch der materiellen Umstände der Lebensführung. Dem Fluidum der Umwelt gegenüber jedoch meist anschlußlos, häufig isoliert. Überlegende Sachlichkeit, zum Anschaulichen und mechanisch Exakten neigend, schwung- und begeisterungsloser Realismus. Zauderndes Handeln, unerwartet herantretenden und ungewohnten Anforderungen mit «wenn und aber» begegnend aus der Tendenz, den Verlauf und Ertrag sich konkret vorstellen zu wollen, ehe ein Risiko eingegangen wird. Hinter sachlichen Einwänden kann sich auch pessimistische Abwehr verbergen. Geringes Zutrauen zu den verwandelnden Kräften des Lebens, daraus Gleichgültigkeit gegen Gefühlsaufschwung und Optimismus anderer, selbst im Witz kalt und trocken. In der Betrachtung der Dinge vom Vorhandenen ausgehend und häufig von Befürchtungen getragen, bei depressivem Gespanntsein von stimmungssenkender Einwirkung auf die Umgebung, sich findend in ernster Gefaßtheit vor konkreten Aufgaben. Mit Entschlüssen, die langsam herausgebildet, oft abgehackt hervortretend, arhythmisch im Einsatz. Mitunter Verbohrtsein in genau umrissene Wunschvorstellungen, ohne danebenliegende offene, aber andersartige Möglichkeiten aufzugreifen; meist handelt es sich dabei um materiell eingekleidete Werte der Eigenexistenz. Die Stärke liegt in der konsequenten Verwirklichung des gefaßten Vorhabens, in diesem Punkte meist Verläßlichkeit, wenn die Durchführung auch oft einen schleppenden Zug bekommt und akuten Erfordernissen nachhinkt.

Feurig = Äußerungswucht
(Spannung + Dynamisierung)

Größte Beschleunigung der organischen Prozesse, ungleichmäßigen und harten Anforderungen gewachsen, soweit diese rasch zu bewältigen. Starke animalische Bedürfnisse. Reger Blutumlauf, gute Oxydation, daher Körperwärme und Strahlkraft. Hoher Muskeltonus. Erkrankungen zeigen Tendenz zu akutem fieberartigem Verlauf, auch Entzündungserscheinungen;

in Bezug der Heilmittel Ansprechen auf kräftige Dosen. Natürliche und in der Erregung oder Begeisterung anspannungsfähige Motorik, Bedürfnis nach Bewegung in freier Luft.

In der seelischen Haltung eingestellt auf akute Erledigungen, rasche Abwicklung von Tätigkeiten, welche die Willensspannung zum Ausgleich bringen. Bedürfnis nach freiem Spielraum, Abschütteln pedantischer Überwachung. Mitunter heftige Aufwallungen, die sich freimütig, den Gegner vor Augen, kundgeben; wo dies nicht möglich, eine mit sich herumgetragene Geladenheit, die nach dem ersten geeigneten Anlaß der Äußerung sucht. Die Entladung kann unmittelbar in herzenswarmes Verständnis für den Betroffenen umschlagen. In der Verwirklichung der Impulse, schon bei Aussicht auf Vorwärtsgehen der Dinge eine gehobene Stimmung, der Komik in den Widersprüchen des Daseins zugänglich, steigerbar bis zum tollen Lebensüberschwang. Souveräne Behauptungen und mit Nachdruck vertretene Ansprüche, deren Form sich aber im Tempo des Lebens rasch umwandeln kann, nicht auf dem Buchstaben pochend, oft genügen Bausch-und-Bogen-Erfolge; beim Eintreiben von Forderungen unter Umständen mit Würdigung der Person und Ehrabfindung zufrieden zu stellen. In der Zuversicht zuweilen allzu sorglos, im Einhalten von Versprechungen, die unter optimistischen Voraussetzungen gegeben, nicht immer zuverlässig, in der Leidenschaft ungestüm, übertreibend, doch im Notfalle bei der Ehre gepackt zum korrigierenden Handeln bereit. Die Stärke liegt in der Lebensbejahung, die Wagnisse auf sich nimmt und Projekte angeht, statt auf die lange Bank zu schieben, auch seelische Probleme statt sie auszuspinnen manchmal mit technischen Griffen löst, im impulsiven und tatkräftigen Einsatz für die bejahten Ziele.

Wäßrig = Vorstellungsfluß
(Lösung + Kontraktion)

Mäßiger Gleichlauf organischer Prozesse in enger Wechselwirkung mit der Gefühls- und Stimmungslage, von sich aus langsam und träge, mit Schwäche- und Kältegefühlen, doch intensivierbar durch ermunternde Eindrücke und Zuspruch. Bei Erkrankungen spielt der psychische Faktor eine große Rolle, in Bezug der Heilmittel Ansprechen auf geringe Dosen, naturgemäße Verfahren. Zur körperlichen Bewegung oft bequem, doch anregsam, Verbesserung des Stoffwechsels damit erreichbar. Relativer Säftereichtum, starke Schleim- und Drüsenabsonderung. Hohe Empfänglichkeit für Infektionen sowie Wetterschwankungen, Neigung zu Katarrhen. Häufig anfällig bei dennoch immer wieder neu gestärkter Vitalität.

In der seelischen Haltung sensitiv einfühlsam und daher in der Stimmungslage abhängig von der Umgebung, getragen von entgegengebrachter Sympathie, jedoch durch mißgünstige Strömungen beirrt und leicht außer Fassung gebracht. Tendenz zu gemüthaftem Ausgleich, in diesem Sinne «gemütlich», einen zwanglos anregenden Anschluß suchend, der nicht mit strengen Forderungen verknüpft; sonst zurückhaltend, in sich eingesponnen. In den Ansprüchen bescheiden oder zuweilen phantastisch, dann aber auch mit symbolischen Abfindungen zufriedenzustellen. Alle Maximen, ob anfänglich spannungsreicher oder -ärmer erlebt und bejaht, werden nach einer Zeit ins Bequeme, in lässiges Sichgehenlassen gemildert. Es bedarf darum immer erneuter Anstöße von verschiedenen Seiten her, um ein anstrengendes Ziel zu verwirklichen. An sich formlos, aber empfänglich, wenn auch mitunter nach der rührsam-sentimentalen Seite hin, im Wesentlichen durch wechselnde Eindrücke und das Gemüt ansprechende Einflüsse geformt. Ohne Anregung gelassen leicht Versinken im Genuß des Nächstliegenden, Erschlaffung. Durch inneren Aufschwung, Aufsuchen von Anspornendem jedoch, die Einbildungskraft zu tätigen Folgerungen treibend, wird die Anpassung an veränderliche Verhältnisse zur Stärke.

Luftig = Ausdrucksleichtigkeit

(Lösung + Dynamisierung)

Überhastung der organischen Prozesse durch stimmungsmäßigen Euphorismus, auch soweit willkürlich beeinflußbar, um gelegentlich ebenso rasch im Tempo abzufallen; das Psychische scheint oft den Zusammenhang mit der körperlichen Basis zu verlieren, bewegt sich außerhalb der natürlichen Lebensphase. Manchmal vorzeitiger Verbrauch, manchmal verspätete juvenile Haltung. Bei Erkrankungen ist meist eine Reformierung der ganzen Lebensweise angebracht, mit Zurückschrauben des hirnlich angetriebenen Dynamismus und ruhiger Atemregelung.

Häufig zu geringe Berücksichtigung vegetativer Bedürfnisse bei nervenmäßig überforderter Vitalität. Umschlagen von Phasen der Übererregung in Ermüdungszustände, mitunter innere Apathie bei weitergetriebener äußerer Beweglichkeit. Oft ungenügende Bildung roter Blutkörper.

In der seelischen Haltung austauschhungrig, ebensowohl auf andere einwirkend als auch deren Sympathie bedürftig. Meist umgänglich und kameradschaftlich mit geistiger Liberalität, empfänglich für Liebe und Freundschaft in diesem Sinne, wenn keine zu starken Belastungsproben damit verknüpft sind. Letztere nur bei ideologischem Gleichklang durchhaltbar. Vielfach rasche Anknüpfung, rasche Uninteressiertheit, sobald der Austausch der Anschauungen stagniert. Unternehmender und lenksamer, zuweilen leicht übertreibender Schwung, lebhafte aber oft flüchtige Impulse, gleichsam seelisch mangelnder Tiefatem. Bewegliche Wunschkraft, leichtes Erfassen der Situation und williges Eingehen darauf, geschmeidige Ausdrucksweise, Sinn für geistreiche Ironie. Mitunter heiter durchs Leben tänzelnd, Zerstreuung suchend, mitunter auch Intrigen und Hervorrufen von Zwisten, um sich das Dasein interessanter zu machen. Doch anderseits meist idealisierende Gefühle, echte Begeisterung und Bildungsinteressen, Tendenz zu Freimut des Urteils. Zum geistigen Erfassen auch alltäglicher Dinge und dadurch zur Verfeinerung geneigt. Die Stärke liegt in der Aufschwungsfähigkeit, die sich selten von materiellen Mißlichkeiten niederdrücken läßt, fast immer einen Ausweg findet oder gute Miene zum bösen Spiel macht.

Wir versagen es uns, die vielfachen Querverbindungen zu den verschiedenen empirisch, intuitiv oder über naturphilosophische Spekulation gefundenen Typen aufzuweisen, wie etwa Brinkmann solche zur antiken Temperamentlehre herzustellen versucht hat[8]. Derartige Beziehungen bestehen, denn schließlich liegt dasselbe Modell zugrunde, das individuell mannigfaltig abgewandelte menschliche Wesen. Doch sei erinnert, daß es hier nicht um eine Typen-

[8] Donald Brinkmann, «Über ein Grundprinzip der psychologischen Typenlehren», Schweizer. Zeitschr. f. Psychologie, 1948. Hierbei zeigt sich – neben richtig gesehenen Querverbindungen – das Fragwürdige der Auffassung vom «phlegmatischen Temperament», das B. dem extravertierten Typus C. G. Jungs analog stellt.

lehre geht, welche den Gesamtumfang charakterlicher Erscheinungen unter Einteilungsbegriffe subsumiert, sondern um die Heraushebung dessen, was unabhängig von kräftestrukturellen und anderen Momenten als Temperament gelten kann. Dabei steht die astrologische Diagnostik im Vorteil, daß die Zuordnung durch das Meßbild keiner Willkür des Beurteilers unterliegt. Es bleibt lediglich die erfahrungsmäßige Überprüfung der gewonnenen Bestimmungen übrig. Die Zuordnung betrifft nicht die Gesamtpersönlichkeit, nicht einen ungefähren Mischtypus, sondern Mehr- oder Minderbetonung unterscheidbaren Grades im Teilhaben an mehreren Temperamentsarten. Die relative Unabänderlichkeit des Temperaments, bewußte Steuerung des Handelns unterbauend, beruht auf dem Zusammenhang von Gemütsbewegungen, seelischen Haltungen und dementsprechender Verhaltensschemata mit der physiologischen Artung, der Konstitution. Nicht ohne weiteres ist darin der Gestaltbautypus enthalten, unter morphologischem Gesichtspunkt zu unterscheiden vom physiologischen Zustand. Hierzu werden wir später unter «Tierkreis-Signaturen» Stellung nehmen.

Zuvor gilt es, das zutage getretene Ordnungsphänomen noch in weiterer Sicht zu erfassen. Sucht man den mit Temperament umschriebenen leib-seelischen Zusammenhang im naturwissenschaftlichen Detail, so sieht man nur fließende Grenzen. Das Bild der Aggregatzustände enthält zwar sprungweise Übergänge eines Zustands in den anderen. Richtig als Bild, bedeutet dies jedoch keine Ableitung der scharfen Scheidungen seelischer Haltungseigentümlichkeit aus chemischen Elementarvorgängen. Betrachten wir nunmehr den Zusammenhang einmal von der Frage aus, wie tief ein Mensch wesensmäßig in der Materialität steckt. Dann kann man verschiedene, in Leib, Seele und Geist widergespiegelte Stufen des Belastetseins durch die Materialität der Dinge oder des Enthobenseins davon feststellen, nicht als Bewußtseinshaltung, sondern als wesensmäßige Ausrichtung gemeint.

Dem unbefangenen Beobachter der beschriebenen Temperamente wird sich eine solche Gestuftheit geradezu aufdrängen. Vergegenwärtigen wir uns die Ebenen des Seins, wie sie Nicolai Hartmann als Schichten des Materiellen, Organischen, Seelischen, Geistigen übereinandergestuft sieht, jede mit schichteneigenen Kategorien, so zeigt jedes Temperament eine Verwandtschaft mit einer dieser Ebenen.

Luft = Affinität zur *geistigen* Ebene
Wasser = Affinität zur *seelischen* Ebene
Feuer = Affinität zur *organischen* Ebene
Erde = Affinität zur *materiellen* Ebene

Jedes Temperament ist im Ansatz seiner Äußerungen verwandt mit der Eigenart der betreffenden Schicht, bezieht aus ihr gewissermaßen den Modus des Heimischseins im Dasein, die Wesens-Tonart. Erdhaft = raumerfüllend Stoffliches und dessen Tektonik, abgegrenzte reale Dinge in Ruhe oder mechanischer Bewegung, formales Beziehungsgefüge von Teilchen; Feurig = Lebensdynamismus in Beantwortung von Reizen der Außenwelt, eigenrhythmisch spontan in den Raum hinein betätigtes Wollen, Gestalten, Zielverwirklichen; Wäßrig = Hereinziehen von Umweltlichem in die Innenwelt, Verwandlung in Phantasie- und Gefühlsdinge, Selbstlauf seelischer Symbolik; Luftig = Verwandlung von Dingen in Ziffern und Zeichen allgemeinerer Bedeutung, ihre Verbreitung, über dem Tatsächlichen schwebende Denkbarkeit, Allgegenwärtigkeit von ideologisch Gültigem. Als Ganzer bewegt sich der Mensch selbstverständlich im gesamten, so geschichteten Stufenbau, wobei Vorgänge der einen Schicht in die der anderen übergreifen. Doch die genannten anlagemäßigen Betontheiten setzen sich auch in der Durchformung der individuell minderbetonten Schichten durch[9].

So bekommen wir im Falle individueller Überbetonung

[9] Die wesensmäßige Verwandtschaft einer Reaktionsartung zu einer bestimmten Ebene erhält sich also selbst dann, *wenn die Bekundung auf einer anderen Ebene liegt.* So tendiert das Erdhafte zur gedanklichen Stoffbewältigung im Sinne trockenen, sachlich kühlen, genauen, stückweisen Studiums der Gegenstände und ihrer formalmechanischen Beziehung. Demgemäß findet man in den erdhaften Zei-

eines Temperaments (modifiziert durch die von der Entwicklungshöhe abhängigen Charakterelemente) gewisse Handhaben zum Urteil über die Haltungseigentümlichkeit auf den verschiedenen Ebenen des Seins.

Beim feurig überbetonten Menschen teilt sich die Dynamik des Warmblüterorganismus auch seinen Gefühlen und Gedanken mit. Gegenstände, die ihn erlebnismäßig reizen, sind ihm «Tat»-Sachen im Wortsinne, d. h. sie verwandeln sich ihm unmittelbar in Aktionsziele mit der Tendenz, in der Auseinandersetzung zu obsiegen. Ein Denken, Fühlen, Handeln in Vitalbedeutungen, das in Verwandtem anklingt, kühleren Naturen allerdings auch lästig fallen kann als eine nur «handbereite», nicht gefühlsbeschauliche oder logisch-sachliche Erlebniswelt.

Beim erdhaft Überbetonten fehlt solche lebensunmittelbare Dynamik. Sogar die leiblichen Vorgänge scheinen bei ihm ungenügend von den organischen Bildekräften durchdrungen zu sein, sein Seelenleben ist stofflich belastet, seine Geistigkeit tendiert zu mineralisch starren Formen. Seine

chen ♑ und ♍ oft einen klaren Verstand in Bezug auf Körperdinge, in ♉ häufig einen mathematischen Raumsinn. Gerade unser Verstand, obzwar Werkzeug geistigen Lebens, hat seiner Funktionsweise nach eine Beziehung zur Welt fester Körper, zur Zerlegbarkeit in einzelne Bestandteile und ihre Relationen. Im festen Aggregatzustand präsentieren sich die Stoffe in der Weise, daß sie Baustoffe beständiger Formen unserer empirischen Welt sind, ferner offenbaren sich in der Kristallbildung die geometrischen Bauschemata der Materie, die in den anderen Aggregatzuständen für den Augenschein verloren gehen. Analog diesem besteht die Intellektualität, die dem erdhaften Temperament entspricht, in der *Erfassung empirischer Körperlichkeit durch eingeborene Ordnungsschemata* und bleibt, trotz aller Abstraktionen, wesensmäßig materiell bezogen. – – Was hier dagegen, dem luftigen Temperament entsprechend, wesensmäßiges Bezogensein auf die geistige Schicht heißt, kommt umgekehrt auch in der realpraktischen Handhabung stofflicher Dinge zur Geltung. Es besteht in größtmöglicher *Erhebung der Blickpunkte über die materiellen Erscheinungsbedingungen.* Dies kann auch unintellektuell sein, hängt nicht von der Ausbildung des Verstandes ab (Aussagegrenze!), eine inspirierte Geistigkeit im Sinne des «Pneuma». In dieser intuitiven oder in intellektueller Form geht es um freies Verströmen der Gedanken und Abständigkeit zur Empirie.

Art von Spannung betrifft den Gegenstand in seinem Fürsichsein und als Wert für die Eigenexistenz. Es kann sich um einen hochintelligenten Menschen handeln, doch Anspeicherung von Sachbegriffen bildet keinen Maßstab für wesensmäßig Geistiges und der Leistung geht es um Tat-«Sachen».

Umgekehrt, mag es auch manchem paradox klingen, ist ein unentwickelter Verstand kein Maßstab für mangelnde geistige Wesensart. Über den geistigen Entwicklungsgrad kann aus Überbetonung des Luftigen noch nichts gefolgert werden. Doch wesensmäßig ist es die Stufe größten Enthobenseins von der Materialität; die lockere, entspannte Haltung eines solchen Menschen haftet wenig in seiner Körperlichkeit, sein Fühlen ist relativ frei von trieb- und gemütsmäßigen Bindungen, sein Denken nimmt die Welt gleichsam aus der Vogelschau wahr, sei es oberflächlich und flüchtig oder mit erworbener Bemächtigung durch geistige Kategorien.

Eine Gelöstheit dunklerer Tonart kennzeichnet den wäßrig Überbetonten, den Menschen des flüssigen Temperaments. Er steht eine Stufe tiefer in der Leiblichkeit, ist jedoch ohne spannende Motorik; sein bequemes Sichgehenlassen und relatives Untätigsein hat etwas Kaltblüterartiges, insofern er äußerer Wärmezufuhr, das heißt gemütsmäßiger Wärme und energiemäßiger Anstöße durch andere zur Steigerung des Lebensschwungs bedarf. Sein Denken besteht von Haus aus in verschwommenen Andeutungen, Ahnungen und Symbolismen, wenn ihm nicht das Gefühlsverhältnis zu einer Sache den Blick schärft, ihr Bedeutungswert ihm den Ansporn zur geistigen Erhebung gibt[10].

Wie gesagt ist aber die Gesamtpersönlichkeit nur selten

[10] Die vielen Mißverständnisse über den «Phlegmatiker» werden so begreiflich. Nur wo das *Niveau* auf die vegetativen Vorgänge eingeschränkt ist, nähert dieser sich dem «Type digestif» (Ernährungstypus) Sigauds; die leiblichen Vorgänge, die Genüsse, um die dann seine Vorstellungen kreisen, sind genau betrachtet *Symbole seelischen Gleichgewichts und Behagens* in einem ungenügend zur geistigen Reflexion entwickelten Gemüt, von ihrem *Stimmungsgehalt* wird ein solcher Mensch absorbiert.

so einseitig durch ein einzelnes Temperament bestimmt. Abgesehen von der Beurteilung des Stärkeverhältnisses der Temperamente geht die Deutung auf die «Einfärbung» jedes Anlage-Radikals.

Die Intelligenzanlage z. B. kann erdhaft-sachgebunden, feurig-organisch, wäßrig-symbolistisch, luftig-ideenhaft eingestellt sein, je nach der Stellung von ☿. Je nach der ♂-Stellung kann das Trieb- und Dranghafte sich zögernd aber nachhaltig, an konkrete Gegenständlichkeit gebunden ausgeben (erdhaft), es kann mit impulsmäßigem Ansturm, gesteigerter Ausdruckswucht, zu rascher Eroberung der Ziele neigen (feurig), kann zur seelischen Aktivität werden, in der Schärfe zwar gemildert und beirrbarer in der Richtung, dafür wiederum elastischer (wäßrig), schließlich kann es ideologisch lenksam und leicht beschwingt, schwerelos schnell sich äußern (luftig). Hierin liegen keine Bewertungen im Sinne von günstig oder ungünstig, sondern temperamentsbedingte Grundlagen eines verschiedenen Denk- und Tätigkeitsstils. Freilich ist es immer die Gesamtpersönlichkeit, die denkt oder handelt; entsprechend der obersten Deutungsregel «keine Einzelaussage ohne Betrachtung des Gesamtbildes» haben wir dies zu kombinieren mit dem, was unmittelbar oder mittelbar eingreift. Sozusagen als Untermalung des Gesamttemperaments ist der Aszendent zu nehmen (erklärt S. 259 f. und Anhang), die Form persönlicher Reaktionsweise, wenn noch keine bestimmten Kräfte zum Einsatz aufgerufen sind. Als Symbol des zentral Leben-Organisierenden ist vor allem die ☉ wichtig, die Schichtenlage zeigt hier an, auf welcher Ebene der Wesenskern zum entscheidenden Wollen kommt und wo die Maßstäbe des Selbstvertrauens liegen. Das feurige Temperament hat die naheste Beziehung zum Willen als organisch unmittelbare Zielverwirklichung, kann dem Tatwillen gleichgesetzt werden; mit «feuriger» Stellung der ☉ fällt Gesamt-Lebensantrieb und Maßstab des Selbstvertrauens zusammen. Es gibt nun wenige lebenswichtige Antriebe, die nicht in irgendeiner Weise auch zum bewußten Wollen werden, hierin aber liegt der Akzent mehr bei

Stellung in einem luftigen Zeichen, beim wäßrigen liegt er im Gefühls- und Stimmungston, beim Erdhaften in der Sache.

Tätige und leidende Form

(Mit dieser Unterscheidung legen wir einen vereinfachenden Schnitt durch die Gesamtpersönlichkeit, fügen aber kein neues Teilungsprinzip hinzu; die Temperamente werden reduziert auf einen Gegensatz, der, in ihnen liegend, das Verhältnis zur Außenwelt betrifft.)

Aus dem Bisherigen geht hervor, daß feurig und luftig schnelle, mehr oder minder kräftige Reaktionen gemeinsam haben. Vor allem das bei feurig angetroffene tätige Verhalten ist genau genommen oft weniger Reaktion, erweckte Gegenwirkung, als spontane Aktion, der Auslösung durch umweltliche Reize kaum bedürftig – wo sie fehlen, werden sie aufgesucht –, nur Richtung durch sie empfangend. Dies entspringt einem dynamischen Überschuß, der nach außen drängt, sobald die Tatenlust solche Richtungspunkte findet. In feindlicher Umwelt teilt man lieber Schläge aus, als solche einzustecken, ist wenig geeignet zu untätigem Dulden und Leiden. Bei luftig finden wir einen ähnlichen Überschuß an Begeisterungsfähigkeit, beschwingter Ausdrucksfreude, die auf einen äußeren Anlaß geradezu «fliegt», anderseits eine Wachheit, die Angriffen meist geschickt ausweicht. Wurde eine Leidenssituation von außen aufgedrungen, so wird sie gesprächsweise in lebhafter Schilderung abreagiert.

Hingegen bei erdhaft und wäßrig treffen wir langsame Reaktionen an und zwar solche eigentlichen Sinnes, «Gegen»-wirkungen, worin eine Bewahrtendenz dem Ausdruck seine verhaltene Färbung gibt. Besonders bei erdhaft sperrt sich etwas gegen unmittelbare Bekundung; Eindrücke werden trotz der oft aufmerksamen Beobachtung kühl verbucht, Angriffe mit abwehrender Härte erwidert und was eindringt, festsitzt, wirkt sich nachhaltig, meist umwegig aus. Der gelösteren Haltung bei wäßrig gelingt solch «Abtropfenlassen» wenig, infolge der empfänglichen Natur des Fühlens nannte man diese Zeichen auch die «sensitiven»[11]. Das Erleidenmüssen wird zu einem innerlich-sich-Wehren, Verarbeiten von ungewollt Aufgenommenem, hat ein Angriff einen Stachel hinterlassen so sucht man die Schuld häufig bei sich; dies alles absorbiert die Kräfte einer meist großen Duldungskapazität. Im direkten Handeln oft befangen, umso tätiger in der Phantasie.

Der hierin sichtbar werdende Unterschied kann, bei aller gegenüber einem Schematismus gebotenen Vorsicht, für den ersten Überblick eine Hilfe leisten. Der Haltungsunterschied liegt in regsamer Äußerung, aus sich herausgehen bei feurig und luftig, abwartender Haltung, ansichhalten bei erdhaft und wäßrig. Geben wir den Erstgenannten das Vorzeichen +, den Zweitgenannten das Vorzeichen –, so entsteht bei der Aufeinanderfolge im Kreis ein gleichmäßiger Wechsel der Vorzeichen.

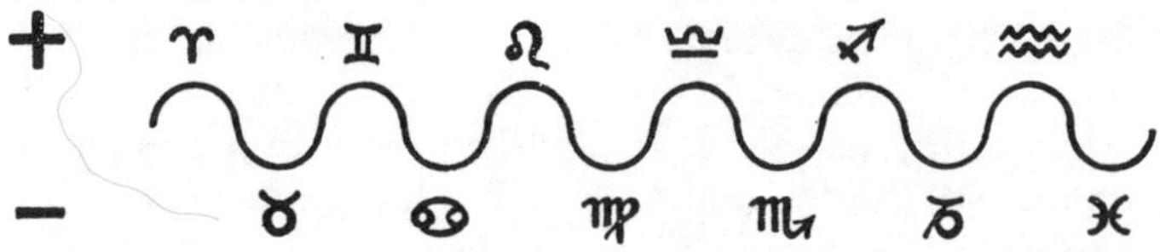

Dieses Verhältnis wird in der astrologischen Tradition gewöhnlich das von «männlichen und weiblichen Zeichen» genannt, was man im allgemeinen Geschlechtscharakter nach Art des chinesischen Yang und Yin verstehen muß,

[11] Eine etwas mißverständliche Benennung; wenn man darunter nämlich Nervensensibilität versteht, so treffen wir diese hochgradig bei ♊ und ♍ an, was in ihrer später gebrachten Beziehung zu ☿ begründet liegt. Gemeint ist *seelische Empfänglichkeit.* Sie erklärt das Verletzliche aller mit wäßrig umschriebenen Anlagen, auch die robusten Abwehrreaktionen unter dem auf ♂ bezogenen ♏: dessen Protesthaltungen, Gereiztheiten, Auftrumpfungen setzen solche Empfänglichkeit voraus, in krankhaften Fällen führt sie zur hysterischen Leidenssituation.

als alldurchdringenden Gegensatz zeugender Bewegung und empfangender Ruhe. Man darf es aber nicht im engen Sinne nehmen, etwa das Geschlecht daraus erschließen wollen. Ebensowenig darf man schöpferische Qualitäten daraus ableiten, sondern wenn solche vorhanden sind, dann sind einige Aussagen über das «wie» der Auswirkung möglich, eine aktiver sein Anliegen herausschleudernde oder passiver das Vorhandene umbildende Form; durch weitere Bestimmungen modifiziert, später in «Einzeldarstellungen» hineingearbeitet gebracht. Die Vorzeichen + und – sind ohne jede Wertung zu verstehen. Bei der häufig gebrauchten Benennung «positive und negative» Zeichen spielt oft eine solche mit, als ob den negativen etwas fehle, etwa beurteilt vom «Leistungskräftigen» aus; durch berechnende Bedachtsamkeit, Kritik und Vorsorge kann aber besonders bei den erdhaften Zeichen erfolgsmäßig überboten werden, was der Dynamismus der feurigen, in gleichen Angelegenheiten sorgloser, praktisch erreicht. Die hie und da vorgenommene Übertragung der physikalischen Begriffe «elektrisch» und «magnetisch» auf die beiden Gruppen von Zeichen sei nur erwähnt. Einen besseren bildhaften Vergleich geben uns die beiden Tongeschlechter in der Musik, Dur und Moll. Nur darf man dies nicht wortwörtlich in hart und weich des Charakters übersetzen (ergäbe Fehlurteile bei ♎ und ♑!), sondern sehe darin den Unterschied zweier Gestimmtheiten, in deren jeder ein und dasselbe Thema anders klingt. Wir wählen hier die Ausdrücke tätige und leidende Form als wertfreien Zustandsgegensatz, gesehen in einem mehr ausgreifenden, vonsichgebenden oder mehr zurückweichenden, hinnehmenden Verhältnis zur Umwelt.

Tätige Form

Auf die Dinge zugehen, in die Umwelt hineinwirken, unvermitteltes, manchmal lautes, sich aufdrängendes Verhalten, Reize schnell abreagierend mit der Tendenz, der Umstände Herr zu werden; im allgemeinen ungeduldiger und unbescheidener, wenigstens in Sofortansprüchen, das akut Erscheinende dringlich machend, leichtere offene Aussprache, die gern «alle Patronen verschießt».

Leidende Form

Die Dinge an sich herankommen, die Umwelt auf sich einwirken lassen, abwartendes, langsam Beziehung herstellendes und meist stilleres Verhalten, Reize verdauend, vielfach durch Umstände bestimmt und geformt; im allgemeinen geduldiger und bescheidener, doch nachheriges umwegiges Anmelden von Ansprüchen, schwierigere Aussprache, die oft wichtiges «hinterm Berg hält».

Für das Verständnis des Kreisganzen ist dies wechselnde «Tun und Lassen» sehr wichtig, es taucht weiter fortgebildet in der Konstruktion gegeneinander gestellter Dreiecke wieder auf (S. 127–129). Man belasse es in einer den betreffenden Zeichen gemeinsamen Gesamttönung und suche nicht einen ganzen Eigenschaftskatalog daraus zu ziehen. Verkehrt wäre es, in der stärkeren Weltzuwendung der Zeichen tätiger Form etwa schon Gemeinschaftssinn zu sehen. Es gibt auch einen tätig in die Umwelt getragenen Autismus[12], der zu seiner Kundgebung der äußeren Szenerie, eines gesteigerten Aufwands bedarf und dem die Mitmenschen zu Requisiten der Selbstdarstellung werden. Ebensowenig besagt die stärkere Innenwendung der Zeichen leidender Form schon Innerlichkeit und Tiefe; auch Herzenskälte, Verstocktheit oder die Unbeholfenheit, sich frei zu äußern und Kontakt zu finden, können den Menschen auf sich zurückwerfen. Ferner gelangt ein summarisches Vorgehen leicht zu Fehlschlüssen über die Ansprechbarkeit. Manche erdhafte Zeichen erscheinen in dieser Hinsicht stumpfer (♉ ♑); richtig gesehen sind sie gegen momentane und flüchtige Reize besser gewappnet als manche wäßrige (♓ ♋), das aber, worauf sie ansprechen, wird

[12] Krankhafte Selbstbezogenheit, von E. Bleuler (Lehrbuch der Psychiatrie, 1923) als einseitige Beschäftigung mit eigenen Einbildungen und Phantasien verstanden; die affektive und intellektuelle Einstellung darauf führt zur Nichtbeachtung der äußeren Wirklichkeit und zur mangelnden Anteilnahme am Mitmenschlichen. Eines der allgemeinen Kennzeichen der Schizophrenie.

gegenständlich genau erfaßt. Dem, der Ansprechbarkeit an der sofortigen Äußerung messen will, erscheinen manche luftige Zeichen (♊♎, in diesem Sinne hochgradig reagibel) unbedingt stärker ansprechbar. Doch dringen die Eindrücke wenig nachhaltig ein, genau genommen sprechen die betreffenden Menschen meist nicht auf die Dinge selber an, sondern auf Signale, für die sie einen Vorrat fertiger Ausdrucksschemata mitbringen. An Stelle eines solchen «stärker» oder «schwächer» werden später (hineingearbeitet in «Einzeldarstellungen») qualitative Formen der Ansprechbarkeit gebracht.

Grundformen des Wirkens und Werdens

Temperamente als feststehende Reaktionsartungen sind Grundbefindlichkeiten in der Beantwortung umweltlicher Reize. Mannigfache leib-seelische Wechselwirkungen greifen ineinander, um in Tempo, Lebensgefühl, Stimmungston, Ansprechbarkeit und im allgemeinen Seinsbezug jene Form des Zusammenspiels zu ergeben, die wir mit Sicherheit von derjenigen des anderen Temperaments unterscheiden. Seine ureingesessenen Ablaufsschemata kommen unabhängig von bewußter Steuerung in Gang. Temperament gehört zum relativ beharrlich Bleibenden, ungeachtet stattgefundener Entwicklung kehrt es im Persönlichkeitsbild wieder. Die Temperamentsarten bestimmten wir aus zwei überkreuzten Gegensätzen der Äußerungsweise.

Eine andere Ordnungszahl wird nötig, wenn wir nach dem Wirken und Werden des Menschen fragen, nach Hervorbringen von Dingen, Schaffen, Bilden, Erzeugen, sowie in der Zurücklenkung der Aufmerksamkeit auf sich selber nach Selbstgestaltung. Insgesamt meinen wir damit nicht schlechthin ablaufende Kräfteäußerungen, sondern entwickelnde Vorgänge. Wird ihr Produkt, das Werk, nach seiner Dienlichkeit beurteilt und die anlagemäßige Voraussetzung des Hervorbringens als Eignung dafür, so beziehen wir mit der Zweckfrage eine schmälere Basis als in der Frage nach produktiven Eigenschaften überhaupt. Grundformen des Wirkens und Werdens sind darum nicht dasselbe wie gebietlich spezialisierte Begabungen, können aber als noch unausgegliederte Eignungs-Vorformen verstanden werden.

Theoretisch erfolgt auch hier zunächst eine polare Unterscheidung und zwar von Momenten, die sozusagen in einem Zeuger-Gebärer-Verhältnis stehen; wir führen dies aber dann weiter zu etwas Drittem, auf das die Spannung ihres Verhältnisses ergebnishaft abzielt bezw. worin sich die vereinigten Kontrahenten der Erzeugung, einander durchdringend, ergänzen. Dies stehe vorerst als Bild für das Eigentliche dieser drei Momente. Würden wir es zu eng als Vater-Mutter-Kind deuten, so kämen wir in Konflikt mit dem eintretenden Fall, daß sich das «Geschlecht» (im soeben behandelten tätig-leidenden Sinne) bei der Beziehungsfunktion auch umkehrt. Grundformen herauszuziehen erfordert, vom konkreten Inhalt zu abstrahieren und über derlei behelfsmäßige Bilder hinweg nur auf die funktionale Form zu achten, mit welcher die unerläßlichen Faktoren – Anreger verändernder Vorgänge, Befestiger in einer vorhandenen Grundlage, Verwirklicher des Ergreifens von Neuem und Einfügens in das Bestehende – eingeschaltet sind.

Auf abstrakte Form wird aber damit gebracht, was wir in der täglichen Wirklichkeit anwenden. Bei jedem produktiven Vorgange fragen wir dreierlei. Erstens: wer will etwas hervorbringen, kraft welcher Könnensmöglichkeit? Zweitens: woraus und wo, womit will er es? Drittens: was will er hervorbringen, zu welchem Ende und wie tut er es? Anders ausgedrückt fragen wir nach dem Wirkstreben, dem ingangsetzenden Impuls oder planenden Gedanken, der wirkenden Kraft zum Ansatz des Entstehens bezw. dem Urheber und Eigner eines produktiven Vermögens; ferner nach Boden und Material, Werkzeug, Umständen und Darstellungsraum, bezw. dem dieser Mittel kundigen, über sie verfügenden Träger; schließlich nach der Entstehung des Beabsichtigten selbst, der verwirklichenden Tätigkeit, der Art, den Bedingungen gerecht zu werden und das Vorhaben durch alle auftauchenden Wechselfälle zum Ergebnis zu bringen, bezw. dem tatsächlichen Hersteller und der von ihm angewandten Methode. Das Entstehen eines Gebäudes, einer Maschine, irgendeines werkmäßigen Gebildes, auch Gedanken- und Gefühlsgebildes, eines Kunstwerks, was wir auch hervorbringen mögen, setzt dies dreierlei von Anstoßgebung, Mittelgebrauch und Ereignisvollzug voraus; es soll zwar in einem vereinigt sein, doch erfahrungsgemäß liegen die Eignungen ungleich. Nicht anders, wenn ein Mensch sich selber zum Gegenstand schöpferischer Weiterbildung wird: nötig sind entwickelnder Antrieb, ein Material bildefähiger Eigenschaftsanlagen sowie entwickelnde Arbeit[13].

Denken wir uns dementsprechend dreierlei Grundanlagen – noch undifferenziert, anwendbar auf alle Gebiete –, so werden darin verschieden betonte Menschen sich zu unterschiedlichen Aufgaben eignen, bezw. entwicklungsmäßig ungleich verhalten. Sie heißen hier in der gebrachten Reihenfolge kardinale, fixe und labile Anlagen. Wir gewinnen aus ihnen ein Urteil über Vorformen dessen, was sich dann gegenstandsbezogen auszweigt.

[13] In archaischen Götter-Dreiheiten taucht das Verhältnis auf als dreifache Entfaltung der Schöpfungs-Einheit, als Verkörperung des *schöpferischen, erhaltenden* und *verwirklichenden* Prinzips. Es spiegelt sich noch in der Auffassung der Kausalität bei Aristoteles (Metaph. VII): «Alles was entsteht, entsteht durch etwas, aus etwas und als ein gewisses Etwas» (statt Verhältnis von Ursache und Wirkung), enthält aber eigentlich den Finalzusammenhang des Geschehens nach Ziel und Endzweck. Als zeitliche Folge wurde die Dreiheit in der Weise verbildlicht, daß das dritte Prinzip aus einer erzeugenden Polarität als deren Frucht hervorgeht: Osiris, Isis und Horus. Unschwer erkennen wir hierin die mythologische Vorform des Dreischritts von *These-Antithese-Synthese* (Satz-Gegensatz-Vereinigung), die Hegel von der «Erkenntnis des Entgegengesetzten in seiner Einheit» überführte zum «Rhythmus des organischen Ganzen» der Natur und Geschichte (Enzyklop. d. philos. Wissenschaften). Kontinuierlich sich abwickelnd, bildet dabei die mit der Vereinigung des Gegensätzlichen herausgebildete Synthese jeweils die These einer neuen Phase von Veränderungen.

Wichtig für den Anwendungsfall ist eine Beziehung dieser Dreiheit zu den Hauptkategorien der Deutung. Das Kardinale hat näheren Bezug zu den Wesenskräften, den aus ihrem Aspektverhältnis angeregten Veränderungen, «Entwicklungsschüben», das Fixe zur Sphäre des Ausdrucks, den darin verankerten periodischen Wiederholungen, durch die wir als «bleibender Charakter» fortbestehen, das Labile zur Interessensphäre, den aus dem Wechsel der sie auffüllenden Dinge hervorgehenden «Umstellungen», «Wendungen». Dies ergibt praktisch eine Akzentverschiebung in der Beurteilung des Gesamtbildes.

Überwiegen des Kardinalen besagt, daß der Betreffende leichter den entwickelnden Ansporn der Kräfte in sich aufschließt, doch auch ihren Spannungen stärker unterworfen ist. Er mag durch diese Strebetendenz selbstsichere Führung erlangen, auf produktive Leistung eingestellt seine Bahn bestimmen, blind seinem Stern vertrauend dem Erst- und Einmaligen nachjagen und so sich selber Schicksal sein, oder aber herrisch, einflußgierig, verführerisch auf andere einwirken. Im Verhältnis von Streben zu Begabung neigt er zu jenem, zu dieser hingegen der nun folgende. Überwiegen des Fixen nämlich besagt, daß der Betreffende stärker im Material der Stilformen und der ihnen verwandten Ebenen ruht, alles Abändernde in periodischer Wiederkehr, Geregeltheit nach den Bedürfnissen seiner Lebensgrundlagen zu befestigen sucht, abwehrt, was in sein Reaktionsgetriebe einzugreifen und das Gleichgewicht zu stören droht. Diese seine Verharrungstendenz mag Eigenschaften der Treue, Verläßlichkeit, Würde der Person oder des Auftrags, zäh ihn beherrschende Leidenschaften zum Ausdruck bringen oder aber ihn entwicklungsmäßig stagnieren lassen. Überwiegen des Labilen endlich tendiert zum Entwicklungsvollzug und besagt, daß der Betreffende im Auf- und Abfluten seiner Interessen vielseitiger Anpassung an die Umstände fähig ist, leicht situative Bedingtheiten seiner Verwirklichung erfaßt, gegebenenfalls rascher die Ziele tauscht. Er kann, auf Ergebnisse der Selbstentwicklung bedacht, in den Fluß veränderlicher Momente hineinspringen und dadurch vom einen zum anderen fortschreiten, oder aber unbeständig, wankelmütig hin und her treiben, Faszinationen erliegen, unentschlossen im Wechsel der Lage mitplätschern.

Im Rückbezug zur urtümlichen Schöpfungs-Trinität liegt etwas, was über das Charakterologische engeren Sinnes hinausgeht; darum können diese Grundformen zusammenfassen, wie der Mensch von sich aus in die Welt hineinwirkt und wie er selbst darin steht als ein Werdender, sich Entwickelnder. Deutlich erkennen wir eine verschiedene Betonung der drei Haupteigenschaften des Lebendigen: *Impuls*, verändernder Anstoß, *Regulation*, Gleichgewichtserhaltung, *Reizantwort*, wechselfällig-situative Verausgabung; dies gilt in Hinsicht auf Werdeprozesse, nicht als feststehende Reaktionsartung.

Keinesfalls enthält die Dreiheit aber Wertgrade der Produktivität oder, wie irrigerweise oft angenommen, dreierlei quantitative Kraftabstufungen. Das Kardinale ist nur dem Ursprung aus gestaltenden Kräften am nahesten, das Fixe steckt stärker im Anlagematerial und der bedingungshaften Einkleidung von Aufgaben, das Labile zehrt von der fluktuierenden Spannung zwischen beidem, steuert auf die Teilnahme an bereits laufenden Vorgängen hinein; inhaltserfüllt alle drei immer nur, wenn und soweit entwickelnde, schöpferische Fähigkeit vorhanden (Aussagegrenze!), ohne sie sind es Leerformen der psychischen Bewegung. Kennzeichnend, von Einfluß auf die Gestaltungsweise, sind diese Bewegungsformen: *Vorwärtsbewegung* im Kardinalen, *Kreislauf* im Fixen, *Pendelbewegung* im Labilen.

Begnügen wir uns vorerst mit stichwortartiger Beschreibung.

Kardinal

Diese Anlage betrifft das Grundbewegende, Führende, Tonangebende, Veränderungen Anregende, Anstoßgebende in einem Schaffensprozeß, das ihn uranfänglich Hervorrufende und gegen widerstrebende Bedingungen Vorwärtsbringende, den Sinn für die treibenden Momente und das, worauf es in einer Bewegung ankommt; nach außen hin das Tätigkeitsbestimmende und unter Umständen Bahnbrechende, innerlich zwingende Ausrichtung auf Hauptpunkte des Strebens.

Fix

Diese Anlage betrifft die Einstellung auf das tragende Material eines Schaffensprozesses, Prüfung und Sicherung der Grundlagen, Festhalten an damit verknüpften Forderungen und Verharren in bestimmten Voraussetzungen, Standhalten gegen Bedrohung der Erhaltungsbedingungen dessen, worum es geht; äußerlich die Basis der Verwirklichung, innerlich das Begabungsmaterial und was es unverfälscht zur Geltung bringt, in diesem Sinne kreisläufige Regulationen und Einhalten geregelter Bahnen.

Labil

Diese Anlage betrifft bewegliche Durchführung eines Schaffensprozesses, schmiegsames Angepaßtsein an veränderliche Umstände dabei, wendiges Einspringenkönnen in laufende Vorgänge und Pendelnkönnen zwischen verschiedenerlei Aufgaben, Einfügung in die aus dem Verhältnis zwischen Ziel und vorhandenen Mitteln, bzw. angestrebter und vorgebahnter Form entstandenen Lagen; Fluktuation zwischen äußeren und inneren Möglichkeiten, Dauerziel und Augenblicksforderung, Anstoß und Materialbedingung im Verwirklichen einer Sache.

Leicht prägt sich die Zuordnung der Zeichen an Hand dreier Achsenkreuze ein:

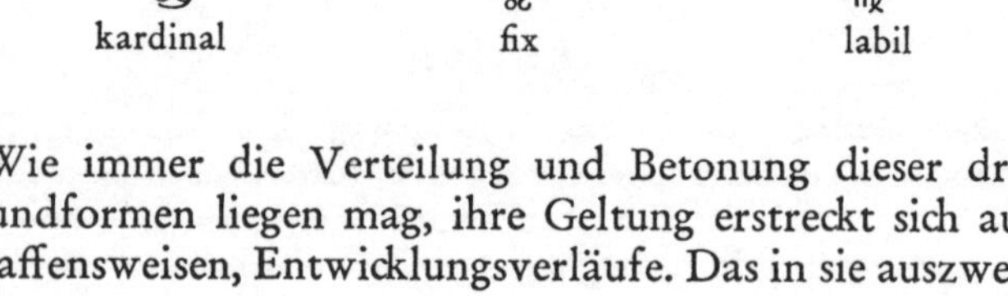

Wie immer die Verteilung und Betonung dieser drei Grundformen liegen mag, ihre Geltung erstreckt sich auf Schaffensweisen, Entwicklungsverläufe. Das in sie auszweigende schöpferische Vermögen, das Ingenium des Menschen, ist daran nicht abzulesen. In dieser Hinsicht steht der Einzelne im Fluß generativer Entwicklungen, seiner Familienreihe. Für hervorstechende Fälle deuten sie die Stellung des Einzelnen in der Kette der Generationen an, in großen Zügen skizziert:

Kardinal

Aufbruch gestaltender, umändernder Kräfte, Ursprungs- und Ausgangspunkte von Wirkungen, originales Streben, manchmal die Begabung überfordernd.

Fix

Sammel- oder aber Brachzustände, klärender Ausbau und Verfestigung von Begabungen, Träger erreichten Niveaus und dessen Behaupter, zuweilen Regeneration.

Labil

Spezialisierungen, Höchstdifferenzierungen, Veredelungen oder aber degenerierende Endprodukte.

Solche Zusammenhänge können natürlich nur bezogen auf bekannt vorliegende Familienreihen studiert werden[14].

[14] Vorzubeugen ist noch möglicherweise eintretenden Wortirrtümern. Die Begriffe fix und labil, bezogen auf den organischen Dreischritt, sind nicht gleichbedeutend mit stabil und labil im mechanischen Sinne. Ferner decken sie sich nur teilweise mit dem, was Gerhard Pfahler («System der Typenlehren», 1943, «Der Mensch und sein Lebenswerkzeug», 1954) im Anschluß an Kretschmer und Prandtl als «feste und fließende Gehalte» herausarbeitete; Berührungspunkte hiermit wurden bereits beim Kräftepaar ♄ und ☽ genannt. Pfahlers Unterscheidung betrifft die eng-fixierende oder weit-fluktuierende Aufmerksamkeit sowie starke oder schwache Perseveration (Haftenbleiben von Eindrücken). Aufmerksamkeit und Perseveration wird dabei als verkoppelt angenommen und in dieser Verbindung als Grundfunktion betrachtet. – Prinzipiell übereinstimmend mit Pfahlers Gedanken eines *von Geburt an gleichbleibenden Grundfunktionsgefüges,* sieht die astrologische Menschenkunde die Elemente dieses Gefüges reichhaltiger aufgebaut und differenzierter miteinander verknüpft. Sie geht nicht von Vorstellungs- und Wertinhalten des bewußten

Die dreifache Abwandlung der Temperamente

Das Grundverhältnis der Dreiheit, angewandt auf die vier Ebenen des Seins bezw. die entsprechenden Temperamente, kann im Schaubild nicht besser zum Ausdruck

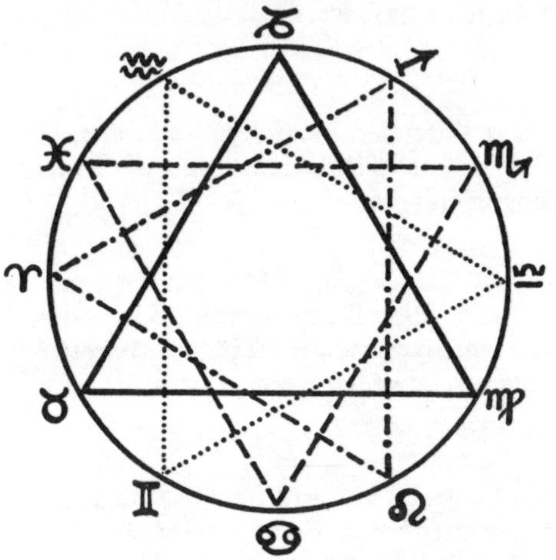

———— erdhaft, •—•—• feurig, ———— wäßrig, ... luftig

Abb. 3

Verknüpfung der Dreiheit mit der Vierheit

Menschen, sondern von vorbewußten Lebenswurzeln aus, mit denen Aufmerksamkeit, Perseveration, wertendes Verhalten usw. *in getrennten Anlagen vorgebahnt* ist. Nur in Fällen einseitiger Lagerung schließt sich diese Mannigfaltigkeit für den Beurteiler so zusammen, daß summarisches Einreihen unter einem einzigen Begriffspaar einigermaßen stimmt. So wird die Perseverationstendenz einer starken ♄-Betontheit unterstützt durch überwiegend fixe Anlagen, der Gegenfall einer ☽-Betontheit mit seiner «fließenden Tendenz» durch überwiegend labile Anlagen. Kardinale Anlagen dagegen können nicht ohne Künstlichkeit in das Schema fester und fließender Gehalte eingereiht werden. Als Extremfälle stehen sich hier das haftende Sach- und Formgedächtnis bei ♑, unempfindlich gegen Lebensvarianten, sowie das erlebnismäßige Offensein für den Fluß und die Wechselfälle des Lebens bei ♋, formal unscharf doch mit guter Erinnerbarkeit des Stimmungstons und der Erlebniswerte, gegenüber. Das Haftenbleiben bei ♋ ist unsachlicher, persönlicher, darin ebenso fest.

gebracht werden als in Form von vier gleichschenkligen Dreiecken, deren Spitzen je ein kardinales, ein fixes und ein labiles Zeichen in gleichmäßiger Anordnung und Folge angeben.

Mit anderen Worten: jedes Temperament tritt in dreifacher Grundform des Wirkens und Werdens auf.

Erdhaft		*Feurig*		*Wäßrig*		*Luftig*	
kardinai	♑	kardinal	♈	kardinal	♋	kardinal	♎
fix	♉	fix	♌	fix	♏	fix	♒
labil	♍	labil	♐	labil	♓	labil	♊

Dem reinen Empiriker scheint in einer derartig symmetrisch aufgebauten Verteilung, bezogen als tertium comparationis auf zweierlei sonst unvergleichbare Gegebenheiten – Stern und Mensch –, das «Abenteuer der Vernunft» über die Grenzen des Erlaubten hinausgetrieben zu sein. Er mag im Schaubild zunächst nur eine ordnende Hilfsvorstellung erblicken. Eben an der Empirie wird sich erweisen, daß hier eines der Ordnungssymbole vorliegt, in denen Idee und Realität zur Deckung kommen. Wenn wir nun im Weiterführen unserer Darlegung die Wirk- und Werde-Grundformen in jedem Temperament, bezw. auf jeder Ebene in schichteneigener Weise abwandeln, so nähern wir uns dem Erscheinungsbild. Wir sind uns jedoch darüber klar, daß etwa Feuertemperament immer Feuertemperament bleibt und kardinal eine bestimmte psychische Bewegungsform hinzugibt, daß die Entwicklungshöhe des originalen Strebens aber von Faktoren jenseits der Aussagegrenzen abhängt.

Kardinal

♑ = erdhaft

Das Bewegende tritt real eingekleidet auf, in Form konkreter Dinge. Die das Streben bestimmende ausdauernde Gegenstandshaftung eignet für Pläne auf lange Sicht und diese zielen auf greifbare Resultate ab. Anpacken entsprechender Aufgaben vom

Hauptsächlichen, von den Gelenkpunkten und dem formal Faßbaren aus, durch sachliche Kenntnisse an Führungssicherheit gewinnend. Abruptes Hervortreten mit langsam herausgebildeten Entschlüssen, wenn auch zögernd so doch bestimmt im Einsatz. Mit verhaltener Intensität, zähem Nachdruck auf das Endziel lossteuernd, unerschütterliches Innehalten der einmal eingeschlagenen Bahn, solange die reale Aussicht des Erfolgs besteht. Impulsstauung vor Widerständen auf dem Wege, doch Tendenz, Härten nicht auszuweichen. Beim Wegfall der materiellen Voraussetzungen, sachlichen Maßstäbe für die Anstrengung eine je nach Gespanntsein mehr oder minder nachhaltige Erschütterung, schwierige Umorientierung. Schöpferisch in real fundierten Zielen, stark im Durchhalten bei zeitraubenden und umständlichen Aufgaben.

♈ = feurig

Das Bewegende entspringt organischem Impuls, einsetzend in Form von Willensstößen, die kräftig nach Soforterfüllung des Anliegens drängen. Brüsk ungestümes, gebieterisches Hervortreten von Entschlüssen, wenig Konzilianz in der Mitteilung, aus der Selbstüberzeugung bezogene Zähigkeit. Rasch und unmittelbar aus Reizmomenten entworfene Zielstellung, intensive Verwirklichung auf Anhieb, Trotz- und Zornaffekte bei Widerständen. Die Äußerungswucht rasch sich entladender Spannungen kann zu beispiellos kühnem Handeln treiben, erhitzt vom Ziel, kaltblütig gegen die Folgen. In diesem Sinne Führerschaft, Antreiber in akut durchführbaren Unternehmungen; schöpferisch in der Dynamisierung, Probleme auf praktische Tätigkeitsformen bringend, die jeweils direkteste Lösung vor Augen. Beim Mangel des großen Wurfs eine gleiche Unkompliziertheit in der Intensivierung des Belanglosen, häufig in die eigene Bahn sich verrennende Heißsporne ohne Kontakt zu allem anderen, vor komplizierteren Lagen und bei entschwindendem Ziel orientierungslos, ernüchtert. Die Stärke liegt im Anlaufsstreben, in kurzfristiger Aufgabenverwirklichung.

♋ = wäßrig

Das Bewegende geht auf seelische Regungen zurück, infolge gelockerter Phantasie oft schwankende, vertauschbare Ziele, gefühls- und stimmungsbesetzt. Ein der Bahn des geringsten Widerstandes folgendes Streben, empfänglich für Ablenkungen, reizvolle Umwege. Weicher, unentschiedener Einsatz, von rein sachlichen Maßstäben befremdet; er bedarf entgegenkommender Umstände und erstarkt durch Heimischwerden in der Sache. Häufig eine kapriziöse, launenhafte Note, doch Zähigkeit, wenn etwas zum selbsteigenen Anliegen geworden ist. Durch elastisches Umgehen von Hindernissen, Aufgreifen neuer Eindrücke, die ihrerseits wieder nachwirken, vielfache Komplizierungen, bezw. abgeänderte Richtung, Krümmungen des Weges bis zum Verwirklichen der Vorsätze. Entscheidende Wendungen liegen innen. Zuweilen problematische Anstauung sich kreuzender Motive, innerer Überdrang bei Flucht vor äußeren Schwierigkeiten; anderseits Ausreifenlassen von Anregungen zu unverkrampften Entschließungen, zwingend und entschieden, sobald als innerer Auftrag erlebt. In diesem Sinne schöpferisch, die Stärke liegt in entspannter Vorstellungs- und Einbildungskraft, die Führerschaft in sanfter Anleitung.

♎ = luftig

Das Bewegende besteht im ideellen Ausmünzen herantretenter sinnlicher Eindrücke und mitmenschlicher Anregungen. Aus rasch und ausdrucksleicht gegebener Definition der jeweiligen Sachlage hervorgehende Entschlüsse. Ihnen folgt das Streben ohne Gegenstandshaftung, frei von willensmäßigen Einseitigkeiten und entbunden von seelischem Symbolismus. Lebhafter Einsatz geistig beschwingter Impulse bezw. der Einwirkung von Reizmomenten auf den Geist, bei sachlichen Erschwerungen geringer Nachdruck. Schnelle Umorientierung, Änderung der Bahn bei überholten Voraussetzungen, in diesem Sinne situationsangepaßt und im allgemeinen lavierender Kurs. Leicht über Hindernisse hinweggleitende oder sie umgehende Zielverwirklichung. Schöpferisch als ständig situativ angeregter Anreger und Übermittler, führungssicher durch gemeinverbindliche geistige Maximen. Bei ihrem Mangel sich genügend in taktischen Sofortlösungen, welche vorwärtsbringen können durch Kombination vorgefundener Momente, ohne sich mehr daran zu binden, als für die momentane Aufgabe nötig. Die Stärke liegt in unbeschwerter Frische und elastischer Anpassung.

♉ = erdhaft

Das Grundlegende wird im Bereich realer Tatsachen gefunden. Stückweises Erleben der Dinge in voller Gewichtigkeit ihres Sachwerts, in den Eigenschaften ihrer Materialität. Hierauf baut die Lebenssicherheit im ruhigen Gleichlauf eingewöhnter Verrichtungen auf. Kreislauf wiederkehrender Abwicklungen mit Vorrang materieller Bedürfnisse, passives Festhalten an der Begabungskapazität, deren Erschließung durch regelmäßige Übung und nicht gewaltsame, forcierende Methoden. Gegenstandshaftung in den unlöslichsten Formen des Gebundenseins, sich-Festsetzen der Wünsche und herausgebildeten Anschauungen, Ausdauer in ihrer Verteidigung gegen Angriffe. Fundamentales Erschüttertwerden durch Verlust von Liebgewonnenem. Die Haltung kann sich schwer aus einer bestimmten leib-seelischen Zuständlichkeit herausreißen und trägt wenig zur Änderung ihrer Voraussetzungen bei, häufig Stagnationen, Konservierung unausgelebter Lebenserwartungen. Soweit Streben vorhanden, meint es stets Realitäten; die Gefühle brauchen sinnlichen Kontakt mit ihrem Gegenstand, die Gedanken betreffen empirisch Vorhandenes oder die Grundlagen von Maß und Gewicht, stationäre Werte, dogmatisierte Betrachtungsformen.

♌ = feurig

Das Grundlegende wird in organischen Werten gefunden, soweit sie die eigenen Lebensinstinkte und demgemäßes Handelnkönnen ansprechen. Immer steht Leben über sachlichen Rücksichten, heftige Abwehrreaktionen gegen das als ungesund Empfundene. Ein Wille, sich des Gewünschten voll und ganz zu bemächtigen, hochgespannte Daseinsansprüche. Aufschluß der Begabungsfülle durch sich selbst, aktives Ausspielen erworbenen Könnens, unternehmungsfreudiges Ausgreifen in den Umraum, in den Methoden eher improvisiert als pedantisch-regelhaft. Motorische Festigkeit der Gesamthaltung, d. h. Kreisläufe um eine innere Achse schwingender Intensität, ein in der Dynamik der Bewältigung seiner Aufgaben manifestierter Eigenwert, das Bedürfnis, im so umschriebenen Bezirk unumschränkter Herr zu sein. Verlust der Selbstgewißheit, wo kein Raum zu solcher Kundgebung; bleibt sie auf das Potential der Person beschränkt, entstehen selbstherrliche Allüren. Kraftvoll beharrliches Festhalten an Dingen, die zur Herzenssache geworden sind, sofortiges Abreagieren von Erschütterungen, bei Eingriffen in die eigene Kompetenz auflodernder Zorn, doch nicht nachtragender Groll. Die Ausdrucksunmittelbarkeit bekundet Gefühle durch Handeln, im Denken ein Innehalten organischer Maßstäbe, wobei die Dinge nicht an sich, sondern als Mittel der Lebenssteigerung gelten.

♏ = wäßrig

Das Grundlegende wird im Bereich des seelisch Bedeutungshaften gefunden, Lebenssicherheit stützt sich auf den Symbolwert der Dinge. Ein inneres Spannungsgefäll, dem naiven Empirismus verborgen, bestimmt die Reaktionen, die darum dem äußeren Anlaß oft unangemessen sind, manches nicht beachtend, in anderem übertrieben, je nach der umwegigen Auswirkung einbehaltener früherer Reizungen. In den mitmenschlichen Stellungnahmen zuweilen nachtragend trotz geglaubter Versöhnung, heimliches Ressentiment, ambivalentes Verhalten. Zweiflerisch suchende Haltung gegenüber vorgefundenen Wertschätzungen bohrt nach beständig Bleibendem, im Fluß der Vorstellungen erst zu Ergründendem. Kreislauf wiederkehrender phasenhafter Abwicklungen: innerer Aufschwung durch Erwartung von Menschen, Dingen oder Aufgaben, forcierte Zuwendung, Ergreifen und Betreiben gemäß dem ihnen zugelegten Wert, dann Ernüchterung, Ausgelebtsein, Krise des Verhältnisses und erreichter Abstand dazu, Reorganisation zum Durchstoß neuer Wertsetzungen. Hier liegt der Schwerpunkt äußerer Betätigung; sukzessives Aufschließen der Begabungsfülle innerhalb dieses Bedeutungswandels, Festigkeit der Selbsterprobung im Wechsel äußerer Erscheinungen. Verschmerzenkönnen von Verlusten, passive Resistenz im Festhalten an Wertsymbolen bis zu unbeugsamer Standhaftigkeit. Anderseits Gefahr des Verlustes organischer Maßstäbe, schwankend in Gefühlen und Leidenschaften, im Denken auf Hintergründiges gerichtet, auf Unzerstörbares im Metaphysischen.

♒ = luftig

Das Grundlegende wird im Ideenbereich, seinem systematischen Bau und seiner Tragfähigkeit in zeitgemäßer Anwendung gefunden. Der empfindbare Reiz von Dingen, die Spannung des Erlebens erhalten erst vom ideellen Zusammenhang her Wert und Bedeutung. Durch das Eingeordnetsein herantretender Momente im geistigen Besitz wird ein Abstand zum Geschehen erworben, der die Raschheit und Ausdrucksleichtigkeit der Reaktionen stützt, insofern diese, gegenüber im Prinzip Bekanntem, oft nur flüchtig die Anlässe streifender Aufmerksamkeit bedürfen. Aufschluß der Begabungen aus der Tendenz, sein Leben entbunden von Gegenstandshaftung, Affekten und seelischen Symbolismen nach geistigen Maßstäben einzurichten. Sicherheit in Kreisläufen, die sich unabhängig von Artung und Zustand des Persönlichen abwickeln: gleichmäßiger Turnus von Pflichten, festgesetzte Regelungen menschlichen Verkehrs. Beziehung zum Tabellarischen, fragebogenmäßig Erfaßbaren, kalendermäßig Wiederkehrenden, Sinnfixierung bedeutsamer Handlungen im Ritual. Der ideologisch gegründete Gleichmut befähigt zuweilen, äußere Unzuträglichkeiten zu erdulden und auf persönliche Wünsche Verzicht zu leisten, ohne schwer zu leiden. Mit erhebenden Blickpunkten anwachsende Unbeschwertheit des Fühlens, planende Freizügigkeit des Handelns, im Sachlichen leichtflüssige Einteilung und ordnende Übersicht, häufig mit Neigung zur Schablone.

Labil

♍ = erdhaft

Die veränderliche Angepaßtheit bezieht sich auf konkrete Umstände und handwerkliche Griffe an einer klar umrissenen Sache. Bewegliche Differenzierung mit Haften an den Dingen des Milieus und Tätigkeitsfeldes, gebietsmäßige Eingrenzung, nervlich reagible aber umwegige Verwirklichung sachlicher Erfordernisse. Gegenstandsgebundene Problematik dabei, ihre methodisch saubere Bewältigung aus dem Verhältnis von Aufgabestellung und Material, Präzision im Mechanisch-Materiellen. Bevorzugung langsam gründlicher Verfahren, Stauungen und Verwicklungen bei unübersehbarer Vielfalt ineinandergreifender Verrichtungen, im Tempo intensivierbar durch Sachkenntnis und geregelte Einteilung. Oft Routiniers, Spezialisten, die alles was nicht Gegenstand und Methode betrifft auszuschalten suchen, doch höchst interessiert sind an den ihr Fach angehenden Verbesserungen. Sperrige aber nachhaltige Gefühle, häufig an Kleinigkeiten haftend, durch sachliche Rücksichten behindert im freien Schwung des Ausdrucks, ein nüchtern, schrittweise vom Bekannten aus weiterdringender Geist, lenkbar in Bahnen des empirisch Beweiskräftigen, zurückweichend vor vagen Behauptungen.

♐ = feurig

Die veränderliche Angepaßtheit bezieht sich auf die Wechselfälle eines impulshaft eingeschlagenen Weges, auf eine große Lebens-Leitlinie ausgerichtet, einem organischen Ganzen dienend. Expansiver Drang, Schwung und Begeisterungsfähigkeit, Bewegungsoptimismus mit Erhebung über die Erdschwere, sachliche Erfordernisse oft schon als entgegen geworfene Widerstände empfindend, darin reizbar, dramatisierende Affekte. Tätigkeiten und Verrichtungen leben von der Zielspannung, bei letztgültig forderndem Ansporn alles andere ihr unterordnend, das Persönliche dem Verhältnis von Aufgabe zu Mittel dienstbar machend. Phasen der Steigerung, in denen das Ausgerichtetsein auf entscheidende Höhepunkte alle Interessen in seinem Atem hält, nach Erreichen des Gipfels oft jähes Absinken bis zur Umorientierung auf andere Ziele. Die Verwirklichungs-Ungeduld wirft zuweilen sachliche Rücksichten über den Haufen, manches wird verdorben durch Nicht-Abwartenkönnen, bei mangelnder innerer Größe werden Kleinigkeiten überdimensioniert als erstrebenswert hingestellt. Mitreißendes Pathos der Gefühlsäußerungen, das Denken sucht organischen Sinn des Lebensganzen oder ergeht sich in souveränen Behauptungen.

♓ = wäßrig

Die veränderliche Angepaßtheit bezieht sich auf Gefühle, Eingebungen, vorausweisende Ahnungen, zuweilen medial Aufgefangenes. Ein innerer Weg, im äußeren ablenkbar durch Beeindruckungen des Gemüts, Stimmungsnuancen oder auch Vorspiegelungen der Phantasie. Hierdurch ändern die Dinge ihre Bedeutungen, können im Fluß der Vorstellungen umgekehrte Symbolwerte erlangen. Anspannung und Leistung hängen vom inneren Verhältnis zu ihnen ab, der erfühlten Aufgabe; Tätigkeit will in irgend einer Form als menschliche Mission aufgefaßt sein. Bei so gefundenem Einsprung äußerste Hingabefähigkeit in diesem Sinne, ohne Gegenstands- und Personbindung erlebt, Dienst am Menschen überhaupt. Wenn es solcher Direktiven ermangelt häufig ein Zerfall in momentane Stimmungshandlungen, der gerade sich bietenden Anregung und Gelegenheit folgend, zielbeirrtes Schwanken, verführbar, von anderen leicht ausgenützt. Sensitives Fühlen mit gelöstem Ausdruck und vom Stimmungston her leichtes Einfühlen in eine Sache, bei der das meist unscharfe Denken versagt; der häufig gefundenen Willensschwäche und Anfälligkeit steht anderseits eine fast unbegrenzte Willigkeit gegenüber, die richtig erfaßt physische Erschöpfungszustände überwinden kann. Schwierig wird es nur immer, die Weite des Möglichen zusammenzuziehen auf ein sachlich bestimmtes «Jetzt» und «Hier».

♊ = luftig

Die veränderliche Angepaßtheit bezieht sich auf ein geistig differenziertes Erfassen momentaner Wendungen, womit die Durchführung einer Sache an Klarheit und Intensität gewinnt. Sie dient, wie auch die Interessen liegen mögen, der Bewegungsform als solcher, ohne unmittelbare gegenständliche Bindung; daher zu wechselnder Tätigkeit und Umschulung oft gern bereit. Fortschrittsgeist an sich, beliebige, ihm dargebotene Möglichkeiten entwickelnd. Der Weg ist häufig ein Zickzackkurs. Leicht beschwingte Methode, flott, flüchtig an Merkmalen und Zeichen sich orientierend, «rasch im Bilde», unsentimental das Verhältnis von Vorhaben zu zweckdienlichem Mittel abschätzend. Nervenwaches Verfolgen wechselnder Situationen auf dem eingeschlagenen Wege, momentanes Schwanken an Kreuzwegen, Zielveränderung bei Verschiebung der Erfolgsaussicht. Unstetes Wollen, fluktuierende Gefühle ohne nachhaltig an etwas zu haften, rasch und ausdrucksleicht in der Bekundung, mehr skizzierender als kontemplativer Geist, dessen in leichten Zügen hingeworfene, oft urteilsscharfe Definitionen und Ausführungen selten das Standpunkthafte verlieren.

Auf diese Weise gehen aus der Verknüpfung der Dreiheit mit der Vierheit zwölf ungleichartig beschaffene, zueinander in Symmetriebeziehung stehende Prinzipien hervor. Wir haben damit eine Palette von unverwechselbaren Eigenschaftsfarben als Grundstock für die Deutung. Doch mit einer solchen Palette muß man umgehen lernen; Malen ist die Kunst, den spezifischen Farbwert, wobei der Farbträger mitspricht, zu ermitteln und ihn zu anderen Farben, gemäß dem Ganzen des Werks, in Beziehung zu setzen. Auch unsere Deutung als Kunst beginnt hinsichtlich der «Farbträger» schon im Studium ihrer Elemente. Mit unseren Eigenschaftsfarben würde man nur «anstreichen», nicht malen, wollte man sich durch ihre Symmetrie zu einem Schematismus der Anwendung von Fertigbegriffen verleiten lassen. Ihr Spezifisches liegt in der Überschneidung zweier Momente bei jedem Prinzip, wobei zum feststehenden Temperament nicht nur die Entwicklungs*form,* sondern jeweils die vom Meßbilde aus unbekannte Entwicklungs*höhe* hinzutritt, welche die Erscheinung abwandelt.

Logischerweise kommt die unbedingte Festhaltetendenz der fixen Anlagen am wenigsten beirrt bei den Extremen, also beim erdhaften und feurigen Temperament zur Geltung. Bei ♉ ist dies ein ruhiges Standhalten und Ausharren in der Naturanlage, das Erdhafte verbindet sich mit dem Fixen zum eigentlich Stabilen, bei ♌ ist es die willensfeste Wucht des Ausdrucks dessen, was die Impulse gebieten, die Motorik des Feurigen dreht sich um einen festen Punkt in der «Irrationalität des Herzens». Hingegen das mehr Schwankende, Gelöste, Assimilierfähige des wäßrigen und luftigen Temperaments setzt eine gewisse innere Arbeit voraus, um gleiche Festigkeit auf der seelischen und geistigen Basis zu erreichen. Absolute Standhaftigkeit beruht bei ♏ und ♒ auf errungenen Stellungnahmen, für die anlagemäßig nur die Tendenz gegeben ist, nicht die Gewähr, daß sie erreicht werden. Bei ihnen also, vor allem beim normalerweise unstabilsten und in mancher Hinsicht widerspruchsvollen, bei ♏, hat Entwicklung einen größeren Spielraum, während dieser sich bei ♉ und ♌ verengt zu Gunsten weniger angestrittener Stabilität. Geht es doch bei ♉ meist lediglich um Bewahren und unverkümmertes Darleben seines Naturwuchses, passive Resistenz gegen seine Bedrohung. Selbst die geistige Basis von ♒ bietet mehr Verfestigungstendenzen als die seelische von ♏.

Umgekehrt liegt es bei den labilen Anlagen. Ihnen kommt das Schwankende des wäßrigen, das sich Verflüchtigende des luftigen Temperaments entgegen. Labilität in Form wechselnder Haltungen, Relativierung der Standpunkte findet sich daher am stärksten bei ♊, Gefühlslabilität eigentlichen Sinnes bei ♓. Hingegen das feurig Willenshafte bei ♐, das erdhaft Sachgebundene bei ♍ schreibt jenem eine zielgerichtete, diesem eine bei allem Umherpendeln in Bedingungen ruhigere Gangart vor. Im Falle jedes labilen Zeichens bildet Anpassung an Veränderungen die Voraussetzung einer Entwickelbarkeit durch die Lage, in die der Mensch versetzt wird; die Gegenstandshaftung bei ♍ beschränkt dies mehr auf die Prägung manueller und intellektueller Fähigkeiten, mit Vorbehalten und Sperrungen gegen innere Anpassung, während ♓ infolge des seelisch Empfänglichen, daher Beeinflußbaren, in dieser Hinsicht ausgesetzter ist und in förderlicher Atmosphäre manchmal persönliches Können übertrumpfen läßt, aber oft auch die Gefahr der Haltlosigkeit heraufbeschwört.

Denkt man schließlich beim Kardinalen an bewegenden Anstoß, Impuls schlechthin, so steht unbestreitbar das feurige Temperament mit dem willensstarken Antrieb von ♈ im Vorzug. Freilich enthält das Prinzip an sich keinerlei Entwicklungshöhe und Idee des Strebens, nur den Dynamismus und dieser kann auch roher Selbstdurchsetzung dienen; es kommt auf die persönliche Substanz an. Hat man demgegenüber sachbestimmte Bewegung und Aufwärtsklimmen, Konzentration realer Werte oder Bauen einer Existenz im Raum der Tatsachen vor Augen, so liegt der Vorrang beim erdhaften ♑; ein zäh verhaltener Bewegungsantrieb, der das Schachspiel mit dem Schicksal durch Kenntnis seiner Regeln und Gepflogenheiten zu gewinnen strebt. Gegen die Wucht und Konsequenz der Extreme gehalten, erscheint das Bewegende schwächer, bezw. unsicherer oder flüchtiger im wäßrigen und luftigen Temperament. Von diesen zu ihnen ist häufig ein Unterschied wie zwischen Geierkrallen und Taubenfüßen. Doch besagt dies kein minderes Streben bei ♋ und ♎. Führende Eigenschaft kann auch in mehr schwankenden Verhältnissen zur Geltung kommen, man darf sogar behaupten, daß hier humanere Möglichkeiten liegen. Sind schöpferische Qualitäten vorhanden, so finden sie im Seelischen und Geistigen einen Spielraum, in dem nicht Dynamismus und Gegenstandshaftung, sondern Gelockertheit der Vorstellungen, Assimilierung des Mitmenschlichen, sanfte und unmerkliche Anleitung obsiegen.

Lebens- und Wertdimensionen

Ohne uns in das Labyrinth der Wertmetaphysik mit all ihren Sackgassen und Hinterpforten hineinzubegeben, sprechen wir hier von Lebenswerten allgemein. Wir verstehen darunter die unabhängig von einem wertenden Bewußtsein hergestellte Beziehung eines lebenden Wesens zum Gegenstand, zu «Welt», «Äußerem», die sich im Lebensvollzug als beherrschender Ansporn enthüllt. Er ist wirksam, gültig, ob als Wert gedacht oder nicht. Zum Wesen des Wertes gehört ein objektives Gegebensein, das Vorhandensein eines Etwas in der Welt, sowie der subjektive Bezug, das, «wofür» etwas wert ist. Die Mehrdimensionalität der Werte sucht man gewöhnlich durch begriffliche Einteilungen von der menschlichen Wertethik her zu erfassen. Wenn wir hier umgekehrt Wertdimensionen enthalten sehen in einem Kreis, der schon vorbewußt mitgebrachte Anlagen umfaßt, und wenn dies allgemeine Lebenswerte sind, so will das besagen, daß auch gewisse geistige Wertsetzungen des Menschen untergründig gefärbt sind, insofern gewisse Dinge für die lebendige Selbstverwirklichung etwas Bestimmtes bedeuten. Allerdings haben wir es mit der menschlichen Situation zu tun. Deshalb wird zu berücksichtigen sein, wo die Verwandlung solcher allgemeiner Lebenswerte in spezifische Inhalte unserer Wertethik ansetzt. Der Weg von dem zum «Sein» gehörigen Ansporn zum «Sollen» darf also nicht versperrt werden durch falsch verstandenen Lebensbezug.

Für den menschlichen Werte-Überbau naheliegender ist die Verdichtung zu Gegenständen des Interesses. Wir werden die nunmehr zu besprechenden Dimensionen später in den Quadranten der Interessensphäre wiederkehren, ja infolge der gegenständlichen Einkleidung deutlicher zum Vorschein kommen sehen. Die Interessen, die Motive sind demnach in großen Zügen ausgerichtet nach einem individuellen Wert-Bedeuten. Diese bewußtseinsnähere Sphäre sehen wir unterlagert von der lebensgrundnäheren Sphäre, von der vorerst die Rede geht; beide Sphären stimmen im ordnungsmäßigen Aufbau überein, die Dimensionen dekken sich auch in dieser mit den Quadranten. Bewußtseinsnähere und lebensgrundnähere Wertbetonungen können aber bei einem und demselben Menschen verschieden sitzen: eine Tatsache, die praktisch in der Ineinanderschiebung beider Kreise zum Ausdruck kommt.

Es trägt durchaus keinen Biologismus in geistige Belange, wenn wir zurückgehen auf die Grundsituation, worin der Mensch als Organimus in prinzipiell gleicher Lage steht wie Pflanze und Tier. Greift doch das astrologische Meßbild aus der immerwährenden kosmischen Verbundenheit mit dem Zeitpunkt der Geburt, des ersten Atemzuges, einen uns zunächst als biologischen Akt geltenden Punkt heraus. Selbstverwirklichung ist in diesem Uransatz des individuellen Daseins die erste vollgültige Auseinandersetzung mit der Welt außer uns; Umweltsbeziehung, zuvor im intrauterinen Raum durch mütterliche Funktionen besorgt, wird von da ab selbsttätig hergestellt[15].

Jakob von Uexküll arbeitete in seinen «Funktionskreisen» verschiedenartige, bei allen Tieren wiederkehrende

[15] Aus dem Versuch, die bei eineiigen Zwillingen vorkommenden Wesensunterschiede zu erklären, ist in der Zwillingsforschung der Verlegenheitsbegriff einer *intrauterinen Umwelt* entstanden. Zwar gibt es ein verschiedenes Gelagertsein der Zwillinge, physische Einwirkungen über die Mutter, taktile Reize, doch Umwelt im biologischen Sinne ist etwas anderes; Mutter und Kind leben während der Schwangerschaft in einem *Wirts-Gast-Verhältnis.* Die kosmotypische Begründung von Wesensunterschieden eineiiger Zwillinge wurde schon im I. Bd. S. 13/14 behandelt.

Formen der Beziehung zu ihrer Umwelt heraus (vgl. S. 32 ff.). Er unterschied geschlossene und offene Systeme. Offen nannte er ein organisches System, wenn ein Bedürfnis entsteht oder von außen erregt wird, das nur auf dem Wege über Aneignung oder Ausschaltung eines umweltlichen Faktums befriedigt werden kann. Ist dies Bedürfnis, z. B. auftretender Hunger, gestillt, so wird damit, im Beispiel also durch Nahrungsassimilation, das System wieder geschlossen.

Drücken wir dies Geschlossensein als Wertrelation aus; das Wesen ist sich selbst einziger und ausschließlicher Wert, es ist als Welttatsache für sich selber da, aufgenommenes Fremdes wird unter diesem Wertgesichtspunkt assimiliert oder ausgeschieden. Vorher, im Zustand der Beutewahrnahme, war das System offen, d. h. das Wesen aktiv in Hinsicht auf ein positiv werthaltiges Fremdwesen. Ein solches organisches System kann auch durch wertwidrige Reize von außen her geöffnet werden, wenn z. B. die Sinne plötzlich einen Feind signalisieren und der Selbsterhaltungsinstinkt die hierfür vorgesehenen Tätigkeiten auslöst. Diese doppelwertigen Fremdbeziehungen nannte Uexküll den «Feind-Beute-Kreis». Er wird ergänzt durch Freundbeziehung und Hilfeleistung innerhalb der Symbiose, wie z. B. beim bekannten Verhältnis zwischen Einsiedlerkrebs und Seeanemone.

In all diesen Fällen handelt es sich um Auseinandersetzung mit Fremdorganischem, wobei die einzelnen Wesen positive oder negative Werte für einander darstellen und Zusammenhänge sichtbar werden, die über die Arten hinausgreifen. Anders wenn das erregte Bedürfnis einem Wesen der gleichen Art gilt wie bei der Geschlechtserregung, der Betätigung von Nestbau- und Brutpflegeinstinkten, im «Fortpflanzungskreis». Dann können wir von einem wechselseitigen Austausch aufeinander abgestimmter aufbauender Lebenswerte durch artgleiche Wesen sprechen; obzwar Ansporne für die Einzelwesen, wirken sich die Werte doch im Dienst der Arterhaltung aus.

Schließlich braucht die Umweltsbeziehung gar nicht

organische Substanz zu betreffen, auch Lebloses kann von Lebenswert sein. Wenn ein Tier zur Tränke geht, schon wenn es atmet, schließt sich das System mit Hilfe von Anorganischem in derjenigen Beziehung, die Uexküll «Kreis des Mediums» nannte. Wir können von einem ausschnitthaften Eingerichtetsein des Einzelwesens auf Wertmöglichkeiten, die allgemein und für alle in der Welt vorhanden sind, sprechen; die ganze anorganische Natur, ihre Stoffe und Energien, sind darin inbegriffen. Gegen diese umfassendste Beziehungsform ist nur relative Abgeschlossenheit erreichbar wie im pflanzlichen Samenkorn, beim Tier in der Enzystierung, der Einkapselung. Weitaus weniger geschlossen ist der Zustand des Winterschläfers, da die Atmung, wenn auch herabgesetzt, weitergeht.

Uexküll, dessen Gedanken wir in freier Darlegung wiedergaben, betont, daß jedem der drei Funktionskreise sowie dem Zustand des Geschlossenseins eine andere Erlebnistönung entspricht. Dies heißt mit anderen Worten, daß organisches Erleben vier Dimensionen hat, wobei in jeder Dimension die Dinge einen anderen Wertcharakter tragen. Der Wertcharakter haftet nicht am Objekt für sich, er stellt sich im subjektiven Bezug her. Dieselben Tiere, die normalerweise friedlich nebeneinander äsen, geraten zur Brunftzeit in unwiderstehliche Erregung gegeneinander. Dasselbe Fremdwesen, das ein Tier in Blutgier oder Panik jagt, wenn in den Merkzeichen für Beute oder Feind erlebt, kann tot ein gleichgültiges Hindernis auf dem Wege sein. Jede Dimension ist gekennzeichnet durch bestimmte Erlebniszustände in Einheit mit bestimmten Reaktionen bezw. instinktiven Tätigkeiten.

Geschlossensein in sich

Sättigungszustand, Verdauungsschlaf, träge Ruhe und Gleichgültigkeit gegen nicht assimilierte Umwelt. Abstellen der Empfindung äußerer Reize, soweit der Selbstschutz erlaubt, Stillstand nicht unbedingt nötiger Funktionen. Abkapselung, Absorbiertsein durch innere Ausgleichsarbeit. Nach außen hin größte Bedürfnislosigkeit, bis Anforderungen aus dem Organismus selbst (vornehmlich Ernährungsbedürfnisse) einen Zustand der Unruhe und Unlust schaffen, der behoben werden muß, um Ruhe und Systemgeschlossenheit wiederzugewinnen. Erleben der Dinge als dieses versprechende Lustmotive. Wertmaßstab: Einzelwesen als einziger und ausschließlicher Selbstwert.

Schließung durch Artverwandtes

Organische Rhythmen der Fortpflanzung. Zu Brunft- und Laichzeiten Ingangsetzen der arterhaltenden Kräfte in den Individuen, um den Orgasmus gruppiertes Vorbereiten und Abklingen, Lockung und Liebesspiel, Rivalitätskämpfe, Paarung; sodann Einstellung auf das Leben der neuen Generation, Abwicklung von Nestbau und Brutpflege. Artverschiedene Formen des Zusammenschlusses von Gleichartigem, Anfänge der Familie oder der Horde bezw. Herde mit Leittier, «Hordenvater» als herausgebildetem Repräsentanten des Ganzen, matriarchalisch «Königin». Dementsprechend Mannigfaltigkeit wechselnder, auf die Art und ihre Erhaltung abgestufter Werte von beherrschender Macht über Bedürfnisse der Einzelwesen. Wertmaßstab: Einzelner als sicherndes Schaltglied in der Kette der Generationen, Vorrang der Art als Ganzes.

Schließung durch Fremdorganisches

Akute Auseinandersetzung mit Freund oder Feind, äußerste Wachheit und Witterung unterscheidender Merkmale, Sensibilität für Droh- und Schreckreize, Leistungs-Herausforderung. Aufgepeitschtsein zum Angriff oder Widerstand, Kampf, Überwältigung, Beuteraub oder Flucht. Gier der Sättigung am Wertzuwachs oder Panik des Verschwindenwollens aus dem Gesichtskreis des Wertwidrigen. Wechselseitige Zusammengehörigkeit von Vergewaltiger und Opfer, Verfolger und Weichendem. Anderseits Hilfsleistungen innerhalb der Symbiose, wechselseitig eingespielte Unterstützung (Yukkamotte-Yukkablüte). Durchgängiges Aufgerissensein widersprüchlicher Werterlebnisse, Motive der Aneignung oder Selbstverteidigung oder aber Tätigkeiten zu Gunsten fremdorganischer Zwecke. Wertmaßstab: symbiotisches Abgestimmtsein aufeinander, Arten und Naturreiche überwölbende Beziehungen.

Schweben und Schwimmen, sonstige Fortbewegung im Medium, Atmung, Tränkung, Bedürfnis nach Mineralsalzen und seine Befriedigung, Gasaustausch der Naturreiche (Sauerstoffabgabe der Pflanzen, Kohlenstoffabgabe der Tiere), Umgehung materieller Hindernisse. Zeiteinstellung auf klimatische Normen, Schlaf- und Wachperioden, Fortpflanzungszeiten, periodische Tierwanderungen usw., allgemeines Eingebautsein der Lebensentfaltung in Jahr und Tag und andere periodisch wiederkehrende Energieabstufungen. Instinkt für nahende geologische Katastrophen, Erdbeben usw. Die jeweils einschaltenden und als Reiz ansprechenden Dinge haben Sachwert, dem organischer Bezug erst gegeben wird. Wertmaßstab: den Allgemeinzustand des Lebens Bedingendes und Tragendes.

Im Verhältnis dieser vier Dimensionen entdecken wir zwei polare Gegenüberstellungen.

Geschlossenheit, sich selber Genügen eines Wesens ist strikte nur durchführbar, wenn die Funktionen stillgelegt sind wie in der statischen Ruhe des Samenkorns. Insofern Leben aber Dynamik ist, schließt es Verbrauch von Stoffen ein. Das damit erweckte Bedürfnis nach Wiederbeschaffung in Form von Nahrung öffnet das organische System. Die Pflanze ist vorwiegend auf die Mineralwelt eingestellt, das Tier auf Raub fremdorganischer Werte. In der Tierwelt also steht dem Extrem des Beruhens in sich dasjenige des offenen Kampfes gegenüber, geregelt durch symbiotische Beziehungen mit besonderen Formen, auch des Angewiesenseins von Tier und Pflanze aufeinander. Diesem Kampf ums Dasein je nach der Besonderheit der sich ergebenden Situation seinen Zoll zahlend, strebt das Tier wieder zur Ruhe und Geschlossenheit in sich zurück, während die im wesentlichen ruhig aufbauende Pflanze mehr passiv und vorsorgend (Schutzeinrichtungen) in den Kampf einbezogen ist.

Verschleiß der «Lebensmaschine», Tod der Individuen macht die Neuhervorbringung des Arttypus, die Fortpflanzung nötig. Wenn nach dieser Seite geöffnet, tritt das Einzelwesen zurück vor dem Lebenskontinuum der Art; die durchführenden Handlungen, auch mitspielende kämpferische Auseinandersetzungen, sind allgemeinen lebensschöpferischen Normen unterstellt. Das Individuum gilt in der Fortpflanzung nur, soweit es diese Normen zum Ausspielen bringt, zuweilen hat die Paarung unmittelbar seine Vernichtung zur Folge. Das Kontinuum der Art, regelnd wirksam über die Individuen hinweg, sucht nun Erhaltung innerhalb und in Benutzung der anorganischen Gesetze. Die Rhythmen der Fortpflanzung erweisen sich mannigfach eingeordnet in die Bedingungen des Mediums, in Wohnraum und Klima, sowie in die allgemeinen Perioden des Erdgeschehens (Einbau von Paarungs-, Trächtigkeitszeiten usw. in das Jahr, Mondperiodizität, periodische Tierwanderungen usw.).

Auf der zweiten Achse herrschen die allgemeinen Maßstäbe des Artkontinuums und des Erdschauplatzes; damit hebt sie sich ab von der anderen Achse der Einzelwesen und -begegnungen, der besonderen Formen ihrer Auseinandersetzung und ihres Verflochtenseins miteinander im Kampf ums Dasein, sowie der Zurückziehung daraus.

Die Weiterführung des Gedankens gebietet, uns die vier so aufeinander bezogenen Bezirke in logischer Anordnung zu veranschaulichen. Wir stellen einander gegenüber, was nach besonderen oder allgemeinen Maßstäben polar zusammengehört, und zwar in der Weise, daß zugleich eine Folge anwachsender Dimensionen von Einzelwesen, Art, Symbiose und Erdschauplatz entsteht.

Erdschauplatz	*Symbiose*
Schließung durch Anorganisches	Schließung durch Fremdorganisches
In sich Geschlossensein	Schließung durch Artverwandtes
Einzelwesen	*Art*

Für unsere Lebens-Grundsituation (auf der das spezifisch Menschliche aufbaut) treffen dieselben Dimensionen zu. Die gebrachte Anordnung entspricht einer Wert- bezw. Erlebnistönung der Stilformen, beginnend mit dem Quadranten der Einzelperson, in Rechtsdrehung fortgeführt bis zu dem des Erdschauplatzes. Demnach umfaßt:

I. Quadrant	*II. Quadrant*	*III. Quadrant*	*IV. Quadrant*
♈ ♉ ♊	♋ ♌ ♍	♎ ♏ ♐	♑ ♒ ♓

Was über Temperamente sowie über Grundformen des Wirkens und Werdens gesagt wurde, verschmilzt mit den werthaltigen Lebensbezügen, welche die 12 Zeichen aus den Quadranten erhalten. Die Bedeutungen erstrecken sich auf die Quadranten als ganze. Doch für das erlebnismäßige Zurückgreifen auf die Grundsituation, das *Bewahren der Basis* der Lebenswerte und ihrer Maßstäbe, gelten vor allem die fixen Zeichen, die flankiert von je einem kardinalen und einem labilen die Mitte der Quadranten einnehmen. Hier vornehmlich ankern die Instinkte zur Regulierung der betreffenden Vorgänge. Beachten wir den temperamentsmäßigen Charakter dieser Zeichen ♉, ♌, ♏, ♒, so sehn wir in der Aufeinanderfolge von erdhaft, feurig, wäßrig, luftig eine gestaffelte Bezugnahme zur materiellen, organischen, seelischen, geistigen Ebene, analog ihrem Überstufungsverhältnis im «Aufbau der realen Welt» (Nicolai Hartmann)[16].

[16] In urtümlichen Überlieferungen finden wir die «vier Weltgrundlagen». Als solche sind zu deuten die Bilder des *Stiers*, des *Löwen*, des *Adlers*, des *Engels*, welche in der Vision Ezechiels das Fundament des Höchsten bilden, in der Offenbarung des Johannes an den Ecken seines Thrones aufgestellt sind. Was sie als Bilder im imaginativen Raum verkörpern, deckt sich mit der Symbolsprache der alten Astrologie. Der Stier, der Löwe sind unverändert in den Tierkreis übergegangen. Der Adler ist eine andere Verbildlichung dessen, was der Skorpion umschreibt, die gehobenere, aufschwungsfähige, Schwereüberwindende Variante. Der Engel als Bote höherer Ordnung, menschenähnlich-übermenschlicher Inspirator, entspricht dem Wassermann, der übrigens so wenig mit dem wässrigen Element zu tun hat wie der Adler mit dem luftigen Medium, gemeint ist der Bringer des geistig

Wir mußten etwas weit ausholen, um auf dieses Urmaß zu stoßen, den Untergrund, über dem die menschliche Wertwelt errichtet ist. In der Organisations-Mannigfaltigkeit des Menschen steckt auch Pflanzliches und Tierisches, und zwar nicht nur in gewissen Leibesfunktionen. Vorkommende seelische Regressionen auf die Tierstufe bringen mit schlaglichtartiger Deutlichkeit die entsprechenden Erlebnistönungen ungewandelt zum Vorschein; ohne solche des III. Quadranten wäre unsere Geschichte nicht so weitgehend Kriegsgeschichte, könnten Kriminalromane keinen solchen untergründigen Reiz ausüben, wir spüren darin, weiteren Beziehungen vorgreifend, den «marsischen» Ton dieser Basis im Gegensatz zum «venusischen» des pflanzlich erlebten I. Quadranten[17]. Jedenfalls unterströmen Erlebnistönungen und Werte aus diesen Dimensionen unser Verhalten, allgemeinmenschlich, sowie individuell verschärft je nach der Betonung der Quadranten. Indes enthält das menschliche Wesen darin nicht nur rudimentäre Wertformen unterer Organisationsstufen, sondern abwandlungsfähige Rahmen-Anlagen zur Herausbildung des eigentlich Menschlichen.

Dadurch, daß der Mensch sein Eigentümliches auf den unteren Naturreichen aufbaut, wandeln sich die Gehalte und verlagern sich die Gewichte. Instinktmäßig sich darzuleben, bleibt in den beiden ersten Quadranten relativ ungetrübt in Geltung; wir gehorchen denselben Gesetzen der Ernährung und pflanzen uns nach gleichen lebens-

Einströmenden; in der griechischen Mythologie ist es Ganymed, von Zeus' Adler geraubt, d. h. in den Olymp berufen und zum Mundschenk der Götter geworden. – Solche Überlieferungen wurden von späteren Auslegern teilweise mißverstanden, wie sich an der Zuordnung der 4 Evangelisten zeigt. Wesensmäßig richtig finden wir Lukas mit dem Stier, Markus mit dem Löwen, hingegen dem vergeistigsten, Johannes, wurde irrigerweise der Adler, Matthäus der Engel beigegeben.

[17] Auf die vegetative Seite im Menschen hat die richtig verstandene Jahreszeiten-Analogie (vgl. S. 26 ff.) einigen Bezug, während die animalische, mit der sich die Wertethik hauptsächlich auseinandersetzt, in den Wertdimensionen liegt.

schöpferischen Normen fort wie Säugetiere. Nur die Wertformen der Bekundung von Trieb und Instinkt heben sich in einer Weise, welche den Ausdruck Kultur, im Wortsinne angewandt (von colere = anbauen, züchten, Naturgegebenes veredeln), berechtigen. Die Stärke der hier rückversichernden Prinzipien ♉ und ♌ liegt im Naturgeschöpflichen, einbeschlossen verfeinerte und übertragene Ausdrucksformen («Sublimierungen») natürlicher Gaben.

Hingegen in den beiden folgenden Quadranten stellt unsere Wertethik die tierhaften Auswirkungen entscheidend zur Diskussion. Die Stärke der Prinzipien ♏ und ♒ ist eine solche «nach oben», ihnen fällt die Sicherung spezifisch menschlicher Erwerbungen zu. An die Stelle der pflanzlich-tierischen Symbiose tritt bei uns die aus bewußter Kommunikation hervorgegangene Gemeinschaft. Entscheidung über Freund oder Feind steht in menschenwürdiger Wertung nicht Instinkten zu, wie auf geschichtlichen Anfangsstufen oder in Fällen der Rückartung. Der reine Naturinstinkt gilt als unterwertig, wenn nicht auf höhere Wertziele umgebogen (Motiv für Verfälschungen: Religionskriege, Parteikriege usw.). Darum ist der III. Quadrant der unruhevollste, doch für die Weiterentwicklung bedeutsamste Wertbezirk. Hier klaffen die Niveauunterschiede auf in der ununterbrochenen Krisis des Kampfes um den Menschen: Mitmenschlichkeit in der Mannigfaltigkeit der Stämme und Individuen, Aufbau sozialer Formen über Bindungen der Blutsverwandtschaft hinweg. Geschaffen werden damit die Voraussetzungen, gemäß dem IV. Quadranten den Erdschauplatz einzunehmen und einzurichten in Formen, welche den Ausdruck Zivilisation im Wortsinne (von civis = Stadtbürger) berechtigen. Das bewußte Erfassen der anorganischen Welt führt zu anwachsender technischer Beherrschung und Durchgestaltung dieses Schauplatzes. Bewegt sich das Tier in seinem natürlichen Medium durch instinktgelenkte Organleistungen, so schaffen wir uns mit Hilfe von Organprojektionen – Werkzeugen und Maschinen – ein künstliches Medium hinzu und entwickeln darin die naturfernsten Lebensformen.

Mit den skizzierten fundamentalen Wandlungen, der sie verwirklichenden Geschichte, bewegen wir uns vertikal gesehen nicht im «Kreis», sondern in der «Spirale», das heißt wir berühren diejenige Seite der Äußerung, die dem «Niveau» angehört. Dennoch bleiben horizontal gesehen die Wertdimensionen unverändert. Die 12 Zeichen behalten ihren Erlebniston, ob in höheren oder niederen Entsprechungen. Der Gedanke der Entsprechungen besagt: *Elemente, die universeller Natur sind und jenseits empirischer Feststellungen liegen, erscheinen auf allen Ebenen des Seins, auf allen Entwicklungsstufen wieder, doch jeweils in spezifisch anderer Form. Das Gemeinsame erfassen wir im Symbol, die spezifische Ausprägung dieses Vieldeutigen deuten wir durch die Entsprechung.* Da innerseelisch auch entwicklungsmäßig zurückgelegte Stufen erhalten bleiben, faßt jeder der Quadranten die niveaumäßige Vielschichtigkeit in einem und demselben Menschen zusammen; das Festhalten obliegt den fixen Zeichen, so verstehen wir das besonders Problematische desjenigen des III. Quadranten, ♏, später das seelisch Spannungstragende genannt.

Die Teilung der Quadranten, das Achsenkreuz des Kreises, bezieht sich demnach auf unverändert bleibende Bezirke unserer Lebens-Grundsituation. Horizontale und vertikale Achse unseres Schemas fassen je zwei Bezirke zusammen und trennen sie von den anderen beiden. Die horizontale Achse versinnfälligt die Schnitt- und Scheidelinie eines im Menschen angelegten Widerspruchs: unten vorwiegend unbewußtes Naturwesen, oben vorwiegend bewußter Gestalter seiner Welt. Unten hängen wir am Nabelstrang der Lebenstotalität, dem Zustrom unbewußter Direktiven geöffnet, oben sind wir Wesen mit Welt und Geschichte, Massenexponenten sozialer Vorgänge, an denen wir bewußt mitwirken. Stehen wir im Geschlechtskontakt oder in Beziehung zu Eltern, Geschwistern, Kindern, so laufen unterschwellige Reizlinien, die Wesenseigenes anrühren. Oberschwellig dagegen und im eigentlichen Sinne weltoffen verhalten wir uns, sobald wir mit der Subjekt-Objekt-Scheidung die Linie überschreiten, über welcher die

Signale zur Auslösung von Instinkten zurückgedrängt werden von Zeichen, Ziffern, Begriffen bewußten Gedankenlebens; hier baut sich die eigentlich menschliche Wertwelt auf, deren Gehalte aber rückwirkend auch in den unteren Bezirken neue Entsprechungen hervorrufen.

Wenn im astrologischen Meßbild betont, als Anlagen, vermelden die Quadranten freilich nichts von der Entwicklungshöhe des betreffenden Menschen. Auch darf das Verhältnis der horizontalen Achse zur Subjekt-Objekt-Scheidung (wichtig für das nachfolgende Unterkapitel und den Ansatz der 4 Trigone) nicht dahin mißverstanden werden, daß über dieser Achse schlechthin bewußte, unter ihr schlechthin unbewußte Anlagen zu suchen seien. Um diesen Irrtum auszuschalten, legen wir den Schnitt zwischen «wesenseigen» und «wesensfremd», wobei der erste Ausdruck das Einzelpersönliche sowie instinktmäßige Beziehungen der Blutsverwandtschaft bezw. Fortpflanzung, der zweite die soziale Mitwelt einbeschließt.

In einem anderen Sinne scheidet die vertikale Achse die Bezirke. Auf Werte der Einzelperson beschränkt sein, heißt, vom Kontakt mit Mitlebendem sich abzusetzen. Drastisch bewirkt dies der Schlaf, indem die Fäden akuter Beziehung zur Umwelt abreißen; die vom Einzelnen ausgegangenen Antriebe, die im Wachleben bestimmte Handlungen auslösten und Kontakte schufen, werden als gestilltes Bedürfnis oder unerlöste Unruhe zurückgenommen und zum Ausgleich zu bringen gesucht. Die Eindrücke verwandeln sich in Traumsymbole unter der Herrschaft der Eigenperson und diese sucht intakt wieder herzustellen, was die Auseinandersetzung mit Personfremdem aufsplitterte. Auch das Abklingen einer geschlechtlichen Erregung enthält solch Zurückfinden in die Vereinzelung, Loslösung aus gefundenem oder erhofftem Kontakt. In der Erlebnistönung dieses I. Quadranten gilt Erwartung oder Nachhall organischer Kontakte nur als Mittel zum Aufbau der Person, es ist gleichsam der Aneigner-Bezirk. In der Tönung des IV. Quadranten gelten sie bereits nicht mehr. Hier geht es um Werte, deren vorwiegend sachlicher oder allgemein funktionaler Bezug von solchen Kontakten absieht. Ein Selbstzweck der Apparate, Einrichtungen, Schemata oder der Aufträge und Sendungen macht sich geltend, das Persönliche wird aufgesogen von der Gestalt des «Funktionärs».

Was je an Unabhängigmachung des Menschen vom Naturgeschöpflichen erreicht wurde, gründet in diesem Bezirk, vereinigt mit dem der selbständigen Einzelperson. Jedoch ein anderer Widerspruch des Menschenwesens bricht auf. Vereinseitigung auf objektive Allgemeingültigkeit von Sache und Auftrag vergißt ebenso leicht wie Selbstgenügen der Einzelperson, daß zur menschlichen Vollständigkeit auch organisch gewachsene Werte gehören. Ist man abgesperrt von ihnen, sei es auf Grund erlittener seelischer Verletzung oder sonstiger Kontaktstörung, so verschiebt sich das Verhältnis zur Wirklichkeit, dann liefern Traum und Sendung nur Modellbilder des Wahns. Diese organischen Werte, bezw. die sie aufbauenden Kontakte ankern auf der anderen Seite der vertikalen Achse. Im II. Quadranten herrschen die Bindungen der Blutsverwandtschaft, der Familie, im III. die Beziehungen der Lebensgemeinschaft mit Andersartigen, was sowohl wahlverwandtschaftliche Übereinstimmungen als auch gegnerische Auseinandersetzungen einbeschließt. Es ist das Kontakt-Unmittelbare des Zusammengehörens und -lebens, das den Einzelnen von sich abzieht und gelebte Gemeinsamkeit über rein sachliche Beziehungsregelungen stellt. Trotz aller Irrungen und Winkelzüge, aller drangvollen Situationen abstandslos erlebter Mitmenschlichkeit, gerade hieran verjüngen sich die Maßstäbe humanitären Verhaltens.

Die Kreuzung der beiden Schnittlinien läßt folgendes Bild entstehen. Die Erlebnistönungen und Werte überschneiden sich in der Weise, daß jeder Quadrant teil hat an zwei Tönungen, die ihn mit den beiden benachbarten Quadranten verbinden. Nur mit seinem Gegenüber hat er keine Tönung gemeinsam. Es überschneiden sich in I: wesenseigen + organisch kontaktlos, in II: wesenseigen + organisch kontaktgebunden, in III: wesensfremd + organisch kontaktgebunden, in IV: wesensfremd + organisch kontaktlos.

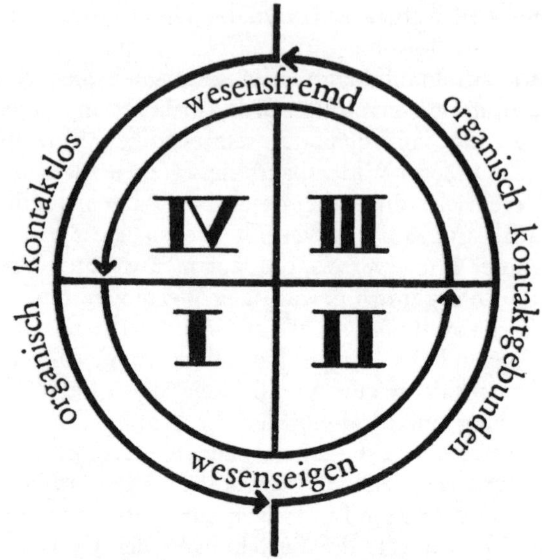

Abb. 4
Überschneidung der Erlebnistönungen in der Quadrantenordnung

Mit dieser inhaltlich wertgetönten Anreicherung sind wir an den Punkt gelangt, wo von einem bloßen Ausdrucksprinzip zu sprechen ungenügend wird. Ein Stil des Erlebens, das Verhalten auf verschiedenem Niveau und vor verschiedenartigsten Anlässen einheitlich bestimmend, klingt auf. Erinnert sei, daß vor allem den fixen Prinzipien die Rolle von «Wert-Bewahrern» zufällt, das Festhalten rudimentärer wie darübergeschichteter Gehalte. Nunmehr müssen wir uns deutlicher die Rolle der kardinalen und labilen Prinzipien, in denen es um Erschaffen und Ausspielen solcher Lebenswerte geht, vergegenwärtigen. Der Kreis schließt sich dabei in einem Grundgedanken der Abfolge aller 12 Prinzipien.

Zusammenfassung unter dem Prinzip der Begegnung zwischen Ich und Welt

Aus der gewonnenen Sicht wagen wir den Versuch, den Kreis der Stilformen als Urmodell welteingebauter partieller Vorgänge, die von einem lebenden Wesen ausgehen, begreiflich zu machen.

Bewußt oder unbewußt bewegt sich jeder Einzelne von uns in den Gegensätzen und durch die Gegensätze:

Ich (selbsttätiges Subjekt)	+	*Anderheit* (Nicht-Ich, Du, Objekt)

als besonderem Widerspruch partieller Vorgänge, die Beziehung zu Umweltlichem schaffen, sowie:

Natur (lebens- und fortpflanzfähiger Organismus)	+	*Mensch* (konzentrierte Welterfahrung)

als allgemeinem Widerspruch, der diese partiellen Vorgänge in sich faßt, doch, wieder im Widerspruch zu deren Besonderheit, mit eigenen Formen zur Geltung kommt.

Empirisch wirkliche Dinge sind in diesen Gegenüberstellungen nur in Form von Phasen und Relationen, als auswechselbare Momente prinzipiell wiederholbarer Vorgänge, enthalten. Auch bezeichnen die vier Grundbegriffe nichts starr voneinander Isoliertes. Die Überkreuzung der beiden Widersprüche stellt eine dialektische Beziehungsformel dar, ihre Gegensätze heben sich auf im universellen Geschehen, dem zusammenschließenden Kreis. Nichtsdestoweniger sind es klar unterscheidbare Komponenten der Lebensverwirklichung.

Mit Ich meinen wir das selbsttätige Subjekt, das als rationales Ich zum Bewußtsein seiner selbst gelangt, in seinen Inhalten und Tätigkeiten sich wandelnd, ohne daß sein Spontaneitäts-Charakter von diesem Bewußtsein abhängig wäre. Mit Anderheit meinen wir etwas rezeptiv Aufgenommenes, eine Gegebenheit der Sinnesempfindung, ein als Nicht-Ich unterschiedenes Objekt der subjektiven Bewußtseinstätigkeit oder Du des Fremdkontakts. Zeichen von etwas umweltlich Vorhandenem, wird uns dies zur Komponente eigenen Verhaltens und Wirkens. Das Ich ist dabei sowohl Verarbeiter, Umsatzstelle solcher Anderheiten, als es sich anderseits mit wachsender Objektkenntnis durch Anderheiten bedingt und bestimmt, von ihnen umgrenzt, in ihnen enthalten weiß.

Natur, d. h. unser Gegebensein als Naturwesen mit Rückverbindungen zur Lebenstotalität und deren Hervorbringung lebender Arten, ist uns ohne weiteres verständlich. Doch nur infolge der herausentwickelten Eigenschaft als Mensch. Dieser, in seiner Gegenüberstellung zum Naturwesen, hebt sich von dessen Unbewußtheit ab als bewußter Gestalter seiner Welt. Er ist das Allgemeine aller individuell besonderen Menschen. Obzwar jeder einzeln, unmittelbar und anlageverschieden in der Weltwirklichkeit steht, geht Welt als zusammenhängendes Ganzes doch nur nach dem Grade solchen Menschseins in ihn ein. Dies setzt eine Summe im Geschichtsprozeß erworbener Erfahrung von Objekten und die Ausgestaltung der Konsequenzen davon voraus, sei es in geistigen Werken und technischen Umbildungen des Erdschauplatzes, sei es in sozialen Produktionsverhältnissen und Beziehungen zwischen Individuen.

In der unmittelbaren Lebenswirklichkeit steht das Ich mit seinen Tätigkeitszielen sowie dem Jetzt und Hier der Objektsituation im Vordergrund. Erfahrungen springen daraus nebenbei ab oder spielen mit der Note subjektiver Verwendbarkeit hinein. Dagegen im Bewußtsein einer zusammenhängenden Objektwelt unterstellt sich das Ich dem unpersönlichen «Man», d. h. der allgemeinmenschlichen Erfahrung von Welt überhaupt, herausgearbeitet im Verlauf der Geistesgeschichte. Vom Gesichtspunkte dieses «Man» aus wird es gleichgültig, wer die Erfahrungen machte, wann und wo sie gemacht wurden und wer sie anwendet. Ebenso schwindet die sinnliche Unmittelbarkeit naiver Wahrnehmungsakte vor dem Zeugnis der Apparate und anderen materiellen Prüfmittel: diese erlauben gesicherte, vom organischen Kontakt und dessen Fehlerquellen freie Feststellungen. Doch zwar auf diese Weise Verarbeiter und Umsatzstelle außermenschlicher Natur, bleibt der Mensch nichtsdestoweniger selbst Naturwesen. Ob als Welt-Auftrag aufgefaßt, ob sachlicher Selbstzweck, seine Ziele und Leistungen sind bedingt in den Möglichkeiten und Bedürfnissen seiner Organisation. Dem «Man» tritt damit das «Es» gegenüber, d. h. das Selbst mit seinen Verbindungssträngen zur Lebenstotalität; Tatsachen der Außenwelt geraten in Wechselwirkung mit Regungen der Innenwelt. Letztere bilden den allgemeinen Nährboden alles dessen, was in ichhafter Form dezidiert und vereinzelt, tätig-richtungsbestimmt zu Anderheiten in ein Verhältnis tritt.

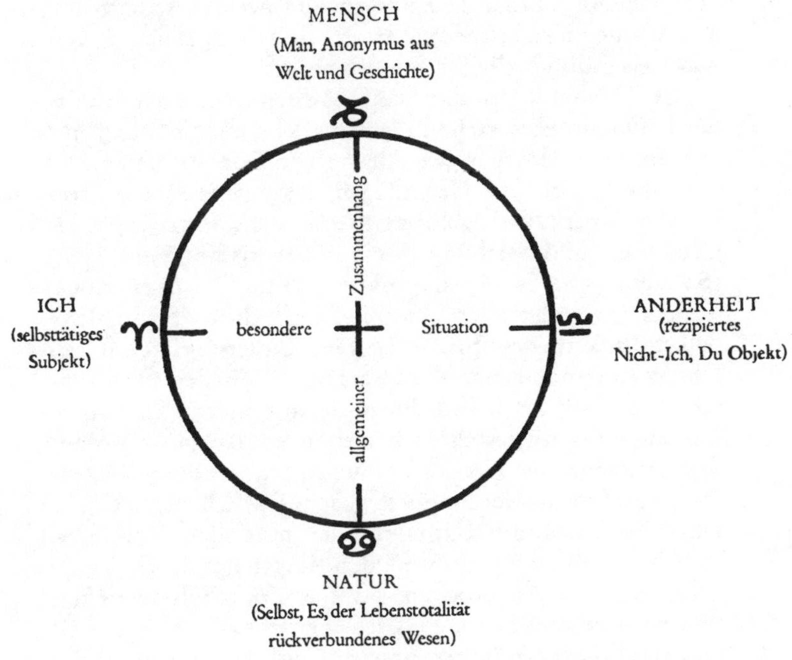

Abb. 5

Die Kardinalpunkte der individuellen Lebensverwirklichung im Austausch mit der Umwelt

Dies sind die Grundansätze, aus denen Begegnung, Beziehung und Austausch mit der Welt und wieder Zurückfinden in sich hervorgeht. Niemand kann ihrer entraten, niemand der Widersprüchlichkeit entrinnen. Jeder muß subjektiv selbsttätig sein, bestimmte Umweltsmomente aufgreifen, muß die besonderen Situationen, die entstehen, einbeziehen und einbauen in den allgemeinen Zusammenhang erlebten Seins als Naturwesen und als Mensch. Wie wir es tun, ist individuell verschieden. Die Grundansätze nun stimmen nach Inhalt und Ordnungsform überein mit den kardinalen Anlagen, praktisch kann jede dieser Anlagen durch jede der Wesenskräfte betont sein. Es handelt sich dabei wie bei allen Stilformen um eine Mehrbetonung von ohnehin Vorhandenem, nicht um neu Anerschaffenes. Je nach der Kräftestruktur treten sie mit ungleichem Gewicht als individuelle Strebungen hervor.

Die Thematik der durch dies Achsenkreuz ausgeschnittenen Quadranten steht in innerer Übereinstimmung mit den Inhalten des vorigen Abschnitts. Dort richteten wir das Augenmerk auf Grundlagen, jetzt geht es um Strebungen; innerhalb derselben Lebensdimension gerät jeweils Grundlage und Strebung in ein antithetisches Verhältnis. (So steht etwa im Verhältnis von ♉ zu ♈ «fixe» Ruhe, Tendenz hermetischer Abschließung, der «kardinalen» Selbsttätigkeit des Ichs entgegen: Sicherung gegen ein Übermaß dynamischer Verausgabung). Mit den Quadranten, aufgefaßt als Lebensdimensionen von anwachsendem Umfange der hergestellten Beziehungen, ist der rechtsläufige Drehsinn des Kreises bestimmt, während die Gegensatzspannungen quer hindurch gehen. Das selbsttätige Subjekt bildet den Einsatzpunkt aller partiellen Vorgänge. Auch wenn diese reaktiv sind, d. h. eingeleitet durch Wahrnehmung von Anderheiten, setzt es doch Selbsttätigkeit voraus – Wahrnehmung «wird gemacht» –, ferner zielt auch reaktives Verhalten zunächst auf Durchsetzung der Einzelperson ab. Erst entwicklungsmäßige thematische Verlagerung im Fortgang der Quadranten weitet die Strebungen bis zur besagten Aufhebung des Ichs im unpersönlichen Man. Dem so gesehenen Kreise als Bild vorsichgehender Entwicklungen fügt sich nicht nur die Aufeinanderfolge von kardinal, fix, labil in jedem Quadranten ein, es schließt in sich auch das Wiedereinmünden in den Ausgangspunkt: die Subjektivität gewinnt sich unter anderen Voraussetzungen, entwickelter, mit angereicherten Inhalten, zurück. Jede Begegnung des Ichs mit der Welt verändert gewollt oder nicht seinen Standpunkt in ihr, fügt neue Voraussetzungen seines Wiedereinsatzes hinzu.

Wie kann nun dieselbe Folge ein Rahmen vorsichgehender Entwicklungen und gleichzeitig, als Meßkreis, eine Aufreihung nachweislicher Anlagen sein, über deren Entwicklungshöhe aber keine Aussage möglich ist? Diesem Doppelsinn wurden wir bereits in der Einleitung (S. 6) durch das Bild der zylindrischen Spirale gerecht. Mechanisch aufgefaßt liegt im Kreisläufigen eine Wiederkehr des Gleichen, d. h. gleicher Formen des Erlebens und der Äußerung, während wir es mit dialektischen Lebensprinzipien zu tun haben, die niederes und höheres Niveau zulassen. Demgemäß stellen wir uns entwicklungsdynamisch eine Spirale vor, die in Seitenansicht gesehen ansteigt. Blicken wir von oben auf diese zylindrische Spirale, die das quadrantenmäßige «Anwachsen der Dimension» (Schleuderkurve) in ein «Ansteigen» übersetzt, so bleibt die prinzipielle Gleichheit sich deckender Abschnitte bestehen, die trotzdem vorhandene Niveauverschiedenheit ergibt sich dem Blick von der Seite. Es sei deshalb stets klar, ob wir den entwicklungsdynamischen Spirallauf, den Menschen in seiner geschichtlichen Wirklichkeit, oder die Kreisordnung, den Kosmotypus meinen.

Daß in dieser Kreis-Spirale überhaupt ein Einsatzpunkt anzugeben ist und daß er sinngemäß am Übergang des IV. in den I. Quadranten liegt, hat noch eine andere Bewandtnis als die des Beginns aller partiellen Vorgänge in der subjektiven Selbsttätigkeit. Es sind die Quadranten «Erdschauplatz» und «Einzelwesen», die hier aneinanderstoßen. Stellen wir uns beide als geschlossene Systeme vor, so bedeutet dies eine Umschaltung des Beziehungsverhältnisses Makrokosmos-Mikrokosmos, d. h. es ist der Punkt erreicht, an dem sich die phänomenologischen Größenunterschiede durch Analogie aufheben[18].

Jedem Ansatz eines neuen Quadranten werden nun aus dem Endgliede des ihm vorangehenden Quadranten bestimmte Ergebnisse, Effekte, Endprodukte beigesteuert. In diesen labilen Prinzipien finden Entwicklungen ihren Ausklang, die angeregt wurden aus der Gegensatzspannung der kardinalen Strebungen zu den fixen Grundlagen.

Korrelative oder dialektische Widersprüche wie das thetisch-antithetische Verhältnis von kardinal und fix – wie auch dasjenige der Pole des Achsenkreuzes untereinander – sind nichts starr Entgegengesetztes, schlechthin sich ausschließend. Vielmehr sind es zusammen bestehende, aufeinander bezogene, ohne einander nicht denkbare, in ihren Äußerungen voneinander herausgeforderte Widersprüche; sie negieren sich nicht durch ihren Gegensatz, sondern steigern sich an ihm, wirken in ihrer polaren Beziehung aufeinander zurück und bestimmen sich wechselseitig. Diese Wechselwirkungen, die einen Quadranten beschließen, zum nächsten überleiten, sind in den labilen Prinzipien ausgedrückt. Ihr veränderliches, fluktuierendes Wesen stellt die durchführenden Entwicklungsbewegungen dar. «Dinge» gelten hierin als Momente eines Prozesses, einer fließenden Wirklichkeit. Während man von Kardinalen aus vorwiegend den Appell an ein Streben erlebt, vom Fixen her feste Werte und Maßstäbe absolut zu nehmen neigt, gerät im Labilen alles in Fluß, nur auf entwickelnde Bewegung kommt es an und Ergebnisse heben sich in Weitergang der Bewegung wieder auf. Alles erscheint bedingt, hat vor-

[18] Die spiralige Entwicklungsdynamik entspringt zwar den Eigenschaften des Lebens, ist aber in der Messungsgrundlage für unseren Kreis nicht vorbildlos. Unserem geozentrischen Blick stellt sich die jährliche Scheinbewegung der Sonne als zyklische Wiederholung dar. In Wirklichkeit kreist nach astronomischer Darstellung die Erde um die Sonne, wird durch deren Eigenbewegung von 20 km/Sek. mitgezogen und beschreibt so eine Spirale im Raum.

übergehenden, vergehenden Relationswert, bezogen auf Quadranteninhalt und gefärbt durch Temperament.

Die Schwierigkeiten des Verstehens, welche gerade diesen Zeichen gegenüber bestanden (wie die traditionellen Benennungen «gewöhnlich», «doppelkörperlich» usw. zeigen, am brauchbarsten ist davon «veränderlich», «mutable» im englischen Sprachbereich), lichten sich, wenn man sie als Entwicklungskategorien versteht. Wir ergänzen damit das bisher Gebrachte.

I. Quadrant ♊

In der Einzelperson bedingte, sowie spontanen Unternehmungen entspringende Entwicklungen. Klare, rasche Sonderlösungen von Fall zu Fall, worin die Dinge als das gelten, was sie in ihrer Verwertbarkeit für das momentane persönliche Interesse sind. Ihre Bedeutung kann sich daher von heute auf morgen verändern, je nach dem Ausfall des Widerstreits zwischen ihrer Geltung vom bisherigen subjektiven Blickwinkel und ihrem Angeleuchtetwerden von einer neuen Seite her: Ausdruck der Umschaltung von Interesse und Urteil. Organisch kontaktlose Geistigkeit, soweit sich nicht am logischen Faden haltend sprunghaft in den Wendungen. Aneignungsinstinkte mit der Tendenz, den Augenblick zu nützen wo sich Gelegenheit bietet. Das primitive Urteilsschema «mir nütze oder unnütz» schlägt auch in differenziertesten Formen als Schwaz-Weiß von Zustimmung oder Ablehnung durch. Erfassen von Ding und Widerspruch in ihm selbst = *Entwicklung aus Widersprüchen.*

II. Quadrant ♍

Durch Abstammung und Familienmilieu, sowie durch die Breite und Vielfalt im Leben zusammentreffender realer Einzelmomente bedingte Entwicklungen. Komplizierte Probleme und Lösungen, insofern die Kultivierung des Wesenseigenen, das Zurückweichen vor fremdartig Empfundenem, das Haften an der konkreten Form der Tatsachen, in denen die Individualgeschichte abläuft, überall Reserven aufnötigt. Anderseits Bedürfnis, organische Kontakte materiell nützlich zu betätigen; sofern Familiengefühle sich nicht direkt auswirken, häufig ihre

Übertragung auf Fachschaften und dergl., auch in Fürsorge und Sachwaltung umwegig sublimierte «Nestbau- und Brutpflegeinstinkte». Werkfleiß bleibt im Umkreis des Verwandten und Bekannten, das rührige Mühen um Vollständigkeit braucht Schranken, sie zu erreichen: Meisterschaft durch Beschränkung. Die Vorgänge laufen meist mehrschichtig und die Tendenz, alles zum Resultat Beitragende berücksichtigen zu wollen, führt zur Gleichzeitigkeit mitunter diskrepanter Betrachtungspunkte, die sich gegenseitig in Skepsis aufheben. Beobachten der Dinge in den ihnen immanenten Grenzen, sowie ihrem von vielen Seiten bespiegelten Relationswert = *konkret ungleichartige Entwicklung.*

III. Quadrant ♐

Aus dem Verhältnis der Eigendynamik zur umweltlich jeweils vorgefundenen Situation bedingte, durch tätige Entscheidung gefundene Entwicklungen. Stürmisch vereinfachende Lösung von Problemen, die aus dem Widerstreit ambivalenter Wertungen von «Freund oder Feind», «mein oder dein» usw. entstehen; Parteinahme von Fall zu Fall oder organisch sinnvolles «Sowohl-als-auch» aus darübergesetzten Postulaten. Dies mag Glaubenshaltung, ideale Forderung oder Anlehnung an ein großes Vorbild sein, das Handeln mag kämpferische Instinkte zur Geltung bringen, in demonstrativ hingesetzte Behauptung oder vornehme Abwendung aus dem strittigen Bezirk eingehen: letztendlich Tendieren zu Blickpunkten über den Widersprüchen. Anderseits bildet gerade deren Auftreten, die im organischen Kontakt erlebte Gespanntheit, die Voraussetzung, eine einigende Linie herauszufinden. Mitunter aus dem Fremd- und Seltenheitsreiz der Situation geborene kühne Tat. Erobern der Dinge in der Zusammengehörigkeit ihres Widerspruchs, im wechselseitigen Ineinander-übergehen der sie bestimmenden Momente = *Entwicklung in Hinblick auf Einheit des Gegensätzlichen.*

IV. Quadrant ♓

Durch Hineingestelltsein des Einzelnen in allgemeinmenschliche Begegnungen und Schicksale, den Aufschluß innerer unbegrenzter Möglichkeiten, bedingte Entwicklungen. Unwillkürlich sich ergebende Lösung von Problemen, die mehr gefühlt als bewußt erfaßt sind. Oft nur dunkel das totale Ineinandergreifen der Zeitströmungen erspürend, von seelischem Vertrauen in den Weitergang geführt, besteht fast Gleichgültigkeit gegen «Ziele und Zwecke», nur die Angst, sich irgendwo «totzufahren». Dadurch bedingter Wechsel, wenn man am Gegenstand zu haften oder in Kurs zu erstarren droht. Sensibel einfühlsam, greift das Seelische doch über organische Kontakte hinaus: vom Erlebnis eines höheren Auftrags bewegt, einer Mission dienend, medial bestimmt oder aber ziellos durch Masseninstinkte mitgetrieben. Relativwert der Dinge gemäß ihrer Funktion im größeren Ganzen, Einzelentscheide sind aufhebbar durch «Generallösungen». Erleben von Wechselbeziehungen, in denen die Dinge über sich hinaus weisen, aus ihrem nur in sich begründeten Zustand wegstreben = *Entwicklung im universellen Zusammenhang.*

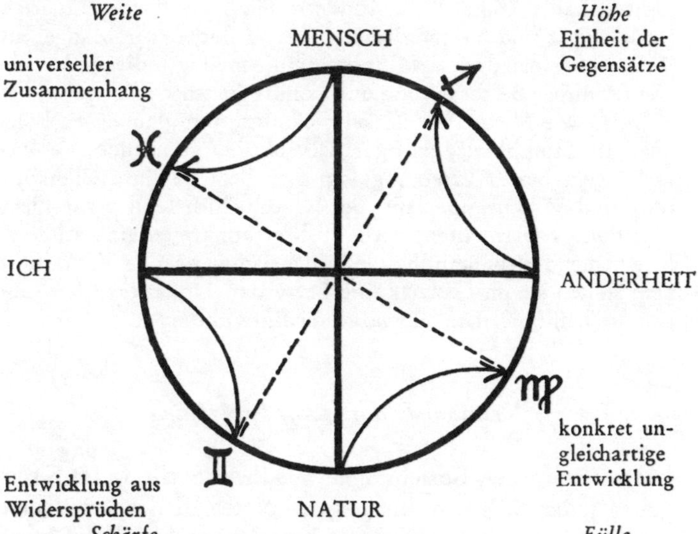

Abb. 6

Die labilen Zeichen als dialektische Entwicklungsformen

Jeder Quadrant klingt aus in Erwerbungen anderen Stils, die mit anderem Kriterium gemessen sein wollen

(Begriffe an den Ecken dieses Schaubildes). Als zusammenhängender Kreislauf so zu sehen: die Einheit jedes Quadranten spaltet sich in Gegensätze (kardinal + fix), aus deren durchgeführter Wechselwirkung (labil) stellt sich ein bestimmtes Resultat her; im nächsten Quadranten übernommen, wird es unter nunmehr einsetzender, dimensional anderer Kardinalstrebung zu einem neuen Ergebnis geführt. Die vier Kriterienbegriffe enthalten jeweils das Entwicklungs-Thema des ganzen Quadranten, bereits im Kardinalpunkte anklingend.

Bloße formalogische Umkehr dieser Begriffe kennzeichnet eine Mangelerscheinung des labilen Prinzips im gegenüberliegenden Quadranten, wenn nur in dessen Dimension beschränkt gelebt. Dann finden wir bei ♊ als Negativum einen Mangel an Höhe der Erhebung über das subjektiv Standpunkthafte, natürlich nicht gehaltsmäßige Tiefe, sondern Flachheit durch einseitige Rationalität und Vernützlichung; bei ♍ finden wir Mangel an Weite des Horizonts, also Enge familienmäßig-milieuhafter sowie fachlicher Beschränkung und konkretistischer Blickweise; bei ♐ finden wir Mangel an Schärfe, nämlich, um glauben zu können, an Stumpfheit geistiger Distinktion grenzende Vereinfachungen, bezw. Ersetzung logischer Begriffe durch Behauptung und Willensimperativ; bei ♓ schließlich fehlt zwar nicht eine Fülle von Inhalten, doch, in ihrer konkreten Unbestimmtheit keiner Kritik standhaltend, mehr schwankende Vermutungen, stellen sie im Ganzen eine Leere dar. Undialektischer Gegensatz heißt hier Umkehr positiver Entwicklungen.

Kennworte der zwölf Prinzipien

Die vielfachen Beziehungen aus ihrer Stellung im Kreis geben jeder Stilform eine eigene Note. In der Zwölfheit runden sie sich zum Ganzen. Kennworte für dies Eigentümliche müssen sowohl der Symmetrie der Elementardreiecke, als auch der Quadrantenordnung und ihren Tönungen gerecht werden. Außerdem hat die Abfolge von kardinal, fix und labil in jedem Dreieck wie in jedem Quadranten statt. Ausgegangen von einem Kardinalpunkte, ragt das mit ihm anhebende Dreieck in drei nacheinanderfolgende Quadranten hinein, vom vierten ist es ausgeschlossen. Die Dreiecksspitze bezeichnet immer den Beginn eines Abschnitts von 30 Grad und mit jedem Trigonschritt schiebt sich die Spitze um ein Quadrantendrittel vorwärts. Der Geltungsbereich eines labilen Prinzips stößt also jeweils an den Kardinalpunkt desjenigen Quadranten, von dem das Elementardreieck dieses Prinzips ausgeschlossen ist. All dies und das Überschreiten der Hauptachsen durch die Trigone oder Dreiecke hat seine Bedeutung. Ohne Ausführung solcher Nebenbedeutungen, die nach dem Vorangegangenen von selbst einleuchten dürften, bringen wir nunmehr die trigonale Zusammenfassung von Kennworten der Prinzipien.

Feuertrigon

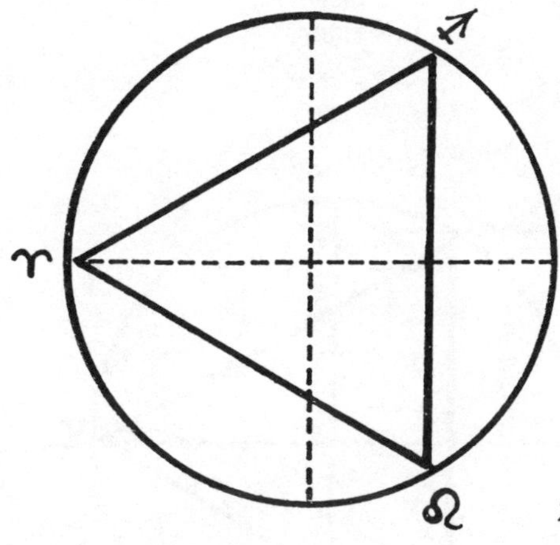

labil
Das willensmäßig Zielstrebige:
handelnde Lebenssteigerung

kardinal
Das willensmäßig Antreibende:
richtender Impuls

fix
Das willensmäßig Zusammenfassende:
regulierender Naturwille

Wassertrigon

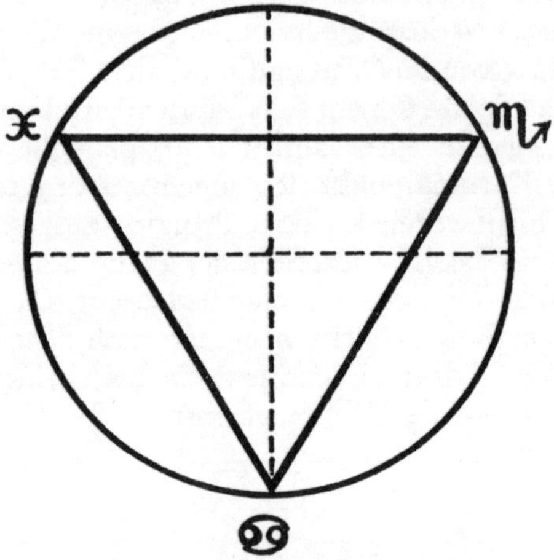

labil
Das seelisch
Teilhabende:
höherer
Auftrag

fix
Das seelisch
Spannungstragende:
Wert-Widersprüche
der Sozialsymbiose

kardinal
Das seelisch
Schöpferische:
innere
Lebensdirektive

Lufttrigon

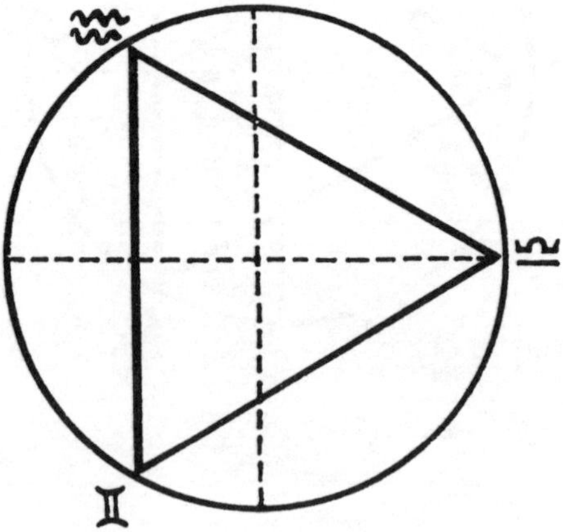

fix
Das geistig
Ordnende:
gedachte
Weltsystematik

kardinal
Das geistig
Lenkende:
objektivierte
Umweltserfassung

labil
Das geistig
Fluktuierende:
persönliche
Urteilsfindung

Erdtrigon

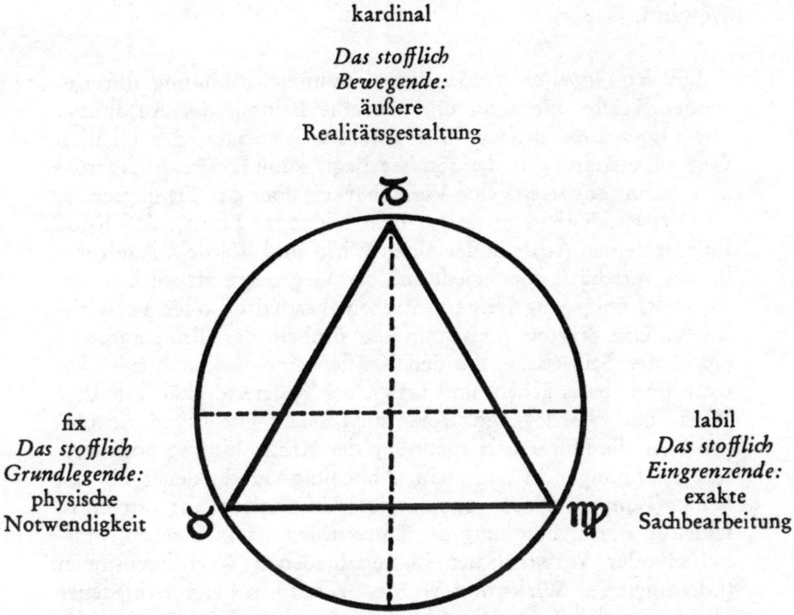

Abb. 7–10
Kennworte der zwölf Prinzipien, in den vier Trigonen zusammengefaßt

Beziehung der Wesenskräfte und ihrer Aspekte zum Kreis der Stilformen

Abschließend gilt es nunmehr, den in der Konstruktion der Zwölfheit enthaltenen Zusammenhang aller Deutungselemente zu untersuchen. Daß die formale Aufzeichnung zugleich Beziehungen der Abschnitte untereinander aufdeckt, die mit den Hauptaspekten übereinstimmen, leuchtet ohne weiteres ein. Folgen sie doch derselben geometrischen Teilung des Kreises. Exakte Aspekte innerhalb der zwölfstufigen Ordnung fallen in Zeichen der ihnen entsprechenden Distanz. Eine kurze vergleichende Betrachtung dieser beiden Kategorien ist daher für das Verständnis beider von Gewinn.

Die *Konjunktion* verdeutlicht Zusammenstimmung differierender Kräfte durch ein und dasselbe Prinzip des Ausdrucks. Die *Opposition* entfacht den polaren Gegensatz, der in allen Gegenüberstellungen des Kreises liegt, zum Kräfte-Antagonismus, bahnt anderseits eine Vereinbarkeit über das Temperament an (Verwandtschaft in tätiger oder leidender Form); daß beide Pole derselben Achse in derselben Wirk- und Werde-Grundform liegen, verschärft aber wiederum den Gegensatz als solchen von zweierlei entgegengesetztem Streben, Festhalten oder Verwirklichen. Die *Trigone* weisen in die Einheit des Temperaments bezw. der Seinsebene, die den Kräften eine gleiche Ausdrucksform und -basis geben, und fassen bei Vollständigkeit alle drei Wirk- und Werdegrundformen zusammen. Die *Quadrate* tragen über die Differentialspannung der Kräfte hinweg noch weitere Spannungen in sie hinein: Abhebung verschiedener Ebenen bezw. Temperamente voneinander, Umschalten aus tätiger in leidende Form, Betonung des Unterschiedes von Streben, Festhalten oder Verwirklichen in verschiedenen Wertdimensionen (Gleichheit der Wirk- und Werde-Grundform bei verschiedener Quadrantenlage). Das *Sextil* bringt das abgeschwächte Bild des Trigons, indem die Einheit der Auswirkungsform und -basis sich nur mehr auf Verwandtschaft der Temperamente erstreckt (entweder tätige oder leidende Form). *Halbsextil* und *Quincunx* stellen lediglich Beziehungen zwischen Zeichen verschiedener tätiger oder leidender Form her, und zwar der in den Hauptaspekten nicht erfaßten benachbarten oder entfernt liegenden.

So dürfen wir sagen, daß die wichtigsten Aspektschritte in der Beziehung der Zeichen gleicher Distanz wiederkehren. Doch muß anderseits die Geltung der Aspekte als unabhängige Kategorie gewahrt bleiben, ihrem Charakter als reine Beziehungsformen entsprachen wir durch selbständige Ableitung aus der Kreisgeometrie. Auch im Falle der Unexaktheit noch zu rechnen, können Aspekte die Grenzen der Zeichen analoger Distanz überschreiten, ferner gibt es solche, die aus der zwölfstufigen Ordnung heraustreten.

Immerhin leben Aspekte nur aus den Wesenskräften, als Formen ihrer Beziehung zu einander, während der Kreis der Stilformen eine formende Tendenz für sich hat, wie das Zeichen am Aszendenten zeigt. Auf welche Weise aber hängen Kräfte und Stilformen zusammen? Auch die Kräfte verstanden wir aus einer Ordnung und Regel, die, weil unabhängig vom aspektmäßigen Verhältnis, worin wir sie im individuellen Falle antreffen, ihre *elementare Ordnung* genannt wurde. Im organisch-kosmologischen Zusammenhang können nun nicht zweierlei völlig unvereinbare Ordnungen gelten. Wir haben uns daher zu besinnen, worum es sich bei Planetenordnung und Tierkreisordnung für diesen Zusammenhang handelt.

Aus Planeten und Aspekten begreifen wir den Menschen als Gefüge von Kräften und in der Problematik, die sich durch ihre Wechselwirkung ergibt; wir betrachten ihn dabei für sich allein, im Aufbau seiner organischen Ganzheit, sind uns jedoch darüber klar, daß dies nur ein relativ geschlossenes Ganzes ist und die Kräfte sich auch mit Umwelt auseinanderzusetzen haben. Erklären wir den Menschen von der Umwelt her, so fragen wir nach Gegenständen seines Interesses sowie nach der Art und Weise seines Verhaltens; darauf finden wir Antworten aus den Häusern und dem Tierkreis bzw. dem, was hier Interessensphäre und Sphäre des Ausdrucks genannt wird. In der Ausdruckssphäre sind wir den Kräften und der inneren Dramatik ihres Zusammenwirkens um einen Schritt näher. Diese Sphäre umfaßt Formen des aktiven Ausgreifens der Kräfte in die Umwelt bzw. des reaktiven Verhältnisses zu ihr, wobei allgemein von «Reizen», noch nicht von der Einkleidung in «Gegenstände» gesprochen wird. Es sind zwar «Leerformen» für die Äußerung der Kräfte, durch sie erst verwirklicht, doch vom Kräfte-Organismus nicht wegzudenken, denn das organische Ganze kann sich nur mit Hilfe aufgegriffener und verarbeiteter Umwelt, also durch solche Kräfteäußerungen, aufbauen und wiedererneuern.

Die Grundlage der elementaren Kräfteordnung sahen wir im engeren Bezugssystem bis ♄ (Bd. I, S. 60 ff.), der Siebenheit. Wenn eine Siebenheit und eine Zwölfheit vergleichbar sind, dann im Aufbau aus der Drei und der Vier, Aufbau jener durch Addition, dieser durch Multiplikation. Einen additiven Gesichtspunkt enthielt nun unsere Ordnung der Kräfte nach Gegensatzpaaren (Abb. Bd. I, S. 78), indem sich die Dreiheit ☉–☽–♄ mit eigenartiger Verschränkung abhob von den einfachen Gegensatzpaaren ♂–♀ und ♃–☿. Was dort noch nicht ganz verständlich gemacht werden konnte, die widerspruchsvolle Zusammengehörigkeit von ☉ und ☽ sowie ihr gemeinsamer Gegensatz zu ♄, wird deutlicher aus der nachfolgenden Zuordnung.

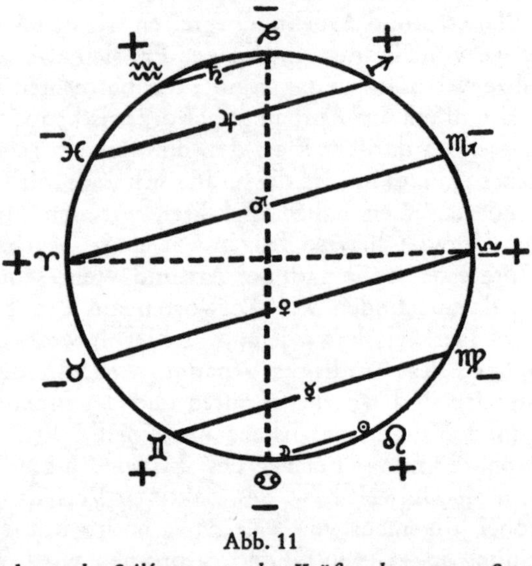

Abb. 11

Zuordnung der Stilformen zu den Kräften des engeren Systems

Auf den ersten Blick erhellt aus dieser Figur das Verknüpftsein der beiden Ordnungen. Die parallelgehenden Schrägen versinnbildlichen die vom Mittelpunkte aus gestaffelt einander folgenden Gegensatzpaare ♂ : ♀, ♃ : ☿, ♄ : ☉ und ☽. In dieser Anordnung ist enthalten, daß die im Kreis gegenüberliegenden Stilformen auch gegensätzlichen Kräften zugehören; das ♂-betonte Prinzip ♈ etwa steht dem ♀-betonten ♎ gegenüber usw. Weiterhin enthält die Symmetrie, daß jede Wesenskraft in einer tätigen und einer leidenden Form aufscheint, sich gleichsam in einer Dur- und einer Molltonart ausdrückt (vgl. S. 83); beispielsweise rechnet zu ♂ die mit + bezeichnete Stilform ♈ sowie die mit – bezeichnete ♏. Bei ☉ und ☽ tritt eine wechselseitige Ergänzung ein, indem ☉ ganz und gar nur tätige, ☽ ausschließlich leidende Form hat. Diese ergänzende Zusammengehörigkeit der beiden Haupt-Lebenssymbole begriff die alte Astrologie durch den Ausdruck «die Lichter».

Diese Zuordnung folgt den im Sonnensystem angetroffenen natürlichen Verhältnissen, die Erde als Bezugspunkt eingesetzt. Der Unterschied «äußerer» und «innerer» Planeten kommt darin zur Geltung, daß jene mit ihren Zuordnungen oberhalb, diese unterhalb eines Kreisdurchmessers liegen; würden wir die so entstandene Teilung einem Quadrantenschema zugrunde legen, dann müßte dessen bestimmender Durchmesser vom Beginn des Abschnitts ♉ zum gegenüberliegenden des Abschnitts ♏ gehen, der quer dazu gestellte Durchmesser ginge vom Beginn des Abschnitts ♌ zu dem von ♒.[19] Wir würden also die fixen Zeichen an den jeweiligen Anfang der Quadranten setzen und bekämen ein Bild ruhender Symmetrie, mit starrer Scheidung von «außen» und «innen» relativ zur Erde, die als Bezugspunkt dem irdischen Wesen analog steht. Die Bedeutung des für uns gültigen Bezugssystems liegt aber gerade in der Aufhebung solch starren Geschiedenseins, in den von außen nach innen und von innen nach außen laufenden Beziehungen, wie sie einem in seiner Umwelt lebenden Wesen gemäß sind. Dies ist der Sinn der «Schräge», mit welcher die kardinalen Entsprechungen von ♂ und ♀ – in der Kräfteordnung der «konzeptionelle Gegensatz» – den Durchmesser des starren Systems überschreiten. Daraus

[19] Hier erhebt sich ein *inhaltliches* Problem, das Julius Schwabe (vgl. Anm. S. 47) als «ehemals richtig gestellten», jetzt «verschobenen Tierkreis» *historisch* zu lösen sucht.

ergibt sich die schräge Lage des ganzen Schemas, ausgerichtet auf die eigentliche Schwelle der Lebensbegegnung, die vom Beginn des Abschnitts ♈ zu dem von ♎ geht. Durch eine weitere Abweichung von der starren Symmetrie wird diese zum Lebens-Bezugssystem umgewandelt, dadurch nämlich, daß wir den Erdtrabanten mit einrücken und dem Lebenspol des «existentiellen Gegensatzes» ☉ und ♄ beifügen. Im Quadranten der lebensschöpferischen Erneuerung bekommt das unstarrste Symbol, ☽, die führende Rolle, die kardinale Entsprechung ♋, im antithetischen Verhältnis zu ihm ☉ die erhaltende Rolle, die fixe Entsprechung ♌.

Den Stilformen werden durch die Kräfte-Zuordnung keine ihnen fremde Inhalte aufgedrängt. Der Kreis wird sozusagen nur mit entsprechenden Vollzugsgewalten ausgestattet: ein Verhältnis wie zwischen Legislative und Exekutive, in der astrologischen Überlieferung etwas mißverständlich «Regentschaft der Planeten» benannt. In der Art gemeint, wie im Staat das Wirksamwerden der Gesetze abhängig ist vom Beschaffensein der beauftragten Vertreter, kann man in der Deutung ein «Dominanzverhältnis» der Planeten zu bestimmten Zeichen gelten lassen.

Die Staffelung der Schrägen von unten nach oben enthält die Planetenfolge von ☉ bis ♄; die Erde hat dabei den ausgesparten Bezugspunkt inne, ihr Trabant ☽ steht am Fußpunkt der Vertikale auf einer Schräge mit ☉. Fassen wir die Inhalte der untersten Schräge mit «Eigenklima», die der obersten mit «Fremdsubstanz» zusammen, so entspricht es dem Charakter der beteiligten Kräfte wie dem II. und IV. Quadranten, worin sie in Plus-Minus-Form den kardinal-fixen Grundton angeben. Quer zu den in der Vertikale angedeuteten innenweltlich-außenweltlichen Extremen steht die von allen direkten Auseinandersetzungen umspielte Schwelle (Horizontale), auch Linie der Subjekt-Objekt-Scheidung. Hier setzen die Schrägen von ♂ und ♀ an, sie wirken den I. und III. Quadranten ineinander und wechseln dabei in kardinal-fixer Bedeutung den Platz. Es entspricht dem Thema dieser Schwelle und den Planetencharakteren, wenn wir die Plus-Minus-Formen der einen

Schräge mit «Energie», der andern mit «Gleichgewicht» zusammenfassen. Dies unterscheidet zwischen spontan aus dem Wesen selbst geäußerter, sowie durch die Umweltslage geweckter Energie, ferner zwischen Gleichgewicht des Wesens in sich, sowie im Verhältnis zur rezeptiv erfaßten Umweltslage. Die dazwischenliegenden Schrägen enthalten nur labile Zeichen, einerseits der oberen, anderseits der unteren Kreishälfte. In diesen entwickelnd durchführenden Plus-Minus-Formen geht es um Hineinwirken in die Außenwelt (Uexkülls «Wirkwelt») sowie um Hereinwirken von Außenweltlichem («Merkwelt»). Die oberen fassen wir ♃-gemäß mit «Raumeroberung», die unteren ☿-gemäß mit «Merkreiz» (im nervösen und bewußten Innensystem) zusammen.

So erhalten wir folgende Kennworte für den thematischen Zusammenhang der Kräfte mit der Plus-Minus-Form ihres Auftretens.

			+	—
Fremdsubstanz	♄	Entsprechung	♒	♑
Raumeroberung	♃	Entsprechung	♐	♓
Energie	♂	Entsprechung	♈	♏
Gleichgewicht	♀	Entsprechung	♎	♉
Merkreiz	☿	Entsprechung	♊	♍
Eigenklima	☉☽	Entsprechung	♌	♋

Eine strenge Symmetrie also verknüpft den Austausch zwischen Organismus und Umwelt mit den Wesenskräften, die ihn verwirklichen. Die dementsprechende Tönung der menschlichen Äußerungsweisen sei im folgenden veranschaulicht.

Fremdsubstanz

Für ♄ unmittelbar ist die leidende Form ♑, mittelbar die tätige Form ♒. Im seelischen Erscheinungsbild verhalten sie sich wie der Erfahrungsdruck äußerer Tatsachen zum Gegendruck des Wissens davon.

Bei ♑ lastet auf dem Menschen nicht nur das Gewicht eigener Erfahrung, er schleppt in der Tradition auch die Last der Jahrhunderte mit, unterstellt sich ferner den Wertschätzungen der gesellschaftlichen Konvention. Ihm, dem Anonymus, können sie zum Namen verhelfen, der länger dauert als lebendige Persönlichkeit. Grundhaltung des unter einer Bürde Einhergehenden, der anderseits aber Geduld und Zähigkeit aufbringt, um Bedrückungen, unter denen Andere zusammenbrechen würden, zu ertragen. Er nimmt die Dinge in ihrer ganzen Schwere, Dichtigkeit und Substanzhärte, kniet sich in seine Aufgaben hinein, sein Streben weicht nur dem Druck zwingender Tatsachen. Ziel: allgemeingültige Konzentration von Werten, Einbau von Fremdsubstanz in die eigenen Lebensvoraussetzungen, dadurch Stabilität. Mißlingen bedeutet vorzeitige Schrumpfung und Erstarrung.

Bei ♒ widersteht der Mensch der Fremdsubstanz, nichthaftend an ihrer materiellen Kompaktheit, durch systematisiertes Wissen. Er ist angelegt auf dessen Erwerb, auf eine Ideenwelt, die ihn unmittelbarem Erfahrungsdruck entrückt. Positive Verfügung über allgemeinmenschliche Werte und Wissensformen steuert jederzeit ordnende Blickpunkte zur Sache bei, ermöglicht Gleichmut vertrauensvoller Haltung und unbeeinflußbare Kontinuität des Tuns. Praktische Wissensanwendung oder Tendenz, Stellungnahmen und Überzeugungen werbend auf den Mitmenschen zu übertragen, lehrhaft in ihn zu senken. Je weniger fundiert die gedankliche Haltung, umso mehr verflüchtigt sich Persönliches in Allgemeinplätzen, Nivellierung gewachsener Werte, zufälliges Herausplatzen um Innendruck loszuwerden und «Wissen» an den Mann zu bringen, ohne Berücksichtigung der Situation.

Raumeroberung

> Für ♃ unmittelbar ist die tätige Form ♐, mittelbar die leidende Form ♓. Im seelischen Erscheinungsbild verhalten sie sich wie aktiver Gewinn von Raum sowie Ausfüllung eines bestimmten Volumens zu passivem Hineingestelltsein in das Unendliche, Preisgegebensein an ansaugendes Vakuum.

Bei ♐ wirft der Mensch weit gesteckte Ziele voraus und indem er ihnen nachjagt, vergrößert er sein Blickfeld, erhöht er sein Können, hebt er sein Niveau. Wert ist ihm erst zu erschaffender Wert, Aufgaben mißt er an ihrer Wertwürdigkeit, den sich abgesteckten Raum wertet er nach darin umsetzbaren Leistungen. Wo solcher Forderung des Raum-Eroberers, Raum-Durchdringers das Regulativ eines organischen Sinns fehlt, entsteht Veräußerlichung in mechanischen Leistungsmaxima, barocker Aufblähung einfacher Tatsachen oder vorgetäuschter Expansion. Sind milieu- oder schicksalhafte Einschränkungen vorhanden, die eine Überkondensation äußerungsbereiter Kräfte bewirken, so befreien sie sich in Ausbrüchen mit alternativ zugespitzter Problemstellung.

Bei ♓ läßt das Erlebnis unendlicher Möglichkeiten den Menschen schwer in konkret und persönlich umrissenen Aufgaben haften. Damit unterhöhlt sich ihm der feste Fußpunkt und relativieren sich ihm die Ziele. Doch in seiner Sensitivität anderseits resonant für die Vielgestaltigkeit des Menschlichen, des universellen Lebens überhaupt, kann sich ihm eine überpersönliche Aufgabe erschließen. Das Glück des Eroberers wandelt sich mit Umkehr der Vorzeichen in das Glück, fremde Interessen zu den seinigen zu machen. Wem das innere Regulativ, die Weisheit einer verstehenden Seele und Expansion der Selbsthingabe, verschüttet ist, der fühlt sich als verlorenes Pünktchen im All; von Einflüssen hierhin und dorthin geworfen, unfähig irgendwo Wurzeln zu schlagen, wird er oft zum Werkzeug fremden Willens.

Energie

> Für ♂ unmittelbar ist die tätige Form ♈, mittelbar die leidende Form ♏. Im seelischen Erscheinungsbild verhalten sie sich wie kinetische zu potentieller Energie, bewegend ausgewirkte Energie zur Energie der Lage.

Bei ♈ äußert der Mensch aus ihm selbst kommende Regungen in voller Antriebswucht, rücksichtslos gegen die Umstände. Das spontane Gerichtetsein der Aktivität macht seine Stärke, seine anregende, oft auch nur beunruhigende Wirkung aus. Unleidlich und hilflos wird er, wenn er keine ihm angemessenen Aufgaben findet, sich überflüssig vorkommt. Tätige Grundhaltung, die, sobald sie Einsatzmöglichkeiten wahrnimmt impulsiv zum Handeln überleitet, die Ziele auf geradestem Wege angehend. Sucht den Dingen mit herrschlustiger, platzzuweisender Geste sein eigenes Gesicht aufzuprägen. Nur aus unmittelbarer Objektbegegnung erarbeitete Einsichten, nicht akademische Betrachtungen befreien ihn davon, sich allein als gültigen Wertmesser anzuerkennen. Persönliche Substanz setzt sich in technisch-praktische Form der Betätigung um.

Bei ♏ handelt der Mensch reaktiv je nach den Umständen, die mit Anrühren der latenten inneren Bereitschaft seine Energie wecken. In seiner Sensitivität dem Einbruch fremder Direktiven ausgesetzt, empfänglich für den Fremdwert und darum häufig in der Selbstsicherheit gestört, anderseits widerstandskräftig, nichts was ihm bestehenswürdig scheint preisgebend, antwortet er oft mit unangebrachter Aggressivität. Entscheidend ist das Verhältnis von Spannungslage und Reizbarkeit zu Anforderungen der Umwelt. Tiefinnerlich Bezweifeltes kann nach außen hin umso betonter behauptet werden, anderseits innerseelischer Energieverbrauch abstumpfen, Protesthaltungen, Ansichreißen dessen, was Bestätigung verspricht usw. Stärkster Energiebeweis in Krisen, Zusammenbrüchen, in Erhaltung von Werten über Zerstörung der Form hinweg. Durch Selbstdisziplin fähig zu sozial eingespannter Leistungsenergie.

Gleichgewicht

Für ♀ unmittelbar ist die leidende Form ♉, mittelbar die tätige Form ♎. Im seelischen Erscheinungsbild verhalten sie sich wie Harmonie des in sich Beschlossenen zur Harmonie im Einklang mit der Umgebung.

Bei ♉ lebt der Mensch in proportionaler Abgestimmtheit von Bedürfnis und Befriedigung, einem Selbstgenügen, reguliert durch Geschmack und unbewußte Ausgleichsfunktionen. Nicht aus ihm selber akut werdende Bedürfnisse sind abgestellt, den sich meldenden geht er in ungezwungener Naturfrische nach, überflüssige Anstrengungen vermeidend, das Dargebotene genießend wie es ihm behagt. Tätigkeitsziele müssen in diesem Sinne Hand und Fuß haben, ein Lustmotiv enthalten, die Dinge haben persönlichen Genußwert. Naive Sinnenfreude des Erlebens kostet das sie Ansprechende voll aus, kann bei Wegfall äußerer Reize von der inneren Bild- und Wunschwelt abgezogen mit offenen Augen dahinträumen, gleichgültig gegen Veränderungen um sich, die ihm keinen realen Aufbauwert bedeuten.

Wenn mit dem Geschmack nicht höhere Ansprüche kultiviert werden, oft ein stumpfes Dahinvegetieren.

Bei ♎ spricht der Mensch auf den Augenblicksreiz und die Anregung der Situation an, physischer Bedingnisse mehr enthoben, weltoffen und einordnungsbereit. Ästhetisierte Geistigkeit und Ausgleichsstreben sucht in strittigen Fragen eine mittlere Linie zwischen Eigen- und Fremdwerten, tendiert zu Lösungen mit Geschmack, Takt und Diplomatie. Haltungsmäßig Vermeiden von Angriffsflächen, entgegenkommende Form, gefällig sich der Mitwelt darbietend. Aus Anschlußbedürfnis ein Mitübernehmen der Forderungen Anderer, dadurch Anstoß zum Handeln, Nachlassen wenn die sinnliche Unmittelbarkeit der Situation verflogen ist. Ohne die Zugkraft gemeinschaftlicher Ideen häufig ein bequemes Lavieren, ablenkbar, heiter-konsequenzenlos in den Tag lebend. Niveau erweist sich in der Abstimmung des Persönlichen auf eine soziale Wertskala.

Merkreiz

Für ☿ unmittelbar ist die leidende Form ♍, mittelbar die tätige Form ♊. Im seelischen Erscheinungsbild verhalten sie sich wie die nervenmäßige Spannung der Sache in Hinblick auf ihre konkrete Auswertung überhaupt, zur Spannung ihres zwecklichen Bezugs auf den momentanen persönlichen Blickpunkt.

Bei ♍ betrachtet der Mensch die Dinge kritisch prüfend von allen Seiten, auf vollständiges Erfassen eingestellt, mögliche Komplikationen bedenkend. Gegen den Fremdwert distanziert, probt sich sein Verhältnis zu ihnen in der sukzessiven Abwicklung auftauchender Vorbehalte aus, ihre Verwertbarkeit wird nach mehreren Richtungen durchexerziert, bevor sie gesicherte Bestandstücke des Eigenlebens bilden können. Mit dem einmal Zugelassenen tritt weitgehende Identifizierung ein. Intelligente Durchgliederung der Werkgriffe innerhalb eines bekannten Stoffgebiets. Überraschende Situationen und unvermittelt herantretende Entscheidungen sind nervenaufregend, weil die gestörte Regulation in Bahnen des Bekannten schwer ein Verhältnis dazu gewinnen läßt. Wenn die eigene Logik nicht ausreicht, häufig geschwätziges Abreagieren solcher Spannungen mit Ausbreiten in Einzelheiten.

Bei ♊ stellt der Mensch von Fall zu Fall, geistig beweglich im ständigen Neuanschnitt seiner Beurteilungen, Aspekte zu den Dingen her. Das sofortige Anspringen reizhungriger Nerven, die Wendigkeit des Umformulierens bei eintretendem Wechsel der Lage, sowie die nervöse Unrast, die sich nicht lange mit einer Sache aufhalten will, tendieren zu krassem Ja oder Nein der Stellungnahme, doch ohne Nachhaltigkeit. Daher, wenn sich dies auf der Oberfläche bewegt, Sensationshunger, flüchtige Erledigungen, skrupelloses Verfolgen augenblicklich positiv-praktisch bewerteter Aufgaben. Das Wertkriterium in der Person steigt natürlich mit dem Niveau und läßt dadurch mehr Stetigkeit gewinnen. Durchgliederung der Tempi, Intensitätsgewinn vermöge rationaler Regelung der Arbeitszeiten.

Eigenklima

> Für ☉ unmittelbar ist die tätige Form ♌, das ihr Mittelbare der leidenden Form ♋ hat seine Entsprechung in ☽. Im seelischen Erscheinungsbild verhalten sie sich wie organische Wärmeerzeugung, -regulation und -abgabe einerseits, zu Wärmebedürftigkeit und -verbrauch anderseits.

Bei ♌ lebt der Mensch in voller Mittagshelle, mit Sicherheit vitaler Ansprüche und Könnensformen, Lebenswärme an seine Umgebung ausstrahlend. Von impulsiver Daseinsgläubigkeit durchdrungen, fühlt er sich gern als Drehpunkt eines laufenden Getriebes, Regler und Verteiler, pater familias, Brennpunkt von ihm ausgehender Wirkungen. Solche spiegeln ihm seinen Eigenwert, durch sie macht er Andere sich dienstpflichtig. Die Verantwortung für den beherrschten Umkreis auf sich nehmend, reibt er sich an Widerständen und kann zum Willensmotor werden, der sich in seinen Aufgaben heiß läuft. Die Tendenz, fortgezeugtes und natürlich betätigtes Leben zu stützen, zu fördern, von seinen Überschüssen abzugeben, kommt zum Ausdruck in der Kinder- und Tierliebe. Bestrittenwerden seiner Stellung, seines Lebensrechts häuft Zündstoff für auflodernde Affekte, Zorn und Eifersucht. Ersatz mangelnden Gehalts durch Eitelkeiten, hohle Repräsentation.

Bei ♋ wächst der Mensch in anfälligem inneren Klima heran, verletzlich, Temperaturschwankungen der Umgebung ausgesetzt, des Zuspruchs, der Ermunterung bedürftig. Anfänglich anlehnungs- und nachahmungsbereit, treibt ihn sein Lebenshunger rund durch die Welt zu sich, Empfangenes zu Eigenem umformend. Er braucht einerseits Mannigfaltigkeit der Eindrücke, Fülle der Begegnungen, anderseits ein schützendes Gehäuse, einen Raum in dem er, mit sich allein, aus Nachwirkungen von Erlebtem sein Inneres zum Aufschluß bringt. Haltungsmäßig sozusagen in Dämmerungen und Übergängen lebend, gleichzeitig kindliche Erwartung wie mütterlich bergendes Gefühl. Schwächen liegen in sachlicher Realitätsbewältigung, leicht Verpassen des Gegenwärtigen durch Schwanken zwischen Vorfreude und -angst oder rückwirkender Erinnerung aus Früherem.

Es fielen die Ausdrücke «unmittelbar» und «mittelbar», sie führen auf den Gegensatz der solaren und der saturnalen Kräftegruppe. Jeder Gruppe sind zwei Elementardreiecke zugeordnet, eines der tätigen und eines der leidenden Form. Im Unterschied beider liegt nun begründet, ob für eine Kraft die erste oder die zweite Form unmittelbar ist. Der solaren Gruppe («aktiver Lebensschwung») entspricht naturgemäß die tätige, der saturnalen Gruppe («passive Sachbindung») die leidende Form. Dies besagt, daß in diesen Auswirkungsformen die betreffenden Kräfte beim ganzheitlichen Aufbau am unmittelbarsten mit ihrer Eigenart zur Geltung kommen. Demgegenüber gibt es aber auch Lagen und Verhältnisse, in denen die Kräfte in der ihrem Eigencharakter mittelbaren Form, sozusagen mit umgekehrtem Vorzeichen, gleichwohl eine wichtige Rolle in Aufbau, Erhaltung oder Verwirklichung der Ganzheit erfüllen.[20] Eine Wertung liegt also darin nicht.

Grundlegende Bedeutung bekommt die Zuordnung der

[20] Gewisse Feinheiten der Kombination leiten sich aus dieser Unterscheidung ab. Sie verhilft uns auch – rückschauend – zum besseren Verständnis der Temperamente. Es ist kein Zufall, daß die meisten Verwechslungen bezw. Unklarheiten die mittelbaren Formen betreffen, das «Sanguinische» und das «Phlegmatische». Die vielberufene «sanguinische Heiterkeit» entsteht aus sachlicher Distanzierung vom leidenschaftlich-dranghaften Erleben und ihr Witz, Ausdruck geistigen Enthobenseins vom Stoff- und Blutsmäßigen, nimmt gern die Form der Ironie an. Selten aber finden wir beim luftigen Temperament die

Stilformen zu den Wesenskräften für die Kombinatorik. Praktisch kann im Gang der Konstellationen am Himmel jeder Planet in jedem Abschnitt des Meßkreises stehen. Dem entspricht die Mannigfaltigkeit individueller Abwandlungen bei den darunter geborenen Menschen; wenn wir nur an die 7 Kräfte des klassischen Bezugssystems denken, sind es schon 84 Äußerungs-Schattierungen. Das Zuordnungsverhältnis enthält die Regel, sie zu sichten. In den zugeordneten Abschnitten stehen Kraft und Stilform in Übereinstimmung (traditionell «Planet im eigenen Zeichen»). Die betreffende Kraft äußert sich dann in ihrer ureigenen Ausdrucksqualität, während sie im gegenüberliegenden Abschnitt, hierzu in Widerspruch kommend, sich gemäß der Ausdrucksqualität ihres Opponenten äußern muß. So befindet sich ♂ in ♈ in unmittelbarer Übereinstimmung, in ♎ im Widerspruch, umgekehrt ♀ in ♎ in mittelbarer Übereinstimmung, in ♈ im Widerspruch. Letzterer bedeutet keine Schwächung (wie der traditionelle Ausdruck «Vernichtung» nahelegt), der Effekt ist vielmehr ein qualitativer und enthält nur insofern eine Erschwernis, als die

Herzenswärme echten Humors als Ausdruck überschäumender Lebensfreude wie beim feurigen Temperament, in dem sich die solare Gruppe unmittelbar ausspricht, nie dessen zwerchfellerschütterndes Lachen. Die Sachbindung der saturnalen Gruppe kehrt sich in der mittelbaren Form um zum leichten, lebendigen Ausspielen begrifflicher Extrakte, die, nun Mittel tätigen Verhaltens, durch Überschauen der Widersprüche des Daseins sozusagen eine Freude aus zweiter Hand gewähren. Gerade die im Entbundensein verbleibende Kühle verleiht diesem Witz seine still auszukostende Würze: Überlegenheit. Ebenso vielberufen ist die «phlegmatische Inaktivität». Sie besteht zwar in Hinsicht der freien Initiative und Kraft äußeren Handelns. Doch rührt dies nicht aus einem Mangel an Lebensschwung beim wäßrigen Temperament. Vielmehr tritt dies Merkmal der solaren Gruppe mit der Umkehr des Vorzeichens zurück auf die Form des inneren Handelns, seelische Emotionalität, phantasiebeschwingte Dramatik reflexiven Lebens, die, ungleich der Direktheit von Tatimpulsen, nur schwer den Übergang zur äußeren Tat findet. Diese Zurückhaltung ist aber nie selbstbeschränkend, nie treffen wir die gleiche sachliche Kälte und Konkretheit der Ziele an wie im Erdhaften, worin sich die saturnale Gruppe unmittelbar ausprägt.

Äußerung der Kraft an ihr gegensätzliche Auslösungsbedingungen gebunden ist.[21]

Das Gesagte ergänzt sich in einem Vertretungsverhältnis, das zwischen den Kräften und den ihnen zugeordneten Stilformen besteht. Seine Anwendung läßt z. B. über ein unbesetztes Interessenfeld etwas aussagen, indem man das Zeichen, in das es fällt, durch seinen Planeten vertreten läßt und aus dessen Stellung urteilt.

Die gebrachte symmetrische Anordnung erstreckt sich auf das engere bzw. klassische Bezugssystem. Als ergänzende Beziehungen treten nun solche des weiteren Systems, der Transsaturnier hinzu, ohne den Grundbau der Symmetrie aufzuheben. Wie schon erläutert spiegeln die Zuordnungen die Aufeinanderfolge der Planeten im Sonnensystem wider, die Erde als Bezugspunkt in der Mitte gedacht. Folgen wir der Kreisrichtung, so stoßen wir bei ♑ mit ♄ an die Grenze des engeren Bezugssystems, und überschreiten wir diese, so erhält in gleicher Folge ♒ als weitere Zuordnung ♅, sowie ♓ den nächstäußeren ♆ zugewiesen. Diese beiden Ergänzungen können als erfahrungsmäßig gesichert gelten. Naheliegend wäre der Fortgang, ♈ und ♇. Doch reichen die Erfahrungen nicht hin, um dies mit gleicher Sicherheit zu behaupten. Ungeachtet der wahrscheinlichen Ordnungsgemäßheit gilt es zu bedenken, daß ♒ und ♓, nur mittelbar übereinstimmend mit ♄ und ♃, einer zusätzlichen Beziehung gelegener sind, daß ferner das Überschreiten des Kreis-Ansatzpunktes und der «Schwelle» eine neue Sachlage schafft, welche die Beziehung vielleicht überspringen läßt zu ♏, mittelbar auf ♂ bezogen. Wir halten uns darum vorläufig an die gesicherten «Nebenregentschaften», wie diese zusätzlichen Beziehungen in der Tradition heißen. Inhaltlich nehmen die bei ♒ berührten

[21] Ein instruktives Beispiel ist Fritjof Nansen mit ♂ in ♎ an hervorgehobener Stelle (neben ☉ in ♎ und Asz. ♐). Es war stets eine sinnlich vorgestellte führende Idee, nicht sportlicher Bewegungstrieb, die bei Nansen außerordentlich kühne Energieleistungen herausholte, stets auch ein friedliches Ziel; sein späterer Einsatz galt den Opfern des Krieges, dem humanitären Ausgleich.

Befreiungen von einem Innendruck die Form «uranischer Plötzlichkeiten» an, auch ist die Geistigkeit dieses Prinzips über saturnal verdichtete Erfahrung hinaus intuitiv bestimmt und das Regelhafte verbindet sich mit Eingebungsmomenten. Die Tendenz der Bindungslosigkeit zu allem, was in der Normalität des engeren Systems beschlossen liegt, wird dann bei ♓ im «neptunischen» Sinne weitergetrieben: Zustände ziel- und maßlosen Weitendrangs bis zur Aufhebung aller Nahkontakt-Bindungen treten auf, sowie die Infiltration überpersönlicher Motive in Form von Ahnungen und Weisungen, es ist das Prinzip stärkster Medialität.[22]

Tierkreis-Signaturen

Was über Signaturen und physiognomische Betrachtungsweise grundsätzlich gesagt wurde (Bd. I, S. 96 ff.), gilt auch für die Veranschaulichung der Stilformen, sei es in Gestaltbau und Gesamtgepräge des Menschen, sei es in Werken seiner Hand. Bei manchem Zeichen drängt sich die Symbolik des Tierkreises geradezu erscheinungsmäßig auf. Doch nehme man solche Verbildlichungen stets nur als umschreibende Andeutungen von Inhalten, die auch von einer anderen Seite her anvisiert werden können. Andere Kulturkreise hatten dafür andere Bilder, gemäß den Vor-

[22] Die Doppelbeziehung von ♒ und ♓ bringt die entsprechend zugeordneten Wesenskräfte in ein eigentümliches Verhältnis zueinander. Anders als das «höhere Oktave» genannte Verhältnis darf es als ein Spiegelverhältnis über die Grenze des empirisch Erfahrbaren hinaus bezeichnet werden. In einem solchen Verhältnis stehen die «uranischen Blitze» zur «saturnischen Erfahrungshäufung», ihrer stummen Voraussetzung, so wie bei krisenhaften Erschütterungen ein depressives Tief dem befreienden Durchstoß vorangeht. Ein «neptunisches Chaos» wiederum bedeutet in ebensolchem Verhältnis die Auflösung eines «jupiterhaften Sinnglaubens», das dem Abstoßen von bekannten Ufern und Suchen nach neuen Horizonten voranging. Das so gesehene Spiegelverhältnis betrifft die folgerechte Weiterführung problematischer Vorgänge, die mit den normalen Aufbaukräften nicht zu bewältigen sind, durch außerrationale Mittelanwendung.

stellungen kosmischen Bezugs, die zugrunde gelegt wurden. Keineswegs ist diese Symbolik gleichbedeutend mit physiognomischer Beobachtung und Beschreibung.

Seit Kretschmer sind wir gewohnt, Gestaltbau und temperamentsmäßiges Verhalten in enger Bindung zu sehen.[23] Seine für die Psychopathologie so fruchtbar gewordenen Untersuchungen haben besonders Mediziner angeregt, Parallelen zu astrologischen Beobachtungen zu ziehen. Zum Vergleich bringen wir die des Nervenarztes K. G. Heimsoth zur körperlichen Ausprägung der Aszendenten-Zeichen.[24]

♈: athletische Körperform, asthenische Einschläge; viriler Charakter, schizothyme Einschläge.

♉: pyknische Körperform; phlegmatisch-zyklothymischer Charakter.

♊: asthenische Körperform; schizothymer Charakter.

♋: lymphatisch-pyknische Körperform; passiver-zyklothymer Charakter.

♌: athletische Körperform; vitaler Charakter, schizothyme Einschläge.

♍: pyknische Mischform; charakterologische Mischform, zyklisch, aber schizothymartig.

[23] «Körperbau und Charakter.» Kretschmer hat bekanntlich aus empirischen Befunden herausgearbeitet, daß gewisse Formen von Geisteskrankheiten (zirkuläre Psychosen, manisch depressiv, d. h. Wechsel von übererregt-vergnügt und gehemmt-traurig) vorwiegend bei Menschen mit leiblicher Rundform (faßförmig, gedrungen, grazile Extremitäten) auftreten, hingegen eine andere Gruppe (Schizophrenie, Paranoia, Dementia Praecox) meist bei Menschen mit leiblicher Schlankform (Brust- und Schulterschmalheit, lange Extremitäten). Er entwickelte Grundzüge einer Betrachtung verwandter charakterlicher Tendenzen auch bei Gesunden, im Auftreten übereinstimmend mit den beiden Körperbautypen. Diesem zyklothymen und schizothymen Typus stellte er dann als dritten den athletischen Typus mit stattlicher Wuchsform (mehr schlank, breiter Brustkorb, kräftige Extremitäten) zur Seite, in einer vierten, der dysplastischen Gruppe, faßte er verschiedene Extreme zusammen (eunuchoider Hochwuchs, polyglandulärer Fettwuchs).

[24] K. G. Heimsoth «Charakter-Konstellation», Otto Wilhelm Barth, München-Planegg, 1928. Vgl. ferner Frh. v. Klöckler «Kursus der Astrologie», Hermann Bauer Verlag, Freiburg im Breisgau 1978.

♎: Mischform; ausgeglichener Charakter.
♏: Mischform mit dysplastischem Einschlag; schizothymartiger Charakter.
♐: asthenisch-athletische Körperform; schizothymer Charakter.
♑: Mischform mit dysplastischem Einschlag; schizothymartiger Charakter.
♒: asthenischer Hochwuchs; schizothymer Charakter.
♓: pyknischer Lymphatiker; rezeptiv-zyklothymer Charakter.

Schon die sprachliche Abfassung läßt durchschimmern, daß hier etwas übersetzt wurde in Begriffe, die seiner Eigentümlichkeit nicht ganz gemäß sind, auch bringen die anderen Autoren einige Abweichungen. Es geht uns mit dieser Seite der Stilformen wie mit den Düften: wir können sie durch Erfahrung kennen lernen und dann genau unterscheiden, aber unsere Sprache hat keine geeigneten Worte dafür. Das Wesentliche ist nicht mit Rundform oder Schlankform gesagt – auch wenn ein kleines Übergewicht der ersten bei den «leidenden», der zweiten bei den «tätigen» Prinzipien besteht –, so dankenswert die Verbindungsbrücken zu Kretschmers Gestaltbautypen sind. Wir haben es mit morphologischen Ideen weitaus komplexerer Art zu tun, die all das leibhaft in sich fassen, was aus unserer nunmehr aufgebauten Zwölfheit auf das einzelne Prinzip rückstrahlt; die sie aufbauenden Komponenten enthalten wiederum Maßstäbe für die Abwandlungen, die «Untertypen». In bezug auf die Bindung an ein bestimmtes Temperament ergibt die Praxis einen Gesichtspunkt, der solchen morphologischen Ideen eine gewisse Selbständigkeit verleiht. Körperphysiognomisch herrscht eindeutig der Stil des Abschnitts, in dem der Aszendent liegt, vor, während im Temperament sich stärker die Gesamtbetonung durchsetzt, so daß hinsichtlich des Aszendenten-Temperaments nur von einer verbindenden Tönung oder Untermalung des Ganzen die Rede sein kann. Somit gibt es also Fälle, in denen sich das Verhältnis zwischen Gestaltbau und Temperament ein wenig verschiebt. (Beispiel:

Baudelaire. Körpertypus entspr. Asz. ♍, Temperament starke Vorherrschaft von ♈). Kretschmer wird dieser Erscheinung in seinen trefflichen Einzelschilderungen dadurch gerecht, daß er seinen Typen eine große Variationsbreite zuschreibt.

Daß diese morphologischen Ideen gewisse Anklänge an bestimmte Planeten-Signaturen enthalten müssen, läßt die im vorangegangenen Abschnitt dargelegte Beziehung vermuten. Tatsächlich schlägt dies vor allem bei den «unmittelbaren» Zugehörigkeiten durch. Doch ist es eben nur ein Moment aus den komplexen Bestimmungen der Zwölfheit. Schon das Auftreten einer Wesenskraft in zwei Ausprägungen lenkt auf die übrigen Bestimmungen hin; z. B. finden wir bei ♈ wie bei ♏ die profilierte Schärfe, die der Grundfunktion ♂ entspricht, beim «fixen-wäßrigen» ♏ aber jene Züge, die v. Klöckler von vorwiegend pyknischer Konstitution, Heimsoth wie oben angeführt sprechen lassen, beim «kardinalen-feurigen» ♈ jene, die beide Autoren als athletische Konstitution mit schizoiden Einschlägen definieren. Gegenüber solchen Übersetzungsversuchen trachten die hier gegebenen Beschreibungen den Stileigentümlichkeiten ohne Anleihen näher zu kommen. Erreichbar ist natürlich keine Beschreibung, die in allen Einzelheiten wiederkehrend beim betreffenden Aszendenten stimmt – eingedenk dessen nur vorherrschender Note sowie mitsprechender Abwandlungen –, aber doch eine solche der tonangebenden Körperbau-Stilform.

Auch für die Unterscheidung von Temperament und bewußt gesteuertem Charakter sind die Maßstäbe in den Aufbaukomponenten der Zwölfheit enthalten. Dies ist wichtig für die Aussage über die Handschrift. Oft allerdings gelten lediglich dieselben Bedingungen, unter denen das Temperament beurteilt wird. Für überwiegende Temperamentsnähe dieser komplexen Merkmale des Ausdrucks seien einige Zusammenfassungen, nach Elementar-Trigonen, vorausgeschickt.[25]

[25] Zur Erklärung einiger der später gebrauchten Ausdrücke. Verbundenheit = Verbindung der einzelnen Buchstaben. Regelmaß =

Erdtrigon

Unwegsamkeiten, Stockungen, hie und da wird auf der Stelle getreten, Gebundensein der schreibenden Persönlichkeit, Haften an Formeigentümlichkeiten, sinkender Zeilenverlauf.

Feuertrigon

Ein zupackender Rhythmus, das sehr einheitliche Schriftbild strahlt Wärme aus und hält sich unpedantisch im Ebenmaß; bei starker Erregung bekommt der Duktus etwas Flackerndes.

Wassertrigon

Ein flüssiger, weicher, wandelbarer Schriftcharakter, häufig Deformierung der Buchstabennormen, Schrift wirkt persönlicher als bei den Erdzeichen, bis in Nachlässigkeiten hinein.

Lufttrigon

Lichtes Schriftbild, leicht bewegt, schwerelose Buchstabenformen, Verhältnis zur Fläche mehr logisch als ästhetisch geordnet, fast durchdacht wirkende Proportionen, Hebung des Zeilenverlaufs.

Zum Schluß folgt dann eine Tabelle analoger künstlerischer Werkelemente. Über deren Einschaltung und Verknüpfung im Schaffensprozeß, ihre variative Geltung in den geschichtlichen Stilepochen, die Auseinandersetzung ursprünglicher Ansätze der Gestaltung mit dem überformenden Bildungserlebnis, wäre viel zu sagen. Ohne uns hier in Spezialuntersuchungen zu verlieren, sei die Tabelle zum Vergleich beigegeben.

mechanisches Einhalten gleicher Schriftgröße, gleichen Neigungswinkels, gleicher Weite. Ebenmaß = gleichmäßiges Ausgewogensein des Schriftbildes auf der Fläche. Gliederung = Wortabstand und Zeilenabstand. Teigig in Gegensatz zu scharf = breiter Strich, auch in den Aufstrichen; kann entstehen aus Flachhaltung des Schreibstiftes (mehr malerisch) oder als sinnliche Druckbetonung. Wo einfach groß oder klein steht, ist die Zeilenhöhe gemeint.

♈

Signatur des willensmäßig Antreibenden

Erscheinungstypus

Mittelgroß bis groß, mager doch muskulös, verhältnismäßig lange Glieder, straffe Haltung mit knappen, energischen, stoßartigen Bewegungen. Schädel eher lang und schmal, an den Schläfen breiter, oft betonte Stirnwülste («Hörner»). Vordrängende Kopfhaltung. Von der Wurzel an hervorstehende Nase, fast gerade, mit leichter Krümmung. Schmale Wangen, dünner aber nicht verkniffener Mund, markantes Kinn, im Ganzen knochiges Gesicht. Mitunter «Faunsohren». Das Haar ist oft hellbraun oder rötlich, bei dunkleren Typen mit kupfernem Glanz. Augen kaltblau mit scharfem, auch hartem und etwas starrem Blick oder dunkel, lebhaft, ein wenig vorgewölbt. Im Ausdruck etwas Exklusives und Selbstbewußtes, Befehlshaberisches. Frauen leicht maskulin wirkend. Vorkommend ein untersetzterer, fleischigerer Untertypus, beweglich-handlich. Meist zu harter Arbeit befähigender Körper.

Schriftbild

«Sägeblattstil». Ein mit tiefen Anstrichen beginnendes, energisches Auf und Ab, eng einrollende Rundungen, Ecken an den Unterlängenschleifen, stoßweises Vorwärtsschreiten der Zeile. Deren durch Querzüge betonte Richtung trotz rhythmischer Bewegtheit stur durchgeführt. Vereinfachung der Formen, klare Gestaltung der Anfangsbuchstaben, hingegen können die Wortenden vernachlässigt sein. Kurz ausfahrende Züge, sofort wieder in den Gesamtfluß überführt. Tendenz zu knappen Sätzen. Regelmaß, solange ein bestimmter Impuls anhält; der Duktus kann brüsk in einen anderen umschlagen, der dann wieder in sich regelmäßig ist. Gesamtbild wirkt deshalb bei aller Rhythmik mitunter holperig. Buchstaben verbunden, Tempo schnell, geringe Längenunterschiede außer Betonung der Großbuchstaben, leicht geschrägt bis steil, eher eng. Rechtsläufig, Winkel, leichte Arkadentendenz. Energiedruck, Schärfe, Gliederung. Eher klein als groß.

♉

Signatur des stofflich Grundlegenden

Erscheinungstypus

Breiter, gesetzter, mittelgroßer Körper, oft schwer und massig mit relativ zierlichen Extremitäten; lässige Haltung und bequeme Bewegungen. Runde Schädelform mit breiter Basis. Glatt gewölbte Stirn, schlichte Augenbrauenbogen. Nase kurz und fleischig, mitunter leicht aufgestülpt doch in schöner Proportion zum dicklippig geschwungenen Mund (etwas wulstige Unterlippe), volle feste Wangen. Kinn oft kräftig aber nicht vorstehend. Kurzer, starker Hals, eingezogen wirkend durch die betonte Nacken- und Schulterpartie («Stiernacken»). Alle Formen abgerundet, bei Frauen «Patschhändchen». Haar- und Augenfarbe meist braun; seltener ein leuchtendes Weißblond neben «gefülltem», veilchenartigem Blau. Blick gutmütig naiv, freundlich, auch versteckt schalkhaft. Im Ausdruck etwas bäuerlich Schlichtes, zuweilen «Bulliges». Meist starke schöne Stimme mit lyrischem Ton. Vorkommend ein feiner konstituierter, auch schlankerer Untertypus mit ruhig gemessenem Schwung der Bewegungen.

Schriftbild

«Pfannkuchenstil». Beharren in einem gleichmäßig langsamen festen Rhythmus. Vorkommende nichtassimilierte Formen durch Ebenmaß bewältigt und einem gefälligen Gesamtbilde eingefügt. Runde, volle, in sich stehende Formen, auch der Kleinbuchstaben, unter Vermeidung von Umwegen und scharfen Ecken. Im Ganzen schwunglos. Kaum Ausfahrer. Etwas Unkompliziertes wie auch Treuherziges und Solides; man hat den Eindruck langsamer, gründlicher Verdauung und ruhigen Wohlgefallens an der Welt. Mehr Gutmütigkeits- als Intelligenzzeichen. Verbunden, bedächtiges Schreibtempo, mittlerer Neigungswinkel, rechtsläufig, keine betonten Druckunterschiede, Längenunterschiede nicht allzu groß, voll, teigig.

II

Signatur des geistig Fluktuierenden

Erscheinungstypus

Schlanker Körperbau, meist schmalbrüstig und selten betont muskulös, lange Arme und Finger, letztere mit grazilen Bewegungen. Schmaler, auffallender Gesichtsschädel mit langer, meist gerader oder nur leicht geschwungener, unfleischiger Nase. Diese wie das Kinn häufig etwas spitz («Profilgesicht»). Dünne Wangen und schmale, etwas zusammengezogene Lippen. Dünner Hals, hervortretende Schlüsselbeine («Salzfässer»). Frauen etwas maskulin wirkend. In Zusammenhang mit der lebhaften Mimik rasche Kopfwendungen, nervöse Unrast des ganzen Körpers, «quecksilbrig», beim Gehen Pendeln und Schlenkern der Arme. Bewegungen aber arhythmisch, der Intellektspannung folgend. Haarfarbe meist dunkel oder sandblond. Die grauen oder braunen Augen blicken scharf, klug, mit schneller, neugieriger Schwenkung der Sehachse, mitunter penetrant kühl. Dünne, zuweilen etwas schepprige Stimme. Vorkommend ein gedrungenerer, doch im Gestaltbau winklig wirkender Untertypus, auch die sonst gerade Nase an der Spitze leicht aufgewinkelt, im ausgeprägten Mienenspiel etwas mehr Verkniffenes. Meist blaß.

Schriftbild

«Kaufmannsstil». Leichte, hüpfende Schriftbewegungen machen den Eindruck des Flüchtigen, Hastigen. Bei allem Schwung eine trockene, berechnende Note, häufig Mangel an künstlerischem Raumgefühl. Ausfahrende Durchstreichungen, auffallend durch den Gegensatz zu dünnen, schwindsüchtigen Formen. Pfiffige Sondertouren. Wirkt manchmal gefestigter, was aber an der gleichmäßig flotten Führung liegt, die etwas oberflächlich über die Inhalte hinwegsaust. Die Haltung des Schreibers läßt sich nicht beeindrucken und vom Inhalt bedrängen (gleichgültig ob Geschäfts- oder Liebesbrief!), Unabhängigkeit des Schreibstils vom Schreibzweck. Vorkommende Ästhetisierung der Form kann ebenfalls Inhalt überformen. Neigung zur Routine, die leicht für Rhythmus gehalten wird. Regelmäßig, weniger Ebenmaß. Buchstaben verbunden, mitunter aber Silbentrennungen. Rapides Tempo, schräg, eher eng (nur durch Größe der Kleinbuchstaben weiter wirkend), rechtsläufig. Winkel drucklos,

Längenunterschiede groß aber nicht übermäßig. Gegliedert, vereinfacht, mager, scharf, eher klein.

♋

Signatur des seelisch Schöpferischen

Erscheinungstypus

Mittelgroß bis klein, wenn auch abnorme Größen vorkommen. Unproportionierter Körperbau, Oberkörper meist etwas zu groß und schwer für die unteren Gliedmaßen («Sitzriese»), relativ kurzfingrige, weiche Hände. Lockeres Gewebe, «gedunsen», besonders häufig Neigung zur Korpulenz in späteren Lebensjahren. Frauen oft später welkende «Jugendschönheiten». Verhältnismäßig großer Kopf mit abgerundeten Formen, breite fleischige Nase, doch zart gebildet, volle Wangen, leicht sinnlicher, ausdrucksvoller Mund. Gesamtausdruck der Sensitivität und Weichheit unterstützt durch etwas schüchterne Stimme, Männer behalten oft lange etwas Kindliches. Meist blaßblaue oder graue Augen, auch wenn dunkel mit «sprechendem» Blick. Haarfarbe in den blonden Schattierungen indifferent wirkend, gegen extremes Schwarz sticht die häufig wächserne Hautfarbe ab. Starker Haarwuchs, zuweilen strähnig und borstig («Igelkopf»), oder extrem weich; tiefer Ansatz der die Stirn niederer erscheinen läßt als sie ist. Gang und Haltung lässig, kann durch inneren Ansporn etwas Gestrafftes bekommen ohne sehr überzeugend zu wirken. Vorkommend (Prinzip größter Variationsbreite!) ein schlanker, ätherischer, äußerst schmiegsamer und gefühlsbewegter Untertypus, sowie ein solcher mit schmalerem Schädel, kantigem Gesicht, zuweilen hakiger Nase, energiebetonter.

Schriftbild

«Regenwürmerstil». Schreibbewegung rund fließend aber nicht sehr schwingend, Gelockertheit des Gesamtbildes und der Einzelformen. Etwas Verbummeltes oder Schwärmerisches. Wellenförmiger Zeilenverlauf, abhängig von Wortinhalten und Stimmungen. Schreibduktus wechselt in verschiedenen Zeitabschnitten. Gründe: Wandlungen im eigenen Seelenzustand, starke Beeindruckbarkeit, Nachahmungsdrang meist ohne es zu wissen («Versehen»), auch angelehnte Selbststilisierung. Häufig Wechsel einzelner Buchstabenformen im selben Schriftstück. Keine ausgeprägte Bindungsform wenn nicht doppelbogig, Lautzeichenmischung kommt vor. Bevorzugung weicher, abgerundeter Formen, auch voller Schleifen. Wechselnde Rhythmen, doch inneres Ebenmaß. Verbunden, gemäßigte Schnelligkeit. Wechselnder Neigungswinkel, weit (Buchstaben in die Breite gezogen), eher rechtsläufig, mit linksläufigen Zügen. Im allgemeinen Neigung zu Girlanden und Fäden, wolkige Formen, emotionierte Druckstellen, sonst drucklos. Mittlere Längenunterschiede, gegliedert. Tendenz zur Bereicherung, eher teigig, groß.

♌

Signatur des willensmäßig Zusammenfassenden

Erscheinungstypus

Kräftig und wohlproportioniert, meist groß, breitschultrig, doch kommt abnormer Kleinwuchs vor ohne den Eindruck des Gewichtigen aufzuheben. Bewegungen können in der Jugend von «katzenartiger» Elastizität sein, später festes, breites Auftreten. Nicht zu kleiner Kopf mit breiter, oft gebuckelter Stirn, Gesicht eher quadratisch als oval, rundes Hinterhaupt. Verhältnismäßig kleine aber gutgeformte Nase, abgerundet, auch an der Spitze etwas breit. Großer, fester, nicht verkniffener Mund mit geschwungenen Lippen, viereckiges Kinn. Die ein wenig eng zusammengerückten Augen sind durch starke, bei Männern meist buschig werdende Brauen überdacht. Augenfarbe ein klares Blau, ein ins Grünliche schimmernder Bernsteinton, oder Schwarzbraun; der Blick hat etwas frei Gebieterisches, furchtlos nach Gegnern Forschendes, wenn er nicht Wärme ausstrahlt. Stolze Kopfhaltung, starke Stimme, helle aber frische Hautfarbe, durchblutet. Haar blond mit einem Goldton oder schwarzbraun, von Natur gewellt («Mähne»). Vorkommend neben diesem imposanteren, bei Frauen oft üppig-schönen Typus ein kleinerer, kompakter mit querulantenhaftem Ausdruck; auch bei zartem Bau betonte Willensmerkmale.

Schriftbild

«Dauerwellenstil». Freude an schwungvollen Rundungen und weit ausholenden, kreisenden, präzise gezogenen Bögen, die aber nie ästhetischer Selbstzweck werden. Großzügige Verteilung der Schrift auf der Fläche. Repräsentative, prunkvolle Anfangsbetonungen, bei Überschriften und Anfängen von Abschnitten werden respektvolle Entfernungen eingehalten. Eigennamen häufig durch Größe und Deutlichkeit hervorgehoben. Wertlegen auf das Äußere, auch in der Papierwahl. Unpedantisch. Ausgesprochenes Ebenmaß. Buchstaben verbunden, mittleres Tempo, kraftvoll betonte Oberlängen. Mäßig schräg, manchmal eigenwillig übersteil, eher weit, rechtsläufige Tendenz mit vorkommender Linksläufigkeit der Bögen, Arkaden, druckstark. Längenunterschiede mäßig groß, gegliedert, bereichert, voll, Schärfe, groß.

♍

Signatur des stofflich Eingrenzenden

Erscheinungstypus

In Größe und Proportionierung durchschnittlicher Vertreter seines Stammes, seiner Familie, während das Individuelle in Bewegung und Mienenspiel zur Geltung kommt; animalische Vitalität tritt hinter Psychologisierung zurück. Regelmäßiger Bau, auch in den grazileren Formen etwas Gesetztes neben der Beweglichkeit, die aber arhythmisch, intellekt- und nervenbestimmt ist. Schlichte, etwas «graue» Gesamtwirkung, wenig muskulös, keine extreme Schultern- oder Hüftenbreite, Unaufdringlichkeit der Geschlechtsunterschiede. Ovaler Gesichtsschnitt mit wohlgeformter steiler Stirn, nicht übermäßig großer gerader Nase, dünnem, ziemlich kleinem Mund; dies sowie Kinn, Wangen, Schläfen in «Feinmodellierung» dem Ganzen eingepaßt. Die eher kleinen, klug, kühl und schnell beobachtend blickenden Augen lassen das Gesicht breiter erscheinen als es ist. Augen- und Haarfarbe meist braun, wenig glanzbetont, Haar zuweilen gekräuselt. Der Eindruck des Herben, Trockenen wird unterstützt durch schwache Hautdurchblutung. Vorkommend ein gröberer, massigerer Untertypus, dem die feine mimische Fältelung etwas Verborgenes, «Hintersinniges» gibt.

Schriftbild

«Häkeldeckchenstil». In individuelles Schreibzeremoniell eingesponnen, Sondermerkmale in Form von Haken, Spiralen und Linksläufigkeiten, mitunter etwas Verschrobenes. (Wie in einer Vitrine zufällig Angesammeltes unter Verschluß gehalten.) Kleine Pedanterien wie Haltepunkte in den Unterlängen, i-Punkte richtungsgenau, linksläufige Anfangseinrollungen (Hinterhältigkeiten), eigenbrödlerische Zierformen. Steifheiten und Ansätze zum Schwung unverbunden nebeneinander. Gesamtbild häufig wie ein Fachwerkbau nach verschiedenen Seiten hin verstrebt. Unebenmäßig, Tendenz nüchtern bis zur Ver-Regelung, die aber ständig bedroht ist durch störende Teilaktionen. Buchstaben im allgemeinen verbunden, doch kann mitten im Wort ein Bruch eintreten: inhaltsgebunden, stolpert über Komplexe. Eine fast ängstliche Eile, emsiges Weiterschreiben damit der Faden nicht abreißt. Große Längenunterschiede, steil, zuweilen übersteil, bis mittlere Schräge, eng, Winkel und Arkaden. Meist Wortabstand, weniger jedoch klappt es mit dem Zeilenabstand, daher Verhäkelungen (Ober- und Unterlängen verschiedener Zeilen ineinander). Verschnörkelt, mager, scharf, eher klein als groß.

♎

Signatur des geistig Lenkenden

Erscheinungstypus

Groß bis mittelgroß, schlank, mit zunehmenden Jahren fülliger, doch gut proportioniert bleibend. Leichter und graziöser Schwung der Bewegungen, Gangart auch bei Männern aus der Hüfte heraus, mit Rechts-Links-Symmetrie, dadurch etwas Tänzerisches. Körperhaltung sonst abwartende Bereitschaft. Frauen insbesondere mit angeborener Eleganz, wohlgeformte Hände und Füße. Der Gesamtbau symmetrisch zur Mittelachse. Langer Schädel bei runder wirkendem Gesicht, harmonischer Schnitt der Züge. Gerader Ansatz der Nase, diese nicht zu lang, geschwungene Mundlinie («Cupidobogen»), die infolge leicht aufgeworfener Lippen eingekerbt wirkt. Kinn und Wangen abgerundet. Häufig hellblondes Haar und helle Augen oder braunes, weiches Haar, lichtbraune Augen. Blick freundlich entgegenkommend, offen, Gesamtausdruck lächelnde Zuversicht. Vorkommend ein kleinerer, robusterer und in der Haltung bequemerer Untertypus.

Schriftbild

«Tanzmeisterstil». Ein schwungvoll dekorativer Zug, ebenmäßiges, ausgewogenes Gesamtbild. Ästhetisch wohlgefällige Buchstabengestaltung, Bereicherungen und Schnörkel (gleichsam Verbeugungen) oder Stilisierung auf geschmackvoll wirkende Geste. Tendenz zur luftigen Größe und Weite. Leichte, beschwingte Schriftzüge, weit ausholende und schön geschwungene Bögen. Unterschied zwischen Haar- und Druckstrichen deutlich und in durchgehendem Gleichgewicht gehalten. Regelmäßig ohne Pedanterie, Ebenmaß und Rhythmus, verbunden. Gegensatz zwischen Rundungen und Geraden in gutem Verhältnis, überhaupt Bewahren der Gegensätze (z. B. Ober- und Unterlängen), sie aber in Harmonie haltend. Eher schnelles Tempo, Schriftlage schräg aber nicht fallend, weit, rechtsläufig, feste Girlanden, scharf, Längenunterschiede eher groß, gegliedert, bereichert, voll, groß.

♏

Signatur des seelisch Spannungstragenden

Erscheinungstypus

Fester, kompakter Körperbau, eher untersetzt als groß, bzw. massiger Oberkörper («Sitzriese»). Prägnantes Hervortreten der Knochenpunkte aus starken Muskelpartien, verhältnismäßig lange Arme und eckige Schultern; untere Gliedmaßen oft unproportioniert dazu (häufig «Säbelbeine»). Bewegungen kraftvoll zweckmäßig aber ungraziös, manchmal «maschinell« wirkend. Meist kurzer dicker Hals. Schädel breiter wirkend als er ist durch kantigen Zuschnitt, betonte Jochbeine und Augenbrauenbogen, wodurch die Augen tief liegen, hakige und in der Basis nicht allzu schmale Nase (oft «Adlernase»), meist großer, dünnlippiger, dennoch sinnlich wirkender Mund. Im Gesamtausdruck etwas scharf Schnittiges, zuweilen «Übermodelliertes», manchmal «Satyrhaftes». Reichliches und meist dunkles Haar, oft gekräuselt oder wellig, bei Männern struppige Augenbrauen, bogig oder mit hochgezogenen «Mephisto»-Winkeln. Augenfarbe dunkel oder stahlgrau, der Blick sticht faszinierend, forschend oder versucherisch aus den Höhlen hervor. Betonter «sex appeal», bei Frauen häufig «Vamp»-Typus. Starke, dunkel getönte, oft metallische oder rauhe Stimme. Vorkommend ein hagerer, asketischer Untertypus mit dem Ausdruck geistiger Leidenschaft.

Schriftbild

«Kakteenstil». Etwas Stachliges mit igelartigen Einrollungen oder etwas Ausgefranstes, Sägeblatt mit Scharten, zuweilen wild nach allen Seiten verspritzte Leidenschaft; dennoch einfacher Durchzug, der etwas fast Karges und Nüchternes gibt. Betont individuelle Verschiedenheit des Duktus. Ungeregelt, mit der schwankenden Stimmung mitgehend, aber kraftvoll (keine «Waschlappenschrift»!). Affektive Durchstreichungen, zugespitzte Endzüge. Auch bei extremen Ausschlägen ein energisch geführter Schreibzug. Die Schrift macht den Eindruck der Entladung von Angesammeltem, Aufgestautem; daher ausfahrende Züge, Unterstreichungen, Ausrufezeichen. Wortzerstückelungen kommen vor. Unregelmäßig, aber Ebenmaß, kräftiger Rhythmus, eher unverbunden, schnelles Tempo, schräg mit gelegentlichen Steilheiten, rechtsläufig mit vereinzelten Linksläufigkeiten, Winkel, starker Druck, Längenunterschiede eher groß, gegliedert, bereichert. Großbuchstaben voll und teigig, kleine mager und scharf. Zeilenhöhe eher groß.

♐

Signatur des willensmäßig Zielstrebigen

Erscheinungstypus

Groß und schlank, lange Beine, im Gang elastisch federnd, stolze würdige Haltung. Sehniger und muskulöser Gliederbau, straff, meist ein zu sportlichen Leistungen befähigter Körper. Bewegungsschwung. Hoch gebauter Schädel («Turmschädel») mit dadurch meist schmaler, doch schön gewölbter Stirn, abfallendem Hinterhaupt. Haaransatz mit hoch gezogenen Ecken («Geheimratswinkeln»), bogige Augenbrauen. Gewöhnlich lange und feingeschwungene Nase mit etwas überhängender Spitze

(«Pferdenase»), beweglicher, leicht sinnlicher Mund, pointiertes doch nicht vorstehendes Kinn, nicht zu dicker aber fester Hals. Häufig Asymmetrien im Gesichtsschnitt. Rötlich frische Gesichtsfarbe mit leuchtendem Blond oder Kastanienbraun der Haare, oder bleich mit olivenem Unterton und betontem Schwarz. Auch bei Frauen ein unternehmender, stolzer, fordernder Ausdruck und kräftige Bewegungen, ohne maskulin zu wirken. Der Blick der blauen oder hellbraunen Augen ist klar, offen, freimütig mit einem ins Weite strebenden, manchmal seherisch träumenden Gespanntsein. Vorkommend ein kleinerer, korpulenterer Untertypus von fast gleicher Beweglichkeit.

Schriftbild

«Flammenstil». Durch die Schrift geht ein starker Auftrieb, immer erneute Anläufe, exzeßartig ausfahrende Züge, hochgesetzte i-Punkte. Schwung nicht kreisend, sondern in Form langgezogener Ellipsen und Parabeln. Vereinfachungen im Sinne schwungvoller Andeutungen, etwas Hingeworfenes und doch Geformtes. Häufig S-Federungen, mitunter fackelartig, «Begeisterungsfahnen» (Überstreichungen). Bei sonst lebhafter Rhythmik hie und da – in Zusammenhang mit Inhalt – ein Abfallen in Tempo und Haltung. Ausprägung von Beziehungslosigkeiten. Normalerweise Ebenmaß, Buchstaben verbunden, Tempo schnell, Oberlängenbetonung, mäßige Schräge, oft gegen Wortende zunehmend; eher weit, enge Wirkung durch vertikale Ausdehnungstendenz, aber nicht schwindsüchtig. Rechtsläufig, schlanke Arkaden, mäßige Druckstärke, Längenunterschiede groß. Gegliedert, scharf, groß, Buchstabenformen einfach, Bewegung manchmal impulsgejagt.

♄

Signatur des stofflich Bewegenden

Erscheinungstypus

Rechtwinkliger Körperschnitt, starker Knochenbau, wodurch auch der hagere Untertypus etwas Kompaktes erhält, die pyknischen Formen nicht schwammig, sondern schwer und fest. Mittelgroß bis groß, doch kommen (erbbedingt) abnorme Kleinheit und Verwachsungen vor. In Gang und Haltung etwas Störrisches, Unelastisches («Ziegengang» oder «Fußschlepper»), mehr gebeugt als aufrecht. Große Hände und Füße, letztere mit «Klammergriff». Häufig abstehende Ohren («Henkelohren»). Schädel polygoner Form, eher lang als breit, doch breite Stirn mit geradem Haaransatz, der, spärlicher Wuchs, bei Männern meist früher Glatze weicht. Bei Frauen hingegen oft starkes Haar («Pferdesträhnen»). Knochiges Gesicht mit sparsamer Mimik doch bleibender Faltenbildung, Wangenfurchung, Nase nicht zu groß, knochig, etwas längliches, mitunter spitzes Kinn, dünner Hals. Beständigbleiben guter Rassenmerkmale, im Alter oft sehr »durchformter» Ausdruck. Meist dunkle Haar- und Augenfarbe, der Blick der klein und punktförmig wirkenden Augen ist festhaltend, bestimmt. Gesamtwirkung ernst, auch in heiteren Augenblicken nicht beschwingt. Trotz etwas müder Haltung macht auch der hager-sehnige Untertypus den gleichen Eindruck des Dauerhaften.

Schriftbild

«Gehrockstil». Regelmäßig mit unveränderlichen Merkmalen, Festigkeit der einmal erworbenen Schriftform (Stabilität des Produkts aus Konvention + Eigenart). Etwas holperig, unbeholfen bei aller eingeschliffenen Zügigkeit, arhythmisch, vorkommende Schrumpfungen. Es fehlt durchschwingende Bewegtheit. Affekte gezügelt. Beibehalten nichtassimilierter Formen, Fehlen vermittelnder Wendungen, Tendenz zur Erstarrung und frühzeitigen Fixierung der Buchstabenformen und gewisser Floskeln (wie «gefl.»). Gesamtbild klar und geschlossen, horizontal gerichtet, Neigungswinkel eher steil, zu große Schrägen vermeidend. Eher eng als weit. Betonte Längenunterschiede, sie wirken nur manchmal gering, weil alles konzentrativ zusammengehalten. Linksläufigkeiten. Mehr gegliedert als ungegliedert, vereinfacht, scharf, mittlere Schriftgröße. Polygone Buchstabenformen (dreieckige Unterlängenschleifen), der Druckschrift genäherte Vereinfachungen, zuweilen fehlende Endstriche, Abkürzungen.

Signatur des geistig Ordnenden

Erscheinungstypus

Mittelgroß bis groß, zuweilen abnormer Hochwuchs, doch schlaffe Haltung, wenn nicht durch momentane geistige Spannung gestrafft. Der häufig gefundene Ausdruck der Überlegenheit über Mitmenschen gleichen Milieus rührt nicht aus physischen Qualitäten und Willensdynamik. In der Regel nicht zu schmaler Bau, oft gute Muskelanlage ohne im animalischen Sinne kraftvoll zu wirken. Bewegungen ruhig, geduldig-maßvoll, doch mit intelligenzgelenkten Raschheiten. Breiter Schädelbau, mitunter mächtig gewölbte Stirn, Gesichtsschnitt breites Oval mit flachen Backenknochen, breitem Kinn, meist gerade Nase mit einem Zug vergeistigter Schärfe. Mund unsinnlich, Oberlippe oft ein wenig vorstehend. Blasse, durchscheinende und empfindliche Haut, rasches Erröten bei Frauen (oft «lebenskluger hübscher Kameradin-Typus«); Geschlechtsunterschiede sonst mehr indifferent. Glänzendes, häufig flachsblondes Haar, zuweilen Schwarz mit bläulichem Schimmer, Tendenz vorzeitiger Ergrauung. Augen von leuchtendem Blau oder durchlichtetem Braun, oft mit etwas verbreitertem Zwischenraum; Blick hell und klar, kann durchdringend sein ohne aggressiv zu wirken, etwas Umfassendes. Vorkommend ein korpulenterer Untertypus, trotz leiblicher Schwere mit erdfernem Schein im Gesamtausdruck.

Schriftbild

«Schulmeisterstil». Ein luftig geordnetes Gesamtbild, geht leicht in stereotype Züge und Pedanterien, ohne engherzig zu wirken. Selbstische Eigenheiten treten zurück. Der Duktus schreitet gleichmäßig feinzügig fort, hie und da aber Steifheiten in den Buchstaben. Atmosphärenlose Klarheit und Durchsichtigkeit, mancher schreibt «wie gestochen» (aus Gefühlsscheuheit), behält erlernte Buchstabenformen bei und wiederholt sie; nüchtern sachliches Anwenden der Grundformen, feststehende Schriftgesten. Große Längenunterschiede, betonte Oberlängen, Haar- und Druckstriche verschieden. Regelmäßig, weniger Rhythmus und Ebenmaß, Buchstaben verbunden. Tempo schnell. Eher steil, eng, rechtsläufig, Winkel, gegliedert, mager, scharf, mäßig groß.

♓

Signatur des seelisch Teilhabenden

Erscheinungstypus

Mittelgroß bis klein, selten überdurchschnittlich. Meist feiner Knochenbau und schwache Muskulatur, doch hohe Elastizität und fließende Leichtigkeit der Bewegungen (entspanntes «Sichfallenlassen»). Eindruck der Schmiegsamkeit verstärkt durch gerundete Schultern, kurzen und dicken Nacken. Im Gang oft etwas Watschelndes, Armbewegungen flossenartig schlenkernd, einheitlich in Fingerbewegung übergehend (bei Klavierspielern «weicher Anschlag»). Frauen meist besser proportioniert als Männer, (die etwas feminin wirken), mitunter von sensitiv beschwingtem Ebenmaß des Gesamtausdrucks. Gesicht oval mit breiter, gewölbter Stirn, Hinterhaupt rund. Alle Einzelformen zart gebildet, relativ kleine Nase, leicht vorgewölbte Augen, nicht sehr großer aber voller Mund, Kinn abgerundet, häufig «Doppelkinn». Haar gewöhnlich braun, seidig weich und etwas wellig. Augen wäßrig-blau, hellbraun oder grünlich opalisierend mit schläfrigem «Fischblick», verträumtem Schein oder visionär weit geöffnet. Mit der Blickrichtung geht der ganze Körper mit. Gesamtausdruck etwas freundlich Ergebenes, Duldendes. Vorkommend ein robusterer Untertypus, doch mit gleicher Lockerheit des Gewebes, Zeiten aufgepeitschter Anstrengung gefolgt von solchen der Erschlaffung.

Schriftbild

«Fischflossenstil». Lässige, breitgezogene Schriftzüge, Tendenz zur Fadenbindung. Gesamteindruck ruhige Fläche mit eingestreuten Wirbelbewegungen, wenig diszipliniert (läßt sich von Stimmungen treiben). Stärkste Auflösung der Buchstabenformen, Vernachlässigungen, Ängstlichkeiten, hochgezogene Endzüge. Sensibler weicher Duktus, elastische Zeilenführung. Einzelheiten werden übergangen zu Gunsten des Gesamtbildes, rhythmisches Gefühl und Ebenmaß. Verbunden, aber großer Wortabstand, manchmal auch zwischen Silben. Mittleres Tempo, durchgehender Schreibfluß. Eher betonte Oberlängen, algenartig hängende Unterlängen, mittlere Schräge. Weite, Rechtsläufigkeit, Doppelbögen und Fäden. Im allgemeinen drucklos, doch mit vereinzelten emotionierten Druckstellen. Gegliedert, vereinfacht, voll, teigig, klein.

Werkelemente der Künste

	Musik	*Malerei*	*Plastik*
♈	*Rhythmus* aus sich selbst strömender Fluß	*Kontur* lineare Bewegtheit	*Wurf* einheitlich durchpulster Aufriß
♉	*Ton* akustisch tragendes Element	*Farbe* dekorativer Farbwert	*Masse* Blockcharakter des Materials
♊	*Takt* logisiertes Zeitmaß	*Verteilung* Hell-Dunkel-Gruppierung	*Gliederung* Differenzierung der Masseneinheit
♋	*Melodie* erlebte Tonfolge	*Vision* erschauter Weltausschnitt	*Gestalt* imaginiertes Raumganzes
♌	*Polyphonie* mehrstimmige Einheit	*Polychromie* entfaltete Schaulust	*Polymorphie* gruppierte Vielgestalt
♍	*Themadurchführung* methodischer Satzbau	*Motivschilderung* beschreibende Wiedergabe	*Vergegenständlichung* empirisches Detail
♎	*Harmonie* Maßeinheit des Zusammenklangs	*Symmetrie* Flächen-Abgewogenheit	*Statik* Ruhelage zum Standort
♏	*Intervall* Tonschritt-Spannung	*Kontrastierung* Farben-Flächen-Spannung	*Zwischenräume* Durchblicke, Einkerbungen
♐	*Ausdruck* Phrasierung, Vortrag	*Duktus* Pinselführung, Strichlage	*Gebärde* Ausgriff in den Umraum
♑	*Form* Bezug aller Teile aufeinander	*Bildgefüge* strukturelle Überschneidungen	*Bildegesetz* Achsen-Grenzflächen-Verhältnis

	Musik	*Malerei*	*Plastik*
♒	*Komposition* ideelles Gebautsein	*Ordnungsidee* ideelle Gesamtausrichtung	*Ideoplastik* eingekörperte Idee
♓	*Klangfarbe* Instrumentierung	*Schmelz* Übergänge Lasuren, Stimmung	*Tastreiz* Oberflächen- bearbeitung

Einzeldarstellungen

Vorausbemerkungen

Die Theorie der Kreisordnung bietet uns Handhaben, um die Stilformen in methodischer Beobachtung am lebenden Modell zu erkennen. Das *Temperament* ist als feststehende Reaktionsartung immer vorhanden, aus ihm folgert *tätige oder leidende Form.* Hierin bewegen wir uns diesseits der Aussagegrenzen. Bei den *Wertdimensionen* dagegen spielt das Niveau die entscheidende Rolle. Treten doch vor allem die Inhalte des III. und IV. Quadranten in ihrer eigentlichen menschlichen Bedeutung, als bewußt objektiv erfaßte, das Streben bestimmende Fremdwerte, erst von einer gewissen Stufe ab hervor. Die allgemeinen Lebenswerte sprechen jedoch immer mit, untergründig, Rudimentäres wird in Fällen tierischer Rückartung bloßgelegt. Anderseits sind die Inhalte des I. und II. Quadranten nicht etwa nur im Sinne eines primitiven Subjektivismus aufzufassen. Wohl liegt die Betonung stets auf Werten des persönlichen Eigenlebens, diese aber werden, je höher die Entwicklungsstufe, mit umso stärkerer Rücksichtnahme auf die Mitwelt dargelebt. In den Quadranten also finden wir ein Kriterium, niveaumäßig verschiedene Schattierungen an das Prinzip gebunden zu sehen, wie umgekehrt, von beobachteten Äußerungen auf das Prinzip schließen zu können. Da die Entwicklungshöhe jenseits der Aussagegrenzen steht, kann diese Schattierung in einer «Blinddiagnose» nicht enthalten sein, nur bei vorgegebenen Anhaltspunkten dürfen entsprechende Möglichkeiten angedeutet werden; in diesem Reich der Werte ist strikte Zurückhaltung geboten. Ähnlich liegt es bei den *Wirk- und Werde-Grundformen* hinsichtlich des Entwicklungsstrebens und der schöpferischen Qualitäten, nur die entsprechende psychische Bewegungsform ist immer vorhanden.

Ein anderer Gesichtspunkt gilt für die *Beziehung der Stilformen zu den Wesenskräften.* Diese Beziehung ist stets gegeben, im Einzelfalle wird für die Stärke oder Schwäche der hieraus sich ergebenden Eigenschafts-Differenzierung in Rechnung zu ziehen sein, wie das betreffende Planetensymbol im Gesamtbilde steht. Dies ist Sache fortgeschrittener Kombination.

In gewissem Zusammenhange mit dem Temperament steht die *Vitalität.* Allgemein verstehen wir darunter Lebenskraft,

Lebensfülle. Ihre Stärke, da erbbedingt, ist ein Faktum jenseits der Aussagegrenzen. Quantitative Urteile aus dem Meßbilde sind also unstatthaft, der Gesamtvorrat an Vitalität ist darin nicht angezeigt. Jedoch über Qualitätsformen können wir aussagen, sie sind im leiblichen Zustandsbewußtsein des Temperaments enthalten, modifiziert durch die Wirk- und Werde-Grundform. Hierzu gehören die Unmittelbarkeit der Durchsetzung vorhandener Vitalität, die Form der Verausgabung, die in Auslösungs- und Verlaufstempo, Äußerungswucht und -stimmung des Temperaments aufscheint; bei der Regenerationsfähigkeit spricht vor allem der Stand der Sonne mit, bei Erhaltung, Pflege, Kuren usw. der Grad von lenkbar oder sperrig der betonten Zeichen, schließlich die Gesamt-Kräftestruktur (Aspektgerüst). Für jedes Zeichen finden sich gesonderte Angaben.

Von diesen der geübteren Kombination vorbehaltenen Feinheiten wird der Anfänger zunächst absehen. Er braucht erst bildhafte Vorstellungen an Hand aus dem Leben geschöpfter Beobachtungen. Indes, ganz ohne Abstraktion geht es dabei nicht ab. Eine Stilform findet sich ja immer als Komponente eines vielgliedrigen Wesensgefüges vor, nie für sich allein, Aszendent ist nur «Vordergrund». Von diesem Zusammenhang müssen wir abstrahieren, tun es, indem wir jede Stilform als «Typus» vorstellbar machen. Der Typus ist eine Fiktion, er kommt niemals rein vor. Es gibt nur Häufungen, Überbetonungen. Unmöglich ist der Fall, daß alle Planeten mit Sonne und Mond an einem Punkte der Ekliptik, der gerade am Osthorizont aufsteigen müßte, versammelt wären. Dieser Fall würde den reinen Typus zur Erscheinung bringen. Praktisch treffen wir nur auf Anhäufungen und müssen uns stets ein Stück von diesem oder jenem Typus hinzudenken. Da es sich aber bei den Wesenskräften, welche die Betonung zustandebringen, um nunmehr bekannte Elemente handelt, erhalten wir keinen ungefähren «Mischtypus» wie aus intellektuell konstruierten Typologien. Wir können vielmehr in jedem individuellen Fall genau feststellen, worin die komplexe Lebensäußerung etwas von dieser, in welcher Hinsicht sie etwas von jener Stilform hat. Eben dies ermöglicht es unserer *organischen Typologie*, aus einer großen Erfahrungssumme den reinen Typus herauszuschälen.

Erleichternd für dieses Unterfangen ist die Tatsache, daß in einem Punkt die Stilform stets auch sinnfällig zur Erscheinung kommt: analog dem Aszendenten, in Gestaltbau und Physiognomie. Geeignet zum Studium sind besonders die Fälle, in denen die Färbung durch eine Wesenskraft wegfällt. Was der Aszendent ist, wird im Kapitel «Die Interessensphäre» gesagt. Vom Gestaltbau als morphologische Idee – trotz Beziehung zu einem bestimmten Temperament doch wiederum selbständig – war in «Tierkreis-Signaturen» die Rede. Das «Zeichen am Aszendenten», wie die traditionelle Benennung lautet, bedeutet außerdem die *unmittelbare persönliche Reaktionsform.* Bei dem nachfolgend jeweils unter «Ausdruck» Angeführten hat dementsprechend der Aszendent ein gewisses Übergewicht, während in bezug auf «Auffassung» sich die Gesamtbetonung der Zeichen durchsetzt, vor allem dasjenige der Sonne- und Mondstellung. Steht Merkur in einem anderen Zeichen als die Sonne, so differenziert sich dies hinsichtlich der intellektuellen Auffassung, und auf solche Weise beschreiten wir allmählich den Weg der Kombination.

Jedes der zwölf Prinzipien hat eine gewisse Variationsbreite. Dies hängt zunächst in der geschilderten Weise zusammen mit dem Niveau, auf dem es gelebt wird. Je nach der Entwickeltheit des Individuums in Auseinandersetzung mit der seines Milieus, seiner Nation, seiner Epoche bilden sich unterschiedliche Schattierungen heraus. In dieser Auseinandersetzung können bestimmte Konfliktformen vorgebildet sein – «Schütze» beispielsweise kommt bei Übermacht kleinbürgerlichen Milieus schwer zur «großen Linie» –, mit bestimmten Aus- und Abwegen. Zufolge der damit aufgerollten Teilbarkeit jedes der Prinzipien können einzelne Momente in ihm – etwa das »Labile» in «Schütze» – überkultiviert, andere – etwa das «Jovische» – vernachlässigt werden. Ebendies kann außerdem – etwa isoliert gestellter ♃, der dominant ist über ♐ – konstellativ verstärkt oder abgeschwächt sein in einer bei der Kombination darzustellenden Weise. Den aus all diesem hervorgehenden Fällen können wir nur andeutungsweise gerecht werden durch Herausstellung einiger typischer Beispiele als «Untertypen». Weder macht dies Anspruch auf Vollständigkeit, noch kommt solchen Untertypen eine selbständige Geltung zu und gegebenenfalls, wenn nicht karrikaturhaft vereinseitigt, sind sie umbildbar im Rahmen des Stilprinzips. Man darf daher die Abgrenzungen gegeneinander nicht allzu scharf ziehen und nehme das Beschriebene lediglich als Veranschaulichung von Spielarten, wie das Leben sie mannigfach entwickelt.

In derselben gebührlichen Lockerheit verstehe man die Aussagen über Berufseignung, zumal hier die Herkunft das gewichtigste Wort mitspricht, Milieu und Erziehung modifizieren und die Ausbildung bestimmen. Kombinatorisch spielt die Gesamtverteilung von kardinal-fix-labil hinein und vor allem die Stellung von Planetensymbolen an den berufsbezüglichen Orten der Interessensphäre.

Empfehlenswert ist es, jeden Typus mit dem des gegenüberliegenden Zeichens zu vergleichen. Die *Gegensatzverwandtschaft* zweier Zeichen besteht nicht nur in der Theorie. Bei steigendem Niveau tritt es vielmehr ein, daß der Mensch, über die Elemente seiner Individuation sicherer verfügend, sich nicht mehr abgrenzt von deren Gegensätzen, sondern zum Teil innerlich auf sie hin lebt, ohne sein Typisches zu verlieren. Für die gesuchte menschliche Synthese enthält das gegenüberliegende Zeichen den Ergänzungstypus, in den zwischenmenschlichen Auseinandersetzungen von besonderer Bedeutung.

♈

Das willensmäßig Antreibende

(feuriges, kardinales ♂-Zeichen)

Stoßartige Vitalität, angreifend und vorwärtsdrängend, bei gerichtetem Impuls zäh in der Leistungsspannung, ein Wollen, das gegebenenfalls über die Physis hinweggehen und dann zu momentanen Zusammenbrüchen führen kann; auf Zeiten der motorischen Unruhe, ja Überaktivität, folgen solche des Brachliegens, der Umorientierung; am stärksten Anlaufenergie, in allem die Tendenz, Schwierigkeiten durch akute Prozesse zu überwinden.

«Ich will»: Rechtfertigung und letzter Trumpf bei diesem Typus, «im Anfang war die Tat»: seine Weltformel. Ein einmal gefaßter Vorsatz wirft die besten Gegenargumente um, Pflicht ohne Impuls trägt nicht durch. Bietet sich diesem Menschen ein lockendes Ziel, zündet ein persönliches Verhältnis zur Sache, so beginnt er spornstreichs die Verwirklichung, blindlings seiner Eingebung vertrauend, belehrbar nur aus Folgen eigenen Tuns. Langatmige Zurüstungen und abstrakte Theorien haßt er, verwickelte

Probleme behandelt er nach dem Rezept des Schwerthiebs durch den gordischen Knoten, Sinn für Feinheiten ersetzend durch den Instinkt, wo der Nagel auf den Kopf zu treffen sei. Auch bei geistig Differenzierteren ein Denken in Sofortlösungen, das die Dinge aus neuer Sicht, ohne Rück- und Seitenblick auf gewohnte Begriffe, zu erfassen trachtet. Diese aktivistische Haltung bevorzugt Stegreifmethoden, mit denen der Handelnde – sich selbst um eine Nasenlänge voraus, Anderen seinen Imperativ aufdrängend – straks auf das Ergebnis zustrebt und bedenkenlos die Mittel benutzt, die sich gerade vorfinden. Die kühnsten Leistungen sind oft improvisiert, ihre Idee wurde erzeugt aus dem Einschnappen praktischen Tatgeistes auf das Gebot der Stunde, Widerstände stachelten die Energie zum Einsatz auf Biegen oder Brechen auf und der Erfolg war dem sturen Richtungssinn zu danken – sofern glücklicherweise das Ziel richtig lag! Denn die Unfähigkeit, einmal in Gang gebracht von der Aktionsrichtung abzuweichen, kann auch in Verbohrtheiten hineinführen: Gegenbild zu ♎, dem Prinzip, sich objektiven Veränderungen der Lage geschmeidig anzupassen.

Eigensinnige Auffassung, affektgelenkt, selbstsicher, gradlinig-prägnant, sperrig gegen Einwände, unablenkbar in der Richtung des Anschnitts der Probleme. Scheuklappenhaltung: bei triebgespanntem Tatendrang gleichgültig gegen alles außer dem Ziel, Anpassung an vorhandene Bedingungen gestört durch despotische Züge. Geringschätzung dessen, was nicht eigener Überlegung entsprang bzw. Begehren und Unternehmungsgeist reizt.

Dieses den Kreis eröffnende Prinzip entspricht der Anfangssituation im Handeln: originale Erfassung der Sachlage, dringliches «Jetzt und Hier», inspirierter Richtungssinn. Die Kardinalität liegt im Erteilen erster Anstöße, gleichsam dem Aufschluß von Keimenergie, worin inbegriffen ist, was je nach vorgefundener Gunst äußerer Bedingungen sich herausentwickelt. Solch dynamischer Subjektivismus steht und fällt mit der ins Leben mitgebrachten «Substanz», seine «marsische» Moralität ist begünstigt, wenn die Zeitlage ihm gestattet sich irgendwo an die Spitze zu setzen. Besonders wichtig sind ererbte Begabungen, erworbenes Intelligenzniveau (Aussagegrenze!). Der Eine stellt Außerordentliches ans Licht als Anreger und Initiator, Bahnbrecher und Vorkämpfer, mit nicht minderer Überzeugtheit packt ein Anderer die Dinge seiner täglichen Lebenspraxis beim Schopf. Beide werden kräftig danebenschlagen, wenn vor Probleme gestellt, die andersgeartetes Verständnis und Einfühlung erfordern. Trotzig und stößig suchen sie ihr Vorhaben durchzusetzen, Kritik sich verbetend, oder streiken in «Ohne-mich»-Haltung. Bei mitspielendem Standesdünkel, versteifter Parteinahme oder sonstigen Blickfeldbeschränkungen entsteht jene Borniertheit, die innerhalb gewisser Grenzen scharfsichtig, tüchtig, tapfer vorwärtsstürmt, der aber die übrige Welt verschlossen bleibt. Meist allerdings duldet die triebfrische Ursprünglichkeit keine endgültigen Festlegungen der Absichten und Meinungen, ihr kommts darauf an, jeweils den Punkt zu finden, an dem Entwicklungen vorangehen. In optimaler Ausprägung der Mann, der prachtvoll unbekümmert einen vom Schicksal durchkreuzten Plan verwirft und Neues forsch in Angriff nimmt, als sei nichts geschehen. Die «Feuer»-Natur greift im Impuls des Wollens leicht den vollzogenen Endeffekt vorweg, daher Stolpern über unvorhergesehene Bedingnisse, Ungeduld wartet nicht ab bis die Umstände mählich heranreifen. Indem der Mensch die Vorgänge beschleunigen will, verdirbt er manches durch vorschnelles Eingreifen, vergewaltigt die objektive Lage, das Material, die Mitbeteiligten. Eben diese Unbedingtheit des Wollens, der drangvolle Eifer, das Dringlichmachen werden gegebenenfalls, wenn es eine ungewöhnliche Sache durchzusetzen gilt, zur Stärke.

Imperativischer Ausdruck, offen, geradezu, knapp und klar, vom Eigenrhythmus getragen dominierend, auch unbesonnen und vorlaut, kann im Rausch der Unternehmung gegnerische Meinungen niederreden und eine Gefolgschaft begeistern, aneifern. Stimmlich zuweilen unangepaßt laut, forciert. Bündig werden die Entschlüsse hingesetzt, deren Um und Auf präzise, ohne Umschweife oder Pedanterie, herausgehoben. Nur auf das Unmittelbare Wert legend, zuweilen hilflos wo es nichts ansichzureißen gibt.

Bewußt oder unbewußt strebt dieser Typus nach Einheit seines Wesens und Lebensstils mit dem, wozu er sich berufen glaubt. In dieser Einspurigkeit kann Größe liegen, beim Durchschnitt aber entspringt ihr vieles, was die Mitwelt ihm als unbefriedigend und mangelhaft ankreidet. Man sagt ihm Arroganz nach und meist fehlt teilnehmendes Gefühl, sofern er nichts Bestimmtes vom Anderen will, wenn, ist es wieder zu heftig und spannt man seine Geduld auf die Folter, so wird er leicht grob. Hinterlassene Scherben auf seinem Wege pflegt er dem Recht stärkeren Lebens gutzuschreiben. Feinere Kultur gilt ihm oft als überflüssiges Beiwerk, wenn aber die Musen ihn selbst zum Tanze auserlesen, schiebt er die verbindende Regel beiseite und kultiviert seine Originalität. Das Gefällige, der Takt, der Zusammenklang mit Anderen sind in seinem monodramen Aktivismus nicht zu Hause. Er «macht die Musik die ihm paßt», mit Selbstverständlichkeit die erste Geige spielend, ist ein schlechter Zuhörer und wird, wo er kann, das Gespräch an sich bringen. Der Trieb, über gemeinsame Interessen hinweg sich vorzudrängen, führt mitunter zu Zusammenstößen bei denen er unnachgiebig seinen Platz behauptet. An schöpferischen Impulsen fehlt es zwar selten, häufig jedoch ermangeln die Voraussetzungen und Stützen, die dem Hervorzubringenden gesicherte Dauer verleihen. Was nicht durch Übung erworben, wird ersetzt durch geniale oder behelfsmäßige Griffe. So entsteht der unternehmungslustige Gründer, der Eroberer, der in Niemandsland vorstoßende Pionier, der von Aktion zu Aktion jagt – mit ein wenig Lagerfeuer-Romantik –, doch sich kaum um Bestand und Gedeihen des in Besitz Genommenen kümmert. Er geht mit ungedecktem Rücken vor, muß auf Anhieb siegen, will klipp und klar, ungeschminkt vor

Augen haben womit zu rechnen ist. Auf jeder Station zimmert er sich neu seine Welt zurecht, Anlehnung verachtend sucht er, wofür noch kein Vorbild existiert. Garantie liegt allein in der Artung seiner Person. Zuweilen ist dieser Antrieb stärker als physische Kraft und geistige Fähigkeit, Mancher sucht sich über Erb- und Sozialschicksal hinwegzusetzen. Ist der Tatkraft eines solchen Menschen kein Spielraum gelassen, fehlt es der Zeit an zündenden Ideen, so wird er leicht verkümmern. Müßiggang bekommt ihm am wenigsten. Unter Druck gesetzt bricht er Streit vom Zaun oder verfällt auf seltsame Sondertouren, um sich Luft zu machen. Isoliertwerden fürchtet er nicht, denn Einzelgängertum entspricht dem unkomplizierten Subjektivismus, der stets Hammer, nie Ambos sein will.

Untertypen. – Das männlich Heldenhafte ist die reinste Prägung dieses Zeichens, durchaus nicht auf physische Auseinandersetzungen beschränkt. Unerschrockenes Eintreten für ein Lebensrecht, eine Gesinnung oder irgendeine Sache, mit deren Wert die Persönlichkeit sich eins fühlt, kann verschmelzen mit dem Anspruch auf Eröffnung einer neuen Ära. Beim Entdecker, beim Leiter einer Forschungsexpedition, beim religiösen Eiferer oder praktischen Lebensphilosophen, beim Haupt eines politischen Kampfbundes, beim Auslöser eines künstlerischen «Ismus», beim technischen Erschließer eines Naturgebiets oder Gründer einer unabhängigen Zeitschrift, wo immer dies agonale Prinzip auftritt, seine Personunmittelbarkeit verlangt, daß ein Führer aus solchem Stoff beispielhaft die Lösung seiner Aufgabe verkörpere. Durchdrungen von einem zukunftsträchtigen Gedanken – tunlichst so einfach, daß er in drei Sätzen erklärt werden kann –, lebt er seinen Rhythmus dar, ein Funke, der Bereitliegendes in Brand setzt, ein Rammbock für kommende Entwicklungen. Vielfach gibt es »Vorzeitige«. Noch öfter allerdings scheint nur der Umriß der Größe auf, während die ausfüllende Substanz fehlt und die Lebensleistung ein skizzenhafter Wurf bleibt. Gutes Erbe verkörpert sich zuweilen in jenem Adel der Erscheinung, der ohne andere Deckung seines Rangs als den Aufweis eines befehlshaberischen Profils disziplinierend wirkt. Im Gegenbild bringt empfundener Mangel an Niveau, Begabung und Glück, auf irgendeinem Gebiet in Führung zu kommen, häufig unruhige Querulantentypen hervor, die allerorts laut betonen, daß sie sich keiner Autorität beugen. Den Ganz-, Halb- und Viertels-Exklusivitäten steht der wenig wählerische einfache Mann gegenüber, der ohne viel Worte zu machen Hand anlegt und keine Arbeit scheut, wenn nur «die Sache in Gang kommt». Gegebenenfalls robust die Ellenbogen gebrauchend, im Triebmäßigen ein wenig roh, ist er normalerweise ein umgänglicher Bursche, nicht unkameradschaftlich, mit derben aber gutmütigen Spässen und öfter einem Zug zur Clownerie.

Kein der weiblichen Hingabe förderliches Zeichen, bekundet es sich schon äußerlich durch eine gewisse Angleichung der Geschlechter zur männlichen Seite hin. Die Haltung einer von ihm beherrschten Frau schwingt zwischen herber Abweisung und jähem Entflammtsein; bei erweckter Leidenschaft übernimmt oft sie die erobernde Rolle, stellt den Erwählten vor ein Entweder-Oder, will den Gegenstand ihrer Gefühle unumschränkt für sich besitzen. Anlehnung soll getragen sein vom Glauben an den unbedingten Wert des Partners, der den eigenen hebt, bedeutet niemals Unterwerfung unter ein Du in seiner personalen und sozialen Bedingtheit. Dem männlichen Typus ist Liebe meist Triebangelegenheit schlechthin, in Frage gezogene Zuneigung der Partnerin beeinträchtigt die Unbefangenheit momentaner Aufwallungen wenig. Beide haben die Tendenz, über des Anderen Eigenart hinwegzuleben.

Berufseignung. – Die persönliche Initiative braucht Raum für selbständige Entschlüsse, Erfindungsgabe wird durch die Praxis angeregt. Tauglich für kurzfristige, sukzessiv gesteigerte Aufgaben, zur raschen, schubweisen Abwicklung klar überschaubarer Einzelhandlungen. Wenig geeignet für gleichmäßige, unselbständige Büroarbeit; im Kaufmännischen eher am Platze, wo Wagemut, originelle Werbemethoden, schnelle Ankurbelung von Geschäften Erfolg versprechen. Verlustgefahr durch Unbesonnenheit und Ungestüm. In der Technik der Typus des freien Unternehmers und Selfmademan, des Neuland erschließenden Ingenieurs oder auch des Betreibers einer Werkstatt auf eigene Rechnung und Gefahr. In den Naturwissenschaften gedeiht am besten manuell Handzuhabendes oder technisch Anwendbares –

Chirurgie, praktische Physik –, Entdeckungen sind meist neue «Griffe» in dieser Richtung. Geisteswissenschaftlich mehr Menschenbildner als abstrakter Theoretiker, oft Bannerträger suggestiv einzuimpfender Ideen. Künstlerisch Beziehung zu Drama, Solotanz, Plastik, kunstgewerblich Gravieren und Metallschnitt, -prägung, -treibarbeit. An die Stelle erklärungslosen Tuns kann das Rhetorische treten mit der Tendenz, andere zu Entschluß und Handeln anzutreiben; in diesem Sinne Agitator, Volksredner oder Anwalt, der seinen Fall dramatisiert durch Appell an das mit der Persönlichkeit geborene Recht. Einsatz der Suggestiv- und Willenskraft auch als Tierdresseur und -züchter. Der Landwirt dieses Typus hat einen Zug zum Industriellen, ist mehr Bodentechniker und Zuchtunternehmer als mit der Scholle verwurzelter Bauer. Die häufig vorhandene Lust zum Soldatischen gilt weniger dem Kasernendienst, als den Taktiken des Angriffs, auch in technischen Waffengattungen. Auf Körperbetätigung beruhende Berufe wie Turn- und Sportlehrer, Heilgymnastiker, Masseure, Artisten und Jockeis. Selten fehlt Liebe zum Kampfsport, als Boxer der geborene Fighter, als Fußballer der rasante Stürmer.

Auf welchem Felde es sei: ein Draufgänger, der von sich und Anderen nötigenfalls das Äußerste fordert. Hat er einen bahnbrechenden Einfall, so wird er zum Einpeitscher der Verwirklichung. Zur detaillierten, geduldigen Ausführung taugt er weniger, doch Direktiven hinwerfen entspricht ihm. Mancher, sich als Herrennatur fühlend, wird dabei zum Knecht seines Willens und Gefangenen seines Befehls, den er, einmal erteilt, um keinen Preis zurücknimmt. Für ein lockendes Ziel eine unerhörte Verpflichtung eingehen, bedeutet ihm kein Problem; stößt er aber auf unbrechbaren Widerstand oder gerät er in Verquickung mit fremdem Weh und Ach, so ist der kritische Punkt erreicht. Den Glauben an sich verlieren, heißt alles verlieren. Dieser Typus kennt nur eine Bewegungsart: vorwärts! Der tollkühne Gedankenblitz einer solchen Minute hat an Mut zum Risiko oder Erstlingserscheinungen schon erzeugt, was niemand für möglich hielt. Doch freilich sind Fehldiagnosen bei solchen Impulsentscheidungen nicht selten. Ist das Gelände unsichtig geworden, steht anstelle des anvisierten

Ziels etwas anderes da, so bietet der unentwegt seiner Fiktion Nachjagende einen tragikomischen Anblick. Bei allem Sinn für Humor bringt es ihn unbändig auf, in solcher Lage nicht ernst genommen zu werden. Fremde Hilfe lehnt er ab, es sei denn, daß er sie anbefehlen darf und für eine ihm zustehende Diensterweisung hält. Man findet Leute, die auf einem Vorsatz herumreiten, obzwar sie längst merken, wie lahm alles geht. Verbohrter Stolz verbietet ihnen aber, abzusteigen. So geben sie ihrem Gaul die Sporen und halten sich mit zusammengebissenen Zähnen aufrecht. Allzunahe liegt die Verwechslung von subjektivem Starrsinn mit Erlesenheit, Genialität setzt das Einsehen persönlicher Willkürgrenzen voraus.

♉

Das stofflich Grundlegende
(erdhaftes, fixes ♀-Zeichen)

Angestaute Vitalität, eine stark in Säften stehende doch undynamische Zuständlichkeit, deren Kraftfülle gleichsam stockt; das Unangesprochene und Ungelebte, nicht Bewältigte oder vom Leben Versagte wirkt sich in Stagnation und Anfällen von Depression aus; starkes Schlafbedürfnis, auch sonst viel Absorbiertsein durch innere Ausgleichsarbeit, förderlich sind geregelte körperliche Bewegung und maßvolle Lebensweise.

Ein gewachsenes, treu gehütetes Stück Natur, dieser Typus, selbstgenügsam und ohne aggressive Absichten. Die Welt ist ihm beschlossen in der Erfüllung persönlicher Bedürfnisse, die zu verfeinern seine Entwicklungsmöglichkeit enthält. Ungern nimmt er große Anstrengungen auf sich, zumal er sie meist als unnötig betrachtet. Da das Schwergewicht dieser Anlage im Unbewußten ruht, dauert es geraume Zeit, bis alle Schichten des Wesens sich mit einer neuen Sache identifiziert haben und ein existenzwichtiger Entschluß reif ist. Nur Lustreize lösen mitunter rasche Reaktionen aus. Erhaltung seines Soseins im ungestörten Gleichgewicht ist ihm oberstes Gesetz, dies meint: unabhängig, unbehelligt von fremden Forderungen, in Bequemlichkeit seinen Liebhabereien nachgehen. Wenig beeinflußbar in den Anschauungen – die zwar zeitgemäß sein können, soweit es um Verbesserung der Lebensannehmlichkeiten geht –, wurzelt er, grundkonservativ, bodenständig, im Althergebrachten und eigener Erlebnistradition. Gewordene Tatsachen tragen für diesen Bewahrer des Bestehenden heilige Patina. Kaum wird er je Reaktionär aus Prinzip sein, nur die Tempoverschiedenheit zu allem Sturm und Drang und pietätvolle Gefühle bringen ihn gegebenenfalls in den Nachtrab der Geschichte. Laß ihn von greifbaren Früchten eines Umsturzes kosten und er wird sie genießen, ohne sich um revolutionäre Theorien zu kümmern. Innerlich Neues wächst diesem Menschen nur langsam zu; ist es ausgereift, so hängt er zäh daran und wenn er mit dem Kopfe quer zur ganzen Welt liegt. Was ihn umgibt, muß, seinen gewachsenen Eigenwert stützend, ihm vertraut sein. Jeder Schritt vorwärts wird darum ernst und gewichtig. Tiefer als andere ist er in seine Physis verstrickt. Sogar an ihn herangetragene Ideen kostet sein Unbewußtes gleichsam mit der Zunge aus; das Kriterium, über das seine wesensmäßige Erdenschwere verfügt, liegt im Geschmack, der Sicherheit wählenden Instinkts: so und nicht anders paßt dies zu dem. Wünsche betreffen reale Dinge und sind im Grunde unkündbar, mag die Erfüllung sich über Jahre verschieben; beharrlich wird er die sich bietenden Gelegenheiten verfolgen und manchmal durch Nichthandeln, durch passive Resistenz gegen Anderswollende, erreichen was er will. Dies alles geschieht völlig naiv. Heikle Dinge umgehend, treibt er sich selber gegenüber etwas Vogel-Strauß-Politik: «was ich nicht sehe, ist nicht da» heißt sein Abwehrmittel gegen Unlustbetontes, Häßliches, gegen Leiden und Verzicht, die vom Gegenprinzip ♏ geradezu aufgesucht werden.

Genießende Auffassung, empirisch gebunden, bildhaft-symbolistisch und die Dinge in der unversehrten Massivität ihres

Anschaulichseins nehmend, Realismus mit Sinn für die Poesie der Tatsachen, schwer erregbar, behäbig an Verhältnissen und Gewohnheiten haftend. Natürliche Maßstäbe, naiv lustbetont auf stabiler Basis, auch bei hochentwickelter Intelligenz im Wesentlichen nicht intellektbestimmt, langsame Stellungnahme, konservierender Zug. Vom Ästhetischen her differenzierbar und lenksam, sonst schwerfällig.

Auf das Prinzip der Eroberns folgt in der Kreisordnung dasjenige der realen Landnahme. Es enthält das Fußfassen im Material der Keimenergie, das Sichern von Elementen zum Aufbau, die Befestigung der Form, die Assimilation von Stoff als Grundlegung des organisch Wuchshaften. Die Vermessung des damit umschriebenen Bewegungsraumes, seiner Grenzen und Zuständigkeiten, gehört zum erdhaft Fixen ebensowohl als das Bedürfnis nach unangestrittenem Eigentum. Das «Venusische» pflegt Beziehungen, wenn sie nach Wunsch liegen, mit gefälligem, ja zärtlichem Takt. Ein so bestimmter Mensch wünscht mit seiner Umgebung in Frieden zu leben und läßt jeden gewähren, der ihm nicht zu nahe rückt: etwas wie Respekt vor der Persönlichkeit geht daraus hervor. Kämpfen wird er nur in der Notwehr, Kritik äußert er im nicht-Hinhören, tut, als habe er nicht verstanden. Es bedarf erst mehrfach aufeinandergesetzter Reize, Verletzungen seines Selbstgefühls und Glaubens, faktischer Übergriffe auf sein Recht, um ihn aufzubringen. Dann allerdings kann friedfertige Geduld in jähe Wut umschlagen, elementar brechen die gestauten Affekte los und er stampft nieder, was sich in den Weg stellt. Bei komplexhaft begründeten Empfindlichkeiten ist manchmal schwer vorauszusehen, welches harmlose Wort als rotes Tuch wirkt. Normalerweise muß diesem Realisten ein lockendes Etwas vor Augen stehen, um ihn in Bewegung zu bringen; seine Art von Ehrgeiz hat durchaus praktische Ziele. Zum Lustmotiv tritt Gewohnheit als wirksame Macht und so gewöhnt er sich an geregelte Arbeit, wenn er weiß, wofür; ins Joch gespannt wird er zwar langsam, doch treu ausharrend Stück für

Stück sein Pensum abackern, sogar sich Routine erwerben. Schwer fällt immer nur der Anfang, die Bewältigung von Unerwartetem, das Erlernen neuer Methoden. Fast unmöglich ist es ihm, zwei Dinge zu gleicher Zeit zu tun, er will ungeteilt beim Gegenstand bleiben. Obzwar voller Lebenserwartungen und gesegnet mit konkret umrissenen Ansprüchen, kann er diese, ihm selbst zuweilen nur dunkel bewußt, lange im Hintergrund halten. Dies bedeutet alles andere als Askese, eines Tages verlangt er die Realisierung. Seine scheinbar entsagende Geduld war die nun durchgekostete Vorlust der Erfüllung. Dieser Typus meint nicht Ideale oder Willensziele, keine «Dinge an sich», sondern «Dinge für mich»: genau die wunschhaft aufkeimende, in der Vorstellung gehegte Wirklichkeit. Im Bereitsein dafür kann er die geeigneten Bedingungen schaffen, schwer aber sich vorzeitig über den Gegenstand aussprechen.

Bedächtiger Ausdruck, von der empfundenen Schwere des Gehalts verzögert, meist reserviert doch ruhig sicher, auf unbekanntem Boden schwerfällig, manchmal unbeholfen. Alles andere als ein Blender, will nicht mehr sein und gelten als er ist, nichts bloßer Wirkung halber tun und sagen. Naturfrisch, eher treuherzig oder bauernschlau-verschmitzt als geschickt für Konventionslügen, im differenzierteren Falle ästhetisierend-taktvoll, verschwiegen. Starke Stimme mit samtweichem Grundton.

Pflanzliche Natur ist diesem Typus erdgebundener Echtheit wesensverwandt – meist ausgesprochene Blumenliebe –, ein gemächlicher Assimilationsprozeß sein Werdegang. Er kann durch die Mitwelt gelegentlich verführt, doch nie ganz verbogen werden. Infolge der Passivität gibt es stumme, heimliche Niederlagen und aufgedrungene Verzichtleistungen, verpaßte Möglichkeiten und Überrumpelungen des Gemüts. An solch Vergangenem haftet er komplexmäßig. Dies Lasten im Verlorenen bildet die Gegenrechnung des immer bereiten Lustverlangens. Neu Hinzutretendes, und sei es glücklichstes Erleben, verschmilzt nur langsam mit Altgewohntem zur Einheit, das

Eingeordnete und Verarbeitete jedoch wird unveräußerlicher Besitz. Die materielle Lebensgrundlage hat bei diesem Typus immer einen für das Selbstgefühl symbolischen Wert; wichtiger als geistige Originalität gilt den meisten eine regelmäßige Einnahme, die frei macht zum Ausbau einer persönlichen Lebenskultur. Von sinnlicher Anschauung aus, in gesunder Natürlichkeit und Frische des Empfindens, nicht durch abstrakte Begriffe, wächst er zu Eigenem und wenn er sich in Theorien begibt, schafft er ihnen Hand und Fuß.

Untertypen. – Wenig extremistisch-einseitig hervortretend; auch der Wirtschaftsmann ist selten ganz ohne musische Empfänglichkeit, umgekehrt weiß auch der Künstler den realen Ertrag seines Schaffens zu schätzen. Dies läßt sogar manches Talent untätig schlummern in einer Zeit, die seiner lukrativen Auswertung ungünstig ist. Anderseits gibt es zuweilen eine ästhetisch überzüchtete Passivität, sozusagen den Maler, der die Bilder seiner Träume ungemein schöner empfindet als alle, die er malen könnte, und deshalb nicht malt. Erscheinungsmäßig geht die Reihe der Untertypen von dezenter Eleganz bis zum tölpelhaft Klotzigen – es gibt auf niederem Niveau dumpfe Genießer, die wie ein vergessenes Stück Urwelt in die Gegenwart hereinragen –, die Mitte liegt im Soliden. Der sorgsame Umgang mit Geldeswert hat manchmal nur eine Lücke: das private Vergnügungskonto. Aus diesem Grunde kommen unter diesem Prinzip der Zuverlässigkeit und Treue gegebenenfalls Defraudanten vor. Normalerweise findet sich aber der geborene Verwaltungsmann, Schatzhüter und Vormund, der Treuhänder im wahren Sinne des Worts. Häufig begünstigt bäuerliches Erbe, daß die Bewahrkraft des Prinzips einem übernommenen Besitz gilt, übertragbar auch auf Gemeinbesitz. Manchmal geistige Festsetzungen, die entgegen der sonstigen Toleranz mit dogmatischer Unduldsamkeit verteidigt werden, «fixe Ideen»; meist findet sich dies bei Traditionshütern auf das Basis komplexhaft gebundener Gefühle, würde man ihnen solche Stützen wegnehmen, so bliebe eine anarchische Grundhaltung übrig. Bei anderen konkretistische Vereinfachungen, welche die Erscheinungsfülle aus einem einzigen realen Nenner abzuleiten sucht, «wissenschaftliche Eintopfmethode».

Tief im Unbewußten verborgene Leidenschaften können, einmal erweckt, diesen Typus zur Gänze ergreifen. Auch in der Liebe Realist, wirbt er ohne übergroßen Aufwand oder schwärmerische Idealisierung, nur in Vorstellungen erhofften Glücks zuweilen ausgiebig sentimental. Seine heharrlichen Gefühle vermögen Zeiten der Trennung zu überdauern. Die gebundene, stille Erwartung ergibt Frauen, die erraten und in der Stunde ihres Blühens erfaßt sein wollen, nach außen vielleicht Aschenputtel und innen verwunschene Prinzessin, oder Männer, die in Gegenwart der Geliebten, umfangen von deren Unmittelbarkeit, schwer zum Ausdruck ihres Beteiligtseins finden, wenn sie nicht wenigstens den kleinen Finger darreicht – sogar ein Ritter Toggenburg kann aus diesem genußfrohen Prinzip hervorgehen! –, mancher wiederum läßt sich zu viel Zeit, bis er seine Werbung aussichtsreich real fundiert glaubt. Im Hinnehmen der Erfüllungen direkt, unkompliziert und instinktfrisch.

Berufseignung. – Bei jeder Art Studiengang sind Trägheiten, oft auch Begriffsstutzigkeiten zu überwinden; eingewöhnte Methode, klare Ordnung und Folge der Gegenständlichkeit, feste Pflichtenregelung und gesicherter Ertrag erziehen jedoch meist einen pünktlichen, verlässlichen Arbeiter, der sich in seinem gemessenen Tempo durch nichts beirren läßt. Wenn nicht eine persönliche Sonderbegabung durchschlägt, ist er am besten aufgehoben in Berufen, bei denen es auf gleichmäßige Abwicklungen mit Verantwortlichkeit für bestimmte Dinge ankommt – Verwaltungen und Finanzämter, Materialläger, Museen, Personalbüros, Bibliotheken –; Studium wendet sich einem lukrativen Fach zu, soweit nicht der Gegenstand einen «Liebhaberreiz» ausübt – Nahrungsmittel- und Farbenchemie, Botanik, Archäologie, Kunstgeschichte –. Oft zeigt sich eine mathematische Begabung, ein Denken in festen, berechenbaren Größen, Maß und Gewicht; sie kommt dem Statiker, Geophysiker und Mineralogen zustatten, kann sich aber auch mit wirtschaftlichem Realitätssinn verbinden in Finanzoperationen. Im Kaufmännischen neben gediegener Geschäftsführung meist Bindung an ein bestimmtes Material, etwa Textilien, Musikalien, Haushaltgegenstände. Wer eine Scholle erbte, wird kaum wegzubewegen sein, auch haftet der Landwirt, Obst- und Blumenzüchter dieses Typus an altbewährten Methoden. Dieser gärtnerischen Tendenz gemäß erfassen Kindergärtnerinnen ihren Beruf wortgetreu als Pflanzstätte heranwachsenden Lebens, auch soziale Betreuung, Landerziehungsheime und dergl. können so verstanden werden. In reinster Ausprägung bewährt sich dies Zeichen als Hort künstlerischer Begabungen, entweder im Raum-, Farben- und Formgefühl eines urwüchsig bildnerischen Talents oder im stimmlichen Ausdruck, im Gesang. Die Verbindung von Geschmack mit realem Zweck sichert dem Prinzip einen Hauptanteil am Kunstgewerbe – Plakatkunst, Keramik, Weberei, Innendekoration – und an der Mode.

Obzwar viele in die ganze Schwere der Materialität versinken und auf unteren Stufen der dumpfe Genießer entsteht, darf man nicht von einem schlechthin ungeistigen Typus sprechen. Er braucht nur in allem festen Boden unter den Füßen, lehnt unsichere Experimente ab und beharrt im soliden Ausbau des Gegebenen. Von gesicherter Grundlage aus wird er, übertriebenen Anstrengungen anderer zuschauend, mit bildhaft plastischem Witz Stellung beziehen. Nicht wenig Humoristen gehen aus diesem im Grundton sonst melancholischen Prinzip hervor: Überwinder ihren eigenen Schwere. Meist besteht vom Unbewußten her ein Hang zu religiösen Überlieferungen, ohne diese vom praktischen Leben zu isolieren. Dieser Typus läßt in allem «die Kirche beim Dorf»: muß er waghalsige Abstraktheiten überklettern, die ihn als leerer Schein anmuten, so droht ihm etwas wie geistige Bergkrankheit. Was er von Ideen erwartet, sind verläßliche Regeln für Wirklichkeiten. Liebe zur Natur in ihren ruhenden Formen – im sympathetischen Bezug mehr ein Mensch der Ebene – entsprießt einer Seele, die selbst etwas Landschaftliches hat: Bereitliegen von latenten Möglichkeiten, über deren Entfaltung äußere Bedingungen oft mehr vermögen als eigene Dynamik. Gering ist der entwicklungsmäßige Aufwärtsdrang, Stagnationen sind häufig, selten finden sich Neuerer, umso mehr Bewahrer von Kulturgut. Manches Leben genügt sich an wenig einfachen Bildern, im Selbstbewußtsein beschränkt darauf, sich, so wie man ist, als nicht wegzudenkenden mathematischen Punkt im Raum zu wissen. In das Kind eingesenkte Vorurteile, durch Verhältnisse bewirkte Mängel sind oft zeitlebens nicht ganz wegzubringen, andererseits erstellen früherworbene Formen des Umgangs, ästhetischer Bildung, Gewohnheiten verfeinerter Lebensart den bleibenden Rückhalt einer Eigenkultur, in der jedes Ding seinen bestimmten Platz hat. Das Grundmotiv der Lust erzielt wohl die einzigen Sprünge in der sonst gelassenen Fortbewegung auf konstanter Bahn, reguliert aus dem eingeborenen schlichten, natürlichen Maß.

♊

Das geistig Fluktuierende
(luftiges, labiles ☿-Zeichen)

Unbeständige Vitalität, Zeiten hastigen, gespannten Einsatzes wechseln übergangslos mit solchen nervösen Beirrtseins, momentanes Anfachen und momentanes Aussetzen des Schwungs; geistige Regsamkeit sowie körperliche Agilität geben der Haltung lange etwas Jugendliches, leben aber meist zu flüchtig über die vegetativen Vorgänge hinweg; Gefahr der Nervenüberreizung, ihr vorzubeugen sind Ruhepausen erklärungslosen Anschauens, Gemütsausgleiche, geregelte Atemführung nötig.

Unstet hüpft ein Wesen hin und her zwischen Möglichem, Denkbarem und faktisch Vorhandenem. Bei jenem ergeht es sich im freien Fabulieren, bei diesem sucht es Sachverhalte in ihrer Veränderlichkeit zu erhaschen. Die Dinge sind diesem Typus teils der interesseweckenden Spannung halber und teils als Beweisstücke da, ihr Fürsichsein zerlöst sich in begriffliche Relationen. Unaufhörlich ist der Verstand beschäftigt. Jedes seiner Urteile legt einen Schnitt quer durch die Wirklichkeit, die morgen ein anderes Gesicht darbietet oder an anderen Maßstäben gemessen, nach anderen Zwecken ausgerichtet wird. Immer wieder sieht sich dieser vielgewandte, vielgeschäftige Typus gedrungen, die Stellungnahme zu ändern. Erfolgt kein Anstoß dazu von außen, so sucht seine Unrast dem Äußeren neue Blickwinkel abzugewinnen. Springlebendige, nervenwache Situationserfassung kreuzt sich mit einem manchmal lebensfernen Schwarz-Weiß der Begutachtung, die schlichte Tatsachen in Effekte berechnenden Scharfsinns, vor allem in erzählbaren Stoff verwandelt. Zusammenschau ist nur auf begrifflicher Basis möglich. Liegt ihm die Welt nicht total im Zwiespalt, dann trägt er Widersprüche hinein, durch die sein Geist vorwärts kommt. Naturverbundenes reißt er auf, denn vor eine nahtlose Einheit versetzt liefe die geistige Ein- und Ausatmung – und damit die entwickelnde Differenzierung – sonst leer. Im Erproben und Anwenden seiner Urteilskraft treibt er ständig Großes wie Kleines – die Dimensionen oft verwischend – durch die Mühlsteine nützlich und unnütz, gut und böse und sondert die Produkte nach Verwendungszwecken. Die Eigenfarbe der Dinge entweicht in der dünnen Luft der Begriffe, mit denen er sie etikettiert. Intensiv den Augenblick nutzend, gesprächig, neugierig, wendig und witzig, quecksilbrig ist ein Mensch dieser Anlage im beredten Entweder-Oder, Für und Wider, im Wandel und Wechsel des Blickfeldes zu Hause. Seine Urteilsfindung befaßt sich weniger mit «letzten Dingen» wie unter dem Gegenzeichen ♐ geschieht, als mit dem Nahesten im sensationellen Augenblick; auch ihm steht dabei etwas auf Messers Schneide, doch nicht innere Tat-Entscheidung, sondern geistreich vordergründige Interpretation oder Herausziehen sichtbaren Nutzens.

Abschätzende Auffassung, intellektuell-flattriges Angesprochensein, logisch-folgernd und praktisch, doch ablenkbar, reizhungrig auf das Neue aus, lebhaft, rasch und unbekümmert im Urteil, womit eine Sache meist schon erledigt ist. Im Bewußtsein der Vorläufigkeit solcher Urteile auch Hinausschieben endgültiger Stellungnahmen, heiter beschwingte Ironie. Meist frühreifer, leicht anregsamer, Probleme aufwerfender und deren Lösungen flüchtig anskizzierender Geist.

Mit dem Vorwärtsdrang und der Erdschwere der ersten beiden Prinzipien ist ein Widerspruch gesetzt, dessen entwickelnde Spannung in der Pendelbewegung des dritten ihren Auslauf findet. Eine «merkurisch» aufgespaltene Welt, die labile Beweglichkeit ihrer Momente auf die geistige Ebene projiziert, ergibt die »Zwillingssituation« im Menschen: Wechselrede mit sich selber, Position und Negation, wie Bälle hin und her geworfene Inhalte eines fiktiven Streits, wobei jeweils einer der Kontrahenten recht behalten muß, damit das diskursive Denken weitergeht. Seine durchgehende Bewegung stellt sich als logischer Faden dar. Bliebe es beim Gespräch mit sich allein, so läge diesem Typus allzunahe die Gefahr fingierter Wahrheiten, der «Spiegelfechterei»: begreiflich sein Bedürfnis nach wirklichen Gesprächspartnern. Trotz geschliffener Argumentation findet man jedoch häufig jenen verkappten Primitivismus, der den Partner für eine nach außen getragene Selbstdiskussion mißbraucht, ihn, ob er will oder nicht, hineinzieht in ein logistisches Florettspiel, bei dem ihm die gültigen Stiche vorgemerkt sind: das Du soll angreifen, was das Ich abzuurteilen gesonnen ist und bekräftigen, was diesem bejahenswert, aber noch nicht ganz gesichert scheint. Es gibt Liebhaber des Debattierens, die beim Nächstbegegnenden dasselbe Argument, das sie eben noch lebhaft bestritten, nun bedenkenlos als eigenen Trumpf verwenden. Erst der entwickeltere Typus (Aussagegrenze!) ist reif zum Geschmack an objektiver Beweisführung, gibt einen Irrtum auf seiner Seite oder ein Überzeugtwordensein zu. Bei ihm findet man dann das nachbarlich-geschwisterliche Verhältnis zum Mitmenschen.

Leichtflüssiger Ausdruck, Einfälle hervorsprudelnd wie sie gerade kommen, mitunter naseweis, ehrfurchtslos, immer frisch, lebhaft und wendig. Bewegt sich gern in Superlativen, doch die summarisch hinauflobenden Zustimmungen und kraß abfälligen Verurteilungen sind aus der Situation geboren; was heute gesagt ist, braucht morgen nicht zu gelten. Von solch grellen Kontrasten, in denen sich die Zustandsänderung spiegelt, stechen listige Zweideutigkeiten ab. Differenziertere streben nach geschmeidiger Beweisführung in Konditionalsätzen, die vielerlei Abschattierungen einzufangen suchen.

Naturfremd, mehr städtischem Leben verbunden, ist, wessen Persönlichstes in der Reaktionsgeschwindigkeit von Mensch auf Mensch und der Logisierung ihres Verhältnisses lebt. Hier findet er sein Klima: Intensivierung des Verkehrs, Umlauf von Neuigkeiten, vielerlei Bildungsstätten und Gelegenheiten der Unterhaltung, unsentimentales Umspringen der Interessen. Gegebenenfalls ist Jeder dem anderen Nachbar und doch im Eigentlichen allein. Stille, stumme Versenkung paßt nicht zu diesem Typus. Er braucht bewegte Oberfläche, jagt Spannendem nach, will mitteilen; die Seichteren sind schlechthin Nachrichtenträger und Wetterfahnen des Gemeingeistes. Meist geschäftstüchtig, rührig, findig, auf seinen Vorteil bedacht und in schlechten Exemplaren verschlagen, beurteilt er allgemeine Verhältnisse vom Fortschrittsoptimismus aus. Seelisch atmosphärenlos geht er von Begriffen zu Tatsachen über und umgekehrt, immerwährend beschäftigt und angespannt. Hochgezüchtete Intelligenzen verfallen oft der bindungslosen Selbstbewegung des Verstandes. Ihre interessierte Teilnahmslosigkeit und Klarsicht speist den Lebensstil der Ironie; die gläubige Einfalt des Pathos aus dem Gegenzeichen wird von diesen Eulenspiegeln aufs Glatteis gelockt, um am Ausgleiten selbstsicher gewordener Größe sich zu ergötzen. Andere pflegen überraschende Wahrheiten in zart dosierter Form anzubringen, wenn auch häufig solche mit doppeltem Boden. Die Dinge ernst betrachtet, bleibt als Aussage nur die jeweils praktisch richtige Fiktion übrig, sofern die Welt nicht als groß zugeschnittener Dualismus – Geist und Materie, Antagonismus von Gut und Böse usw. – ausgelegt wird. Diese Intelligenzen betätigen sich, wo Grundurteile bereits gefällt und lediglich herantretenden Erscheinungen ihr Platz im fertig gedachten System anzuweisen, ihre Verwertbarkeit auszukalkulieren oder Anwendungsfälle lehrhaft zu übermitteln sind. Gegen die Inhalte (Ergebnis aus Zähler Umwelt und Nenner Familienerbe, Aussagegrenze!) ist dieses Prinzip indifferent, es geht bei ihm nur um Verfeinerung des Denkinstruments. Moralischer Purismus kann in mitleidloser Verteilung von Licht und Schatten ein Gottesgericht dantesker Schärfe abhalten; dieselbe Tendenz greift in politische Scheidungen, propagandistische Ankurbelungen, Parteireinigungen usw. ein; als Feind alles Verschwommenen und Ungefähren, praktische Einfälle logistisch auswertend, spellt mancher wissenschaftliche Sachverhalte auf, und wer ein Handwerk ausübt, tut es mit Freude an findiger Nutzbarmachung der Materie. Die Dinge bekommen in diesem Prinzip etwas hauchartig Durchscheinendes, Zeichenhaftes, Allegorisiertes, sie schillern in Bedeutungen, die zuweilen – wenn subjektiv willkürhaft – einer gebrechlichen Konstruktion entstammen, bei gegebenen Voraussetzungen aber Schlaglichter eines inspirierten Weltblicks aufblitzen lassen.

Untertypen. – Die Doppelnatur des Prinzips erhellt aus zwei deutlich unterscheidbaren Spielarten, einem mehr realpraktisch eingestellten, meist etwas gröberen, und einem mehr feingeistig eingestellten Menschen, dem eigentlichen «Intellektuellen». Der erstere stellt die Nützlichkeitsfanatiker in Wirtschaft und Technik, der Akzent liegt bei ihm auf möglichst intensivem Umsatz von materiellen Werten. Unter dem zweiten findet man die Erzähler spannender Geschichten mit glasklar durchgeführter Fabel, durchsichtiger Rollenverteilung und wohlvorbereiteten Pointen, den Zuhörer beständig über den Ausgang im Zweifel haltend, trotzdem er des happy ends sicher sein darf. Ists nicht wahr, so war es doch gut erfunden. Die Beziehung zum Schöngeistigen kann auch, dem wissenschaftlichen Motiv folgend, in die Widersprüche, Zweischneidigkeiten, den Doppelsinn literarischer Werke, sowie die Lebensgeschichte ihrer Autoren hineinleuchten. Eine kühl versachlichte Abart tritt im reinen Begriffsmenschen auf, dem die Welt – gleich, welches Gebiet er wählt – ein Vorwand für die Schärfe, mitunter Lieblosigkeit seiner Unterscheidungen ist und alles Erscheinbare zu Zahl und Zeichen wird. Schließlich trifft man ausgesprochene Doppelbegabungen von Manuellem und Intellektuellem an, sozusagen Zwitter und produktiv aus ebendieser Zwitterstellung.

Länger als andere behält dieser Typus etwas vom Zustand der Pubertät: Gefühle mit ideologischen Vorzeichen, sprunghaft, zappelig, rasch von einem Menschen eingenommen, rasch ihn fallen lassend. Zuweilen verwechselt er mit zwingender Leidenschaft, was mehr Nervenerregung aus der Fiktion einer solchen ist; andererseits gibt es spiritualisierte Neigungen geschwisterlicher Nähe, die manchmal fester halten als rein eros-gegründete. Die Pendelung der Gefühle treibt nicht wenige, zwei Eisen im Feuer zu halten und bindender Entscheidung zu entgehen. Nicht selten trifft man auf den grazilen Backfisch – auch dreißig Jahre und darüber –, ein scheinbar der Stoffschwere und animalischen Blutswärme enthobenes Kobold- und Elfenwesen; bei ihm gibt es kein Ja ohne mögliches Nein im Hintergrunde und umgekehrt. Männliches Gegenstück ist der geistige Don Juan, der große Betörer mit Worten; durch fesselnde Gesprächsfäden spinnt er seine Partnerin ein, mit dem Erfolg ist seine Teilnahme schon verflogen. Soll unter diesem Zeichen beständige Zuneigung entstehen – kein nur auf Vorteile gegründeter Vertrag –, so muß sie sich in den Wechselfällen eines gemeinsamen Werdegangs immer neu entzünden und bestätigen.

Berufseignung. – Die Sicherheiten beharrlich begangener, gleichmäßig-gradliniger und traditioneller Wege können hier nicht erwartet werden, wären der neugierigen Unruhe und öfteren Konzentrationsflucht dieses Geistes auch reizlos. Beide Untertypen kommen vorwärts durch raschfertige Definition der Lage, Auffinden des Vorteilhaften, sie liefern zuweilen Schnelligkeitsrekorde in Beurteilung und Durchführung ihrer Aufträge. Brauchbar daher in Berufen, bei denen es auf Spürnase, schlüssige Ableitung aus vorgefundenen Prämissen, Ausnützung sich bietender Gelegenheiten ankommt. Kaufmännische Agenten und Reisende, Händler und Verkäufer, Reporter und Rechtsanwälte dieses Typus sind im Erfassen der Situation und der Überredungskunst nicht auszustechen. Sprachlehrer können das Idiom wechseln wie einen Rock, Detektive, Diplomaten wissen die kürzeste Verbindung zwischen vorliegenden Beweisgliedern herzustellen. Unter Psychologen findet man glänzende

Diagnostiker, denen es weniger auf den Ideengehalt ihrer Methode als darauf ankommt, was sie praktisch leistet in Hinsicht auf damit verfolgte Zwecke. Bei all diesen bildet oft Flüchtigkeit die Kehrseite der leichten Auffassungsgabe, im Studium ist auf tiefere Fundierung zu achten. Berufswechsel ist nicht selten. Technisch interessierten Köpfen entspringen Dinge wie Meßapparate, energiesparende Vorrichtungen usw., die kleinen aktuellen Nützlichkeiten, im Großunternehmen die rationelle Betriebsgestaltung. Das Verhältnis von nutzender Intelligenz zum Apparathaften kann auch dem eigenen Körper gegenüber Anwendung finden; am Trapez, in den Handgriffen des Jongleurs, auf dem Tennisplatz siegt nervlich angespannte Beherrschung des Augenblicks, und nicht nur der Zauberkünstler schlägt den Augenschein durch Geschwindigkeit, auch beim Reifenwechsel auf der Rennbahn gilt es zu «zaubern». Die Neigung zu fingerfertigen Tricks führt den Musiker zum Virtuosentum. Was in der Malerei oft stört, das «Literarische», wird bei den mit dem Wort Umgehenden zur eigentlichen Begabung, auswertbar vom Nervenkitzel der Kolportage bis zum psychologisch feingesponnenen Roman, zur prägnanten Kurzgeschichte. An dieser Erzählerkunst hat noch der Historiker in seinen Menschenschilderungen teil. Zu Naturwissenschaften nur vom Rechnerischen her Beziehungen, darin aber ausgesprochene Begabungen.

Wer geistige Werte nutzvoll in Umsatz bringt oder auch nur Langeweile aus der Welt schafft, wer mit Zahl, Wort und Schrift zu tun hat, ausrechnend oder berichtend, mittlerhaft oder werbend, wird dies Zeichen schwer entbehren können. Das Findige, Fintenhafte, klug am logischen Faden Abgespulte, plausibel Machende verträgt sich nicht mit Mysterium und Mythos. Es reicht bis zur allegorischen Auslegung und dient aufklärenden Absichten, auf den unteren Stufen für Herumspionieren und wichtigtuerisch aufgemachte, undelikate Enthüllungen eingesetzt. In Geschmacksfragen entsteht Raffiniertheit oder aber Indifferenz. Verfeinerungen dieses Typus haben eine besondere Art von Ästhetisierung des Lebens: skeptisch gegenüber bloß Kreatürlichem, tun sie das unmittelbare Trieb- und Sinnenerlebnis als ein wenig primitiv ab, erst die Transformation und der Blickpunkt, unter dem es zu betrachten sei, macht es ihnen lebenswert. So steht neben spiritualisierter Sinnlichkeit, hart sich dagegen abgrenzend, puritanische Sinnenfremdheit. In moralischen Fragen fehlen die Zwischentöne zwischen Laxheit und unnachgiebiger Strenge, je nachdem, wie die Grundurteile liegen. Doch bei allem gibt es auch Fluktuation zwischen den Extremen, Zwitterhaftigkeit, unschlüssige Schwebe; hier setzt das Spielhafte an, der Reiz, schwarz aus weiß zu machen und umgekehrt.

♋

Das seelisch Schöpferische
(wäßriges, kardinales ☽-Zeichen)

Stoffhungrige Vitalität, ansaugend und verarbeitend, schwach im Einsatz, doch nachhaltig im Umsatz des Verfügbaren, umschaltebedürftig, wandelbar in den Zuständen je nach Intention, ungleichartig in den Leistungen; bei überwiegend passiver Haltung eine vegetative Fruchtbarkeit; wetterfühlig und auch sonst empfindsam, korrespondierend mit hohem Grade von Beeinflussung des Körperlichen durch die Seelenlage, wichtig daher autosuggestive Steuerung.

«Es» – die Lebensgrundstimmung – lebt sich in diesem Typus dar nach einem seinem Bewußtsein zunächst verborgenen Gesetz. Ein Suchender, ein Träumer und wenn er über seine Gaben verfügen lernt, ein Gestalter. Die empfängliche Passivität und heimliche Frage seines Verhaltens gibt dem Ausdruck oft etwas Unsicheres, das Bestätigung vom Gegenüber zu erwarten scheint, seine reflexive Einstellung schwächt die Richtungsbestimmtheit der Trieb- und Stoßkraft. Gemessen an dem, was er alles in der Phantasie schon vollbracht hat, ist die äußere Durchsetzung oftmals dürftig. Ein nüchterner Beobachter wird feststellen: Wechsel in den Interessen und Neigungen, Wandertrieb trotz andererseits vorhandener Liebe zum eigenen Heim, vielseitige Beschäftigungen, aber schwankend und inkosequent, im Ansatz des Handelns unentschieden, mangelnder Nachdruck, Ausweichen vor harten Notwendigkeiten. Reicht die Selbstbeurteilung – konventionelle Wertungen aufgreifend – nur bis dahin, so verstärkt sie die Befangenheit beim Vergleich mit Anderen, deren Welt viel früher gültig geformt und abgeschlossen ist. Kein anderer Typus zerrt sich so häufig vor den inneren Richterstuhl, plagt sich so mit Skrupeln über Wollen, Können, Müssen, Dürfen. Hier entscheidet sich sein Kostbarstes, denn die kardinale Frage gilt der eigenen, unverfälschten, gefühlsunmittelbaren Lebensmelodie. Erklingt sie rein – im Falle der Genialität–, so durchwirkt sie die Formenfülle erlebter Welt mit Bezügen auf den Lebensgrund und -ursprung; das stückweise Fürsichsein der Dinge hebt sich darin auf, als Symbole und Gefühlswerte verschmelzen sie zum Ganzen. Menschen beschränkteren Formats leiden an dem Mißverhältnis übernommener Meinungen, die sie nicht verdauten, Maßstäbe, in die sie nicht hineinpassen, und andererseits einem Zuviel an Eigenem, das wegen seiner Romantik in der «Normwirklichkeit» nicht untergebracht werden kann. Sie tragen oft Phantasmen hinein, holen Enttäuschungen heraus, stoßen jedenfalls zusammen mit Dingen, die von den meisten bedenkenlos bewältigt werden. Einige ziehen sich kleinmütig in ihr Schneckenhaus zurück. Unergründlich sind auch sie, insofern aus Wurzeln lebend, die wie alle Wurzeln im Dunkel ihren Dienst verrichten. Doch was daraus ans Helle kommt, entbehrt der traumsicheren Zuversicht des Genialen und sucht sich auf der Linie des geringsten Widerstandes zu verwirklichen. Viele geraten so in Abhängigkeit von äußeren Bedingungen. Ihr gleichwohl gepflegtes seelisches Eigenreich ist mehr ein Gebiet des Rückzugs vor objektiven, sachlichen Ansprüchen, denen am besten die Menschen des Gegenzeichens ♑ genügen.

Einfühlende Auffassung, locker gemütsbewegt, weit, ganzheitlich umfassend, im Einzelnen oft unscharf, anregungsbereitphantasievoll, intuitiv. Beeinflußbar infolge weicher, nachgiebiger Haltung und großer Empfänglichkeit für mitmenschliche Atmosphäre, auch Gefühlshaftung, doch immer willens sich bei Überfremdung zurückzuziehen. Im Eigenrhythmus störbar durch ernüchternde Eindrücke, Ausgeliefertsein mit Gegenreaktion der Bemächtigung auf Umwegen.

In der Kreisordnung verlassen wir mit diesem kardinalen Prinzip den engeren Bereich der Person und eröffnen den der breiten Lebensmannigfaltigkeit. Hier ist keine Scheuklappenhaltung mehr möglich; Betonung der seelischen Ebene heißt sensitives Mitschwingen, die Kardinalität verlangt Schöpfen aus der Fülle und dieser gegenüber zunächst richtungslos, strebt sie auf den eigenen Lebensgrund und -ursprung zurück. Die Rückbeziehung zur Herkunft (Aussagegrenze!) erschließt eine Vielfalt angeerbter, bei Vorfahren oft nicht zur Auswirkung gekommener Potenzen. Auf breitester Front lebt der Mensch im immerwährenden Grenzübertritt von Innen- zur Außenwelt und wieder zurück. Sein Lebenshunger will sich am variablen Reichtum äußerer Erscheinungen sättigen, sieht das Vorschwebende oft in idealem Glanze verklärt, nimmt das Empfangene auf in Erlebnisräumen unterschiedlicher Resonanz. Sein Streben geht danach, unter wandelbaren Zielen die innere Führungslinie zu gewinnen. Aus ihr kann er die anregenden Eindrücke verwandeln in Bausteine zur eigengesetzlichen Ausgestaltung der latent mitgebrachten Möglichkeiten. Im Zusammenfallen von Erleben und Gestalten gelangt er zur Einheit des Mannigfaltigen. So verwirklicht sein Werdegang die ureigene oder bei weniger ausgeprägten Individuen eine schlicht volksliedhafte Lebensmelodie. Nur als Ganzer ist er Ganzem vergleichbar, wogegen Einzelheiten, detaillistisch- sachlich unter die Lupe genommen, oft unklar, behelfsmäßig, unselbständig, fragmentarisch oder aber abstrus eigenbrötlerisch und launenhaft sind. Darin liegt das Weh und Ach all derer, die – sozial behindert oder ungenügend entschlossen zum Eigenen – nicht zur Totalität ihres Wesens durchdringen: kühl betrachtet sprechen ihre Leistungen nicht unbedingt für sich, sondern was damit gemeint war, bedürfte vielfach mitgegebener Erklärungen. Manche kreisen als Trabant um ein ihnen unbekanntes Gestirn, andere leben sich der Mitwelt gegenüber ständig in Entschuldigungen dar. Die Unfähigkeit zu mechanisch-seelenlosen Verrichtungen, der Widerstand, etwas nur der Form halber zu tun, machen richtig erfaßt die Stärke des Gemüts aus; sie können Anzeichen ungehobener menschlicher Potenzen sein. Um sie aber zu erschließen und auszuwerten, um in der sozialen Welt damit zu bestehen, muß dieser Typus den Weg vom «guten Wollen und Meinen» zum sachgerechten Vollbringen finden. Ein häufig vorhandener Hang zur Selbstverzärtelung hindert, sich anstrengenden und langwierigen Prozeduren zu unterwerfen. Die Meisten sind strebsam, wollen sich allseitig bilden, scheuen aber eiserne Regelmäßigkeit im Studium und schöpfen lieber «lunar» aus der Einbildungskraft. Es gibt daher viel Dilettantismus und wohlgemeinte Abrundungen, wo Exaktheit erforderlich wäre. Andererseits sind sie voller Einfälle, sehen überall neue Ausblicke und Möglichkeiten. Die Frische ihrer Lebensinstinkte wittert die Gefahren eines starren Drehens im Kreise der Rationalität, entzieht sich dessen Festlegungen und wechselt lieber das Klima als Unerlebtes weiterzutun. Nur was innerlich Wurzeln schlägt, halten sie zäh fest und sind bereit, dafür Opfer zu bringen.

Beseelter Ausdruck, gefühlsgetragen-melodisch, inhaltsmäßig mehr andeutend, unexakt, offen lassend, Vortragsweise oft schüchtern, daher wenig überzeugend, wenn der Stimmungston nicht vernommen wird. Lebhaft überschäumend jedoch, sofern von einer Schau erfüllt und des Widerhalls gewiß. Vor kritischen Zuhörern leicht verschwommen, stammelnd, häufig Examensangst und Lampenfieber. Große reaktive Biegsamkeit spontaner Äußerungen und Modulationsfähigkeit der Stimme.

Rückhalt, Anlehnung, Geborgenheit braucht dieser Typus in irgendeiner Hinsicht, da es im mannigfach Abgestuften, Vielschichtigen keine Eigenschaft gibt, die nicht auch in der Gegenfarbe schillern könnte. So entscheidet auf den Achsen unbeständig-standhaft, gefügig-selbstwillig, feige-tapfer, was zur Angelegenheit der Eigenmoral wird, bei Verschwendung-Geiz, was für das Selbst einen Wert repräsentiert. Für das, was ihm wert gilt, kann dieser Typus schaffen, sparen, haushalten wie kein anderer. Die vorkommenden Wankelmütigen, Haltlosen, – Spielball momentaner Reaktionen – sind die seelisch Entwurzelten und Ungeborgenen. Die Dimension der Darstellung dieses Wesens umschreibt sich im Verhältnis vom Wurzelboden zum Entfaltungsraum. Einen natürlichen Rückhalt bildet die Familie, vielen wird sie zum Raum bescheidener, gefühlvoller Selbstverwirklichung. Auch wer die Verhältnisse der Herkunft, die Maßstäbe der Kinderstube verläßt, trägt ihre seelische Mitgift in neue hinein, um dort mit ihr, locker angelehnt an das Vorgefundene, sein Eigenes zu gründen. Letztes Geborgensein sucht dieser Typus in einem mehr universalistischen, als fachlich beengten Weltbild; die Farben und Gegenstände dieses Bildes entnimmt er Selbsterlebtem und so fallen Weltblick und Selbstgestaltung in eins; aus Sinnverstehen erwächst wieder Anleitung anderer. Hieraus bezieht sich der bei aller Schwärmerei der Jugend – und dieser Typus bleibt lange kindlich – mit wachsender Reife bekundete lebenspraktische, vorsorgend verpflichtete Zug, es kommen Phantasten, aber kaum Ideologen vor. Lebensnähe stellen vor allem die Gattungsinstinkte her, nicht nur im engeren Familiensinn, sie finden in übertragenen Formen von Fürsorglichkeit und psychologischer Führung breitere «familiär»-persönliche Auswirkungen, den organischen Kontakt pflegend und steuernd.

Untertypen. – Dies Prinzip der Variationen bringt eine große Anzahl von Spielarten hervor. Unmodern geworden sind die weltfremden Schwärmer, die einander ins Stammbuch schreiben: Gefühl ist alles! Überschwang der Gefühle und Introversionsneigung haben sich auf irgendeine Weise mit einer versachlichteren Umwelt abzufinden. Die «Angst vor der Blamage» wird vielen zur Triebfeder, eine künstliche Extraversion zu züchten; überpünktlich verrichten sie ihre Arbeit, beachten sie die Umgangsformen, machen sie das Treiben der Umgebung mit. Da dies aber wesensmäßig falsch sitzt und mehr der Anpassungsgabe zu danken ist, entstehen Unfreiheiten, psychogene Pedanterien, Krampfhaltungen usw. mit der Gefahr plötzlichen Versagens. Anders die selbstverantwortliche Sorgfalt etwa des jungen Arztes, der sich anfangs täglich am Schild seiner neu eingerichteten Praxis: Dr. X. Spezialarzt für ... klarmacht, daß er den sagenhaft gewordenen Doktor der gesamten Heilkunde nun eingetauscht hat gegen eine bescheidenere Pflicht. Natürlich gibt es, besonders auf dem Gebiet des Eros, bei der Ansprechbarkeit des Gefühls viele mit guten Vorsätzen bepanzerten Ritter der Eigenmoral, deren Rüstung vor herantretenden Versuchungen immer wieder dahinschmilzt. Einen Schritt abseits findet man die seltsamen Heiligen, die nach lockerer Jugend später zu Anwälten sittlicher Grundsätze werden. Auf der Achse des Selbstgefühls entwickeln sich manche zu Autokraten, in denen anlagemäßige Nachgiebigkeit, Mitgefühl usw. sozusagen umgestülpt wurden zu einer Schutzschale, die weitere Niederlagen und Enttäuschungen verhüten soll. Das Verwurzeltsein in Familien- und Stammeseigentümlichkeiten speist oft Heimatliebe, zähen Patriotismus aus Kulturverbundenheit, aber auch provinzielle Altertümelei. Das meist gute Gedächtnis gibt der Tendenz zum Rückerinnern persönlichen Stoff, manche gehen immer wieder vergangene Erlebnisse durch, erforschen die Motive damaligen Handelns, halten sie gegen die jetzigen. Weniger um Gewissensprüfung wie diesen geht es den Sammlern von Andenken, stummer Zeugen einstigen persönlichen Lebens; darunter sind solche, die, was ihnen durch Wirklichkeitsflucht verloren ging, kompensieren, indem sie sich ein romantisches Heim schaffen, angefüllt mit Dingen voller Bedeutungsgewicht, für Fremde ein Kuriositätenladen. Nicht vergessen seien die Geborgenheitssucher in religiösen Sekten, okkultistischen Vereinen, die am Stimmungsreiz naschenden künstlerischen Dilettanten, die häuslichen Tyrannen der Zärtlichkeit – solche und andere Abarten sind immer als etwas schrullige Ausdrucksformen echten Suchens und Fühlens zu verstehen. Bei der Kunstschöpfung, vor allem in Musik und Dichtung, heißt das Problem, den hervorquellenden Lyrismus des Erlebens in eine gültige Form zu gießen; die sensible Anregsamkeit bewegt sich hierbei auf der Achse vom eigenständigen Verarbeiter zum Plagiator. Die Gestalt des fürsorglichen Hausvaters schließlich kann sich übertragen auf verschiedenste Unternehmungen, denen er vorsteht, verarbeitete eigene Irrungen und Wirrungen werden umgesetzt in verständnisvolle Anleitung von Schutzbefohlenen.

Der Wandertrieb dieses Typus erstreckt sich auch auf Beziehungen zum anderen Geschlecht, insofern wechselnde Begegnungen die Phasen des Werdeganges widerspiegeln. Der Jüngling, der mit vollen Segeln ausfährt, um die Welt kennen zu lernen und sein Glück zu versuchen, will meist wenig von Ehe und Familie wissen. Im Manne setzt sich langsam zu Boden, was mit dem eigenen Wesen vereinbar ist, dann stellt sich auch der Häuslichkeitswunsch mit patriarchalischen Gepflogenheiten ein. Eine kluge Gefährtin läßt ihm Zeit, in der anfangs wohl nicht so dauernd angesehenen Bindung zu verwachsen, denn begegnen seine Empfindlichkeiten eifersüchtigem Zwang, so löst er sich und gleitet wieder in den Fluß der Entwicklung. Im heimlich, stimmungsmäßig Eingewöhnten sitzt er um so fester. Frauen, obzwar gleichfalls wählerisch die Eigenatmosphäre hütend, sind meist von Anbeginn so auf Mutterschaft gestimmt, daß deren Erfüllung ihnen Inhalt und Weg des Lebens ausmacht, sofern sie nicht zu übertragenen Formen anleitender und pfleglicher Selbsthingabe kommen.

Berufseignung. – Den Gebieten nach äußerst variabel, in der Energie abhängig von der inneren Beteiligung an der Sache. Der weniger scharfe und logische als umfassend-einheitliche, intuitive Geist eignet für Berufe mit mannigfaltigen und wechselnden Aufgaben, Umgang mit vielerlei Gesichtern. Auch bringt kein anderer Typus eine ebenso pfleglich-verstehende Einstellung auf, daß sich Menschen bei ihm zu Hause fühlen, sei es in der Leitung von Sanatorien, Erholungs- und Erziehungsheimen, in sozialer Fürsorge und Kinderbetreuung, sei es als Gastwirt, Besitzer von Hotels und Vergnügungsstätten. Vor allem weibliche Berufskategorien dieser Art, ferner Pensionate, Heiratsvermittlung usw. Der häufigen Tendenz zu zurückgezogenem

Leben entspricht es, einen Überschuß in der Stille abzugeben als psychologischer Berater und Helfer, Naturheilkundiger usw., wie überhaupt die Neigung zu «freien Berufen» unverkennbar ist. Dies alles setzt natürlich auf vielerlei Wegen erworbene Lebenserfahrung voraus, häufig bricht bei diesem Typus relativ spät die eigentliche Berufung durch. In der Kunst geben sich Phantasie, Gefühl und Formenreichtum aus. Beim Studium Bevorzugung kultureller Gebiete – Kultur- und Kunstgeschichte, Völkerkunde usw. –, unter praktischen Medizin mit Beachtung leib-seelischer Zusammenhänge, ein naheliegender Zweig ist Gynäkologie. Das Spielfeld dieses Prinzips liegt überall da, wo Lebendiges in Obhut und Pflege genommen wird oder komplexe Naturvorgänge verfolgt – z. B. Meteorologie –, auch Forscher- und Sammlerneigung sich betätigen kann. Zur Technik bestehen wenig Beziehungen. Von fast symbolischem Rang aber ist der Typus des geborenen Seefahrers, dem das Schiff sein bergendes Gehäuse darstellt, die Welt sonst offen steht; Wassersport zählt zu den wenigen hier gepflegten körperlichen Betätigungen.

Das Schöpferische dieses Typus ermißt sich daran, wieviel lebensnahe Schau er zu realisieren vermag in nüchtern-konkreter Form, im sozial bedingten Dasein. Er muß dazu seine Verletzlichkeit, das leichte Gekränktsein bei Mißverstandenwerden, ebensowohl überwinden lernen wie Nachahmung von Fremdem aus Schwäche, Bequemlichkeit, sowie die Schwellenangst vor Entscheidungen. Sein moralischer Mut ist im allgemeinen stärker als der physische, in der Hingabe für ideale Werte beweist er oft erstaunliche Zähigkeit wie Elastizität. Das lange Unfertigsein – Ursache mancher Minderwertigkeitsgefühle – kann, richtig betrachtet, Ausdruck der Stärke immer wieder umformender seelischer Antriebe sein. Bei in sich gefundenem Grund «innerer Auftrag», zuweilen verbunden mit Sehergabe. Gilt es handelndes Eingreifen in die Umwelt, so ist seine Angriffsweise wie die des Meeres, das Welle auf Welle aussendet und in sich zurückschlagen läßt, aber schließlich doch die Klippen annagt.

♌

Das willensmäßig Zusammenfassende
(feuriges, fixes ☉-Zeichen)

Einsatzfreudige Vitalität, einheitlich ausgehend vom jeweiligen Kernaffekt, kräftige Triebkonstitution, angelegt zum Leben aus vollen Zügen; das Angehen jeder Angelegenheit aus dem «Alles-oder-Nichts»-Prinzip bedingt hohen Energieverbrauch – häufig Übertemperatur –, dem ebensolche Regenerationskraft gegenübersteht; mitunter jedoch Raubbau, bei eintretenden Störungen sind meist drastische Maßnahmen, Umstellung der Lebensgewohnheiten und Mittel kräftiger Dosis angebracht.

Getragen von Eigenwert- und Kraftgefühl, mit seiner Person des Menschen Daseinsanspruch und Würde vertretend, bezwingt dieser Typus alle, in denen Verwandtes anklingt. In der unmittelbar gefundenen Resonanz liegen seine Möglichkeiten, aber auch Grenzen, über die er zuweilen, sie unterschätzend, hinwegsieht. Er will Wirkung ausstrahlen, sei es in einer durch ihn geschaffenen Atmosphäre der Wärme, des Frohsinns, sei es über Attribute äußerer Macht und Geltung. Offenherzig und frei tritt er vor dich hin, wer du auch seist, bestimmt in Absicht und Ausdruck. Sein Licht – klein oder groß – stellt er nicht unter den Scheffel, den Ruhe- und Ordnungspunkt seiner Welt fühlt er in sich. Doch ist dies weder ein Prinzip der Ruhe um der Ruhe willen, noch ein Menschenschlag, der müßige Gedanken über Ordnung liebt. Aus warmherzigem Impuls ordnet er an, handelnd verbreitet er Ruhe in der Bewegung, bindet an seinen Willen, was unruhevoll auseinanderstrebt. «Leben» heißt sein Hauptwort – bezogen auf sich –, abgewandelt durch «leben lassen», bezogen auf den Umkreis. Dieser bedeutet ihm Gelegenheit, von seinen Überschüssen abzugeben, sowie ein Feld der Selbstdarstellung, der Herausstellung seines geheimen Grundmotivs: ich, der Kern, um den sich die Dinge drehen. So kann er tatsächlich zum organisierenden Mittelpunkt werden, ein ins Leben gerufenes Getriebe im Laufen erhalten, indem er seine willensmäßigen Erbreserven auf sachliche Aufgaben wirft und verantwortlich hinter dem steht, was er anderen zu tun gebietet. Freilich kommt es auf die persönliche Substanz an (Aussagegrenze!). Manchen verleitet sein potentiell empfundener Wert – ohne durch entsprechende Leistung ausgemünzt zu werden – zur Präpotenz des Auftretens, großsprecherisch, eitel, rennomistisch. Auch werden des Lebens reizvolle Unberechenbarkeiten von diesem Typus eher kultiviert als abgestellt; wenn die Freude am Dasein, die Lust zu einer Unternehmung aufschäumt, achtet er nicht immer auf objektives Recht und darauf, wo die Mittel, zu gasten und zu geben, zu obsiegen, herkommen. Aus verschwenderischem Aufwand können Schulden erwachsen, Leidenschaften können mit der Besinnung durchgehen, kurz, nach dem Lineal des Theoretikers mißt er seine Schritte nicht. Was er in seinen Lebenszusammenhang einordnet, geschieht organisch unmittelbar, oft improvisiert, meist aus großzügiger Sicht und nobler Gesinnung. Würze und Wert seines Daseins würden ihm schal, sollte er sein Tun und Treiben einem für Alle gültig erdachten, ideologisch ausgerichteten und begründeten Plan unterordnen, wie unter dem Gegenzeichen ♒ möglich.

Erwartungsfrohe Auffassung, affektbeschwingt und darin unablenkbar, unternehmend, spekulativ-wagemutig, vom freien Spiel der Möglichkeiten beflügelt, zentriert, selbstsicher ausgreifend. Visuell angeregter Geist, leidenschaftliches Eintreten für Überzeugungen, deren Festhalten eine Voraussetzung für willensmäßige Regulationen bildet, Bevorzugung des plastisch Vorstellbaren, untheoretisch, wirkungsvolle praktische Lösungen der Probleme. Sinn für repräsentative Form, Aufgaben und Veranstaltungen mit denen Ehre einzulegen ist.

In diesem «feurigen» und «sonnenhaften» Prinzip überschneiden sich die Kreisbögen des Wesenseigenen und der organischen Kontakte: stärkste lebenspositive Ausdruckskraft. Sein «Fixes» besagt, daß dies eingekörpert ist in einem Träger erbverliehener Lebensregulationen, der seinen Dynamismus sowohl ausspielen und zur Wirkung bringen, als auch in seinen Voraussetzungen erhalten und fortzeugen will. In ungetrübter, unreflektierter Einheit mit dieser seiner Bestimmung lebend, ganz Affekt und Handlung, gilt seine volle Intensität dem gelebten Augenblick. Er ist der Mensch immerwährender Gegenwart. Das Gewicht dessen, was er gerade tut, löscht ihm Vergangenes aus und im vertrauenden Schwung, mit dem er es tut, nimmt er Künftiges vorweg. Dies hat freilich seine Kehrseiten, wenn jemand, allzu optimistisch in Versprechungen oder im Ausstellen von Wechseln, die Einlösungen und Fälligkeitstermine vergißt. Auch liegt die Fehlspekulation oft nahe beim großen Wurf. Derartige Sorglosigkeit kann ohne weiteres mit dem für dies Zeichen typischen Ehrgefühl zusammengehen, nur widersprechen sich dann der solare Augenblick und die saturnale Einteilung auf die Dauer, ohne welche Verantwortung ein hölzernes Eisen bleibt. Auch bei weniger Hemmungslosen gibt es häufig impulsgeschaffene Wirrnisse, aus denen sie sich mit würdevoller Geste herausbeißen müssen; aber sie tun es, der Mann, der nie an der Möglichkeit, Verfahrenes wieder einzurenken, zweifelt, die Frau, die sich zutraut, alle Fragen vom großen Herzen aus lösen zu können! Dieser Typus braucht Raum für die Devise «wer nichts wagt, nichts gewinnt». Zu wünschen ist ihm eher eine Spanne für erworbenen Aufstieg, ein soziales Milieu, das seine Willenskräfte anspannt, als geburtsmäßiges Obenstehen, Verwöhnung in der Kindheit. Der Drang, graue Tage zu vergolden, Feste zu feiern, daß der Tisch sich biegt – mit Einladungen und Geschenken Parasiten züchtend –, hat bei zu günstigen Ausgangsbedingungen schon gute Begabungen versanden lassen. Allzu starker Druck wiederum, erlittene Demütigungen, hinterhältige Einwürfe und Quertreibereien können die autokratischen Züge zu verbissenem Pochen auf Anerkennung steigern, bei Widerstand die Krallen zum Vorschein bringen.

Autoritärer Ausdruck, sonorer, selbstsicherer Ton, folgt ohne Skrupel und theoretische Spitzfindigkeiten seinen Impuls, seiner Überzeugung, Beachtetwerden seiner Meinung als sonnenklare Selbstverständlichkeit betrachtend. Bei Betroffensein im Ehrenpunkt aufbrausend, doch ohne nachtragend zu sein: kann dem soeben Niedergedonnerten im nächsten Augenblick, wenn auf Einsehen stoßend, versöhnlich die Hand reichen. Zugänglich für den Humor der Situation, Umschwenken der Affekte.

Herz eines Ganzen, König seines Reiches sein, aus solchem Lebensgefühl schafft dieser Typus das Klima, das er braucht. Ohne sachliche Rücksichten stets das tun, was er sich selber schuldig zu sein glaubt, wird ihm zum Hebel auch seiner sozialen Leistung und Haltung. Der Drang, aus dem Vollen zu schöpfen, der Ehrgeiz, irgendwo unumschränkt zu gelten, duldet keine kleinliche Kontrolle oder gar Mißtrauen. Dienen kann dieser Mensch nur unaufgefordert und da, wo er liebt oder wenn es gilt, Mitlebendem, das strauchelt oder eingezwängt ist, unter die Arme zu greifen. Die lebensfördernden Instinkte befähigen zuweilen, in Notlagen, bei Unglücksfällen, auch in seelischen Konflikten, resolut einzugreifen ohne die «richtige Technik» erlernt zu haben oder nach «zuständigen Stellen» zu fragen. Ausgesprochen ist die Kinder- und Tierliebe; Aufwachsenden, Unmündigen, Schutzbefohlenen wird gern ein Recht zugebilligt, das Rivalen versagt würde. Macht man ihm seinen Anspruch strittig, durchkreuzt man seine Bahn oder zieht seine Motive in Zweifel, so geht es kaum ohne dramatische Auftritte ab. Er erwartet gegenseitiges Vertrauen und im Austrag von Gegensätzen ritterliche Waffen; nur Emporkömmlinge im Machtrausch sind grausam und falsch. Seine Organisationsgabe beruht auf dem Einfall angesichts dessen, was die Lage erfordert – «Feldherrnhügel» –, der Entschlossenheit, benötigte Hilfsmittel heranzuholen wie und wo sie sich gerade vorfinden, sowie dem Blick für den richtigen Mann am richtigen Platz. Tauglichkeit nach Fragebögen zu beurteilen, in der Mittelbeschaffung sich an eingereichte

Listen zu halten und im Gesamtunternehmen nach einem abstrakten Schema vorzugehen, widerstrebt diesem Typus, dessen Erbfeind «der Bürokrat» heißt. In einer Gesellschaft, die zwangswirtschaftliche Methoden bevorzugt, in der sich amtliche Erlasse nicht nötigenfalls als «Wisch» abtun lassen, fällt er daher öfter durch imponierende Unregelmäßigkeiten auf. Zwar wünscht er geregelte soziale Funktionen, doch diese Kreisläufe sollen der Initiative des Einzelnen freien Spielraum lassen.

Untertypen. – Insofern Ehrbegriffe stetige Sitten brauchen, findet sich dieser handelnde Typus bei Umwälzungen oft auf Seiten der Reaktion, doch nicht aus geistigem Konservativismus, sondern als lebensvoller Vertreter des «ancien régime», an gewohnten Sitten festhaltend. Befindet er sich auf der Gegenseite, dann nie als Doktrinär, sondern als tätiger Organisator neuer Machtgruppierungen, gewohnte Geleise umlegend. In normalen Verhältnissen vorzugsweise der Typus des freien Unternehmers, weniger mit theoretischer als mit praktischer Intelligenz und Wille ausgestattet. Als Abart dieses «Könners» trifft man gelegentlich auf fragwürdige «Lebenskünstler», «Industrieritter», die mit Dekor und Bluff arbeiten – effektvoll gedruckte Briefbögen einer Firma versenden, deren Finanzierung zweifelhaft, seriöse Gutachten für eine windige Angelegenheit besorgen usw. –, auch «Spielernaturen», die auf großem Fuße lebend ein Loch mit dem anderen zustopfen. Scheitern sie nicht, sondern haben sie Glück, dann danken manche der Gunst des Schicksals, indem sie die Fundamente nachträglich mauern und mit steigenden Aufgaben, der vom Leben ihnen zudiktierten Rolle, selber wachsen. Die Substanz muß sehr schlecht beschaffen sein, wenn sie kein solches Aufholen erlaubt. Mißlingen, dessen Ursache meist bei anderen gesucht wird, mündet zuweilen in Erscheinungen von Verfolgungswahn: Negativform des bei allen starken Drangs, sich in den Vordergrund zu spielen. Stille Dulder kommen kaum vor, wohl aber eitle Ausposauner angedichteter Verdienste, Potenzprotzen, hohle Repräsentationsmenschen. Auch diese aber haben meist einen menschlichen Charme, der ihre Wirkung erklärt. Bei Frauen sind solche Abartigkeiten seltener, das Wirkungsbedürfnis beschränkt sich auf die persönliche Erscheinung, ihre «Unregelmäßigkeiten» sind Irrungen des

Herzens. In mancher scheint sich das matriarchalische Herrschaftsprinzip verkörpert zu haben.

Liebe ist bei diesem Typus ein groß geschriebenes Wort und eine Leidenschaft kann ihm zum lebensbeherrschenden Thema werden. Ganz und unteilbar soll ihm auch der Partner angehören. Aufflammende Eifersucht signalisiert, daß in diesem Punkte die Selbstachtung berührt wird. Wohl gibt es Autokraten des Gefühls, die alle dem anderen untersagten Freiheiten sich selber gestatten, doch die starken Gattungsinstinkte verleihen der Familie, wenn sie nur irgend den Lebenserwartungen entspricht, bindende Macht. Oft daher ausgesprochen monogame Tendenz. Der Frau bedeuten Ehe und Mutterpflichten selten eine Minderung des Eigenlebens, sondern stecken ihr das Reich ab, in dem sich ihre Willenskräfte entfalten, im engeren Kreis wie in der Repräsentation des Hauses nach außen. Kinder empfindet auch der Mann meist als lebendige Aufgabe und die Obsorge, sie mit allem für die Zukunft Nötigen auszustatten, kaum als eine Last. Alles aber ist Instinkt- und Impulssache, richtet sich nicht nach einem Eheideal.

Berufseignung. – Unternehmender Geist und Durchsetzungskraft, wo mit möglichst wenig Papierverbrauch aus Gutdünken und freiem Ermessen zu entscheiden ist, unfähig jedoch, als Nummer X nach unpersönlichen Vorschriften zu fungieren. Irgendwo an der Spitze stehend, verliert dieser Typus nie ganz die väterliche Note; er dringt auf Autorität, schreitet rücksichtslos gegen Querulanten ein, aber ein Appell an seine Menschlichkeit geht selten fehl. Dies eignet zu leitenden Stellen aller Art – aus der Praxis hinaufgelangend –, sogar in Ämtern trifft man ihn, der nicht vom Buchstaben ausgeht, sondern einen Fall von Mensch zu Mensch zu erledigen trachtet. Mehr allerdings ist er in der freien Wirtschaft zu Hause als selbständiger Unternehmer oder Leiter von Betrieben sowie in öffentlichen Funktionen praktischer Art, etwa Feuerwehr, Rettungsstationen, Polizei. Häufig Materialgefühl für Eisenverarbeitung, Sinn für betriebliche Erfordernisse der Herstellung von Maschinen, Motoren, bei Neueinrichtung von Betrieben, Einfahren von Fahrzeugen, Autorennen; auch Beziehung zu Waffen, sei es als Hersteller, sei es im Gebrauch als Jäger und Soldat, im letzteren Falle Eignung für motorisierte Waffengattungen. In der Medizin Bevorzugung manueller Praktiken – Chirurgen, Gynäkologen, auch Heilgehilfen, Masseure – oder solche suggestiver Art – in der Psychiatrie Hypnose usw. –, ferner Gymnastik mit therapeutischer Absicht. Viele Pädagogen freier Methoden, auch Werk- und Turnlehrer. Tierzucht und Dressur. Künstlerische Anlagen gliedern sich nach der Seite des Darstellerischen – Schauspiel einschließlich Regie und Bühnenbildnerei, Cabaret, Zirkus – oder des Optischen; in der Malerei Verbindung von Koloristik mit Sinn für Bildausschnitt, in angewandter Form beim Plakatentwerfer, Dekorateur, Photographen. In der Musik zusammengefaßte Instrumentierung, Dirigenten. Überhaupt auf allen Gebieten einheitliche Einschaltung und Beherrschung der Hilfsmittel, Gesamtwirkung. Künstler auf ihre Art sind die Modekönige und Küchenchefs. «Zuschnitt» und «Servieren» im übertragenen Sinne, verbunden mit dem Darstellerischen, beim Festredner, der eindrucksvollen Vertretung einer öffentlichen Sache.

Reichlich will dieser Typus die Mittel bemessen haben, Macht soll als Fülle erscheinen, Selbstwert sich im Umsatz zeigen. Seine Seele ist nicht für Dämmerstunden; betritt er abends seine Wohnung, so knipst er sämtliche Schalter an. Auch mit sich geizt er nie, Geheimnisse halten sich schwer bei solcher Lichtverschwendung, wohlgemeinte Indiskretionen schaffen nicht selten Verwirrung. Doch intim läßt er sich nur mit solchen ein, die er als ebenbürtig betrachtet und hält, was ihm untergeordnet scheint, in Abstand. Unbeherrschtheit wird gebändigt vom Regulativ der Form. Verschweigen persönlichen Kummers, Verdecken eines Mangels gehören zur Repräsentation der Persönlichkeit. Dem Kleinlichen und Subalternen ist er geschworener Feind, selber ungeeignet für Detailarbeit in knechtisch empfundenen Verhältnissen. Lieber verlumpt er ein wenig oder schafft mit ungedeckten Konten etwas her. Zuweilen ist die Fassade etwas aufdringlich. Mancher spielt gern den «Unwiderstehlichen». Aber alle Impulssünden, Selbstherrlichkeiten, übereilten Versprechungen haben den Grund, daß er Repräsentant eines menschlichen Werts sein will. Nur aus diesem zentralen Punkt ist er entwickelbar. In voller Potenz geschätzt und gebraucht werden, Wirkung strahlen, schenken, spenden können ist ihm natürliches Bedürfnis, sei die Hilfsbereitschaft auch nur dadurch ausgelöst, daß der Anblick Darbender seinen Frohsinn stört. Wie er seinen – relativ selten vorkommenden – körperlichen Anfälligkeiten mit Roßkuren, Schwitzbädern, Generalreinigungen zu Leibe geht, so auch äußeren Unstimmigkeiten, selten um Hilfsmittel verlegen. Lebensgrundstimmung: Niederlage – ausgeschlossen. Was drückt, wird abgewälzt, was tiefer trifft, führt zur Erschütterung des Gesamtvertrauens zu sich, zum Leben.

♍

Das stofflich Eingrenzende

(erdhaftes, labiles ☿-Zeichen)

Dosierte Vitalität, sie spielt sich in getrennten Reizbezirken ab, insgesamt abhängig von der Beachtung und Pflege einer, auch wenn sie kräftig angelegt ist, doch leicht störbaren Konstitution, die nüchtern geregelter Lebensweise bedarf; häufig ausgesprochene Idiosynkrasien und Ablehnung bestimmter Nahrung, anderseits wählerischer Instinkt für das individuell Bekömmliche, der nicht durch Schematismen verdorben werden dürfte; Anfälligkeit oft weniger von Natur gegeben als gefördert durch überängstliche Beschäftigung mit dem eigenen Organismus, hohe Ansprechbarkeit auf Medizingifte.

Kritische Reserve ist die Grundhaltung dieses Typus: skeptisch, wo andere gläubiger Begeisterung voll sind, nüchtern, sich an nächstliegende Tatsachen haltend, wo sie schwärmen und schweifen. Ein feines Häutchen scheint sein Wesen gegen Andersgeartete abzuschließen. Mimosenhaft empfindlich hütet und wahrt er sein Eigenes in jedem Knick und jeder Falte seines Sobeschaffenseins. Betriebsam bewegt er sich im Sachlichen, in einem ihm bekannten Material und in Bahnen erworbener Routine, ständig ausschauend nach Gelegenheiten, die genutzt werden könnten. Im Naturblick wie in menschlichen Beziehungen geht er vorsichtig vom Gesicherten aus, vergewissert sich Schritt für Schritt des Umfanges praktischer Folgerungen und sorgt vor. Befremdenden Überraschungen weicht er aus. Im Kopfe dieses geborenen Kasuisten befindet sich eine Kartothek mit Wenn und Aber für möglicherweise eintretende Fälle. Dies hindert ihn, das Herantretende ohne irgendeine Rückversicherung auf sich einwirken zu lassen, vitale Wünsche frei zu bekunden. Infolgedessen selten restlos von etwas ergriffen, schwer sich hingebend, gilt dieser Mensch gemeinhin als kalt, berechnend, egoistisch. Oft aber ist er nur der Gefangene seiner automatischen Abwehrreaktionen gegen Fremdes, nicht Ausgeprobtes, von Abweisungen, deren Folgen ihn dann wieder in Selbstquälerei werfen. Ängstliche Scheu verbirgt sein Suchen nach Kontakt. Er braucht Anschluß, will aber seine Eigenheiten unbeeinflußt erhalten, aus der Überzüchtung dieser Tendenz entsteht nervöses Gereiztsein bei Störung mitunter nebensächlicher Gewohnheiten. Befürchtungen erstrecken sich auch auf das, womit er sich identifiziert. Der meist scharfe Verstand sucht den Dingen mit kausalen Einzelerklärungen oder formelhaft, «wie man es macht», beizukommen. So förderlich dies den Arbeitsleistungen abgetan vom Persönlichen ist, bei schwebenden Entscheidungen werden die Argumente doch häufig ins Schlepptau genommen durch untergründig nachwirkende Momente der Individualgeschichte (Aussagegrenze!). Unvorhergesehenen und beispiellosen Lagen gegenüber daher mitunter äußerste Komplizierung, einen Entschluß zu fassen. Aus der Tendenz, kein Moment unberücksichtigt zu lassen, geht sogar die Verwirklichung unmittelbarer Interessen oft einen gewundenen Weg. Der Überschlaue strauchelt gelegentlich über seine eigenen Sicherheitsvorrichtungen. Im Gemeinschaftlichen stößt dieser Mensch bei allem Geschick und bestem Willen, das Herbe, Spröde abzulegen, immer wieder an Grenzen, überbrückbar nur durch äußerliche Anpassung. Differenzierung innerhalb dieser Grenzen ist aber hier gleichbedeutend mit der Entwicklungsweise, die zum letztmöglichen Durchfeilen im Begrenzten strebt. Nie läßt dieser Typus sich von Fremdem hinreißen, noch schöpft er Weisungen aus dem Drang nach unbekannten Horizonten, wie unter dem Gegenzeichen ♓; optimal ist er formklarer Vollender eines erbmäßig vorgezeichneten Entwicklungsthemas.

Auswertende Auffassung, intelligentes, rasches Orientiertsein in genauer Nahbeobachtung, erfahrungsgebunden-kritisch, analytisch scharf, nüchtern, winkelzügig-beweglich, aus Übervorsicht pedantische Züge. Registrieren der Dinge in allen Einzelheiten aus einem bestimmten Blickwinkel – oft sich der Relativität des Standpunktes bewußt –, sie stückweise aus dem vorgefundenen Zusammenhang ausgliedernd sowie methodisches Einordnen nach Merkmalen, Sachgebiet, Dringlichkeit, Zweck und Nutzen. Selbstunsicher, häufig ressentimentgefärbt-moralisierend und amusisch, dezentriert, sperrig gegen Gefühlshaltungen.

In der Kreisordnung haben wir das letzte Prinzip des subjektiv bestimmten Halbbogens, heranführend an den Punkt, ab dem die Objekte das Übergewicht bekommen; die organischen Kontakte stauen sich vor der Schwelle des Bestimmtseins durch den Fremdwert. Die beiden vorangegangenen Prinzipien enthielten sensible Beeindruckbarkeit und dynamische Ausdruckswucht des Lebensschöpferischen. Diese Spannung des Quadranten pendelt aus im «merkurischen» Vollbringen, einer von innen nach außen und zurück – ad infinitum – umspringenden Neutralität der Intelligenzbewegung. Das Erdhafte liegt im Gegenstandsbezogenen. Wo Grenzen sind, lauert Angst vor dem Unberechenbaren dahinter. Als bedroht empfundener Eigenwert erweckt die Weltangst tieferer Schichten. Alles Erdenkliche stellt dieser Typus an, um die abgründige Unruhe zu stillen. Er legt den Pfennig für die Not zurück und hängt sein Seelenheil an den stimmenden Haushaltsplan, überwacht die Symptome möglicher Krankheiten bis zur Hypochondrie, um vorbeugen zu können. Seine abwehrende Skepsis, geboren aus Angst vor einem Enthusiasmus, der ins Bodenlose führen könnte, häuft ein Arsenal von Sicherungen gegen Leidenschaft und mitreißenden Glauben. Er haßt die «geniale Schlamperei» des Gegenzeichens, seine bedingtere, «hausbackene» Welt ist säuberlich geordnet. Unter wissenschaftlicher Obhut entsteht jene selbstbewahrende Kühle – in der Kritik unähnlich dem schöpferisch aufwühlenden Zweifel –, die Probleme, deren Berechtigung nicht logisch plausibel zu machen ist, zurückstellt, sich verfänglicher Aussagen enthält und beschränkt auf Methoden, mit denen sorgfältig prüfend von Bekanntem auf Unbekanntes geschlossen wird. Auf niederem Niveau entsteht daraus der nörglerische Einspruch gegen alles groß Gewollte. Ein Vielerlei von innerlich unverbunden nebeneinander Bestehendem macht die Welt dieses Analytikers aus. Er setzt sie mosaikartig zusammen, die Stücke nach Gebieten geordnet, das Ganze gilt ihm als Summe von Teilen, die seine Beobachtungslinse mit Überschärfe heranholt. Solch Nahblick auf materiell begriffene Dinge macht die meisten blind für die Seele des Ganzen; sie sehen statt eines Menschenantlitzes nur Merkmale, erfassen den Rhythmus eines Lebens als Sammlung von Anekdoten und Schicksal als ein Gewirr kausaler Fäden, für deren jeden eine Spezialfunktion auszubilden und möglichst ein bestimmtes Gerät zu erfinden sei. Nahe hierbei liegt die Tugend des Prinzips, im bescheidenen Dienst an einer Sache äußerste Präzision zu erreichen; nur braucht sie ein Bewußtsein der Ausschnitthaftigkeit ihres Tuns.

Überlegter Ausdruck, auf Fragen «interessierte Auskünfte», d. h. Antworten mit denen etwas Bestimmtes bezweckt wird, vorsichtig reserviert, häufig ausweichend, intelligent maskenhaft. Detaillistisch beschreibender Empiriker, der sich genau ans Gegenständliche hält und keinen Umstand überspringen kann, daher leicht im Zusätzlichen und Beiläufigen den Faden verliert. Gefühle drücken sich indirekt aus über fürsorgliche Bedenken und Maßnahmen, materielle Zuwendungen, Diensterweisungen; wenn im Eigenen gestört Zurückweichen bis ins Stimmliche hinein.

Durch das egozentrische Verhalten zuweilen qualvoll isoliert, wird dies Lebensgefühl dennoch gespeist aus verbindenden Kanälen zu Verwandtem, sei es Blutsverwandtschaft, eigene Familie oder Kollegialität, Fachschaft. Die gemeinschaftliche Atmospäre zerfällt dabei allerdings in diskutierbare Vorfälle und austauschbare Kenntnisse. Rationalität beherrscht also auch die zwischenmenschlichen Beziehungen, häufig Zuständigkeits-Schematismus. Sie zu erhalten und pflegen bezweckt, für sich zu gewinnen, ohne daß dies einen Widerspruch zu bilden braucht zur dienstwilligen Fürsorge, dem absichtslosen Bestreben, sich nützlich zu machen. Diese untergründige Triebfeder, häufig verstärkt durch sublimierte Gefühlsbindungen, entgeht meist der Mitwelt, die nur den Ausdruck berechnender Kühle wahrnimmt. Schranken der Herkunft durch intelligente Anpassung zum Teil verwischend, entfernt sich dieser Typus doch nicht allzu weit von den Bedingungen seines innerseelischen Haushaltes, entstandenes Ungleichgewicht kann er schwer einrenken. Sein geschäftig umherjagender Verstand flieht das Weite und Unbestimmte. Die Gefahr heißt: Überdifferenzierung, Totlaufen im Spezialistentum, nicht mehr Zurückfinden zu den schöpferischen Ursprüngen. Auf der positiven Seite stehen rastloser Gewerbsfleiß, Hang zu Sauberkeit und methodischer Ordnung. Dies und vor allem unbestechliche Sachtreue der Beobachtung hat die Naturwissenschaften hochgebracht, führt verläßliche Rechenschaftslegung in der Wirtschaft und im Staate durch, nützt überall das Nutzbare und methodisiert das Lehrbare, in den Künsten vollbringt der handwerkliche Zug sowie die Materialbezogenheit, was Technik und Regel bewirken können.

Untertypen. – Zumeist erstellt dies Prinzip die Chargenfiguren des Welttheaters, die rührigen Talente und beim Genie den Anteil des Fleißes; eine der Wirkung sich versichernde Bühnenbesetzung braucht solche durchgebildeten Charaktere. Manche stechen mit einem Schuß Dämonie sonderlingshaft hervor wie der «Säuberungsfanatiker», der moralische, hygienische, ernährungsmäßige oder sonstige Reinheitsforderungen aufs i-Tüpfelchen erfüllt sehen will. Übertreibungen streifen zuweilen an die Komik des hausfraulichen «Ordnungsteufels», dem der produktivste Mann weichen muß, wenn sein Schreibtisch «dran ist», an die überdrehte Ernsthaftigkeit des «Umstandskrämers», der ständig über Bedingungen stolpert und mit der Tücke des Objekts kämpft, des «Ordnungsphilisters», dem ein falsch gelegtes Besteck, ein nicht minutengenau fertiges Mahl die Lust am Essen verdirbt. Wieder andere erwecken eher Mitgefühl wie die in ihren verpaßten Gelegenheiten eingestaubte «Sitzengebliebene», der schon angedeutete «Hypochonder». Dieser kommt auch in Übertragungen vor als «Kümmerer», der Dritte in manchen Ehen, ständig um die Frau besorgt in ihren Seelenproblemen, modischen Anwandlungen, Verdauungsfragen; als Liebhaber ungefährlich, versteigt er sich in der Rolle des «heimlichen Intelligenzgatten» bestenfalls zu gouvernantenhaften Belehrungen und Zurechtweisungen. Unmöglich, alle Schattierungen aufzuzählen. Im allgemeinen findet man den grauen Durchschnitt einer bestimmten Menschenkategorie ins intelligent Bewegliche, Anstellige, Emsige gehoben. Wohl am häufigsten ist der «geborene Fachmann», der im engen Zirkel scharf umrissener Aufgaben sein Bestes hergibt, seine durch Milieu und Familiengeschichte vorgezeichnete Sondernote pflegend, damit aber im Horizont begrenzt. Er macht sich verdient als lebendes Nachschlagebuch des Fachwissens, Vermittler und Ausübender handwerklicher Kniffe. In der Forschung sind es die ordnenden Hausgeister der «Wissenschaftsfamilie», kritischen Einschlags, im Schrifttum die Virtuosen der Anmerkungen, Belege, Rezepte, Hinweise. Die oft vorhandene Tendenz zum «Haarspalter» macht besonders die Gestalt des «Kritikers aus Ressentiment» unbeliebt. Nicht nur in den praktisch nutzenden Zweigen trifft man Übergänge zum Ökonomisten, der die Schöpfung von der Haushaltsrechnung aus betrachtet. Verdichtet zur Figur des «Knauserers», nehmen die Sparmaßnahmen mitunter groteske Formen an. Manche teilen sogar den für das Privatleben verfügbaren Betrag in Sonderkassen ein und buchen sorgfältig ab, was sie der einen Kasse für die andere entnehmen, sich selber beleihend und übervorteilend. Trotz aller Rationalität gelingt es manchen dieses untergründig rückverbundenen Zeichens nicht, den Aberglauben zu bannen; dann fangen sie ihn in orakelnde und beschwörende Praktiken ein. Die Tragikomik vieler Abarten liegt immer in der zu Ende getriebenen Vereinseitigung von Regungen, die ebenso beim gesunden Durchschnitt vorkommen und denen nur durch produktive Aufgaben Herr zu werden ist.

Kernproblem selbst in der Liebe ist die Angst, vom Lebensstrom überflutet sich zu verlieren. Für manchen bedeutet sie zunächst eine Abwicklung physiologischer Tatsachen, die er mit nervösem Mißtrauen gegen störende Befremdung verfolgt. «Der Natur ihren Zoll zahlen» heißt noch nicht als Mensch mitgehen: Quelle für Konflikte. Doch findet sich einmal warme Nähe eines Partners und Ergänzung durch ihn, ohne die Reservate des Eigenlebens anzutasten, so können die zurückgestauten Gefühle umso anhänglicher frei werden. Andererseits gibt es echte Reinheit, durchseelte Stille des Trieblebens. Die Selbstverliebtheit nimmt, vorzugsweise bei Männern, häufig narzistische Formen an, bei Frauen kann im Falle des Übergangenwerdens ihrer Eigenheiten sich Frigidät herausbilden. Gleichwohl liegt normalerweise keine Triebschwäche zu Grunde, nur Scheu vor dem Untergehen der Individualität im Gattungswesen. Mitunter sucht mißgeleiteter Eros seine Entschädigung im hirnlichen Spiel mit einem Stich ins Frivole; auf niederem Niveau bereitet dies den Boden für Klatsch, der sich auf dem Thron nachweislicher Nichtverfehlung an Sünden anderer genugtut.

Berufseignung. – Beim Naturforscher glänzen die Tugenden dieses Zeichens: Kritische Stoffbeschränkung und experimentelles Geschick, vorsichtige doch schlüssige Diktion, klare Beschreibung. Den originalen Köpfen reiht sich das Heer tüchtiger Laboranten an. Häufig Mediziner, spezialisierte Techniken und Einzeldiagnostik. Geisteswissenschaften gebunden an anschaulichen Stoff; in der Geschichte z. B. redliche Urkundenprüfung, mehr Schilderung historischer Persönlichkeiten als Erfassen großer Zusammenhänge bzw. Blick auf solche vom wirtschaftlichen aus. In der Psychologie meist Anklammern an Meßgerät, Tests usw., Ersetzen unmittelbarer Einfühlung durch Regeln, zuweilen spitzfindige Konstruktionen. Bei Nationalökonomen, Juristen, Schriftleitern und der übrigen Fülle intellektueller

Berufe drängt sich die dem praktischen Nutzen zugewandte Seite vor. Im Kaufmännischen der «Pfennigskaufmann», oft Raffinement in der Auswertung kleinster Mengen, Materialkenntnis in seinem Zweige, kaum Hinüberwechseln zu einem anderen, Sinn für die Tradition des Hauses, in die er als Angestellter hineingewachsen oder der er durch Familie verbunden ist; Leitsatz: gediegene Kundenbedienung ist die beste Werbung. Die gleiche Tendenz der Sachkenntnis gilt für Technik und Handwerk. Neigung zu kunstvollen Kleinformen: Feinmechaniker, Uhrmacher, Instrumentenbauer, Schriftsetzer, bei den ins Ästhetische hineinspielenden Zweigen ein Hang zum Netten, Niedlichen: Spitzenklöpplerinnen, Modistinnen, Schneider, Ziergärtner oder Züchter bestimmter Sorten. Den Landwirt dieses Typus kennzeichnet durchdachte Wirtschaftlichkeit. Die Breite dienender Tätigkeiten und des Hilfspersonals: Schwestern, Kindergärtnerinnen, Hotelangestellte, Fürsorge- und Registraturbeamte usw. Beim bildenden Künstler und Musiker ist die Begabung häufig eng an einen bestimmten technischen Zweig gebunden, dessen Durchgliederung die Vorzüge ausmacht; überwucherndes Detail, Virtuosität stört oft große Form, durch Regel und Methode überwindbar. Beim Schriftsteller epische Breite, anschauliche Schilderung in liebevoller Kleinmalerei.

Oft signalisiert dies Prinzip leistungsmäßiger Endstufen die familienmäßige Aufzucht einer speziellen Begabung, zuweilen Inzucht im engeren oder übertragenen Sinne (entweder Verwandtschaftsehen oder generationenlanges Verharren im gleichen Lebenskreise; Aussagegrenze!). Irgendwie vereinigt sich Milieufall und Träger eines Familienschicksals in einem und demselben Menschen; das Prinzip gibt nur den formalen Rahmen für Inhalte, deren Beurteilung besonders sorgsamer Untersuchung der konkreten Bedingungen und Umstände bedarf.

♎

Das geistig Lenkende
(luftiges, kardinales ♀-Zeichen)

Anregsame Vitalität, aus der sinnlichen Reizempfindung sich verjüngend, situationsbestimmt und kontaktbedürftig, durch Verhältnisse und Personen der Mitwelt aufgemuntert oder herabgestimmt; Grunderfordernis eine harmonisch beschwingte Lebensweise, bei stumpfem Gleichlauf leicht Versinken ins Bequeme; Überwindung schwieriger Perioden durch Aufsuchen erheiternder Eindrücke, Wechsel des Orts und Umgangs oder von sonstigen Erregern der reagibel lenksamen Energie.

«Das bist Du»: unmittelbares Angesprochensein geistigen Begehrens nach Kontakt mit Anderheiten, Aufschluß von Welt. Definiere die Reizwirkungen seiner Umgebung in einem bestimmten Augenblick und du hast den Haltungsansatz dieses Typus. Dies meint nicht Willens- und Rückgratlosigkeit und es muß durchaus nicht so zugehen, daß der Zuletztgekommene bei ihm recht behält. Vielmehr ist die Rede von einem Menschen, dessen Lebensgleichgewicht im Ausgleich mit jeweils Zuhandenem besteht. Erst in Kommunikation befindlich lebt er auf, durch sie schwingt er sich hinaus über sein Normalmaß, ihr Mangel läßt ihn daruntersinken. Bei keinem anderen als Diesem – seiner Eigennote nach Darbietungsmensch – ist die Beschaffenheit und Zusammensetzung, sind die Vorgänge der Umwelt so wichtig. Wenn die Mittel, herandrängenden Anforderungen zu genügen, ihm nicht spontan einfallen und keine Zeit zur Erwägung der Umstände bleibt, gelangt der sonst so rasch Reagible schwer zum Entschluß; dann siegen oft momentane Eindrücke und der Wunsch, Konflikten auf bequemste Weise aus dem Weg zu gehen. Ein und derselbe Mensch kann überbauend-richtungweisend wie flau und unentschieden sein aus der Tendenz, dem Herantretenden gerecht zu werden und den Punkt zu finden, in dem die aufgetauchten Widersprüche sich ergänzen. Mit dem geistigen Niveau (hier weniger gespeichertes Wissen als Erkenntnislust betreffend; Aussagegrenze!) wächst der Aktionsradius. Der eine hält stets die schöpferische Mitte einander durchkreuzender Strebungen inne, spricht das schwebend Gemeinsame in der Idee aus, der andere müht sich um Vermittlung und Einigung um des lieben Friedens willen, schleift Spitzen ab, die Anlaß zu Streitfällen geben könnten. Beide erfüllen eine Brückenfunktion. Stärken wie Schwächen dieses Typus entspringen der sinnlichen Anregungsbereitschaft, die bei Mangel an Aufgaben ins Liederliche schlittern läßt. Seine Initiative bedarf des äußeren Anlasses, der ihm mit dem Ansatzpunkt zugleich die Form bietet, in der er aktiv eingreifen kann; geführt vom Empfinden für die Situation, mit Sinn für das Gemäße – sozusagen den dekorativen Rang der mitspielenden Momente –, fädelt ihm Witterung für Benötigtes sein Vorhaben ein. Am seltensten von allen gestattet sich dieser Typus eine unbesehene Ablehnung dessen, was nicht zum eigenen Wollen paßt. Vielen mag man deshalb Mangel an persönlicher Note und eine ständig schwankende Haltung nachsagen, andere wissen dies zu einem Plus situationsangepaßter Wirkung umzukehren, sie glänzen, indem sie anbieten, was gefällt und in einer Form, die anspricht; auch reiche Geistesgaben werden mitunter in der unterhaltsamen Art des Conferenciers vertändelt. Doch Beansprucht- und Gebrauchtwerden durch eine bestimmte Gemeinschaft erhöht wiederum manchen, indem er ihre treibenden Kräfte auffängt, im Format. Sein Richtungweisendes liegt gegensätzlich zum imperativischen Willensprinzip ♈, fließt aus dem Eingehen auf das Vorgefundene, er lenkt, indem er sich lenken läßt, durch Einsicht in Aufgabe und Lage.

Weltoffene Auffassung, schweifend-kombinierend, weit beschwingt und zugleich gelassen, ausgeglichen, situationsbestimmt, beweglich-lenkbar. Ästhetisch anregsam, Blick für das Schöne, Weiträumige, locker angeordnet zueinander Stimmende. Diagnostisch und physiognomisch vorgehendes Denken, dem sich aus jeweils Vorhandenem zwanglos Ziele ergeben und der Lage angepaßte Methoden entwickeln. Meist unprofiliert-harmonisch, nichts gewaltsam in die sich stellenden Probleme hineintragend.

Mit diesem Prinzip gerät die kreisläufige Aufeinanderfolge in Gegensatz zu ihrem Beginn. Subjektives Wollen schlägt um in den Aufschluß von an sich Gegebenem, Außerpersönlichem, Ich- und Dustrebung kommen hier zum Ausgleich. Das «Venusische» liegt im Kontakthalten, dem auch das Genußleben durchformenden Ebenmaß und Stil. Die Kardinalität besteht in der Bereitschaft, nach Lage und Eigenart der Objekte vorzugehen, auf das Mitlebendige hin zu leben, in die Gemeinschaft hinein zu wirken im Sinne übergeordneter Auffassungen und Bedürfnisse. Die dem Prinzip eigene latente, erwartende Geistigkeit, manifest im Abwägen und Kombinieren von situativ Ermitteltem, kann sich ebensogut des Worts als der Handhabung ästhetischer Werte bedienen. In der Lebenskunst gleicht dieser Typus dem Segelflieger, der sich in Schwebe hält und vorwärts bringt durch Ausgleichen abgefangener Strömungen: mit einem Mindesteinsatz eigener Energie, durch Aufgreifen und Umlenken fremder Antriebe, gewinnt er Höhe und Weite. Harmonie, Gerechtigkeit, Objektivität können glanzvolle Leitsterne der Entwicklung sein, bleiben freilich oft nur frommer Wunsch eines Menschen, der heiter durchs Leben tänzelt und dem Genuß des schönen Augenblickes frönt. Berufensein zur Führung sproßt aus dem, was Impuls und Begeisterung weckt und damit dem Streben entschiedene Richtung gibt: mehr ein Angezogenwerden als ein Treiben und Drängen. Die schöpferischen Vertreter dieses Prinzips sind die ständig angeregten Anreger. Sie senden Direktiven nach allen Seiten aus, ohne sich an das zu klammern, was im einzelnen damit geschieht; das sie Bestimmende hat etwas von der Sprengkraft der Samenkapsel, die reife Körner zur Weiterentwicklung verstreut. Bescheidener im Ausmaß ist die Kunst der unbeschwerten Einstellung auf das Unvermeidliche. Es gibt solche, die als äußerlich Unterworfene innerlich Sieger bleiben, sie beschenken, wo sie dienen und erobern im Nachgeben, indem sie andere sich damit verbinden. Geistig Minderbemittelte finden sich halt zurecht und wursteln fort. Friedliche und ausgewogene Verhältnisse sind diesem meist auf irgendeine Art zur Verfeinerung strebenden Typus im allgemeinen günstiger als solche, in den grobe Durchschlagskraft die Oberhand hat.

Vermittelnder Ausdruck, verbindlich ansprechender oder mit heiterem Schwung befriedender Ton, Vermeiden extremer Festlegungen in der Stellungnahme, tolerant. Die Haltung geht diplomatisch, doch meist mit Gegenwärtigkeit des Herzens, vom Verhältnis zum Gegenüber aus. Höfliche Umgangsformen sind daher nicht bloße Form, sondern kundgegebene Bereitschaft, zu verstehen und auf das Andersartige einzugehen, meist Geschmack, das im Augenblick Passende zu sagen. Vor ernste Probleme gestellt allerdings zuweilen leer, schönfärberisch, Umgehen unbequemer Konsequenzen.

Gäbe es im Psychologischen einen Ausdruck analog dem der Feldstärke in der Physik, so müßte er vornehmlich auf diesen Ansatz des zweiten Halbbogens seine Anwendung finden. In Reinkultur entsprechen ihm Menschen, deren Wille als Funktion des umschließenden sozialen Feldes begriffen werden kann. Ja, gerade dies macht gelegentlich ihre Stärke, ihre Führungseigenschaft aus. Solch Wegfallen «persönlichen» Wollens hat bei ihnen keine Selbstauflösung zur Folge. Nichtsdestoweniger nämlich ist die Möglichkeit der Freiheit gegeben, je mehr dasjenige, was die Persönlichkeit intakt erhält, zur bewußten Verfügung kommt: der Standort im Felde obliegt der freien Wahl. Die oft angetroffene Unbeständigkeit, das instinktive «sich die Ellenbogen frei halten», die Flucht vor bindenden Verpflichtungen, auch mehr oder minder elegante Schlamperei hat darin seinen Grund, daß bei mehr sinnlich befangenen Schattierungen dies Moment der Freiheit nicht zur bewußten Einsicht und Planung vorgedrungen ist. Wählerisches Feingefühl hält dann die Dinge solange in Abstand, bis etwas kommt, worauf der bei allem Gleichmaß doch Übererregbare «fliegt». Was hier vorwärtstreibende Empfindung, bewirkt bei mehr geistigen Schattierungen ideologisches Angesprochensein. Ideen jedoch, die diesem Typus bedingungslose Hingabe an eine Sache möglich machen, haben nichts abstrakt Starres. Indem sie die Wechselwirkung zwischen Geistigem und Ästhetischem, Abstraktem und Lebensverbundenem einbegreifen, finden solche Ideen durch Wandlungen der Situation immer neue Bestätigung und Auslegung. Erst wo diese Wechselwirkung aussetzt (nachträglicher Niveauverlust!), neigt sich da die Waagschale zum farblos Geistigen, dort zur ungeistigen Kultivierung des Sinnenlebens.

Untertypen. – Die Dimensionen des Geistigen und des Sinnlichen spielen je nach ihrer Betontheit in die Bildung der Schattierungen hinein, doch niveaumäßig umfaßt jede Dimension verschiedene Grade; anderseits bestehen durchgehende Gemeinsamkeiten. Es gibt unter Hochintellektuellen wie unter harmlosen Gemütern den «Mann der goldenen Mittelstraße», der, vom Gewicht einer irgendwo gehörten Meinung beschwert, automatisch die gegenteilige zu hören verlangt und den Ausgleichswert sucht. Hierher gehören auch die «ewigen Ausschaukler», die «Einerseits-Anderseits-Männer», die «den Mantel nach dem Wind Hängenden». Auch in seiner positiven Tendenz, nie ganz die menschliche Mitte zu verlieren, steht dies Zeichen der Herausbildung extremistischer Untertypen entgegen; solche unterscheiden sich mehr nach Oberflächlichkeit oder zusammengefaßtem Gehalt. Gern gesehen sind überall, wo man Zeit und Langeweile hat, mehr Leichtigkeit als Geist braucht, die Meister geselliger Künste, die geborenen Festordner und Empfangschefs, vor seriösem Hintergrund findet man die typischen Vereinspräsidenten und Kongreßleiter, welche die Diskussion auf den einigenden Punkt hinzusteuern wissen, oder bei anderen Anlässen des Zusammenprallens von Auffassungen die Schlichter, die Virtuosen des versöhnenden Schlußworts. Kaum je trifft man auf verbohrte Einzelgänger, wenn auch nicht stets Gemeinsinn die treibende Kraft ist. Unauffällig erfolgreich ist der Diplomatentypus in jeder Form öffentlichen Auftrags oder privaten Geschäfts in seiner geschmeidigen Taktik, mit Andeutungen und Hinweisen den Gesprächspartner «auszuholen», etwas zu bewirken ohne zu handeln. Dies gipfelt in einem Führertypus, der, was er durchsetzt, mit Hilfe eingesetzter Kräfte anderer erreicht, ihre Antagonismen «ausschaukelt», oder durch Mächte, mit denen er sich verbündet; einem Beherrscher der lavierenden Künste, der sich stets als «Zünglein an der Waage» einzuschalten weiß. Als angeborene Gabe vieler Frauen prägt diese Kunst, zusammen mit Takt und physiognomischem Instinkt, spezifisch weibliche Führungseigenschaften, die sogar den männlichen des Gegenprinzips überlegen sein können.

Die Liebe, da sie schon als Trieb über die Grenzen des Individuellen hinwegstrebt und, hinaufgeführt zur Vereinigung im Geistigen, wiederum den Trieb überstuft, nimmt einen für dies Prinzip symbolhaft hohen Rang ein. Fast jeder Kontakt zu Menschen anderen Geschlechts ist hier in irgendeiner Weise vom Eros durchschwungen. Diese Kontaktoffenheit wird zumeist stärker empfunden als die Bindung an einen bestimmten Partner: Menschen, die mehr die Liebe lieben als die Person. Die Stetigkeit einer Beziehung hängt daher nicht so sehr vom Grad der Leidenschaft ab, sondern von verwirklichter Lebensharmonie im Austausch der Interessen, der Gefühle, nicht zum mindesten vom Gleichklang ästhetischen Genießens. Hinzu tritt die Pflege des Äußeren. Frauen sind meist ausgesprochen geschmacksbetont in der Kleidung wie im Abstimmen häuslicher Dinge aufeinander, mit einem Zug zur «großen Welt», freilich auch oft gefallsüchtig. In Umkehr des Gegenprinzips zeigt sich körperlich eine gewisse Angleichung der Geschlechter zu Gunsten des Weiblichen, auch bei Männern häufig betonte Eleganz des Auftretens.

Berufseignung. – Die charakteristischen Berufsarten liegen im Künstlerischen oder haben irgendwie mit geschmacklichen Kriterien zu tun. Ersteres in einer leichtbeschwingten Weise, unter Bevorzugung lichter Klänge und lebhafter Farben. Die großflächig dekorative Note weist auf Plakatkunst, Innenarchitektur, Wandbehang, Festausstattung, Bühnenbild, Gestaltung öffentlicher Plätze und Parks. Regie und Ensemblespiel auf der Bühne, Ballett, Gesellschaftstanz, Kunstformen des Eislaufs sowie sportliche Betätigungen, bei denen es auf Kombination und Eingespieltsein einer Mannschaft ankommt. Beziehungen zur Modeschöpfung und -vorführung, Konfektion, zu Luxus- und Galanteriewaren. Handwerklich: Tapezierer und Dekorateur, Glaser, Friseur. Unter weiblichen Berufen solche, die dem Wesen der Frau unmittelbar entsprechen oder ihm wenigstens nicht abträglich sind. Die geistige Qualität des Prinzips führt vorwiegend zu ästhetischen und sprachverbundenen Fächern – Literatur- und Kunstwissenschaft, Sprachforscher, Übersetzer, Dolmetscher –, ergibt unter Ärzten und Psychologen rasche Diagnostiker, die Gabe der Exploration findet ferner Anwendung in Sozialberufen, Beratungsstellen usw. Ihre andere Seite, rechnerische Kombinatorik und Gleichgewichtssinn, bewährt sich bei konstruktiven Aufgaben der Technik wie Brücken- und Flugzeugbau, bei strategischen Planungen, Meinungsforschung, auch im Großhandel. Häufig Lehrbegabung. Die ideologische Tendenz kommt in Friedens- und Kulturmissionen, sozialen und völkerverbindenden Aufgaben zur Geltung.

Für den universellen Zug dieses Prinzips stehen alle Dinge in einem heimlichen Bunde. Doch sein Lebensgefühl beläßt dies in der Schwebe der Möglichkeiten. Es sucht keine Geheimnisse auf, duldet nur nichts schlechthin Isoliertes und kann entlegenste Dinge von Fall zu Fall, die Beziehungen aufhellend, in überraschenden Kontakt bringen. Sein Persönliches erlebt dieser Typus immer aus der Relation zu anderem. Die entscheidenden Anstöße empfängt er von außen, sie reißen ihn aus Stagnationen, das Bedürfnis danach läßt ihn Bequemlichkeiten und Gewöhnungen überwinden. Dies treibt den Primitiveren – gleichwohl im Genießen oft Raffinierten – dahin, wo Vergnügung und Unterhaltung lockt, den geistig Anspruchsvolleren führt es zu neuen Perspektiven des Weltblicks. «Witterung» hat jeder auf seine Art. Geringer ist meist die Geduld zu konsequentem Ausbau momentaner Einfälle. «Haltung» bedeutet für manche ein Provisorium, umstimmbar mit veränderten Verhältnissen und Aufgaben: Kehrseite eines geistigen Impressionismus, der vorurteilslos in die jeweilige Situation hinein-, unbelastet wieder heraussteigt und dessen Vorzüge jenseits des Moralischen liegen. Verläßlichkeit ist hier eine Frage der Kardinalität, des zu Leitideen durchgedrungenen Strebens. Aus solchen erreicht dieser Typus ohne gewaltsame Askese und ohne Verdrängung ein Nichthaften an dem, was subjektiv wünschenswert wäre. Im Parallelogramm der Kräfte steckt seine Weisheit und führende Eigenschaft.

♏

Das seelisch Spannungstragende
(wäßriges, fixes ♂-Zeichen)

Umsatzkräftige Vitalität, ansaugend und reaktiv sich verausgabend, auf eindringliche Wirkungen eingestellt, Unruhe nicht nervöser, sondern untergründiger Art, Bedürfnis nach exzeßhafter Anspannung; starke sexuelle Anziehung und auch sonst suggestive, manchmal hypnotische Einflußkraft; von Zeit zu Zeit umsturzbereit, vom Seelischen her ins Körperliche eingreifende Krisenzustände, gegenüber funktionellen Trägheiten sind Blutreinigungs- und Entschlackungskuren angebracht.

Typus der Umwertungen und Wandlungsstufen, der seelischen Wiedergeburt: im Zusammenprall divergierender Strömungen erwacht seine selbstbestimmende Kraft. Er braucht die Mitwelt, doch erst bei getrübter oder bedrohter Harmonie setzt sein Eigentliches an. Dies muß nicht Unverträglichkeit sein, obzwar er – streitbar und umstritten – selten als angenehmer Zeitgenosse gilt. Heitere Unschuld ist ihm fremd, abgründige Zweifel und drangvoll gesteigerte Konflikte, wissenwollender Ernst beherrschen sein Gemüt. Nie kennt das Spannungsgefäll, wer von außen daran rührt, dieser Mensch stellt ihn vor Überraschungen. Höchst reizbar durch Vorgänge und Fremdäußerungen, die er in leichtverletzlichem Selbstgefühl auf sich und das ihm Wertgeschätzte bezieht, antwortet er oft mit überscharfen Trümpfen. Er sucht Reibungsflächen auf, geht ihnen zumindest nicht aus dem Wege, das in ihm Lösungsbereite dirigiert ihn instinktiv dorthin, wo Entladung zu erwarten steht. Gegensätze, Diskrepanzen fordert er geradezu heraus, verlangt Verbeißen in schwierige Aufgaben. Für manchen besteht die Umwelt aus mehr oder minder akuten Anlässen, um kämpferische Aggressivität oder Arbeitsenergie loszuwerden, geistigen Spürsinn zu betätigen, Sexualspannungen abzureagieren. Seiner bohrenden Kritik gewährt keines der zeitweisen Ziele, wenn erreicht, auf die Dauer hinlängliche Befriedigung. An diesem Ungenügen schärft die weitergehende Problematik des Seins ihre Fangzähne. Das Leben wird zum Experiment, zum Suchen nach Wertbeständigem, die Maßstäbe wandeln sich in einem Werdegang mit periodischen Einschnitten. Ästhetische Normen zuweilen brüskierend durch die Verachtung schöner Form, werden in Selbstreinigungsakten die Gärstoffe einer unreifen, die Gifte einer überholten Seelenlage herausgeschleudert und damit abgetan. Profunde Triebe setzen sich dabei rücksichtslos durch. Erst wenn umgebogen und verfälscht, ergeben sie Motive, die auf Um- und Abwegen hinterhältige Auswirkungen suchen. Der niedere Typus ist der zynisch Bösartige, der des «Stichs in den Rücken». Die Tugend dieses Prinzips aber liegt im Mut, Scheinlösungen verwerfend einzustehn für unbequeme Wahrheiten, auch wenn sie «ins eigene Fleisch schneiden», Preisgabe oder gar Vernichtung des Liebsten erheischen. Unter keinem anderen Zeichen kann die Fähigkeit, Verluste, Niederlagen zu überwinden, Schmerz zu ertragen, Opfer zu bringen, derart mitbestimmend in Entschluß und Bekenntnis zu Gemeinwertigem inbegriffen sein: Gegenbild zum Selbstschutz unter dem Zeichen ♉, der Wahrung friedvoll in sich kreisender persönlicher Lebensgewohnheiten.

Untersuchende Auffassung, sezierend scharf, zweiflerisch, im Vergänglichen nach Beständigem schürfend. Problematisch bohrender, oft aggressiver Geist auf dem Untergrund stimmungsmäßig-affektiver Zuständlichkeit, gespannt, experimentierlustig, umwegig. Fragmentarischer Denkstil mit intensivem Anschnitt des jeweils Beschäftigenden, Fallenlassen mit Abbrechen der

Unmittelbarkeit. Schwankungen vom Besessensein durch eine Sache bis zum Abscheu davor, auch ambivalente Gefühle wie Haßliebe, Leidenswollust usw. Wandlungsfähig, kann Trennungsstriche ziehen, markant phasenbetont. Metaphysische Tendenzen durchsetzen das Anschauliche symbolistisch-bedeutungshaft.

In der Kreisordnung, nun es um sichere Grundlagen im Gemeinschaftsquadranten geht, ist der Zustand der Krisis erreicht. Unter Umständen kann Negation hier schöpferisch werden. Antithetische Stellungnahme zu bloßen Meinungen – eigenen wie fremden –, kritische Sichtung begangener Irrtümer, Rückschläge fehlgegangener Versuche, Hineingezogensein in katastrophale Entwicklungen, manchmal erst Schuld und Reinigung vermitteln erprobte und gefestigte Einsichten. Dazu muß das «reaktiv Marsische», verankert auf der seelischen Ebene, im Zeichen des Wertwandels durchgestoßen sein zu den überpersönlichen Inhalten der menschlichen Symbiose. Indem der Einzelne spürt, was er anderen mit jedem Begehrnis raubt, vermag er nicht mehr in die Naturunschuld zurückzutreten; ist er zu unreif für höhere Menschlichkeit, so verliert doch der Egoismus seine Naivität, besseres Wissen oder Gewissen übertrumpfend, nimmt er die Form der Ichsucht an. Dann allerdings wirkt Negation schlechthin negativ. Der manchmal verzweifelte Kampf um selbstsicheren Grund wird hineingetragen in die Sucht nach äußeren Bestätigungen, Ansichreißenwollen persönlicher Macht und Geltung, in Protesthandlungen, Aufbegehrungen, überschärfte Ansprüche. Rudimentäre Feind-Beute-Instinkte werden wach, verbündet etwa mit verdorbener Erbanlage, Einfluß ungesunder Verhältnisse oder herausgebildetem Ressentiment (Aussagegrenze!). In solchem Konfliktfalle entstehen zerrissene Seelen, deren eine Anlage der anderen widerstreitet und die, um sich von ihrer Gespanntheit zu erlösen, dem Nächstbesten ihren Zersetzungskeim weiterimpfen. Auf einer gehobeneren Stufe, derjenigen kompromißlos geschöpfter Erkenntnisse, gehen diese häufig in angriffslustigen Sarkasmus ein. Abbaureifes ausspionieren, Morschem, Abbröckelndem nachhelfen und in entdeckte Sprünge noch Sprengstoff legen, kann geistig sanktionierte Zerstörungslust zum Ausdruck bringen. Andere treiben Katastrophenpolitik mit sich selber, oder aber die Sicht gemeinnütziger Lösungen, dem Durchstoß des «Eigentlichen» näher, entfesselt emphatischen Bekennermut. Auch in «Bekenntnisse» jedoch kann sich eine Eitelkeit der Selbstentblößung einschleichen. Mancher wieder wirbt um die Märtyrerkrone auf der Basis geheimer Schuldgefühle ohne individuellen Grund, erbsündenhaft, sowie übernommener Sühneforderungen. Die mannigfaltigsten seelischen Zwischenzustände, Grenzsituationen und Selbstausstreichungen – etwa Umschlagen des krassen «Sichauslebens» der unteren Stufen in Askese – sind am Werk; wenn positiv verstanden, einer inneren Regeneration dienstbar. Auch in soziale Umschichtungen wird dieser Typus meist stärker als andere in gleicher Lage hineingezogen. Es ist das Zeichen, das von physiologischen Ausscheidungen bis zu niveaumäßigen Scheidungen überall die Werte sondert, im sozialen Organismus führt es das Wertwidrige durch seine Übertreibung ad absurdum. Das auftretende Unmaß ist Ausdruck einerseits verlorengegangener, andererseits gesuchter Maßstäbe. Wo traditionelle Sicherheiten zusammenbrechen, sind die höchsten Vertreter fähig zum geistigen Wagnis, neue Werttafeln mit dem Anspruch der Gültigkeit aufzustellen: die inspirierten Umwerter im kollektiven Erneuerungsprozeß, die unerschütterlichen Kämpfer für neu gezeugte Maßstäbe des Menschenrechts.

Derbdrastischer Ausdruck, nennt die Dinge beim Namen und scheut nicht Unbeliebtheit, wenn es etwas von anderen verschwiegen Gehaltenes aufzudecken gilt, zuweilen gesteigert zur Lust, an hohlen Autoritäten und konventionellen Vorurteilen zu rütteln. Anderseits Verbergenkönnen eigener Absichten, Fangfragen beim Gang einer Untersuchung, im Banne des Triebhaften versucherisch-suggestiv. Stimmlich rauh und metallisch, leidenschaftlich, manchmal schneidender Ton, der ohne die Worte zu wägen herauswirft, was die Tiefenlotung des Augenblicks heraufholt. Mitunter Freude an deplacierten Bemerkungen, ätzender Sarkasmus, mitleidlose Kritik.

Das markant «Persönliche» der Äußerungen läßt nicht ohne weiteres durchschimmern, wie sehr die Gemeinschaft sowohl Kraftquelle als Prüffeld ist. Selbst primitiver Machtdrang sucht Verstärkung durch einen Umkreis an sich gezogener Menschen. Die Person bildet unter diesem Zeichen sozusagen den Aneigner und Verbraucher, Umwandler und Rückerstatter der seelischen Potenzen anderer – natürlich einer niveaubestimmten Sphäre –, das Eigene, Verwandelnde ermißt sich als innere Leistung (Aussagegrenze). Wo diese aussetzt, wird gestörtes Gleichgewicht und Problematik der Umweltslage an diesem Typus besonders offenbar, sie verschärfen seine eigenen Konflikte und deren affektbetonte Herausstellung. Umgekehrt macht seine psychische Anfälligkeit ihn umso wachsamer; wenn die Kraft zur Umpolarisierung vorhanden ist, leitet die Witterung für Fäulnis und Zersetzung entsprechende Gegenreaktionen ein. Auf derselben Basis wie im vorigen Falle die einen Unruhezustand weitertreibenden Störer und Aufreizer, enstehen daher ebenso betonte Warner und Wächter der Sicherheit, des Friedens, des sozialen Gleichgewichts. Umwertende Verneinung von Tendenzen der eigenen Triebstruktur wird zum Hebel sozialwertiger Tat. Das «so oder so» ist allerdings unberechenbar und ergibt sich nicht im gefahrlos abstrakten Raum, sondern mitten in den Brechungslinien des Andrangs umweltlicher Verlockung und Gelegenheit. Mancher verbraucht seine Kraft im Austragen eigener ambivalenter Spannungen. Tiefer Bohrende gelangen zu Grenzfragen der existentiellen Unsicherheit überhaupt, der Unverläßlichkeit rationaler Grundlagen, des Leiden-, Sterben- und Schuldigwerdenmüssens als unlöslich zum Lebensdrang gehörig. Ihr kritischer Schnitt durchteilt die empirische Oberfläche hin zu überindividuellen Wertsymbolen, metaphysischen Gewißheiten. In jedem Falle entspringt dem Ungleichgewicht dieser untergründig gewitterschwangeren Atmosphäre die

Energie des Suchens, wenn in bestimmte Bahn gelenkt, einer Leistung, deren konkrete Ziele den Aufwand nur ungenügend erklären können. Antrieb, Leidenschaft und Energieverbrauch sind häufig der erstrebten Sache oder bezweckten Wirkung völlig unangemessen, steigerbar bis zum Exzeß.

Untertypen. – Ein Seelenklima, in dem nichts feststeht als was dem Zweifel und der Versuchung widersteht, bringt Extreme positiver Bewährung wie des Herausgeschleudertseins aus der Bahn hervor, sowie dazwischen ambivalente, vielfach mehrspältige, gebrochene Naturen. Eine kaum benennbare Fülle von Untertypen. Wo kämpferische Spannung sich im Dumpfen, Unklaren oder im Lichte von Halbwahrheiten ausgibt, entstehen die Ankläger, Nörgler und Untergangspropheten, Ruhestörer aus Prinzip, die ihren bissigen Witz nicht bändigen können oder Unfähigkeiten in den Mantel falscher Tragik hüllen, auch Konspiratoren im Parteileben oder sektiererische Geheimniskrämer. Das Herunterreißen dessen, was andere verehren, kann zur Sucht ausarten, Pathologisches ist oft Entgleisung echter Ansätze. Mancher Götterstürzer krankt am eigenen zerfallenen Bild des höchsten Werts, sein Zynismus bringt die Kehrseite fehlgegangener Ideale zum Vorschein. Andere spüren sozialen Mißständen nach, um sie, hungernd nach Polizeibefugnis, auszurotten. Vor allem Unruhezeiten, Gewaltherrschaften locken die 150-prozentigen Reiniger und Peiniger sowie ihre Angeber und Zuträger auf den Plan, rudimentäre Triebe unter hochlautenden Titeln auslebend. Der in Tribunalen und Folterkammern betätigte Sadismus gehört hierher, wie nicht minder sein masochistisches Gegenbild, Selbstbezichtigung, Leiden-Aufsuchen. Daneben steht die «gesunde Grobheit» der Meuterer und Landsknechtnaturen, ihr «reinen Tisch machen». Die Situation geschichtlicher Operationsschnitte bringt zugleich innere Mauserungen hervor, sich dokumentierend im äußeren Kurswechsel, politische Überläufer, die heute verfolgen was sie gestern anbeteten, desgleichen solche in kulturellen und geistigen Ausscheidungskämpfen. Wieder andere treiben den Exzeß nach innen – auch Selbstkritik kann Orgien feiern, Selbstverstümmelung sich einen Heiligenschein leihen –, entgleiste Parallelfälle echter Selbstprüfung und Katharsis. Aus denselben Wirren, Trübnissen und Leiden läutern sich anderseits fundierte Überzeugungen und freiwilliger Opfergang heraus. Die Extreme sind im ganzen genommen Grenzfälle der Unmenschlichkeit oder aber übermenschlichen Aufschwungs, wobei der Übergang zuweilen fließend und ein Umschlagen in den Gegensatz möglich ist. Den gesunden Normalfall kennzeichnet nicht einfach ein Abgemildertsein der Spannung. Vielmehr ist dieselbe ober-unbewußte Spannweite oft zusammengehalten durch besondere Disziplin mit Energieentladung an denjenigen Punkten, die bewußtes Einordnen in die Gemeinschaft zulassen.

Wohl bei keinem anderen Prinzip hat das geschlechtliche Triebleben so an der Dynamik der Entwicklung teil. Deren Einschnitte, Stagnationen, Fortschritte markieren sich häufig durch entscheidende Begegnungen, erlebte Versagung oder Lösung, auch freiwilligen Verzicht oder Sublimierung. Es gibt eine diesem Zeichen eigene Sexualmagie. Unterhalb der geistigen Stellungnahmen wirksam wie ebenso ablösbar vom Physiologischen, beruht sie auf dem Ansaugen und Umpolarisieren fremdseelischer Kräfte. Dies bringt etwa Männer hervor, die latent in einer weiblichen Hörerschaft Vorhandenes faszinierend anzusprechen wissen, sowie Frauen, die, was in einem Manne geistig aufkeimt, abfangen und in Worte fassen, bevor es ihm selbst klar wird. Wo diese Form potentieller Geistigkeit der rein sexuellen Wunschkraft dienstbar bleibt, schlägt oft eine Dämonie der Erwartung nach dem Erfolge um in den Affekt des Vonsichstoßens; solche brüsken Schwankungen «kalter Leidenschaft» sind Zerrbilder des Durchgedrungenseins zum positiven Ausdruck: Beständigkeit einer im objektiven Wert des Geliebten gegründeten Liebe.

Berufseignung. – Arbeit, einerseits als Wertmesser der Persönlichkeit erlebt, verselbständigt sich anderseits zum Tun um der Sache willen. Meist Leistungsehrgeiz. Setzt das Spannende der Unternehmung aus, so kann sie schroff abgebrochen werden, genügt ein Werk der eigenen Kritik nicht, so wird dieser Typus der erste sein, der Hand daran legt. Gegen fremde Bedrohung hingegen und Angriffe, deren Recht er bestreitet, verteidigt er das Geschaffene bis zu den Zähnen. Die Durchsetzungskraft ist ungleich, Zähigkeit wächst mit der Beteiligung, zuweilen rücksichtslos in der Wahl der Mittel. So grundwichtig das innere Verhältnis zum Beruf, ist bei entwickelter Theoretisierung keine Aufgabe zu schwierig, bei primitiveren Schattierungen keine zu widrig oder unmoralisch. Für korrigierende Eingriffe in das organische Leben – als Chirurg, Unfallarzt, Operations- und Hebammenschwester – bringt dieser Typus die Nerven mit; diagnostischer Spürsinn vereint mit beherztem Zupacken auch im breiteren Arbeitsgebiet des praktischen Arztes, in der Irrenpflege usw. Häufig sind magnetopathische Heilkräfte vorhanden, auch Beziehung zur Hypnose. Bei anderen liegt der Schwerpunkt in analytischer Schärfe der Theorie, die manchmal ein Urwissen, bis dato als mystisch geltend, im Lichte neuer Forschung wieder aufrollt. In diesem Sinne Pharmakologie, Chemie, Erkenntniskritik, philosophische Grundlagenforschung oder aber Befassung mit okkulten Fragen. Viele Entdecker. Im Wirtschaftlichen und Industriellen häufig theoretische oder praktische Sicherung der Produktion durch Konjunkturforschung, experimentelle Rohstoffuntersuchung, Personalüberwachung usw.; materialmäßig Beziehung einerseits zu Metallen, auch Verwertung von Abfallprodukten aller Art, anderseits zu Säuren, Gärprozessen, Desinfektionsmitteln. Schädlingsbekämpfung. Im Sozialkörper der Sicherungsdienst nach innen – Polizei, Kriminalistik, Straf- und Korrektionsanstalten – wie nach außen – Militär, diplomatischer Geheimdienst –, auch Feuerwehr, sanitäre Maßnahmen usw. Der Zug zur Disziplin und Gewaltanstrengung ergibt im Sportlichen zähe Leistungsmenschen, im Kampfsport solche, die Niederlagen einstecken und daraus lernen können. In der Kunst stört oft das Gewaltsame, Übertriebene die Harmonie, während der Ausdruck, die Charakteristik gewinnt; meist Vordrängen des Bedeutungshaften, Einmischung theoretischer Tendenzen. Die kritische überwiegt oft die Gestaltungsgabe. In der Literatur führt die anklägerische, entlarvende und fordernde Note manchmal zu Pamphlet und Tendenzdichtung, sonst aphoristischer Stil im einzelnen, Bewußtheit des dramaturgischen Aufbaues im ganzen.

Häufig signalisiert dies Zeichen ein erbbiologisches Problem: die Überkreuzung von Erbreihen mit starken Anlagenverschiedenheiten – Rassenmischung, Niveauunterschiede, extreme Lebensausrichtung der Eltern oder sonstiges Spannungsgefäll –, eine Bastardisierung im engeren oder übertragenen Sinne. (Vgl. das Inzuchtproblem bei ♍, auf der anderen Seite von ♎, dem Spannungsausgleich). Die Untersuchung gibt näheren Aufschluß über Diskrepanzen, die gemäß dem Aspektgefüge in die akute Problematik eingehen, daraus färbt sich das Erscheinungsbild. Beispielsweise bildet Unterdrückung in früheren Generationen, sozusagen ererbtes Ressentiment, die Voraussetzung jener Tücken, plötzlichen Ausbrüche und knurrenden Töne, die Nietzsche als «Eigenschaften alter Hunde und Menschen, die zu lange an der Kette gelegen haben» bezeichnet. Es liegt also mit an der Erbkonstitution, ob der streitbare Geist in schroffer Hervorhebung seiner Leitgedanken besserungswütig das Bestehende angreift oder, ruhig aufbauend, fundierte Erkenntnisse in offener Kritik zur Diskussion stellt. Gemeinsam ist allen Äußerungen das Ankämpfen gegen stagnierende Zustände oder was dafür gehalten wird. In Zusammenhang mit der inneren Unstabilität – dem «Fixen» nicht widersprechend, da sich Stabilität durch eine Art von Rüttelverfahren erst herstellt – steht die mitunter vor nichts zurückschreckende Energie. Die inhaltliche Erfüllung des Prinzips fordert viel. Wer nur Entladung von Spannungen, nur «Abreagieren» sucht, bleibt im Negativismus stecken. Erst kritische Selbstprüfung und objektive Leistung geben Ruhe, Sicherheit, und erhöhtes Lebensgefühl fließt aus dem Getragensein von einer Sendung.

♐

Das willensmäßig Zielstrebige
(feuriges, labiles ♃-Zeichen)

Aufschießende Vitalität, affektiv reizbar, ausdrucksstark, durch Begeisterung entfachte Bewegungsfreude, steigerungsfähig bei nacheinander auftauchenden Motiven die in gleiche Richtung drängen, Ungeduld der Zielverwirklichung; gehobene Stimmung an Brennpunkten der Entscheidung – fliegende Pulse, erhöhte Temperatur –, solch Furioso kann rapid absinken zu Verzweiflungs-Tiefenpunkten, die aber nicht lange andauern; häufig sportliche Anlage, Tendenz zu Übertreibungen, rasche Fieberneigung.

In Schwung und Gläubigkeit verhält sich dieser Typus so, wie es seinem Über-Ich entspricht, dem Leitbild seiner Wünsche, Willensimpulse, der überwertigen Idee seines Seins. Als Wertender, Fordernder tritt er damit an die Umwelt heran. Nicht das Alltägliche lockt ihn, sondern das Außerordentliche, ihm gilt nicht was ist, sondern was sein soll. Scheint dieser Anspruch zu verwirklichen möglich, so kann er das letzte aus sich herausholen. Unbändig ist sein Freiheitsdrang. In gleichbleibend festgeordneten Verhältnissen fühlt er sich eingesperrt, gegen soziale Schranken, Bevormundung und vorgeschriebene Zeiteinteilung lehnt er sich auf. Er braucht Bewegungsraum, eine selbstgewählte, im Wert indiskutable Aufgabe, Motive der Eroberung; hinter sich wird er mehr als einmal die Schiffe verbrennen, die ihn herangetragen, sein Glück dem Wagemut anvertrauend. Ängstlich ist er nur in einem: nie das ihm Heilige an banale Zwecke preiszugeben. Doch indem er hochgesteckten Zielen nachjagt, überspannt er leicht die Tragkraft der Realitäten, der Bogen seines Aufschwungs biegt um zum Absturz in Enttäuschung. Mancher, der dem Zug der Größe folgt, stürzt über Hindernisse, die ihm nicht der Beachtung wert schienen. Trotziges Aufbäumen gegen Tatsachen, Ableugnung dessen, was ihm nicht gefällt, Dagegenwerfen von Behauptungen eines abenteuerlichen Herzens oder aber Zerknirschung, Einkehr, versuchte Anpassung – jede Lösung des Konflikts mit dem Vorhandenen ist in der Durchführung affektbetont, ermißt ihre Überzeugungskraft am souveränen Wollen. Dies Prinzip vereint das organisch Geschöpfliche mit dem Menschenwürdigen im Klima der Höchstforderungen, der gesteigerten Erwartung, der Existenzentscheidungen. Das Niveau (Aussagegrenze!) kontrolliert sich an dem, was der Mensch verehrt. Freilich kann dies auch der Schein des

Vornehmen sein, dann entstehen erborgte Allüren bis zur Hochstapelei, die Pose des Höhergeltenden, oder ein Idol der Kraft, ein mit falschem Pathos gerittenes Prinzip, infolgedessen in leere Theatralik verirrter Lebensschwung. Schließlich kann der ideale Anspruch so herausheben aus jeder Wirklichkeit, daß der Zusammenprall mit dem Tatsächlichen ein unwürdig scheinendes Leben wegwerfen läßt: Selbstmord als negativer Freiheitsbeweis. Meist jedoch siegt unverwüstlicher Optimismus, Frische und Natürlichkeit im Anpacken der Dinge. Im Hinblick auf darübergesetzte Willensziele verfolgt dieser Typus konzessionslos seinen Weg. Die Triebfedern seiner Entwicklung – vorsichgehend im Ablauf einer stark akzentuierten Linie von Ereignissen – übersteigen das Nurnützliche, rational Berechnende des Gegenzeichens ♊, für dessen Urteil wiederum seine Kraftentäußerung oftmals an zweckloses Vergeuden streift.

Begeisterungswillige Auffassung, affektiv sinnsuchend und -gläubig, ausgerichtet auf Fernziele, Vorbilder, Ideen mit deren Bedeutendheit sich Anspannung und Leistungswille steigert. Gradlinig beweglich-bemächtigend, expansiv, Wechsel von Aufschwung, Absinken und wieder Überholung. Angesprochenwerden durch synthetisch aufbauende und organische Blickpunkte, aus denen sich die Einzelheiten in große Zusammmenhänge ordnen. Entschlußkräftig mit Bevorzugung friedlicher Problemlösungen, seltener Radikalismus mit utopischen Zügen.

In der Kreisordnung stehen wir im Abschnitt vor der Unterwerfung unter Norm und Vorschrift, noch diesseits der Linie des Abbrechens organischer Kontakte. Gemeinverbindliche Ideen sind aufgeworfen, die Leidensform der Krisis ist überholt, im Pendelschwung zwischen idealer Forderung und existentiellem Zweifel erwächst der Glaube an die positive Tat. Gemäß dem Feuertemperament labiler Form will Naturhaftes sich in letztmöglicher Unbändigkeit ausrasen, im «Jovischen» wiederum gipfelt Sinn und Würde des Menschseins, zumindest dem Niveau entsprechende abklärende Vernunft. Darin ist die Lebensspannung dieses Typus, Forderungshaftes in Sachdeckung zu überführen, wie sein niveaumäßiger Spielraum enthalten. Wo philosophische Besinnung durchbricht, hat sie ihre Richtpunkte in «letzten Dingen», Vereinigung von Pathos und Ethos im Persönlichkeitswert, der zugleich Überwindung egoistischen Wollens bedeutet; errungene Gipfeleinsamkeit bildet die Voraussetzung des Drangs, in gemeinnützige, verantwortliche Betätigung hinabsteigend den Daseinssinn zu erhöhen. Doch enthält das intellektuelle Niveau nicht den eigentlichen Wertmesser. Im Zeichen organischer Vollendungsstufen wiegt vielmehr edle Gesinnung und Adel der Haltung, Repräsentation einer besonderen Form, zu sein, zu handeln. Bedingungen der Herkunft (Aussagegrenze!) haben dabei viel zu sagen. Sind diese primitiver Art und übertönt das Temperament den besonnen Stolz einer Sondergeltung, so wird solche mehr in äußerer Dramatisierung zu erreichen gesucht. Man findet etwa frischverwegene Burschen, Eroberernaturen, Rekordebrecher teils aus Ehrsucht, teils aus Abenteuerlust, Herausforderer ihres Schicksals, für die ein Unternehmen erst dann richtigen Wert hat, wenn mit dem Kitzel der Gefahr verknüpft. Bis in die Abseitigkeit des Verbrechens reicht die Sucht nach Größe. Die Einheitlichkeit des Prinzips tendiert aber auf allen Stufen affektiven Getriebenseins oder erdferner Blickhöhe zur personunmittelbaren Einheit von Tat und Gedanke. Dies ergibt ein Leben gleich einer Gratwanderung, gespannt durch Bewußtsein der Absturzmöglichkeiten; vorbereitende Phasen fassen sich zusammen im Streben zu Spitzenleistungen, erreichter Erfolg läßt nicht rasten, sondern gilt als hingesetzte Kennmarke, um in erneutem Aufschwung über sich selbst zu springen.

Freimütiger Ausdruck, impulsiv, zuweilen reizbar-eigenwillig und hochfahrend-heftig, zuweilen friedfertig und duldsam, etwas feierlich. Pathos optimistisch lebensvertrauenden Grundtons, vornehm distanziert, doch Mitgefühl mit allem Lebensunmittelbaren, von daher dem Menschlich-Allzumenschlichen zugänglich. Oft unvorsichtiges Herausfahren der Regungen, getragen von Selbstachtung und im Gegenüber das Beste voraussetzend, auch Verfechten idealer Werte mit eifernder oder lehrhafter Tendenz, tätige Anwendung seiner Einsichten.

Ein wesenhaftes Problem lautet, wie mit dem Phlegma des Daseins in seinen beiläufigen Verrichtungen fertig zu werden sei. Die Masse der täglichen normalen Abwicklungen ist ja weder kühn, glanzvoll, noch heilig und vollzieht sich keineswegs im Tempo des Eroberungsrauschs, die Gebote sozial eingegliederter Existenzfristung sind in ihrer Nüchternheit selten vereinbar mit begeisterungswürdigen Zielen. Dies macht viele dieses Typus in ihrem Eigentlichen zu Einzelgängern, wenngleich sich dies Persönlichste vom Gemeinwertigen abhebt, um auf einer außerpersönlichen Wertskala zu den oberen Sprossen gelangen zu können. So gibt es Steckenpferde, geritten vor einem Welthintergrund, als handle es sich um einen für die Menschheit entscheidenden Vorgang. Schaffen aber Unruhen in der sozialen Umwelt, aufgestoßene Tore für Expansion oder kollektive Unternehmungen, die wagemutigen Einsatz erfordern, entsprechende Gelegenheiten, so kommen bei den Primitiveren dämonische Gewalten und Leidenschaften zum Ausbruch, bei den Entwickelteren rafft die soziale Gefügeverschiebung, der kulturelle Umbruch und sonstige überspringende Bewegung die Energien zusammen für «den» Augenblick, der auch ihre Spannung löst und einem großen Wurf die Erfüllung verspricht. In der ungewöhnlichen Situation bewähren sich manche, die in der Tretmühle versagen. Auch das Genie sticht in Form der Einzigkeit hervor aus der Breite des Menschenmöglichen, indem sein zur Spitze getriebener Persönlichkeitsstil die Lösungen dessen, was die Problematik der Epoche schwebend enthält, betont herausstellt. Zugkraft hat hier das nie Wiederkehrende, Unvergleichliche.

Untertypen. – Solche scheiden sich an den Anreiz bietenden Inhalten, während deren Verfolgen in exzessiver Form das Gemeinsame enthält. Die Zielgerichtetheit ergibt oft, was einer «fixen Idee» ähnelt, ohne dem labilen Charakter des Zeichens abträglich zu sein; genau genommen ist es ein Leitbild, nach dem zuweilen der ganze Lebensgang in seinem Auf und Nieder, seinen dramatisierten Einzelwendungen ausgerichtet ist. Aufgaben symbolisieren den Persönlichkeitswert, der sich am darangesetzten Willen und Mut, der bedingungslosen Hingabe erweist. So wird dem Gipfelstürmer eine noch unbestiegene Wand zur Lokkung und Anklage, dem Stoßtruppführer der Einbruch in eine uneinnehmbar geltende Stellung zur Ehrensache, dem Forscher der weiße Fleck auf der Landkarte ein zum Aufbruch mahnendes Signal. Je sinngetragener, umso mehr werden die Aufgaben als Auftrag, von einer inneren Stimme geboten, bis zur religiösen Inbrunst erlebt, je sinnentleerter, umso äußerlicher wirkungsuchend. Die Haltung nimmt beim letzteren den Stil des Vabanquespielers an, der alles auf eine Karte setzt, wenn nicht des Glücksritters, hart am Kriminellen vorbei oder mit einem Stich ins Operettenhafte. Wie hier Verdeckung einer Leere mit besinnungraubender Spannung und Bewegung um der Bewegung willen, so gibt es inhaltlich auch falsches Pathos und schauspielern vor sich selbst. Der linear-dynamischen Wesensrichtung entsprechend kann man schließlich von verschiedenen Typen markanter Lebenskurven sprechen. Hierher gehören der Frühvollendete, der raketenhaft seine Bahn durchläuft und scheitert oder sich darin verbraucht, der Spätling, Wanderer durch Wirrnisse, Aufregungen, Wenden und Wechselfälle, um am Ende zu seinem Eigentlichen zu kommen, der Emporgeschleuderte, seine Berufung erfahrend durch ein inspiratives Erlebnis, eine einzigartige Begegnung oder einmalige Ereignis-Verkettung, das übrige Leben hindurch davon zehrend.

Lebenswarmer Impuls und hochfliegende Gedanken machen auch die Liebe zum Abenteuer, bei dem es um erhöhten Sinn, wenigstens spannungsvolle Erhebung über die Gewöhnlichkeiten des Daseins geht. Sie kann zu einer das Wesen beherrschenden Leidenschaft auswachsen und verlangt, die Sterne vom Himmel zu reißen – schwer vereinbar mit Kleinkrieg um die Existenz und Haushaltspflichten. Dies der Grund mancher barocker, dem Partner lästig werdender Ansprüche, affektiver Behauptungen und Heftigkeiten bei Frauen, wenn sie nicht den Geliebten zum Idol erheben, so sich unterordnend, oder ihren Überschuß an Gefühlskraft sublimieren, was häufig mit Tendenz zum Religiösen oder Humanitären geschieht. Entspricht ein Erlebnis dem Bedürfnis nach «Einmaligem», «Ausschließlichem», dann können die Gefühle von Dauer sein. Ohne diese Erfüllung werden sie leicht selbstherrlich und lösen eine Kette frei gewählter Verbindungen mit jähem «Kopfverdrehen» und nachklappenden Enttäuschungen aus. Überhitzter Trieb und überspitzter Wunsch auch bei Männern, nur seltener die Sinnverlagerung des ganzen Daseins in den Eros hinein.

Berufseignung. – Spezialbegabungen, Ergreifen lohnender Gelegenheiten sind weniger ausschlaggebend als erlebte Berufung, eine voll und ganz mit Eigenem durchpulste Aufgabe. Bei manchen genügt sich der Tätigkeitsdrang im Physischen. Wo dies nicht der Fall und keine eindeutige Wahl erfolgt, behält dieser Typus allen Beschäftigungen gegenüber das Gefühl der Vorläufigkeit mit der Erwartung, daß «das Richtige» noch kommen werde. Hieraus und aus Reisedrang sowie aus Wenden der Entwicklung erklärt sich mancher Berufswechsel, sonst gradliniger Kurs. In praktischen Berufen braucht der unternehmende Geist eine gewisse Sonderstellung, Freizügigkeit, ihm übertragenes Vertrauen. Dies eignet mehr für Außendienst, bewegliche Verhältnisse, werbendes oder belehrendes Wirken als für Stillsitzen im Büro, Abstrakta, Zahlen. Zum Wirtschaften mit knappen Mitteln nicht sehr geeignet, kann dies unkaufmännische Prinzip doch am Platze sein, wo wirtschaftsstrategisch große Richtlinien zu geben, gigantische Pläne zu verwirklichen sind. Wissenschaft ist selten Selbstzweck, zuweilen aber Leidenschaft vom Gesichtspunkte des Forschens und Entdeckens aus – beim Expeditionsleiter etwa verbunden mit unbedingtem Tatwillen, der eine Gefolgschaft über Entmutigungen hinwegreißt –, oder erlebt als ethischer Auftrag, zu helfen und heilen, Mitmenschen einen Weg zu weisen. Von hier Überleitung zu religiösen Formen, Missionar, Wanderprediger, Obhut von Entgleisten und Schwererziehbaren. Eine ebensolche Note bekommt das Sozialgefühl; im Dienst einer Parteistrategie etwa eher auf Gestaltung kommender Verhältnisse als auf bestehende Einrichtungen abgestimmt. Volksredner in diesem Sinne, rhetorischer Schwung und Dramatisierung der Fälle auch bei Rechtsanwälten. Bei anderen bestimmen sportliche Neigungen den Beruf – Schulungsoffiziere, Reit-, Fecht- und Skilehrer, Bergführer, Handhabung von Fahrzeugen –, zuweilen mit artistischem Einschlag. Unter handwerklichen Tätigkeiten werden solche in freier Luft bevorzugt, etwa die des Zimmerers, oder auf Erlesenheit des Gegenstandes beruhend, etwa Geigenbau; kennzeichnend für organische Vereinigung von vielerlei Aufgaben ist der Försterberuf. Als eine der unmittelbarsten Ausdrucksformen im Künstlerischen kann der Tanz gelten, ferner die Bühne, in den übrigen Künsten eine expressive Note sowie Beziehung zum Sakralen.

Man könnte sagen: der Typus der Sondertypen, insofern der Stil persönlichen Lebens, wenn auch Gemeinsamem zugewandt, ein eigenes Profil herausbildet. Irgend etwas thront in seiner Welt als heilig. Mit Nächstbesten, die für das Hinanziehende kein Organ haben, machen sich diese Menschen nicht gemein. Der Freiheit müssen Entscheidungen offenstehen, sie lieben den federnden Schritt ins Unerschlossene. Was ihr Wesen ist, enthüllt der gegangene Weg, die Jugendpersönlichkeit lebt sozusagen vom vorverlegten Zentrum, das die Alterspersönlichkeit erreicht haben soll; daher oft die befürchtete Tragik, ein großes, nicht eingelöstes Versprechen zu bleiben. Eine eng, vernützlicht empfundene Sachwelt reizt das ruhelose flakkernde Temperament, den umstellenden Raum zu sprengen. Mancher wird sich eher aus Protest abenteuernd zu Grunde richten, als durch lukrative Abhängigkeiten lahm legen. Wenn man diese Perspektiven unterbindet, seine Beweggründe mißversteht und ins Kleinliche umdeutet, reißt ihn Jähzorn zu unbesonnenen Handlungen fort. Doch duldet die optimistische Bewegungsnatur nicht, daß sich ein Unmut festsetze und gern ist er zur Versöhnung bereit. Bei dauernden Einschränkungen packt er sein Bündel und wechselt den Schauplatz. Enttäuschungen können ihn ganz – aber nur kurze Zeit, solange in vorherige Erwartungen verbohrt – zu Boden werfen; immer wieder schwingt er sich auf zur Kulmination in überschäumender Daseinslust. Mit zunehmender Reife beruhigt sich meist dies ungestüme Wesen, Toleranz erwächst aus Einsicht in

Sinngedanken über den Gegensätzen, unähnlich der anfänglichen Heftigkeit seiner Zu- und Abneigungen. Oft muß erst die Arroganz fordernder Unreife abgewetzt sein, bevor Erfüllung durch latente Einfügungswilligkeit des Geistes, Sinn für organisches Gesetz und menschenverbindende Idee, zum Vorschein kommt.

♑

Das stofflich Bewegende

(erdhaftes, kardinales ♄-Zeichen)

Verhaltene Vitalität, zähflüssig und ausdauernd, widerstandsfest, ohne jeden Übermut und Übertreibung, nur nötigste Bewegungen, schwerfälliges Tempo, häufig Untertemperatur, sparsam in der Ausgabe des Gesamtvorrats, ungeachtet stockender Prozesse meist gute Konservierung der Energien bis ins Alter; gemäßigte und regelstrenge, genügsame Lebensführung entspricht der «Rechtwinkligkeit an Leib und Seele»; verhärtende Tendenzen, schlechte Regeneration von Abgenutztem, einlaufende Erschwernisse nehmen häufig chronische Form an, Müdigkeits- und Melancholiezustände geistig überwindbar.

«Man» verhält sich so oder so: Haltungsgrundsatz dieses Typus, «die allgemeine Meinung»: gültiges Kriterium. Sein Eigentliches, schwer zuweilen ergründbar, liegt versteckt unter dem, was im betreffenden Falle zu sagen üblich ist. In kleinen Korrekturen gemäß persönlicher Erfahrung von Dingen und Menschen wird es bemerkt. Nur nach erhärteten Tatsachen richtet sich sein kühl beharrliches Streben, nach Normen sein Verhalten. Stimmungen und Gefühle sind ihm ohne Verlaß, Originalität bedeutet ihm etwas erst zu Bewährendes, subjektive Willkür wäre geradezu ein Verstoß gegen die Sicherheit der Welt. Dies Eingestelltsein auf das Dauernde und Allgemeine findet Rückhalt gegen Meinungsschwankungen im Herkömmlichen, in Brauchtum und Sitte. Tradition ist hier ein lebendiges Wort oder aber eine Rumpelkammer opportunistisch hervorgeholter Formen: daran scheidet sich das Niveau (Aussagegrenze!). Der eine trifft hart und streng seine Entscheidungen nach dem Gebot, das er verankert sieht im stabilen Bau sittlicher und staatlicher Ordnung, der andere geht mit kühlem Realismus vom Boden des Gegebenen aus, beurteilt, was zu tun, nach den für sich zu erwartenden Konsequenzen. Zwischen des letzteren Egoismus, der die statistische Norm zu seinen Gunsten anwendet, und dem normativen Pflichtstandpunkt des ersteren stehen die Gruppenegoismen. Ihnen zufolge spielen in die Auffassung der Dinge die Erhaltungsgrundsätze des sozialen Standes, der Kaste, welcher der einzelne angehört, hinein, modifiziert durch die Zeitlage. Mehr als alle anderen wird dieser Typus von seinem sozialen und geschichtlichen Ort bestimmt. Stark ist sein Ehrgeiz, meist ein Bedürfnis nach geachteter Stellung und einem Namen von Klang. Auszeichnungen, Ehrenpreise, Titel, Orden sind ihm Symbole persönlichen Werts, Uniform, Standestracht trägt er mit Bedeutung. Damit solche Attribute das Selbstgefühl heben, darf ihr Erwerb nicht dem Zufall noch günstiger Gelegenheit zu danken sein. Dem echten Vertreter dieses Prinzips werden sie erst süß durch sauren Schweiß und als Ergebnis einer Planung auf lange Sicht. Geduldig wird er von Sprosse zu Sprosse der vorgefundenen Stufenleiter hinansteigen. Er scheut keine Schwierigkeit, kann Demütigungen ertragen. Zäh und gründlich, gewissenhaft, ausdauernd, korrekt im Einhalten von Vorschriften, Anwärter auf den gleichen Platz mit nachhaltiger Energie – bei niederem Niveau mit berechnender Tücke – beiseitedrükkend, führt er durch, was er sich vorgenommen hat. Seine Lebensstrategie will Zug um Zug wie im Schachspiel logisch berechnete Positionen erringen, immer konzentriert auf den Endzweck. Diese Haltung ist nicht umstimmbar durch momentane Eindrücke auf das Gemüt, wie unter dem Gegenzeichen ♋, ihr fehlt dessen Einfühlung in variable Lebenszufälle, eben darum kann sie mit konstanter Folgerichtigkeit alles Private dem Allgemeingültigen unterordnen.

Feststellende Auffassung, nüchtern und sachlich, trockenerfahrungsgebunden, schwunglos, sperrig gegen Beeinflussung vom Gefühl her, formale Beurteilung äußerer Daten, konzentriert, eng-fixierend, Tendenz zum Gesetzmäßigen. Konservativer Zug, Bedürfnis nach Kontinuität, prüft Neuerungen auf ihren Wirklichkeitsgehalt und wartet ihr breiteres Anerkanntwerden ab. Langsame Meinungsbildung, unterdrückt persönliche Neigungen sofern diese unvereinbar mit normativen Maßstäben.

Das Tor zum Menschheitlichen ist in der Kreisordnung gemauert vom Prinzip stärkster materieller Konzentration. Die Kardinalität liegt im nachdrücklichen Dringen auf Realisierung der Vorhaben im sozialen Raum und dessen Bedingungen. Ihr geistiger Aspekt besteht darin, daß, nunmehr absehend von organischen Kontakten, aus dem stofflichen Fürsichsein jedes Dings der Gehalt gezogen wird, der es eingefügt in die Tektonik des Weltganzen erkennen läßt. Hier herrscht die unerbittliche Klammer des Saturn. Der Geniale kommt zur perspektivenfreien Formulierung des Absolutums, dem der Standpunktbedingte schuldigen Gehorsam pflichtet. In einer gestrengen Welt lebt dieser Typus auf jeden Fall. Wer nur den Druck erlebt und kein Prinzip hinter der Entbehrung sieht, reagiert mit zuweilen schäbigem Egoismus. Für den Mangel an vitaler Unmittelbarkeit aber meist entschädigt durch gute Geistesanlagen, ist der Typus wie kein zweiter dafür geschaffen, sich in mühevolle Aufgaben zu vergraben, langwierige Studien durchzuhalten. Schnellsiedemethoden und Sachen, die leicht von der Hand gehen, sind ihm verdächtig. Er schätzt das Gediegene, Zuverlässige, systematische Stoffgliederung und geregelte Zeiteinteilung. Sein Weg baut Überraschungen vor und strebt konsequent aufwärts. Keinen Schritt tut er zu früh, keinen zurück, höchstens tritt er auf der Stelle, wenn es die Umstände verlangen, und verharrt in einer vorgesehenen Reservestellung. Liegt in persönlichen Entscheidungen keine gebräuchliche Lösungsform und kein Präzedenzfall seiner Erfahrung vor, so lehnt er sich meist an bewährte Autoritäten an, er bedarf der Ermächtigung und Absolution. Dies muß nicht Unselbständigkeit sein, ist eher Ausdruck eines überpersönlichen Rechtssinnes, der sich an allgemeinverbindliche Satzungen hält. Irgendwie vom Durchzug flutenden Lebens abgeschaltet, temperamentmäßig impulsarm (relativ zum Familien- und Stammestypus, Aussagegrenze!), ersetzt er geschmeidige Anpassung durch Regelmaß und formelle Einordnung.

Formalistischer Ausdruck, prägnant, sparsam, Überflüssiges vermeidend, karg und schmucklos, Vorliebe für Extraktsätze oder Gebrauch stereotyper, oft konventioneller Wendungen. Trockene Redeweise mit müde-melancholischem, manchmal brüchigem Ton. Verbreitet sich umständlich über ein sachliches Thema, nur durch Stoff und Gedankenführung fesselnd, im Persönlichen zurückhaltend, wenn nicht verschlossen, auch in der Erregung beherrscht. Unangenehme Tatsachen werden mit Härte und ohne Rücksicht auf die Gestimmtheit des Gegenübers gesagt. Verschweigen dessen, was den Ruf schädigen könnte oder die Karten aufdecken würde.

Bei der Transformation von Ererbtem in Umweltsgeprägtes hört man hier gleichsam die Scharniere knarren, bzw. die verfügbare Vitalität steuert das Öl für möglichste Lautlosigkeit des Vorgangs bei. Sie verselbständigt sich nicht in Unruhe und Wirrnissen, ihre gesteigertste Form heißt Leidenschaft der Sachlichkeit. Auskristallisierte Erbsubstanz geht eine Verbindung ein mit Konzentraten aus umweltlich Vorgefundenem, Anerzogenem, am deutlichsten, wo es noch Standespersonen von Geburt gibt. Man darf weniger Anreger und Neuschöpfer erwarten als Durchbildner im «Raum, in dem sich hart die Dinge stoßen». Mancher allerdings ist selbst der Gestoßene, Geduckte, Getretene – dissonanter Milieufall oder chronischer Pechvogel –, andere sind Endprodukte dissonanten Erbes mit «letzter Anstrengung des Spätlings». Dringt der Mensch nicht zum geistigen Erfassen des Prinzips durch, dann entstehen jene murrenden, klagenden Laute, Auslassungen pessimistischer Betrachtungsweise, die jeden Aufschwung in ihrer Umgebung unterbinden: selbstquälerischer Unmut verschafft sich Äquivalente gepreßten Eigenwerts in der Unterdrückung anderer. Starke Charaktere hingegen bekommen durch äußere Ungunst etwas vom Wuchs des Wetterbaumes, ihre Sonderbarkeiten – wenn nicht seelischen Verkrüppelungen – lassen gerade am sichtbar gewordenen harten Gesetz ihrer Existenz den zähen Willen zu Leistung und Selbstbehauptung erkennen. So findet man unter diesem Prinzip die letztmöglichen klassischen Ausfeilungen, fleischgewordenen Pflichtgrundsätze und Bauherren auf Ewigkeit, neben müdem Eklektizismus und schwunglosem Verhaftetsein im Materiellen; Genialität besteht in Formvollendung, erprobt am sprödesten Material, geistiges Niveau erweist sich im Grade unpersönlicher Verarbeitung von Sachkenntnis.

Untertypen. – Fast ist es so, als ob das Tiefgründige des Prinzips sich erst aus Leid herausläutert, seine Standortfestigkeit im Verzicht wurzelt, seine Energie an Widerständen erwächst. Freilich gibt es auch oberflächliche Konventionalisten, die kein Erbe der Väter drückt und denen in der Kindheit das Leben allzu leicht gemacht wurde; sie denken in Gemeinplätzen, ihr Selbstgefühl hängt an Äußerlichkeiten, die Trümpfe der öffentlichen Meinung sind ihre Fetische. Gesellschaftliche Formsicherheit tarnt oft ein Gefühl geistiger Inkompetenz, verschanzt hinter Autoritätsaussprüchen, Zitaten, Dogmen, Paragraphen oder der Meinung der meistgelesenen Tageszeitung. Ferner sind die besten Verhältnisse keinerlei Schutz gegen Lebensangst, es gibt Millionäre mit dem Verhungerungskomplex; die sowohl psychisch begründete als physiologisch ausgewirkte Verkrampfungs- und Zurückhaltungstendenz ergibt schließlich die knauserigen Filze, Geizhälse, Schatzsammler. Der Sammeltrieb ist etwas unter diesem Prinzip häufig Verselbständigtes, ernährt seine Steckenpferde von Autogrammen und Briefmarken bis zu Mineralien und Kunstwerken; einerseits befriedigt er die Neigung des Geduldspiels, anderseits die Freude der Komplettierung. Ein Abschein hiervon liegt noch auf der Ahnenforschung. Am Ahnenstolz stärkt sich vor allem das Selbstgefühl der Vertreter einer ehemals herrschenden Klasse; der unzeitgemäß gewordene Stil des Auftretens negiert die vor sich gegangene Umschichtung, die Zugeknöpftheit bewahrt den alten Anspruch. Der Gegenfall zu diesem «Ehemals-Typus» liegt im «nie zum Zug kommen» eines anderen, der, mit schleichenden Stimmungen übelnehmender und mißgönnerischer Art sich unleidlich machend, Strafpunkte an die Umgebung austeilend, ständig auf die ihn hindernden sozialen Umstände hinweist; Mangel an Selbstzutrauen sowie an Entschlossenheit, die Regie seines Lebens zu übernehmen, stecken dahinter. Wohltuend hebt sich davon der rechtschaffene Durchschnitt ab mit seinen handfesten, wenn auch trockenen und ledernen Lebensweisheiten, seiner zuverlässigen Tüchtigkeit.

In diesem herben Seelenklima bedeutet die Liebe weniger ein Hingegebensein an den Rausch des Blühens, als eine Sorge um die Früchte. Bei der Frau kommt die Wirtschafterin und Erzieherin schon in der Puppenzeit zum Vorschein, Koketterie entfaltet sich spärlich, um so besser redliche Neigung. Manche bleiben mißtrauisch distanziert vom Willkürhaften, Unverläßlichen der männlichen Triebnatur, ihr Gouvernantenblick tötet «unerlaubte Regungen», die Freuden des Eros gestatten sie sich nur als eheliche Pflicht oder im Gewand der Gesinnungsfreundschaft. Jedenfalls ist die Darbietung verhalten, die Erschließung zögernd, der Aufwand in der Kleidung schlicht oder von vornehmer Gedämpftheit. Beim Manne erstreckt sich das bedachtsam Überlegte meist auch auf Triebziele; es gibt lebenslange, schicksalhafte Leidenschaften oder sachliche Erledigung von Naturnotwendigem – auf den unteren Stufen trifft man auf Faunisches, in pathologischen Entgleisungen Fetischismus –, aber kaum Tändelei, leichtes Spiel mit der Situation. Ehen werden selten ohne Berücksichtigung wirtschaftlicher Gesichtspunkte geschlossen, häufig ausgesprochene Standes- oder Geschäftsheiraten.

Berufseignung. – Neigung und Wahl gehen auf beständige Materie, gesetzmäßige Form, dauerhafte Einrichtungen. Häufig ist der Beruf durch Familientradition vorgezeichnet. Das Bedürfnis nach Sicherstellung bevorzugt eine Laufbahn mit stufenmäßigem Aufrücken, Abschluß durch Pension, auch Titel und andere Ehrungen üben eine Zugkraft aus. Für den Staatsdienst, in Amtsstuben und Registraturen, auf Verwaltungsposten, überall, wo pünkliche Pflichterfüllung gefordert wird, wo Entscheidungen sich nach Zuständigkeiten und Ressorts regeln, ist dies das angemessenste Prinzip. Auch beamtenmäßige Stellungen in wirtschaftlichen Großunternehmen – Angestellte auf Vertrauensposten, Kassierer, Archivare, Lagerverwalter – rechnen hierher, ferner zuchtmäßige Auffassung des Schuldienstes, Leitung oder Aufsicht in Pensionaten, Klosterschulen, Kadettenanstalten usw. In bezug auf Studium und Forschung erfahrungswissenschaftliche sowie mathematische Tendenzen, Zahlen- und klassifizierendes Sachgedächtnis – Astronomen, Physiker, Mineralogen, Statistiker, Historiker –, oder sprachlich-formale Begabung – Juristen, Grammatiker, Theologen, als solche Dogmatiker –, im Soziologischen ein Zug zur Herausarbeitung von Gesetzmäßigkeiten aus empirischem Material. Beziehung zu Münzwesen, Heraldik, Genealogie. Ferner das Bauwesen im ganzen Umfange: Maurer, Materiallieferanten, statische Berechner, Bauämter, Städteplanung, dabei anknüpfend an örtliche Tradition, Unterordnung des Privaten unter gemeinnützige Zwecke. Grundstück- und Häusermakler, Bodenbesitz und Bergbau in seinen vielen Möglichkeiten, Bodenforschung, Landwirtschaft großen Stils, Gutsverwalter, Lehrer an Agrarschulen. In den Künsten meist angewandte Formen, Druckereierzeugnisse, künstlerisches Schriftbild oder im Dienst des öffentlichen Auftrags, Monumentalkunst, Plastik in diesem Sinne, Mosaik. In der Musik mathematisch-konstruierende Tendenz, Kontrapunktik, in der Literatur vorzugsweise epische Form. Überall ordnet sich das Stimmungsmäßige der Würde und Bedeutung des Gegenständlichen unter, wird das Improvisierte, Skizzenhafte und Fragmentarische verworfen.

Erb- und sozialgeschichtlich steht der Einzelne auf den Schultern vorangegangener Generationen. Ihre Schäden gilt es auszubessern, Tüchtigkeiten aber nicht zu verwirtschaften. Den Jugendlichen, der sich selbst sucht und mehr als nur Fortsetzer sein will, ergreift oft lastende Melancholie, die langsam zu weichen beginnt, je näher er, Mühseligkeiten des Daseins bewältigend, seinem Wirkungszenit zurückt. Mancher wird dies Lähmende – und damit Ängstlichkeit, Mißtrauen, Verknöcherungstendenz – paradoxerweise gerade im Alter los: errungene richtige Selbsteinschätzung löst die Härten und Starrheiten, er wird zugänglicher, bekommt eine eigentümliche trockene, knappe Art des Humors ohne den früheren bitteren Bodensatz. Unter diesem Prinzip lernt der Mensch, sein Streben dem «an sich Bestehenden» anzubequemen. Ein latenter Gehorsam gegen Höheres ist in ihm. Seine Erfolge sind meist unoriginell – auch die der ehrbeflissenen Streber und pedantischen Käuze –; Fristen und Bedingungen stellt nicht er, erkennt sie aber und dies ist seine Chance. Es ist das Zeichen etwa eines Staatsmannes, der durch Dienen herrscht, die Stunde abwartet und – ohne sich mehr als nötig zu exponieren – Tatsachen schafft. Die unbestechliche Sachtreue des Zeichens tendiert letztendlich zur allgemeingültigen Richtschnur des Menschseins, persönliche, familienmäßige, nationale und standesmäßige Vorurteile ausmerzend.

♒

Das geistig Ordnende
(luftiges, fixes ♄- und ♅-Zeichen)

Unberechenbare Vitalität, durch geistige Spannkraft getragen und erneuert, sie kann sich sowohl sprunghaft aktiviert äußern, bis zu krampfartigen Anspannungen, als auch Perioden der Abgespanntheit und Apathie durchmachen; geringe Triebstärke und mangelnde Unmittelbarkeit der Instinkte, häufig Blutarmut, daher oft substanzlos wirkend, doch unter Umständen elastische Widerstandskraft, ausdauerndes Ertragenkönnen von Entbehrungen; empfänglich für lebensreformerische Regulationen, Atemtechnik, autogenes Training usw., deren praktischer Einbau in Lebensgewohnheiten die Konstitution kräftigen hilft.

Ein Typus, dessen Heimat in seinem ideologischen Halt liegt. Er wirkt nicht durch die physische Unmittelbarkeit seiner Person – alles andere als «Naturbursche» –, sondern das, was in Hinsicht auf etwas Überpersönliches sein persönliches Leben erfüllt und trägt. Dies mag ein Bildungsideal oder ein Vorschlag zur Elektrifizierung der Erde sein, das sinnlich Greifbare ist ihm lediglich funktionelles Schaltglied seiner Gedankenwelt, nur darauf Bezogenes hört und sieht er. Ausmaß und Gehalte seines Allgemeinblicks durchlichten ihm das Einzelne, je nach diesem mitgeteilten Licht geht ihn etwas im Besonderen an. Ob seine Welt seicht oder tief ist (Aussagegrenze!), auf jeden Fall weht helle, klare Luft gleichmäßigen Verständnisses für die darin enthaltenen Dinge. In diesem Sinne der geborene Aufklärer, befindet er sich durch seinen ordnenden Geist – er muß nicht logisch, kann auch intuitiv-regelnd sein, nicht vom schlechthin «Intellektuellen» ist die Rede – entweder über der Situation oder gar nicht darin. Setzt dies Verständnis aus, so sind Reize, die für andere überwältigend sein mögen, ihm ohne Bedeutung. Fremden Erregungen steht er daher mit gleichmütig offen gehaltener Tür interessiert-teilnahmslos gegenüber; Gefühle der Sympathie oder Antipathie können hierbei eine Brücke schlagen zur Einsicht in die Unterschiedlichkeit der Charaktere und ihrer Triebfedern. Je reiner das Prinzip zur Ausprägung kommt, um so mehr behebt sich Parteinahme im Blick für das Menschenantlitz aller Schattierungen. Aufregend für manchen Partner, wie selten dieser Typus durch momentane Eindrücke außer Fassung zu bringen ist! Seine kühle geistige Leidenschaft läßt ihn mitten im Meinungskampf dem Gang der Wirrungen folgen im Versuch, sie durch Aufhellung der Motive affektiver Ausbrüche diskutabel zu machen. Etwas wie einen persönlichen Ehrenpunkt – außer vielleicht dem der geistreichsten Parade – scheint es nicht zu geben. An dessen Stelle schaltet eine Zentralidee ein, Gott, Weltgeist, menschlicher Fortschritt oder ein sonstiger Ausrichtungspunkt, auch die Sonderlichkeiten des verschrobensten Eigenbrödlers erklären sich aus seiner Idee des Seins. Leuchtet ihm das Überzeugtsein von einem solchen Regulativ des Handelns aus den Augen, so tritt alles Private in den Schatten. Aus dieser Idee allein und nur für sie lebt er, sie gibt ihm Sicherheit in Gefahren und Schwankungen; eine Umbenennung des so hinausverlegten

Zentrums wird ihm zum Angelpunkt plötzlich veränderten Lebensstils, darin enthaltene Zukunftsperspektiven machen Kräfte frei, die er gegebenenfalls ohne Rücksicht auf seine Physis einsetzt. Fehlt eine derartige ideologische Beschwingtheit, dann gilt dem nunmehr Platz greifenden Nihilismus alles gleich, was denkbar und theoretisch möglich ist, soweit nicht in etwas pedantischer Befolgung nüchterner Lebensregeln und eines Umgangs-Zeremoniells eine philiströse Befriedigug gefunden wird. Dies vom Gedanklichen temperierte Seelenklima richtet sich in strittigen Fragen gemeinhin nach dem, was den Zusammenhang von Mensch zu Mensch wahrt: Geheimnis seiner Mäßigung und Toleranz. Aus der Idee eines besseren, erstrebenswürdigen Zustandes jedoch entstehen mitunter starr doktrinäre Handlungsweisen mit Übergehen alles organisch Gewachsenen, Individuellen. Sogar sich selbst kaum mehr als «ein gewisser X meiner Reflexionen», ist diesem Typus vitales Ergreifen und Gestalten dessen, was unmittelbar vor Augen steht – Lebensnerv des Gegenzeichens ☊ – genau so, doch ohne unbedingt zwingenden Anspruch, denkbar wie andere Reaktionen.

Besonnene Auffassung, intuitiv planend, systematisch einordnend, wenig durch sinnliche Reize beeindruckt, indifferent gegen Affekthaltungen, doch lenksam durch ideellen Überblick, die Intensität eines Interesses festhaltend, auch wenn ein Bruch mit gewohnten Anschauungen nötig. Einsichtig regulierender Geist, zuweilen voller Sonderbarkeiten, der die Dinge zeichenhaft nach abstrakten Zusammenhängen gruppiert sieht. Die Anwendung der Theoreme bewegt sich in der Spanne zwischen flotter Organisation, praktischer Zielverwirklichung oder weltfremder Ideologie, Prinzipienreiterei, Schematismus.

Dem Abschluß der Kreisordnung genähert, erreichen wir unsere letzte und eigentliche Grundlage als Mensch auf der geistigen Ebene. Sie kann saturnal aus Erfahrung oder uranisch inspiriert gewonnen sein; im Ausdruck ist es der andere, der «fröhliche Saturn», der manchmal Schellenkappen trägt. Organische Kontakte, subjektiver Eigenwert und Lokalton der Herkunft treten hier zurück. Das «Fixe» dieses Zeichens gilt nicht etwa im Sinne fixer Ideen – die im Uneigentlichen vorkommen –, sondern die dem Typus eigentümliche Geistigkeit ist ein gleichmäßiges, affektlos erkennendes Umspielen und Durchdringen der Dinge, sie sucht dem «Ansich» ihres Beschaffenseins aus dem Einbau in eine zusammenfassende Ordnung gerecht zu werden. Die Grundlage liegt im Mittel der Systematik. Mit jedem System ist der Wirklichkeit ein Schema auferlegt, um sie besser zu fassen: ein bewußtes Zuordnen da, wo unbewußtes sich-Darleben in naturwüchsigen Ordnungen versagt. Das Mittel kann freilich zum Selbstzweck werden im abstrakten Schematismus, dann entstehen Unnatur und blutleere Doktrinen. Ebenso gibt es eine Verselbständigung der sozialen Regelungen und technischen Einrichtungen, konstruiert, um Naturhaftes einzudämmen oder auszuwerten. In der Überschätzung solcher abgeleiteter Formen fixieren sich diejenigen, die weniger der universelle Gedankenflug als ein Schlagwort wie «Wissen ist Macht» anspricht. Das menschliche Niveau (nicht das intellektuelle, Aussagegrenzen!) entscheidet, wie weit jemand in edelmütiger Selbstüberwindung sich über egoistische Ziele hinausschwingt oder die Gestuftheit der menschlichen Natur vom «Oberstübchen» her verzerrt sieht, die Ichtriebe abwertet, ohne sie zu überwinden und Meutereien in den unteren Stockwerken hervorruft. Das Genie bezieht das Persönliche ins Universelle ein und erlebt das Prinzip als Umschöpfer, Träger und Repräsentant eines Weltaspektes.

Gleichmütiger Ausdruck, ungeachtet lebhaften Verfolgens akuter Interessen, wenig Modulation in der Stimme, relativ rasche und bestimmte Entschließungen, doch ohne Aggression. Illusionslos und unsentimental beim Besprechen heikler und gefährlicher Dinge, je nach Überblick oder meditativem Innegewordensein klar umrissene Behauptungen, unempfänglich für Einspruch, wenn die Begründung fehlt. Aufbauende Beharrlichkeit, solange mit dem Grundgedanken einer Sache einverstanden, unverrückt bleibende Ziele zuweilen mit sprunghaften

Methoden ansteuernd, bei Änderung der Grundgedanken plötzlicher Schwenkungen fähig. Formleichtigkeit, oft Eleganz der Beweisführung, witzige Darstellung, auch ohne Geltungsdrang meist dominierend in seinem Diskussionskreis.

In einer Zivilisationslandschaft lebt dieser Typus, auch wenn man ihn in freier Natur antrifft. Für deren Formen braucht er einen Richtweiser im geistigen Medium. Naturgegebenes liefert ihm sinnträchtige Bilder für eine Gesamtschau, Stoff für systematische Einteilungen oder Rechenzeichen für mechanische Konstruktionen. Seine Interessiertheit haftet nicht am lokal und personal Bedingten, an Gefühlsstandpunkten, sie tendiert zu Inhalten, die allerorts und für jeden in jeder Situation gelten könnten. Deshalb fehlt den Mitmenschen an ihm – ungeachtet gefundenen Verständnisses – oft der eigentliche Herzenston: sie fühlen alles durch einen originellen Geist richtig benannt, dennoch sich zu unpersönlich behandelt. Dies Prinzip der größten Lebensferne ist aber zugleich dasjenige einer Überwindung der Abhängigkeit von Gefühl und vitalem Anreiz, daraus entsteht die kameradschaftliche Duldung eines jeden in seiner Lebens- und Denkart. Beim Genie erhöht sich dies im inspirierten Teilhaben am Unisono der großen Geister, der kleine Mann wird sich mehr praktisch als Allerweltsfreund betätigen und die Leitungen reparieren. Der Appell an allgemeingültige Grundsätze führt schließlich zu einem religiös indifferenten Altruismus der Handlungsweise. Viele können verzichten und dulden um ihrer Anschauungen willen, mancher erreicht darin ein Höchstmaß dessen, was Menschen überhaupt zu ertragen fähig sind. Alles hängt jedoch vom innerlich Tragenden ab und vom Organ für die «vox humana». Fehlt das Niveau zur Ausfüllung der Weltidee, so entsteht unter diesem Zeichen eine Nivellierung durch leere Allerweltsbegriffe. Auch berührt sich in ihm das Heilige mit dem Frivolen; es bedarf oft nur einer kleinen Akzentverschiebung vom einen zum anderen, denn das Prinzip der Aufhellung läßt kein Mysterium zu und setzt dem freizügigen Gedanken keine Schranken der

Scheu. Um einen guten Witz, eine geistreiche Formulierung auf dem Boden des Zeitgemäßen wird leicht das Ewige preisgegeben. Positiv ist die geistige Redlichkeit, sie duldet keinen Widerspruch zwischen Glaube und Vernunftseinsicht. Liegen die Plausibilitätspunkte dieses Typus im Politischen, so wird er unter Umständen – durch Vereinseitigung seiner Idee wirklichkeitsblind – mitleidlos sachlich, als hemmungsloser Umstürzler oder Ordnungsfanatiker der Heilsidee, alle menschlichen Angelegenheiten von einem Schaltbrett aus regeln wollen, ohne die konkreten Folgen zu sehen.

Untertypen. – Am Verhältnis der geistigen Kapazität zur Menschlichkeit scheiden sich vielerlei Schattierungen. Ist die Fassungskraft gering, so besteht doch die Neigung, sich geistige Titel des menschlichen Verhaltens zu suchen; viele Anhänger von Lehren, deren Gehalt sie nicht durchzudenken vermögen und die ihnen gleichwohl Ausrichtung des Daseins bieten, entstehen daraus. Ähnliches schimmert durch bei den weiblichen Varianten der Dulderin, Entsühnerin oder der büßend um den Heiligenschein buhlenden Kurtisane. Beim umgekehrten Mißverhältnis finden sich oft Härten der Überspannung einer Idee, die nicht mit voller Menschlichkeit ausgefüllt werden kann. Manchem steht geistig mehr zur Verfügung als er lebensunmittelbar umzusetzen fähig ist: den leibhaftigen philosophischen Wörterbüchern, Enzyklopädisten, Wort- und Zahlenkundigen aller Art, deren sonst oft papierne und ausgelaugte Wesenheit im Selbstwert aufleuchtet, wenn man sie befragt. Wie hier die «fixe Regel» in der Einteilung nach Schubfächern liegt, so bei erzählbarem Stoff in stereotyper Form und einem gewissen Ritual des Vortrags. Abgesehen von der bekannten Art trockenfeierlicher Einstreuung des Oberlehrers in sein Pensum: «an dieser Stelle pflege ich folgenden Witz zu machen . . .» gibt es mehr locker ausgespielte, heiter-geistreiche Klischees der Unterhaltung, stets im gleichen Wortlaut hingeordnet auf eine Pointe, auswechselbare Stücke; ihre Umsetzer – den «Mann mit der Witzkiste», den Anekdotenerzähler, den Kolporteur fesselnder Neuigkeiten – würde es auseinandersprengen, wenn sie keine geneigten Ohren fänden. Wissensgut, gleich welchen Inhalts, darf bei diesem extraversiv gerichteten Prinzip nicht brach liegen, es ist ferner unabhängig von der persönlichen Form des Erlebens, bei der komunikativen Anwendung geben Sprecher und Hörer lediglich die Facetten her, in denen es sich spiegelnd bricht. Für die Selbstbeschäftigung erfindet der geistige Spieltrieb allerlei abstrakte Steckenpferde mit einer Systematik und Regel, nach der sich die Fülle der Welt erjagen und einfangen läßt. Dergleichen Betätigungen reichen vom Liebhaber des Schachs und anderer reiner Denkaufgaben, der magischen Quadrate und kabbalistischen Zahlenordnungen, des I-Ging, Tarot oder Patiencelegens – Verregelung von Manifestationen des Unbewußten –, bis zu den unentwegten Lösern von Kreuzworträtseln, die ein unausgefülltes Feld als Lücke ihrer Vollständigkeit empfinden. Die Verselbständigung geistiger Inhalte besteht noch in ihrer Anwendung auf persönliche Lebenskultur, etwa bei denjenigen, die dem Tag durch einen Leit- und Sinnspruch etwas ihn Tragendes geben, wobei die Spielsituation durch Wählen, Aufschlagen eines Kodex, hergestellt werden kann.

Grundverkehrt wäre es, einen Mangel an Gefühl zu behaupten. Gerade das Liebesgefühl hebt sich lebhaften Schwungs und idealistisch-schwärmerisch als beseelter Anhauch des Freudespendens aus der gleichmäßig schwebenden Grundstimmung. Mit dem «Wesen zwischen Tier und Engel» sich auseinandersetzend, pflegen viele den letzteren herauszudestillieren; diese versuchte Umstilisierung des wirklichen Partners beschwört zuweilen einen Engelssturz als Rebellion der Natur herauf. Andere streben zum Gegenpol, es gibt auch Anbetungen der «schönen Bestie». Die von beiden Extremen umspielte Mitte ist eine erosbeschwingte, spiritualisierte Körperfreundschaft mit Abstand zum bloßen Sexus. Die Spanne zwischen Idee und Wirklichkeit, in diesem Zeichen nicht immer aufgehend, sowie sein Hang zum Exzentrischen lenken manchmal den Trieb aus seiner natürlichen Bahn; vielleicht häufiger als unter anderen Zeichen findet sich eine Hinwendung zum Gleichgeschlechtlichen, sucht wiederum vitale Armut einen Ersatz in pornographischem Wissen.

Berufseignung. – Geldverdienen geht selten ganz ohne idealen Beiklang. Der Ingenieur, der seine von ihm erfundene Kühlanlage vorführt, sucht eine Lebensreform einzuleiten, die Auskunft im Reisebüro zelebriert Kursbücher wie kirchliche Texte, der Wirtschaftstheoretiker verkörpert die persönliche Identität von Fortschritt und Gemeinwohl. Produktiv wird dies Prinzip, wo es auf leichte Erfassung eines Zusammenhangs, Dispositionsfähigkeit, geregelte Zeit- und Sacheinteilung ankommt. Seine Urbanität will den einzelnen als mitwirkenden Teil einer Gesamtheit wissen, gleichgeschaltet der geistigen und technischen Höhe seiner Zeit. Wissenschaft ist unter diesem Prinzip etwas, dessen Fortgang durch Zusammenarbeit von allen Einzelgebieten aus gewährleistet wird. Wir finden Systematiker ihres Fachs, ohne darin beengt zu sein, häufig mit der Begabung, verschiedenste Auffassungssysteme lehrhaft darzulegen und in gerechten Vergleich zu stellen, auch die organisierenden Köpfe geistiger Bewegungen und Gesellschaften; im kleinen Format natürlich die philiströsen Ordner und Überordner. Brücken von der Theorie zu praktischen Anwendungsformen meist von der Physik aus: Erfinder, Konstrukteure, Elektrotechniker; ferner Flugzeugbau und Flugverkehr, das gesamte Gebiet des Bahn-, Post- und Funkwesens. In anderen praktischen Berufen durch geistige Anlagen bestimmte Stellungen, Bevorzugung eines regelmäßigen Turnus; etwa Sprachbegabung bei Kaufleuten in Welthandelshäusern, Auslandsvertretungen, bei Leitern von Reisegesellschaften usw., Orientierungs- und Dispositionsfähigkeit, Belesenheit im Verlags- und Pressewesen, Buchhandel, Lektorentätigkeit. Stenotypistinnen, Telephonistinnen sind erfolgreich durch System und unpersönliche Anpassung. In Ämtern, im diplomatischen Dienst usw. die Hüter der Aktennummern, Belege, Arbeitspläne sowie die Verbindungsmänner zur Öffentlichkeit. In der Heilkunde meist reformerische Einstellung, Psychiatrie. Zuweilen Wünschelrutengänger, unmittelbare Empfänger tellurischer Vorgänge. Sonst überall Bevorzugung rationeller Methoden und neuzeitlicher Maschinen, selbst beim Landwirt dieses Typus. Architektonische Gesamtplanungen unter Berücksichtigung der hygienischen und Verkehrsverhältnisse. In den bildenden Künsten drängt sich meist Gedankliches störend vor, doch Durchdenken von Aufgabe und Material sowie charakterologisches Verständnis kommt der Lehrbegabung zugute. Bühnenbildner, beliebig auf Milieu und Zeitlage der Stücke einstellfähig, Kostümkunde; Extreme wie Stilbühne, Weihespiel und anderseits Varieté, Film. Hier wie in der Musik saubere Techniker, Beziehung zur Gesamtkomposition, Regie.

Im ideellen Gegründetsein ist enthalten, daß dieser Typus, zwar nach festen Regeln und Gepflogenheiten sich einrichtend, nie durch Umstände so festgelegt werden kann als andere. Geistige Unabhängigkeit ist das zentrale Bedürfnis. Eine entwicklungsmäßige Umstellung bedeutet oft den plötzlichen Auszug in eine neue Welt. Sein Grunderlebnis, überall zu sein, wohin der Gedanke reicht, macht ihn dem Wesen nach übernational, fähig, in eine fremde Kultur sich hineinzuversetzen; auch kann er in einer vergangenen Epoche ebensogut zu Hause sein wie in einem Zukunftsstaat, wenn nur der optimistische Grundton hineinverlegbar ist, schließlich, obzwar haltungsmäßig dem Mitmenschen zugewandt, sich in die Absonderung begeben wenn ein geistiges Motiv dies verlangt. Manches Ideologen Welt hängt allerdings völlig in der Luft, andere sind jeder Entsagung fähig für eine Idee, die Wirklichkeit anders, neu, besser zu gestalten. Aller Problem heißt, die Gedankenspur mit persönlichem Leben auszufüllen.

♓

Das seelisch Teilhabende

(wäßriges, labiles ♃- und ♆-Zeichen)

Verfeinerte Vitalität, allseitig reagibel, verstreuend verausgabt, schwankend mit der Seelenlage und Beanspruchung, oft anfällig, doch meist elastisch sich wiederherstellend; in unangeregtem Zustande schlaff und bequem in der Haltung, geringer Muskeltonus, manchmal Umschlagen der Übersensibilität in Betäubung, Empfindungslosigkeit; verbesserungsfähig durch rhythmische Gymnastik, Wechsel von energiemäßiger Spannung und Entspannung in Einklang mit seelischer Gestimmtheit, wodurch der Tendenz zum Versinken in vegetativen Vorgängen entgegengearbeitet wird.

Eine Hilfeleistung, ein Spiel und ein Traum zwischen den Dingen ist das Wesen dieses Typus. Interessen, Einsichten zerlösen sich in Stimmungen. Es hält ihn nicht in festen Formen. Erwartung und Bereitschaft sind unruhevoll wach. Sein Verhalten schließt den Mitmenschen ein und darüber hinweg die gesamte Kreatur, mitfühlend mit Leidenden, Verfolgten, das Sachliche beseelend, sich des Letzten entäußernd für das, wovon er ergriffen wird. Er lebt aus dem Überschwang innerer Möglichkeiten, trägt aber nichts Greifbares in der Hand. Zwischen sensiblen Reizempfindungen, ansprechend auf jede Oberflächenbewegung wie auf das verborgen Erregende hinter den Erscheinungen, anderseits den Vorgaukelungen zuweilen abstruser Phantasie: in den Sensationen dieses Zwischenreiches schwankt die Gefühlslage. Das Unerwartete, das unfaßbare Wunder lockt ihn. Mag sein Alltag arm und dürftig sein, ihn überstrahlen Bilder und Zeichen, die aus dem Unbewußten emporsteigen. Mancher wird zum Spielball suggestiver Eindrücke, dunkler Ahnungen und unbegründeter Ängste. Andere erfüllen still und freundlich, was ihnen das Schicksal zuwirft, wollen mittun, wo es um große Dinge geht, dienen anspruchslos bis zum Versagen der Kräfte. Es gibt den reinen Toren, sicherer geschützt durch seine Absichtslosigkeit als er es durch selbstbewahrende Vorsicht vermöchte; Irrtümer, Verfehlungen, die Klügeren verhängnisvoll würden, schlagen ihm zum besten aus. Freilich gibt es auch das zerfahrene Katastrophenweib, in Phantasterei umhergetrieben, immer auf den erlösenden Glücksfall hoffend. Entscheidend ist hier die Seelengröße (Aussagegrenze!). Die meisten zwar klammern sich aus Weitenangst, bei Passivität, an naheliegenden Sicherungen in Beruf und Familie; irgendwie jedoch werden sie deren Maßstäbe überschreiten, entgleitend den Ordnungen, die an berechenbaren Drähten laufen. Es ist das Prinzip der Grenzfälle in der Aufhebung normaler Persönlichkeitsschranken: Genialisierung oder Korruption. Dazwischen geht das Mühen um Halt in der bürgerlichen Mitte, in vielem sich versuchend, mit vielen sich einlassend. Gewohnheiten, Anschauungen bilden sich aus, doch nie erstarren sie ganz, innere Elastizität ist die stärkste Gabe dieses Typus. Er kann zu Boden gedrückt werden, ohne daß etwas in ihm zerbricht, kann nach Verlusten, Zusammenbrüchen unzerstört auf neuer Basis wieder beginnen, anderen Eindrücken und Anregungen geöffnet. Seine Schwierigkeiten stammen aus Eigenem: häufigem Zuviel an Gaben, ständigem Zuwenig an methodischer Sachbeschränkung, also Unstabilität derjenigen Zäune, innerhalb welcher die Gegentendenz ♍ sich häuslich anbaut; deren Sparsamkeit springt um in Verschwendung, deren Vorsorge in Sorglosigkeit, deren nüchterne Tatsachenbeoachtung in rauschhafte Vision und deren genaues Bedenken in das Ungefähre des Meinens und Vermutens.

Mitschwingende Auffassung, phantasievoll-gefügig, schweifend, beweglich fließend, Eindrücken ausgeliefert, einfühlsames Geschehenlassen, Erfassen in einem die Einzelheiten verschmelzenden Stimmungston. Pendelschlag von still beschaulicher Hingabe zu intensivem Mitgerissenwerden, dann wieder Umschlagen in panikhafte Abwehr, in Wellen verebbende Erregung. Wechselnde, wenig nachhaltig oder umwegig betriebene Interessen, oft mehrere gleichzeitig, mitunter heimliche, Vielseitigkeit, gelöst-fluktuierend, universalistisches Denken, begrifflich oft unscharf.

Am Ende der Kreisordnung steht das Zeichen weitestgehender Ichlosigkeit, darüber täusche nicht, daß die Mitwelt in den Äußerungen dieses Typus meist mehr «Persönliches» als «Sachliches» sieht. Was er über die Gründe seiner Stimmungen und Impulse vorbringt, klingt oft phantastisch, weit hergeholt und hört sich wie leere Einbildung an. Es gibt darunter geradezu Meister nicht zur Sache gehöriger Einfälle. Doch liegt es umgekehrt wie beim Gegenprinzip, wo äußerste Ichbezogenheit unter sachlichen Argumenten verborgen wirkt; die Fremdbestimmtheit hier kleidet sich ein in die Nöte, Bedrängnisse, Mängel oder glücklichen Anreicherungen einer seelischen Labilität. Sie kann den Menschen aus plötzlicher Eingebung da- oder dorthin jagen, warum, weiß er nicht und erst am Orte zeigt sich, daß er tatsächlich dort gebraucht wird. Unstichhaltige Erklärungen führen oft irre. Unter diesem Zeichen der Medialität, der präzisen Vorahnungen, des «Abzapfens fremdseelischer Inhalte», aber auch der Selbsttäuschungen und Sinnesverwirrungen findet man öfter als sonst den Persönlichkeitszusammenhalt gefährdet. Die bewußte Argumentation reicht selten an das Bewegende heran. Diese neptunische Seite läßt eigentlichen Egoismus nicht zu, höchstens den der Panik beim Schiffbruch. Den Grenzfällen seelischer Transparenz gesellt sich die jovische Seite, sie gelangt über Aufopferung zum Wesen: gläubiges Ergriffensein von einem Sinn, der im Widerspruch zu intelligenten Zwecken sein «credo quia absurdum est» in der Handlungsweise vorführt. Barmherziges Liebeswerk an solchen, die von allen aufgegeben werden, gehören zu den unmittelbarsten Äußerungen. Der in den beiden vorangegangenen Prinzipien umrissene Gegensatz des «Man», der stofflich bedingten unpersönlichen Tatsachenführung und der im Menschen erfaßten Zentralidee, dem geistig Grundlegenden, pendelt im Beschluß des Kreises aus; im Labilen wird alles Wirken instrumental auf der Ebene seelischer Symbolik, die Gehalte von saturnalen Starrheiten lösend. «Niveau» heißt auf dieser Ebene: Tiefe der Annäherung an den Urgrund. Daher schlägt der reine Typus traumsicher die nötigen Wege ein, die «es» ihn zu seinen Aufgaben weist, die universelle Ordnung bedarf ihm keiner Beweise, sondern ist im Gefühl der Geborgenheit ihm unmittelbar inne gegeben. Erst wo diese Rückverbindung abreißt, treten Täuschungen und Ängste ein, verwirrt sich der Ausdruck im «allzupersönlich Persönlichen», an dessen zweifelsfreien Einsatz die letzte Wandlungsstufe auf höherem Niveau heranführen soll.

Zartfühlender Ausdruck, biegsam-abstufend, geht leicht auf Anregungen ein, mehr bildhaft umschreibend als logisch diszipliniert, zuweilen durch Unklarheiten und deren Verbesserungsversuche weitschweifig bis ins Uferlose. Haltungsmäßig angepaßt, nachgiebig-unsicher, friedliebend, ausgleichend-vermittelnd, in den Absichten leicht störbar durch feindliche Fremdatmosphäre. Stimmungsmäßig vibrierender Ton, meist etwas einschmeichelnd weich oder getragen von sanft bescheidenem Dahinträumen, manchmal umschlagend ins Exaltierte, in fassungslosem Ausbruch rauh. Rasch erlahmende Ansätze zur Härte, häufig resignierende Grundstimmung, selten frei und heiter, dann rückhaltlos hingegeben.

Im Strom der universellen Bewegung gibt es nirgendwo Halt noch Stillstand. Unerträglich sind dieser Einstellungsform stagnierende Zustände, sich selbst auferlegter Zwang oder Formalität. Die Normen und Schemata der bürgerlichen Ordnung empfindet ein so gestimmter Mensch meist als beengend, für sich nicht bindend. Wo er kann, weicht er aus, lebt in den Tag hinein und hält es am liebsten mit den Vögeln unter dem Himmel, voller Vertrauen, daß die Vorsehung weiter spenden und die Dinge ohne willentliches Zutun richtig fügen werde. Auf den unteren Stufen ergibt dies Schlamperei und Entartung, Entgleiste aller aller Art, «verbummelte Genies», Deklassierte, Desperados geschichtlicher Umbruchzeiten und die armen «Fußkranken der Revolution». Mit steigendem Niveau schwinden deren Halbheiten, Gelegenheitsschwelgereien, Verführungen, Minderwertigkeitsgefühle und kompensatorischen Glückseligkeitsträume, an die Stelle passiven Treibenlassens tritt – je vernehmbarer der Ruf, der den Kurs dorthin lenkt, wo Entwicklungen in Fluß kommen – aktive Opferfreude. Fachlichen Komplizierungen, standpunkthaften, engherzigen Auffassungen pflegt dieser Typus verschwimmend ferne Ziele und einfachste Lösungen entgegenzustellen. Mancher folgt utopischen Erwartungen kollektiven Ausmaßes, andere suchen im persönlichen Umkreis den schlichten Sinn der Menschlichkeit darzuleben, oft leidend unter «Sinnlosigkeit und Unvernunft der Welt» und gerade in dieser Leidensrolle eine Auszeichnung findend. Wieder andere ergreift das «unbestimmte Sehnen», der Weitendrang; es kommt vor, daß jemand eines Tages geordnete Verhältnisse und geliebte Menschen verläßt, um ins Unbekannte hinauszusegeln. In irgend etwas treiben sie Selbstverschwendung, schwer können sie Eigenes zusammenhalten. Das Hilfsbereite, Gastfreie dieses Typus übersteigt mitunter alle ökonomischen Rücksichten, häufig wird er darum ausgenützt und mißbraucht. Doch unter demselben Zeichen kommen ebenso Pläne aus großer, weiträumiger Sicht zur Verwirklichung.

Untertypen. – Das Problem, die innere Stimme aus dem äußeren Lärm herauszuhören, stellt sich in zuweilen seltsamen Empfangsgeräten, bei vielen deshalb so schwierig, weil sie selbst nicht wissen, was sie wollen und in der Rolle des «Unverstandenen» sich relativ wohlfühlen. Vorgespiegeltes enthält häufig eine Zuflucht vor Anstrengungen, die der Mensch sonst schwer auf sich nehmen könnte, mitunter ist es eine poetische Verzierung des Daseins als Ersatz für Versäumtes. Nicht selten findet sich ein Schuß von Genialität bei Menschen, die sie nicht auszuformen vermögen; im Gegensatz zur zielsicheren Beschränktheit der Talente, ihrem innerhalb eingeborener Grenzen betätigten Fleiß, bedroht das Maßlose sowohl Form als Fassung. Oft daher dilettantische Vielseitigkeit bei Mangel an sachlich-methodischem Arbeitswillen. Bei manchen hilft ein situativer Instinkt aus, so beim «geistigen Hochstapler», der durch Einfühlung sich von Fall zu Fall hindurchschwindelt, wo Wissen und Logik nicht ausreichen würden. Den Bodensatz strukturloser Masse stellt der Verführbare, Willensschwache, Rückgratlose dar, der, vom Gefühl eines Minderwertigseins zwar bedrückt, nur insofern dagegen ankämpft, als er unterkriecht wo sich zufällig ein Halt bietet. So entstehen Scheintugenden ohne Kraft, wie bei anderen aus Angst vor dem oft beherrschenden ziellos-zerfahrenen Wandertrieb. Erwartungsvoller Glaube nimmt auf dem Niveau der Amoralität, Kritiklosigkeit und Willensschwäche bestenfalls die Form passiven Erlösungswunsches an. Beim gutwilligen Mittelmaß trifft man neben Weichheit und Hang zum spielerisch Bequemen – kompensiert in gefühlsdurchwobenen Weltanschauungen – nur auf jenen Mangel an Abgrenzung, durch den man sich anderleuts Begehrnisse und Ansinnen in all ihrer Zufälligkeit aufhalsen läßt. Sie können nichts zurückweisen. Auf diese Weise entstehen oft extraversive Überformungen mit «verschobenem Zentrum». Dagegen gefühlte Berufung menschlich-sozialer, künstlerisch oder religiös gerichteter Art ist gleichbedeutend mit Zentrierung des Willens.

Leicht klingt bei diesen weitherzigen Menschen etwas an, was, mit eigenen Möglichkeiten korrespondierend, eine entgegenkommende Bewegung auslöst. Dies und sensible Erregbarkeit des Eros läßt viele sich in wahllosen Liebeleien verzetteln, Schranken lediglich in der Abneigung gegen alles Rohe. Zur Feinfühligkeit, auch des männlichen Typus, tritt oft die Gabe, den Knoten der Problematik im Partner besser entwirren zu können als den eigenen; seelisches Gebrauchtwerden in diesem Sinne bildet die Voraussetzung für tiefere Bindung, häufig zu Unrecht mit Hörigkeit verwechselt. So entsteht ein Frauentypus echter Demut, stärker im Dienen als im Fordern, der in der Liebe eine Mision sucht und dadurch erst ein charakterliches Profil erhält. Zuweilen wäre eher von universeller Menschenliebe konkreter Aufgabestellung, als von personbezogener Leidenschaft zu sprechen.

Berufseignung. – Sofern nicht eindeutig innere Berufung entscheidet, ist unter diesem Prinzip der Unspezialisierten die Wahl oft schwer. Empfänglichkeit für vielerlei Dinge und Methoden bedarf entsprechend wechselvoller Tätigkeit. Mit rein Ökonomischem meist auf dem Kriegsfuße, kann sich dieser Typus doch in Großplanungen, die Phantasie und Ahnvermögen erfordern, bewähren. Indirekte Beziehungen zum Kaufmännischen über Mannigfaltigkeit und saisonhaften Wechsel in Aufkauf und Vertrieb – von Warenhäusern bis zu Ramschläden –, auch über Materie sensibler und aromatischer Wirkung – pharmazeutische Produkte, Parfums, Spirituosen –, oder solche musischen Charakters. Die menschliche Seite kommt zur Geltung in Organisationen der Hilfe und Fürsorge, besonders für Mindertaugliche, Beschädigte – Taubstummen- und Blindenheime, Asyle, Rettungsstationen –, in solchen zur Besserung und Läuterung – Trinkerheime usw. –; Ärzte, Lehrer, Schwestern solcher Anstalten, philanthropisches Wirken allgemein. Das soziale Motiv spricht oft in der Literatur mit, sonst Betonung des Stimmungshaften, Nuancierten, Phantasiemäßigen, vor allem in Musik und Malerei. In den Wissenschaften universalistischer Blickpunkt über Fachbeschränkungen hinweg, Übergänge und Grenzfragen. Zur Technik wenig Beziehungen außer vom Unstarren, der Beurteilung veränderlicher, ineinandergreifender Kalküle aus; elastische Materien, Turbinen- und Mühlenanlagen, Stromlinienkonstruktionen usw. Grundbeziehung zum Wasser erweist sich in Seefahrt, Fischerei. Die umherwandernde, veränderlichen Gelegenheiten nachgehende Lebensweise gilt schließlich für das «fahrende Volk» aller Kategorien, Zirkus- und Schaubudenbetrieb, Stimmungsmache, Vergnügungsstätten.

Die Kräfte und Fähigkeiten diese Typus kommen oft im Durchsetzen der Person nicht zum Ausdruck. Letztmögliche Genialität kann auf der untersten sozialen Rangstufe stehen, es gibt vergessene einstige Berühmtheiten, Untergetauchte, vom Winde Verwehte aller Schattierungen, anderseits Mächtige, die vielverzweigte Fäden vom Verborgenen aus lenken. Ein Hauch der Anonymität, des Geheimnisses ist um diese Personen und wen seine Sendung auf die Tribüne oder Kanzel stellt, der fühlt sich als Sprachrohr eines Massenwillens oder Gefäß religiösen Auftrags. Es ist das Prinzip der durch soziale, fachliche, begriffliche Absperrungen diffungierenden Menschlichkeit, freilich auch des Konflikts mit solcherlei Ordnungen, der verzerrten Perspektiven. Krisen der Entmutigung bleiben wenigen erspart, bevor sie zur Einheit des Ichs mit der Welt finden – vielleicht als ein unscheinbarer Mensch von weitreichender Wirkung.

DIE INTERESSENSPHÄRE
(Die Häuser)

ALLGEMEINDARSTELLUNG

Das Horizont-Meridian-System

Beim regelmäßig – in gleichen Abschnitten des Jahres – wiederkehrenden Lageverhältnis der Erde zur Sonne, ihrem Umlauf, bleibt der Ort auf der Erdoberfläche unberücksichtigt. Dieser Bewegung entnahmen wir den Maßstab für die Sphäre des Ausdrucks. Hingegen bei der Drehung um ihre Achse, der Tagesrotation der Erde, ist jeder Ort auf ihr ein umlaufender Punkt. Täglich beschreibt er einen Kreis, der dem Erdäquator parallel läuft. Aus dieser Bewegung, rechnerisch übertragen auf die Ebene des Umlaufs der Erde, beziehen wir den Maßstab für eine andere Sphäre des Menschenkosmos. Überdenken wir zuerst, wie die Lage eines solchen Punktes im Raum zu bestimmen sei.

Von einem festgehaltenen Ort auf der Erde aus erscheint der Vorgang umgekehrt als eine Drehung des ganzen Fixsternhimmels von Osten nach Westen. Nur die in den Weltraum hinaus verlegten Pole der Erdachse ruhen; wer auf dem Nord- oder Südpol stünde, sähe also den Himmel sich um seinen Scheitelpunkt drehen. Schräg zum parallelen Gang dieser Scheindrehung aller Fixsterne – dem Primum Mobile der Alten – führt jene Bahn der Wandelsterne, die mit verschiedener Schnelligkeit ihren Platz gegenüber den starr bleibenden Figuren der Fixsterne verändern, die Ekliptik, von der bisher die Rede war.

Da wir als Beobachter uns nicht frei im Weltraum schwebend um uns selber drehen, sondern auf der Erde mitgedreht werden, ist uns von der anscheinend rotierenden Himmelssphäre immer nur ein Teil sichtbar. Über den sichtbaren Teil des Himmels, den unser Horizont oder Gesichtskreis frei gibt, beschreibt jeder Stern seinen eigenen Bogen. Die Neigung dieser Bögen gegen den Horizont verändert sich naturgemäß mit der Polhöhe, der geographischen Breite des Standorts. Auf dem Nordpol wären nur die Fixsterne des nördlichen Sternenhimmels, dagegen nicht diejenigen des südlichen, sichtbar, und ihre Bögen wären geschlossene Kreise. In unseren mittleren Breiten sehen wir außer solchen «Zirkumpolarsternen» andere mit kürzeren oder längeren Bogenteilen, die sich unter dem Horizont ergänzen.

Astrologisch gehn uns in der Hauptsache die Wandelsterne an. Deren scheinbare tägliche Bahnen schneiden den Horizont unseres Standorts in einem Punkte des Aufgangs und einem des Untergangs, wodurch z. B. der Tagbogen der Sonne seinen Anfang und sein Ende findet, ergänzt durch ihren unsichtbaren Nachtbogen. Infolge der gleichbleibend schrägen Lage der Erdachse zur Ekliptik, einmal die Südhälfte, einmal die Nordhälfte der Erde stärker der Sonne zukehrend, entsteht das bekannte regelmäßige Höhersteigen und Absinken des Sonnen-Tagbogens im Lauf des Jahres, sein täglich zunehmendes Ausdehnen in der ersten und Zusammenziehen in der zweiten Jahreshälfte. Mittags erreicht die Sonne einen Punkt höchster Erhebung über den Horizont, sie kulminiert wie jedes Gestirn zu seiner entsprechenden Zeit. Eine diese Sternbögen-Gipfel verbindende Linie heißt Mittagslinie bezw. Meridian und zwar der obere oder Scheitelmeridian, während seine Fortführung unter dem Horizont, die tiefsten Senkungen der Sternbahnen verbindend, den unteren Meridian, die Mitternachtslinie, ergibt. Beim Horizont ist noch eine Unterscheidung zu treffen. Im gewöhnlichen Sprachgebrauch meinen wir damit die Kimmlinie, an der sich Himmel und Erde zu berühren scheinen (natürlicher H.). Im strengeren Sinn wird als Horizont eine Ebene definiert, die am Ort des Beobachters im rechten Winkel zum Erdradius steht (scheinbarer H.). Für unsere Berechnungen nehmen wir statt dieser dem Beobachtungsort der Erdoberfläche aufliegenden Tangentialebene diejenige Ebene, die parallel zu ihr durch den Erdmittelpunkt führt (wahrer H.).[1]

All diese Ebenen und Verhältnispunkte werden in den Raum hinausprojiziert als Abmessungen des Himmelsglobus vorgestellt (vgl. Abbildung und Text des Anhangs). Am Himmel aufweisbare Kreise bezw. Ebenen unabhängig vom Standort sind lediglich Ekliptik und Äquator; der Standort wird angegeben durch seinen Horizont und seinen Meridian, zu denen als dritte auf beiden senkrechte Ebene der sog. «erste Vertikal» hinzukommt, der den Horizont im Ostpunkt und Westpunkt schneidet.

Fassen wir nunmehr die Erscheinungen des Tages für einen Geburtsort auf unserer Nordhalbkugel etwas näher ins Auge; insofern diese Erscheinungen aus der Erdrotation hervorgehen, beziehen sie sich auf das äquatoriale System. Im Winkel von rund 23½ Grad schneidet der Äquator die Ekliptik, auf der wir die Stellungen von Sonne, Mond und Planeten angeben. Den sowohl Zenit und Nadir des Geburtsorts, als auch Nord- und Südpol des Himmelsglobus verbindenden Schnitt durch diese beiden Ebenen stellt der Meridian dar, senkrecht zu ihm steht der erste Vertikal und diese beiden teilen den Äquator in Quadranten. Jeder Punkt auf der Ekliptik gleitet einmal im Tag über den Osthorizont hinauf zum oberen Meridian, seinem südlichsten Ort, sinkt von da an zum Westhorizont hinab, weiter bis zum unteren Meridian, seinen nördlichsten Ort, und steigt dann wieder zum Osthorizont hinauf. Der im Aufsteigen begriffene Punkt der Ekliptik (Aszendent) trifft aber nur dann genau auf den Ostpunkt (worin sich Horizont und erster Vertikal mit dem Äquator schneiden), wenn einer der beiden Schnittpunkte von Äquator und Ekliptik (Widder- und Waagepunkt) aufsteigt.[2] Sonst

[1] Dies ist infolge der großen Entfernungen der Sonne und Planeten ohne weiteres erlaubt, für den Mond müssen für feinere Untersuchungen sog. parallaktische Korrektionen eingeführt werden.

[2] Ein Blick in die zur Berechnung verwendeten «Häusertabellen»: bei Aszendent 0° ♈ ist das MC 0° ♑, bei Aszendent 0° ♎ ist es 0° ♋.

weicht er nach rechts oder links ab, da diese sog. Knotenlinie sich infolge der Erdrotation täglich um einen ganzen Kreis dreht. Hierauf beruhen die scheinbare Schaukel- oder Schraubenbewegung der Ekliptik sowie die verschiedenen Auf- und Untergänge der Sonne, die ja stets einen bestimmten ekliptischen Ort einnimmt, demzufolge auch die unterschiedlichen Tages- und Nachtlängen außer wenn die Sonne in der Knotenlinie steht (Frühlings- und Herbstbeginn). Nur die mit dem Meridian gewonnen Punkte auf der Ekliptik (MC, Gegenpunkt IC) steigen beständig senkrecht von den entsprechenden Teilungspunkten des Äquators auf bezw. ab, sie haben «gerade Aufsteigung» (Rektaszension); der Aszendent und andere vom Äquator auf die Ekliptik bezogene Teilungspunkte desselben haben dagegen «schiefe Aufsteigung».

Soweit das Nötigste zum Verständnis des «Häuserproblems»; viel behandelt im astrologischen Schrifttum, reduziert es sich genau genommen auf die Zwischenfelder zwischen den Teilungspunkten, die Horizont und Meridian auf der Ekliptik ergeben. Die Frage geht um die Drittelung dieser sog. «Quadranten» (vgl. Anm. unten). Wie aus den Erläuterungen im Anhang ersichtlich, stehen zwei Methoden zur engeren Wahl, Regiomontanus und Placidus de Titis. Regiomontanus legte für die Teilung mit dem Äquator den wahren Bewegungskreis zu Grunde,

Nur in diesen Fällen dürften wir von Quadranten auf der Ekliptik sprechen, da diese sog. Eckpunkte dann um 90° voneinander entfert liegen. Hingegen bei Aszendent 0° ♋ und 0° ♑ finden wir enorme Ausdehnungen oder Zusammenziehungen des Bogens von Eckpunkt zu Eckpunkt, anwachsend mit der Polhöhe; bei nördl. Breite 48° beträgt der erste Bogen rund 120°, der zweite rund 59°, bei gleicher südl. Breite dasselbe im umgekehrten Verhältnis. – Wenn der Bogen von Eckpunkt zu Eckpunkt in der Deutung stets schlechtweg «Quadrant» heißt, so leitet sich die Berechtigung dieses Sprachgebrauchs aus *Äquatorquadranten* ab, wobei der Horizont die Lage des Ost- und Westpunkts in schiefer Aufsteigung auf die Ekliptik überträgt. In den äquatornäheren Ländern, in denen die Astrologie ihre Ausbildung erfuhr, konnten sich die Probleme der ungleichen Bögen von Eckpunkt zu Eckpunkt nicht in derselben Weise geltend machen wie in unseren Breiten.

er erzielte mit Hilfe der durch Nord- und Südpunkt gehenden Großkreise ein geschlossenes Raumbild. Placidus berücksichtigte die relative Eigenbewegung der Ekliptik, was er teilte, ist eigentlich Zeit, übertragen auf Raumteile der Bewegung; dies erschwert die räumliche Vorstellbarmachung. Das erste stellt ein streng logisch anschauliches, das zweite ein geophysikalischen Verhältnissen genähertes System dar. Die Unterschiede der Gradzahlen sind manchmal sehr gering und da praktisch erst bei genau bekannter Geburtsminute nachprüfbar, werden noch viele Untersuchungen erforderlich sein, bevor darüber das letzte Wort gesprochen werden kann. Zur charakterologischen Auswertung genügen zunächst die meistverbreiteten, nach Placidus berechneten Tabellen, empfehlenswert ist jedoch das Studium der Abweichungen, die sich nach Regiomontanus ergeben. In keinem Falle aber dürfen die verwendeten mathematischen Hilfsvorstellungen dazu verleiten, an reale Abteilungen des Himmelsraumes, in denen der Ursprung der gedeuteten Erscheinungen läge, zu glauben.[3]

[3] Der manchmal mit mathematischem Scharfsinn, häufiger mit Vorurteilen und Rechthaberei geführte Streit der Astrologen um die «richtige Häusermanier» verkennt gemeinhin folgendes. Zu beurteilen, was die gebrauchten rechnerischen Konstruktionen bezw. die Realitäten, auf denen sie fußen, im allgemeinen Tatsachenzusammenhange sind, obliegt der Gesamtforschung und ihrer Kontinuität, folgt aus innerer Einheit des Weltbildes. Mathematik mit ihren Grundformen geistigen Ordnens gehört dabei zu den methodischen Voraussetzungen, um verläßliche Unterlagen für die Deutung zu erlangen. Ihre Verwendung in der Astrologie verbürgt jedoch für sich allein nicht deren Wissenschaftlichkeit. Diese steht und fällt mit der Evidenz, dem methodischen Gebrauch und dem empirisch Zutreffenden ihrer *Deutungsbegriffe*, die sich auf jene mathematischen Proportionen beziehen. – Gegenüber der damit umrissenen Aufgabe ist es allzu naiv, mathematische Ermittlungs-Hilfslinien für bare Wirklichkeiten zu nehmen, von denen *ursächlich herrührt*, was Deutungsregeln aussagen. Solcher Art ist die zuweilen auftauchende abstruse Vorstellung «konstanter magnetischer Felder«, über den ganzen Erdglobus gebreiteter, doch für jeden Ort anderer Himmelsräume: angesichts der meist unkritisch aufgestellten Regeln eine Art Theatergarderobe des Schicksals, das seine Regiestücke in gegenständlich detaillierten «Schickungen» an die Individuen austeilt! – Dagegen eine Hypothese, die ihre Ele-

Wir müssen unterscheiden zwischen Strecken der Ekliptik und den sphärischen Raumschnitten, die zu ihrer Berechnung benötigt wurden, sowie den Feldern als Deutungselementen.

Gegen diese ungleichen Felder liefernden «inäqualen» Methoden, vor allem die placidische, erhebt sich der Einwand, daß sie über den Polarkreis hinaus versagen, wo die letztere nur mehr imaginäre Raumteile ergibt. Bereits in Breiten, die sich dem Polarkreis nähern, schrumpfen manche Felder zusammen, wachsen andere übermäßig an, so daß praktisch oft nur von einer Besetzung der Hälften über oder unter dem Horizont die Rede sein kann. Stößt dies das ganze System um? Gelten in den hohen Breiten andere Maßstäbe? Oder bedeutet es, da Menschen auch in diesen Breiten geboren werden, einen Fortfall gewisser Differenzierungen bei diesen? Zwar darf eine Frage der Logik nicht auf die Empirie abgeschoben werden, doch umgekehrt muß logische Überlegung an der Natur des Gegenstandes anknüpfen. Das Horizont- Meridian-System ist uns der rechnerische Ausdruck für die kosmische Feineinstellung, die Abhebung einer Eigen-Wesenheit vom Stammestypus – bei Eskimos, Lappen, Samojeden usw. vorderhand gering –; das Erfahrungsmaterial aus stärker individuierten Rassen ist sehr eingeschränkt. Hier liegen noch wenig in Angriff genommene Probleme. Allgemein gesehen darf man sagen, daß in höheren Breiten weit mehr extreme Strukturen der Kräfterichtung hervorgebracht werden als in äquatornahen Gegenden. Solcherlei wurde bisher nur aus Klima und Daseinskampf erklärt, es mögen aber die Anlagen-Schemata der ungleichen Felder mitsprechen. Anderseits können die Kernpositionen auch in einem zusammengezogenen Quadranten liegen (z. B. im Geburtsbild von Maria Stuart). Geht man diesen Dingen unvoreingenommen nach, so wird man das «Häuser-

mente organisch-kosmologisch begründet, sieht in den «Himmelsfeldern» nur den rechnerischen Ausdruck einer kosmischen Feineinstellung auf Ort und Minute der Primäräußerung individuellen Lebens.

problem» nicht nur von theoretischen Forderungen aus zu lösen trachten. Ungeachtet der strittigen Zwischenfelder kann das Horizont-Meridian-System am Erfahrungsmaterial mittlerer Breiten, auch der südlichen, als gesichert gelten.

Die Zählung beginnt in jeder Methode beim Aszendenten, schreitet fort über das IC zum Deszendenten, von dort über das MC wieder zum Aszendenten zurück. Diese Richtung entspricht der Drehung des Äquators, geht also entgegengesetzt der Scheinbewegung des Himmels. Stellen wir uns den «Tagesgang» der Sonne vor, so durchwandert sie nach dem Aufgange zuerst das 12., dann das 11., 10. Feld und so weiter rückwärts gezählt, nach Durchwanderung des 7. Feldes geht sie am Deszendenten unter und erreicht am anderen Morgen wieder den Aszendenten.

Ausrichtung auf Lokalität und Tageslauf

Inhaltlich betrifft uns das rechnerische System im engsten Verhältnis mit realen Tatsachenzusammenhängen. Dem Orientiertsein einer Geburt im totalen Erdraum entspricht die Grundorientierung des betreffenden Menschen im tagtäglich erlebten Raum körperhafter, gegenständlich vielgestaltiger Lebenswirklichkeit. Kennen wir die Vokabeln der Übersetzung, so ersehen wir daraus festbleibende Richtungs-Einstellungen im Bezug von Dingen auf die Individualität. Dies ist nicht ohne einsehbaren Grund in der Sache selbst, wenn wir dabei statt an äußere Kausalität an innere Entsprechungen denken. Die astronomischen Sachverhalte, auf die sich das System stützt, ergeben den Tagesrhythmus, der genaue Augenblick in diesem Rhythmus und die Perspektive des Orts führen zur zahlenmäßigen Fixierung. Allgemeine Naturgegebenheiten von Lokalität und Tageslauf sehen wir in Analogie zu Grundeinstellungen, mit denen wir individualisiert ins Dasein treten.

Aufzusuchen sind mithin die lebensprimären Streberichtungen dessen, was sich in späteren Formen differenzierter, eingespielter Lebensgeübtheit mannigfach verwirklicht. Nähern wir uns diesen Inhalten vorerst aus der Bedeutung der vier Eckpunkte für das Leben im allgemeinen.

Scheitelpunkt und Fußpunkt (auf der Ekliptik MC und IC) versinnbildlichen entgegengesetzte Streberichtungen. Am oberen Meridian steht nicht nur die Sonne in höchster Kraftentfaltung, Licht und Wärme spendend, auch die Gravitation des Mondes, wenn er kulmininiert, tritt als Flutwelle der Meere kräftig in Erscheinung, eine schwächere Wirkung übt er auf das Luftmeer aus, ferner wurde eine verstärkte Weltraumstrahlung bei Kulmination der Milchstraße nachgewiesen. Vom Organismus, wenn er in diese Richtung bauen oder sich bewegen will, wird der eigenen Schwere entgegenzuwirken verlangt. Alles in allem: Richtung einer Meistbeanspruchung des Organismus durch den kosmischen Umraum, sowie – besonders wichtig für das Pflanzenleben – der maximalen Zufuhr kosmischer Energie. Hingegen in Richtung des unteren Meridians sind die Strahlungen abgeschirmt durch die Dichte des Erdkörpers, mit der Bodenemanation kommt die Lokalität als solche zur Geltung, die Eigenschwere des Organismus strebt nach unten; im indirekten Erscheinungszusammenhang tritt die Mondgravitation als Nadirwelle der Fluten auf. Es ist die Richtung der Mindestbeanspruchung des Organismus durch den kosmischen Umraum, im solaren Tagesgang bestimmt sie die Zeit der Reorganisation für die bei Licht aktiven Wesen.

Seit Bachofen, Nietzsche, Frobenius und anderen ist uns ein Grundgegensatz zweier menschlicher Haltungen, der analog diesen Richtungen steht, geläufig. Die eine, vom Gipfelerlebnis bestimmt und einen Weltstandpunkt demonstrierend, baut in die Höhe, ins Helle und Tagesklare hinein, erhebt den Blick zum Makrokosmos, erforscht und deutet seine Gesetze, will in staatlichen Ordnungen deren Spiegelbild geben, stellt frei einem Höchsten verpflichtet sittliche Regeln auf. Die andere, vom Höhlenerlebnis bestimmt und an die Tore der Unterwelt pochend, strebt in die Tiefe, ins Dunkle und Nächtige hinein, wendet die Innenschau unmittelbarem Leben zu, versenkt sich in seine Geheimnisse, sucht das Rätselvolle in Bindungen, Rückverbindungen auf, folgt lebensschöpferischen Regeln der Natur. Durchsichtig sind die Beziehungen jener zum phallischen, dieser zum vaginalen Prinzip, zu Patriarchat und Matriarchat; doch was oft als Ursächlichkeit formuliert wird, gilt hier als Entsprechung für vorindividuelle kosmische Einstellungen. In die Elemente der Individuation einbezogen, lassen sie haltungsmäßig Verwandtes auf verschiedenen Ebenen anklingen. Entsprechungen umschreiben dasselbe in der Vielschichtigkeit psychischen Geschehens; in unserer individuellen Lebenswirklichkeit sehen wir den Gegensatz wiederkehren in der Einstellung auf Erfordernisse öffentlichen Wirkens oder auf die Entspannung privater Zurückgezogenheit, jene einer mehr extraversiven, diese einer mehr introversiven Selbstverwirklichung gemäß, sowie in der täglichen Wiederholung von Wachen und Schlaf, Denk- und Traumwelt.

Gleichsam Wipfel- und Wurzelrichtung der Lebenseinheit, bringen diese Strebungen extrem zur Entfaltung, was sich als Gesamttönung auf die Felder über oder unter dem Horizont ausbreitet. Der Horizont nun gibt die Umschaltungen an, deren eine überleitet vom Unteren, Verdeckten, Nächtigen zum Oberen, Offenbaren, Taghellen, deren andere wieder zurückführt. Die aufgehende Sonne erhebt sich am Aszendenten über den Horizont und strebt der Himmelshöhe zu. Analog dieser Umschaltung steht der Aufbruch subjektiven Tätigseins zur maximalen Bemächtigung äußerer Dinge und Verhältnisse, anders gesagt: Erwachen der Persönlichkeit zum ungebrochenen Einsatz, emporsteigend aus einem Zustand, worin die unbewußte Lebensseele vorherrschte. In Konsequenz des «Tagesbogens» splittert sich die solitäre Einsatz-Geschlossenheit dann auf in ein Wirklichkeitsbewußtsein von Anderheiten, zu denen er in Auseinandersetzung brachte; gefundene Anregung und Ergänzung, doch auch Ermüdung, Enttäuschung und Einbuße. Anwachsende Selbstentfremdung durch Aufnahme von Anders-Seiendem läßt einen Gegenzug mächtig werden, die Tendenz zur Abkehr von der Welt bewußter Objekte. In unserem Bilde: die Sonne sinkt am Deszendenten unter den Horizont und strebt der Himmelstiefe zu. Analog dieser Umschaltung steht die Heimkehr in das natürliche Fürsichsein, die Geborgenheit des Eigenlebens, worin sich die Dinge nach privatem Bedürfnis gestalten, in Konsequenz des «Nachtbogens» dann den geschlossen einsatzfähigen subjektiven Zustand wiederherstellend. Auch diese Umschaltungen deuten Gesamttönungen an, die sich auf die Felder östlich oder westlich des Meridians erstrecken und mit denen der Horizontscheide überschneiden.

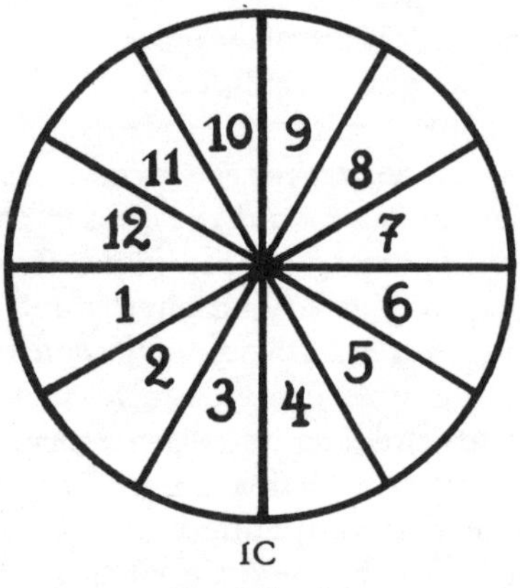

Abb. 12

Die 4 Eckpunkte der menschlichen Interessensphäre

Der späteren Darlegung vorgreifend, werden hier zum freien Vergleich die Hauptinhalte herausgestellt.

Wollte man die Analogie ins einzelne treiben, so würden sich die lebensprimären Beziehungen im Zusätzlichen und

Relativen verwirren. Es geht nicht um zeitlich den Auf- und Untergängen und Kulminationen der Sonne parallele Oberflächenerscheinungen. Dies hieße dem Menschen ein Sonnen-Tages-Programm aufdrängen, das weder mit zivilisationsbedingter Lebensweise in Einklang zu bringen, noch in höheren Breiten durchführbar wäre. Wir gerieten in denselben Fehler wie der Versuch, Inhalte der Ausdruckssphäre aus den Jahreszeiten abzuleiten, die Individuation erschiene in konstanter Beharrlichkeit angepaßt an einen Gleichlauf mit sekundären Naturvorgängen, die nur für gewisse Zonen gelten. Die Analogie gilt unpedantisch. Bei einem Schauspieler etwa fällt der Wirkens-Zenit gegebenermaßen in eine Zeit, da die Sonne unter dem Horizont steht. Doch mögen wir uns drehen und wenden, wie wir wollen, und die Nacht zum Tag machen, auf den Tagesrhythmus als solchen sind unsere Funktionen abgestimmt. Leben wir unter der Mitternachtssonne, so schaffen wir uns eine künstliche Tages-Zeiteinteilung. In diesem prinzipiellen Tagesrhythmus gibt es auf jeden Fall einen «oberen» und einen «unteren» Bogen. Der erstere gliedert sich in Anspannungen auf subjektive Bemächtigung der Außenwirklichkeit, sowie in Abspannung und Verbrauch, doch auch Anreicherung durch Objektwirkungen, ob diese «Bogenteile» nun vor- und nachmittags liegen oder nicht. Der zweite Bogen gliedert sich in entspannende Lösung von den Objekten, ihre Umbildung, «Freizeitgestaltung», sowie in Wiederherstellung der Person aus ihren unbewußten Lebensvoraussetzungen, Aufbau für die Bewältigung neu zu erwartender Anspannungen. Diese Teilung des «Nachtbogens» reicht bis in die psychische Traumtätigkeit hinein: einerseits kausale Abwicklung von «Tagesresten», anderseits finale Ausrichtung auf künftigen «Tageserfolg».

Wenn Inhalte dieser Art sich aus der Natur der Sache ergeben, so gewiß nur andeutungsweise, überschläglich. Erinnert sei an die Gegenläufigkeit des solaren Tagesgangs zur Zählung der Felder. Der ordnungsmäßige Aufbau der Zwölfheit, die inhaltliche Durchgliederung als «Entwicklungsspirale» folgt der Zahlenrichtung. Um also die Inhalte zusammenhängend zu verstehen, ist sowohl eine direkte als auch eine konverse Lesung nötig, von den Eckpunkten nach rechts wie nach links gehend. Aus solchem Anleuchten von zwei Seiten her erhellt dann, was einseitig beurteilt nur unvollständig erfaßbar wäre.

Das Stationäre, lokal Fixierte (entsprechend dem örtlichen Raum-Koordinaten-System) sowie das auf Fortgang in der Konkretheit täglicher Dinge Abgestimmte (entsprechend dem inneren Tagesrhythmus) gibt dieser Sphäre ihre eigentümliche Note. Man kann darin feststehende Lebensgebiete sehen, nach Bedeutungen zueinander geordnet. Dem Menschen geht es jedoch im normalen Tagesbewußtsein nicht um diese Bedeutungen, sondern um Dinge, denen sie anhaften. So erwächst die grundsätzliche Frage, was die Gegenständlichkeit der Welt uns bedeutungsvoll macht.

Die Begriffe Interesse, Triebfeder, Motiv

Greifen wir auf den Ansatz der astrologischen Menschenkunde zurück, ihren Welthintergrund, so impliziert das Zugrundelegen der Konstellation, daß, wenn sie überhaupt eine Gültigkeit für den Menschen hat, wir im Verstehen hinausgehen müssen über Beschreibung subjektiver Zustände und deren Bedingungs-Analyse. Der Charakter spiegelt sich am Gestirnbild in seinem Hingeordnetsein auf «Welt». Diese Seite nun tritt besonders deutlich hervor in der Interessensphäre, dem bewußtseinsnahesten Bereich unserer Struktur, welcher das Verhältnis zu den Dingen vorzeichnet. In ihr sind jene Kräfterichtungen fixiert, deren gegenstandsbezogene Form wir Interesse nennen.

Bei der Sphäre des Ausdrucks fragten wir nach dem «wie», der Art und Weise, in der eine Wesenskraft sich äußert. Den Ton auf die innere Einheit legend, auf das Gemeinsame von Verlaufs- und Gestaltungstendenz unter jedem der gefundenen Prinzipien, sprachen wir von Stilformen. Wie im künstlerischen Schaffen, wenn es Stil hat, Manier und Behandlung verschiedenartiger Motive in gleicher Weise zusamengefaßt sind, anderseits ein und dasselbe Motiv in jeder Stilform deren bestimmtes Gepräge erhält, so bleibt das Eigentümliche der Zeichen ♈, ♉, ♊ usw. vor den verschiedenen Anlässen prinzipiell dasselbe. Bei allen Abwandlungen, auch einer Niveauverschiebung nach oben oder unten, schlägt die damit bezeichnete Art und Weise charakterlicher Äußerung unverkennbar durch.

Zwar wurden mit den Wirk- und Werde-Grundformen gewisse Eignungen in Betracht gestellt, Vorformen der Begabung, deren Auswertung dann aus der eigentlichen Charakterstruktur heraustritt und auf Leistung abzielt. Doch ging die Frage immer nach dem «wie». «Woran» ein Mensch sich entwickle, «was» er schaffe, «worauf» sich seine Kräfte richten, danach fragten wir nicht. Das Gegenständliche, wovon wir in der Ausdruckssphäre absehen mußten, rückt aber in den Vordergrund, je umstandsgenauer wir die Verwirklichung des Charakters im Dasein ins Auge fassen. Nicht mehr nur die Art und Weise, Dinge zu sehen, zu erleben, ihnen gegenüber sich zu verhalten und, auf die Stimmung geblickt, das «wie mir ist» beschäftigt uns dann. Um die Ausrichtung auf das «was» zu verstehen, sehen wir nunmehr von diesem «wie» ab. Gegenständliches gilt uns nicht mehr beliebig, wir tun einen Schritt auf die Ziele des Strebens, der Tätigkeiten hin, fragen nach den tatsächlichen Auslösern der Reaktionen, nach dem Stoff, dessen sich die Begabungen und ausgebildeten Fähigkeiten bemächtigen, auf den sie in der Anlage schon hinweisen, kurz nach dem Hineingestelltsein der Individualität in die reale Welt.

Für die psychische Beziehung zu den Dingen bietet sich uns der Ausdruck Interesse an, wortwörtlich «Dazwischensein» – einem Dinge zugewandt, befindlich zwischen Gewahrwerden und Übergang in Tätigkeit –, jedoch wegen des uneinheitlichen Gebrauchs nicht unbesehen übernehmbar.

Gewöhnlich meint das Wort ein Beteiligtsein von Aufmerksamkeit, Verstand oder Gefühl, Anteilnahme schlechthin, meist bewußtes Gefesseltsein durch Spannendes, Reizbietendes, Lockendes; doch können auch unbewußt bleibende Momente in diesem Sinne von Belang sein und uns in Anspruch nehmen. Weiterhin: in der Wendung, daß etwas in unserem Interesse liegt, es ein solches zu wahren gilt, bekommt das Wort einen deutlichen Bezug auf Nutzen, Vorteil und Gewinn. So verstanden geht es vielfach sogar in den wissenschaftlichen Sprachgebrauch ein. Nach Kerschensteiner besitzt unser Interesse jedes Mittel, das der Verwirklichung unserer individuellen Zwecksysteme dient. Ein wenig anders liegt die Betonung bei Gehlen, der Interessen gleichbedeutend ansieht mit umstandsbewußten und auf Dauer gestellten, handlungsangepaßten Bedürfnissen.[4] Sehen wir «umstandsbewußt» im Instinkt enthalten, dann müßten wir den so verstandenen Begriff ausdehnen auf das gesamte instinktgelenkte Teilhaben lebender Wesen an der realen Welt. Demgegenüber beschränkt sich Lersch («Aufbau der Person») auf eine besondere Bedeutung des Begriffs, indem er von der wissenden Teilhabe spricht. Er greift die Unterscheidung zwischen Interessiertheit «an» und und sich interessieren «für» etwas auf und sieht im letzteren – wenn wir vom Interesse für Mathematik, für Geschichte, Politik, Kunst usw. reden – das Streben nach Erweiterung des Welthorizonts wirksam, nach Einsichtgewinnen in Sachverhalte und Zusammenhänge. Gemeint ist ausschließlich bewußtes Interesse, aber nicht unmittelbar zwecklich ausgerichtet, ja, Lersch scheidet vom «echten Interesse» – wissender Teilhabe – ausdrücklich das Anstreben und Ausnutzen von Wissen als Mittel zur Selbstsicherung oder -durchsetzung ab.

Weitere Auffassungen vorerst beiseite lassend, haben wir uns klarzumachen, ob und wie weit das bewußte Gerichtetsein auf bestimmte Gegenstände wesentlich zum

[4] Arnold Gehlen, «Der Mensch, seine Natur und seine Stellung in der Welt», Junker und Dünnhaupt, Berlin 1940.

Begriff des Interesses, wie hier gebraucht, gehört, ferner, wie weit mit ihm ein Zweck bezw. die Befriedigung eines Bedürfnisses inbegriffen ist.

So vielartig der Wortgebrauch, Interesse weist immer auf etwas außer dem Handelnden hin, darin mit Wert und Bedeutung verknüpft. Die Sprache sagt: ein Interesse wird erregt, geweckt, eingeflößt «durch» dieses Etwas, das anzieht, lockt, reizt, spannt, fesselt. Jedenfalls bezeichnet Interesse eine Form des Teilhabens an Vorhandenem und wenn es Tatsachen der Innenwelt sind, so doch vor-, das heißt, einem Betrachtenden im reflexiven Erwägen gegenübergestellt, aus völligem Einssein mit sich herausgestellt als gleichsam äußere Dinge. Für den allgemeinen Begriff ist unerheblich, ob solches Teilhaben mit logisierten oder intuitiven Wissensformen beginnt, ob es instinktiv ansetzt, ebenso unerheblich, ob es empirischen oder theoretischen Gegenständen gilt. Dies Verhältnis zu Vorhandenem gehört nur insofern dem am leichtesten Bewußtseinsfähigen an, als Interesse im Hervorrufen einer besonders eingenommenen Form des Aufmerkens, des Auswählens und Bevorzugens zur bewußten Auseinandersetzung tendiert. Tendieren überhaupt, die transitive Strebeform, macht sein Wesen aus. Interesse ist für sich nichts als ein Übergehen, Überleiten, Hinstreben, ausgelöst von einem bestimmten Etwas durch dessen Wertsein und Bedeuten, darin unterscheidet es sich von bloßer Neugier. Bewußtsein kann etwas, das man mit naivem Interesse tut, auch als Unwert abtun. Eine interessemäßige Richtungstendenz kann anderseits fortbestehen über anfängliche Absichten hinweg. Genügend Beispiele wären beizubringen, daß bewußte Interessen sich im Schlepptau vitaler Antriebe auslösten und dann, vermöge dieses transitiven Charakters, über die ursprünglichen Triebziele hinausgriffen. Mit der «Echtheit» von Interessen aber berühren wir diejenige Seite, die nicht im Gegenstande liegt, sondern in der subjektiven Wert-Ansprechbarkeit. Zweifellos gibt es unechte Interessen sowohl im Sinne vorgetäuschten, als auch irrigen Strebens, der wertblinden wie der auf falsche Werte gelenkten Betriebsamkeit. Ein Mensch kann etwa der Konvention halber Mitgemachtes, Angebildetes für Interesseneigenes halten und auch sonst in mancherlei Irrtümer über seine eigentlichen Interessen verstrickt sein; als Wissenschaftler ist er vielleicht auf Erweiterung des Welthorizonts ausgezogen und dann an Gegenständen, Apparatur, Gepflogenheiten seines Fachs, wenn nicht an lukrativen Nebenrücksichten, hängen geblieben, identifiziert sie aber mit seinem echten Interesse, weil sie von diesem aus wertbesetzt wurden. Er mag in seinen Absichten irren, doch nicht eine Grundstrebung seines Teilhabens an der Welt kann irrtümlich sein.

Offenbar stammt vom Bewußtsein, so wichtig es für die Klärung der objektiven Umstände und den methodisch erzielten Erfolg ist, nicht die «psychische Energie» der Vorgänge, die Lipps für die Interessen als kennzeichnend ansieht. Lediglich eine Forderung stellt es dar, sich der letzten Beweggründe, des «Eigentlichen» seiner Interessen, möglichst täuschungsfrei bewußt zu werden. Voraussetzung hierfür wäre, daß die Thematik der Antriebe und Einstellungen, die sich bewußt-interessenhaft einkleiden, bekannt sei: der uns hier beschäftigende Hauptinhalt.

Wie weit geht es dabei um Verwirklichung individueller Zwecksysteme? Nähern wir uns dieser Frage von der Negation her, der Uninteressiertheit. Nicht an allem objektiv Wichtigen haben wir teil, vieles läßt uns gleichgültig, kalt, wir sind unempfindlich selbst gegen eingesehenen Wert von Dingen für andere, sie berühren uns nicht. «Uninteressiertheit» kann nun auch den Beiklang des Verdienstvollen, Unselbstischen haben. Im Mangel, in Stumpfheit läge kein Verdienst. Vielmehr: das egoistisch Zweckhafte entfällt bei jener wissenden Teilhabe bezw. dem objektiven Wissensdrang, den Lersch folgerichtig zu den Strebungen des Menschen über sich hinaus rechnet, ebenso bei der Empfindung des objektiv Schönen und demjenigen Handeln, das weder in gröberer noch feinerer Weise auf egoistischen Gewinn abzielt und objektiv gut genannt werden kann. Dies sind die Fälle, in denen man gelegentlich von Uninteressiertheit im Sinne uneigennützigen Strebens spricht. Gemeint ist nicht Interesselosigkeit überhaupt. Ein Interesse besteht gleichwohl, doch fällt es nicht mit einem individuellen Zweck oder Bedürfnis zusammen, es sei denn, wir erweitern den Begriff der Individualität über die Einzelperson hinweg. Dies aber ist möglich, ohne in der entsprechenden Äußerung stets ein höherwertiges Streben zu sehen.[5] Gibt es außer den Interessen persönlichen Nutzens solche, die über die Beschränkung darin hinausweisen, können sie bei einem Widerstreit der Strebungen die Oberhand über den Egoismus bekommen, so müssen wir in das Wesensgefüge auch überpersönliche Strebungen eingebaut denken, ein neutrales Verflochtensein mit Fremdinteressen, wertpositiv erst im überwindenden Motiv. Die individuelle Interessenstruktur ist jedenfalls nicht so zu verstehen, daß sie nichts der Einzelperson Nachteiliges zuließe. Sie umfaßt vielmehr – unbeschadet der individuellen Einheit – auch Interessen, die mit einem sozialen Wertzeichen besetzt denen der Einzelperson entgegenstehen. Wie strittig die Werte aber hier sind, zeigen am deutlichsten Nietzsches Angriffe auf die «Herdenmoral».

Unausbleiblich schließt die Auffassung vom Interesse gewisse Grundurteile über die Stellung des Menschen in der Welt ein. Wollte man an der Bezeichnung «Zwecksystem» im genannten erweiterten Sinne festhalten, so läge darin

[5] Versteht man «Individualität» wortwörtlich als Unteilbarkeit, so entsteht ein Widerspruch zwischen Wort und Sache, wenn man weiterhin an Zusammensetzbarkeit aus elementaren Teilen denkt. Doch liegt wie bei allem Organischen eine *Einheit des Mannigfaltigen* vor, die Elemente betreffen also *Einteilbarkeit als innere Abstufung ganzheitlichen Wesens.* Nur für den unterscheidenden, seine Urteile im Begriff isolierenden Verstand verselbständigen sich die Abstufungen als «Teile», und er muß zusammensetzen, um der gewachsenen Synthese nahezukommen. Rechnet man nun gewisse «Strebungen über sich hinaus» zum ganzheitlichen Wesen der Individualität, dann kann dies so aufgefaßt werden, daß *der einzelne potentiell die Menschheit in sich trägt;* hieraus wird möglich, daß er im Interesse an kollektiven Entwicklungen gegebenenfalls Partei nehmen kann *gegen seine Einzelexistenz,* ohne damit seine innere Einheit aufzugeben.

die Behauptung in der Individualität verankerter, kollektiver, menschheitlicher Zwecke. Von diesen ginge eine Gegenführung zu denen der Einzelperson aus, unter Umständen bis zu deren Vernichtung angestrebt. Auch sie, etwa in Form der Opferwilligkeit, wären als innewohnende Bedürfnisse auffaßbar. Eine Metaphysik darf einen solchen entelechialen Überbau, worin die Ergebnisse der Entwicklung vorausbestimmt wären, zu Grunde legen. Hingegen eine Forschung, welche die Ziele der Entwicklung offen läßt, den Kampf im Menschen um den Menschen untersucht und Niveauverschiebungen aus einzelnen, persönlichen Entscheidungen herausgebildet sieht, kann in besagter Hinsicht nur von zielstrebigen Tendenzen reden. Diese Unterscheidung ist besonders wichtig hier, wo nicht allein psychische Sachverhalte in Betracht stehen, sondern die Gegenständlichkeit der Umwelt mitspielt.

Wir sehen demnach Interessen nicht ausschließlich auf Zwecke gegründet, nicht von bewußter Absicht und Einsicht abhängig, trotzdem sie überwiegend praktisch Leistungshaftes enthalten sowie die Auseinandersetzung mit der Welt in Ding- und Bewußtseinsnähe betreffen. Keinesfalls ist das Grundgefüge unserer Interessen eine Organisationsform des rationalen Ichs. Dieses, wenn aus der unbewußten Vorform, der «reinen Tätigkeit» Fichtes, herausentwickelt, steht nur als Bezugspunkt interessemäßiger Selbstverwirklichung am Anfang des kreisläufigen Systems. Die von ihm ausgehenden Absichten verwirren sich oft genug in den Maschen eines Netzes, aus dem «bewußt nicht Gewolltes» mit dämonischer Eigenlogik, als «schicksalhaft Aufgedrungenes», zum Gegenstand eines unfreiwilligen Interesses wird. Dieses Netz ist die ins Dasein mitgebrachte Felderstruktur, das System der «zwölf Häuser» in der alten Astrologie.

Gerade diese Häuser waren seit ihrem Ausbau in der späten Antike der Tummelplatz zweckgerichteter gegenständlicher Befragungen. Ein Orakel, ein Schicksals- und Götterspruch, sollte aus ihnen verkündet werden und für die vulgäre Auffassung ist es dabei geblieben. Die Mehrzahl durchschnittlich gestellter Fragen sind «Häuserfragen»: Geld, Gesundheit, Berufserfolg, Liebe und Ehe, Kinder, Freunde und Feinde. In dieser Entstellung zum Wunschkatalog beschränkt sich die menschliche Interessensphäre auf wenige typenhafte Bedürfnisse, für deren Befriedigung das Horoskop als Beihilfe dienen soll. Jedoch bei aller Bedenklichkeit des rohen Gegenstandsinteresses, das die innere Fortentwicklung der Astrologie so sehr behinderte, ist ein Punkt getroffen, an dem ihre Aussagemöglichkeiten hinausgreifen über die gebräuchlichen psychologischen Methoden: das Hingeordnetsein der Individualität auf die Welt, ihr Darinstehen in realen Tatsachenzusammenhängen, unabhängig von Vorstellungen und Erwartungen. Im Gebrauch für beschränkte Zwecke sehen wir nur die unvollkommene Auswertung von Einsichten, die hier zu heben sind.

Vor der weiteren Verfolgung des Gedankens sei noch das Verhältnis der wandelbaren Motive oder Interessen zum gleichbleibenden Gefüge des Charakters geklärt. Wenn wir hier von Interessenfeldern sprechen, so darf nicht überhört werden, daß die Betonung auf «Feld» liegt. Der Ausdruck Feld meint ein Beständiges, auch wenn seine Bestandteile ausgewechselt werden; diese Beständigkeit hat es als Glied eines Strukturbereiches. Hingegen in Interesse ist eine Dynamik mitenhalten sowie Besonderung und Vereinzelung, insofern Streben gerichtet ist; wir meinen damit den unmittelbar auf Dinge gerichteten Bezug, der aus einem solchen Felde heraus ansetzt. Innerhalb eines Feldes können sich verschiedenerlei, dennoch bedeutungsmäßig zusammengehörige bzw. in dieselbe Grundrichtung weisende, einander ablösende und untereinander austauschbare Einzelinteressen ausbilden. Sie machen den äußeren Wechsel der Dinge mit, aber auch den inneren Wandel des Durchdringens zur Bedeutung, den sie aus der Felderstruktur empfangen. Individuell fixiert bleibt das Feld, als bestimmte Grundausrichtung im Kreis motivischer Bedeutungen, den Menschen in die Mitte seiner Möglichkeiten gestellt; veränderlich sind die Entsprechungen, die es aktuell ausfüllen, die Dinge, die zum Motiv des Strebens werden und in denen sich die Feld-Bedeutung verwirklicht. Eine ungeschichtliche Blickweise sah nur das Stationäre des Feldes und beschränkte die Entsprechungen auf das typenhaft Wiederkehrende, dessen Ärmlichkeit ohne Anschluß blieb an die geschichtsschöpferische Rolle der Interessen, wie sie etwa Rothacker sieht («Geschichtsphilosophie», 1934): «Das Neue entsteht aus einem neuen Interesse, einem neuen Wollen, aus dem Auftreten neuer, eine neue Welt öffnender Organe und Funktionen.» So wird auch die Individualgeschichte vorwärts getrieben von wechselnden Interessen, bei denen die leicht überschätzte Neuheit der Strebensziele uns manchmal alles von Grund auf verändert wähnen läßt. Unwandelbar bleibt deswegen doch die prinzipielle Form des Weltbezugs von der Jugend bis zum Alter dieselbe; ihr ist zu danken, daß wir uns nicht an den Gegenständen erschöpfen, aus dem damit gegebenen Drang der Selbstverwirklichung bezieht sich das eigentlich Spannende, die dinglich unerschöpflichen Bedeutungen geben uns auf jeder erreichten Entwicklungshöhe neue Ansporne.

Weltbezug muß nun, wie schon im Begriff des Interesses als «Dazwischensein» liegt, doppelseitig verstanden werden. Dasselbe, was von der einen Seite gesehen Interesse «am» Gegenstand ist und zur Tätigkeit anspannt, gilt von der anderen Seite als Wirkung des Gegenstandes «auf» den Interessierten. Dort haben wir die Thematik der Antriebe und Einstellungen, hier das System der realen Welt, in das die so beschaffene Individualität hineingeboren ist. Was uns ereignismäßig in wechselnder Gegenstandsfolge vor Augen tritt, beurteilen wir zufolge der Subjekt-Objekt-Scheidung: Anderheiten, die nach kausalen Gründen abrollen, zufällig in unser Gesichtsfeld treten, und unter denen wir je nach Interesse eine subjektiv beliebige Auswahl treffen. Astrologie wirft demgegenüber das Problem auf, daß es ein *notwendiges Zusammentreffen jener beiden Seiten* geben kann, *indem unsere Interessensphäre schon von Geburt aus angelegt ist auf Tatsachenzusammenhänge, deren Verzahnung weiter ausholt als unser jeweiliges Ge-*

sichtsfeld reicht. Dies würde besagen, daß wir unter behelfsmäßigen, oft «irrigen» Vorstellungen und Erwartungen von tieferen Schichten aus gewisse Ereignissituationen ansteuern, die in bezug stehen zu Plan und Anlage unserer Individualität.

Eine solche Sicht der Dinge – so ungewöhnlich Konstellationen als Prüfmittel sein mögen – schließt Kausalität im Vollzug nicht aus. Fragwürdig mag erscheinen, ob der Ausdruck «Interesse» dann noch anwendbar sei. Doch eine hinlänglich weite Definition des Interesses an einem Erlebnis gab bereits Theodor Lipps. Er versteht «... unter Interesse alles, was irgend macht, daß dies Erlebnis in mir ‹Bedeutung› gewinnt, alles also, was ein psychisches Geschehen fähig macht zur Aneignung der psychischen Kraft oder der Aufmerksamkeit, oder ihm hilft zum Appercipiertwerden, also ihm die Möglichkeit gewährt, im Zusammenhang des psychischen Lebens wirksam zu werden, insbesondere also auch auf seinen natürlichen Erfolg hinzuwirken und Hemmungen entgegenzuwirken».[6]

Die Anwendung auf ein Verhältnis zu Realitäten, die sich dem Bewußtsein empirisch noch gar nicht darbieten, mag zuerst befremden. In anderer Form ist es jedoch nicht ungebräuchlich. Gelegentlich sagen wir von manchen Handlungen eines heranwachsenden Mädchens, daß sie im Interesse der Liebeswahl geschehen bevor es genaueres von diesen Dingen weiß. Ein solches mit dem Geschlecht innegegebenes Interesse haben wir nur individuierter zu denken als gewöhnlich angenommen, mit vorgeprägtem Wahltypus und Zeiten des Bereitseins zur Erschließung. Ferner kann der von Lipps gesehene Gegensatz, des Interesses an einem unangenehmen Ereignis im Widerspruch zum enger personbezogenen Interesse, das es abzuwehren strebt, vertieft auftreten bis zum strukturell vorgeprägten Konflikt, aus dem jemand in genau das Unglück, das er befürchtet, hineinläuft. Hier stecken psychologische Zugänge zum Thema

[6] Theodor Lipps, «Vom Fühlen, Wollen und Denken», Joh. Ambrosius Barth, Leipzig 1902.

der Abwendbarkeit von vorbestimmt Geglaubtem, demselben Liebesunglück etwa, das der Orakelspruch zeitgenau weissagt.

Für die Verwirklichung des Charakters enthält die Interessensphäre die gegenständliche Ausrichtung der Wesenskräfte. Sie zeigt ihn einkomponiert, dem Angelegtsein nach mit überpersönlichen Tatsachenzusammenhängen verflochten. Ein mit der Realität des Seins verwachsenes System, reicht sie weiter als das von Klages aufgestellte System der Triebfedern. Dieses ordnet in Hinblick auf die eine Seite – Thematik der Antriebe und Einstellungen im persönlichen Lebensspielraum – nach Selbstbehauptung und -hingebung. Die andere Seite, das System der realen Welt, bleibt seiner rein charakterologischen Einteilung indifferent. Vorzug dieser Einteilung ist ihre klare Übersichtlichkeit für einen in seelischen Bewegungsformen sich orientierenden Verstand; anzunehmen hat man allerdings sein oberstes Erklärungsprinzip, das z. B. soziale Streberichtungen als Einschränkung persönlicher Triebfedern durch sittliche beurteilt. Nicht nur wegen des damit angedeuteten Unterschiedes sind die Berührungspunkte mit unserer Interessensphäre seltener, als vielleicht zu erwarten wäre. Zur Eigentümlichkeit astrologischer Meßbilder gehört die Verschiebung von Ausdrucks- und Interessensphäre gegeneinander sowie deren variable Betonung durch unterschiedliche Kräfte: eine Mannigfaltigkeit möglicher Kombinationen, die der Charakterologe, wenn er die entsprechenden komplexen Erscheinungen nach Beweggründen durchpflügt, oft anders angelegten Begriffen subsumiert.

Klages versteht das Wort Triebfeder als Verdeutschung von Interesse, während es dem Sinne nach mehr die von Motiv ist, dem Aufrührenden, Bewegenden, dem Beweggrund, der ein Verhalten von innen her einsichtig macht. In der Verwendung bei Klages bekommt der Begriff allerdings dann das wesentliche des Interesses, wie auch hier verstanden, Richtungseigenschaft, Beziehung auf ein Ziel. Nur schreiben wir diesem Gegenstand oder Ziel des Strebens eine realere Rolle zu, als daß sie lediglich äußerer

Bezugspunkt ausgelöster Tätigkeiten seien. Der Gebrauch des Ausdrucks Motiv in der Künstlersprache hat nun einen merkwürdigen Doppelsinn geschaffen, worin er sowohl das ursprünglich damit Gemeinte bedeutet, den Beweggrund, die Erlebensseite, als auch den äußeren Gegenstand, der diesem entspricht und die Phantasie anregt. Dieser Wortgebrauch trifft wechselseitige Beziehungen zwischen beidem, unterhalb bewußter Interessen: der Künstler trägt ein Motiv in sich bevor er seiner ansichtig wird, er sucht, findet Motive, nimmt sie aber nicht in äußerer Realistik, sondern im symbolhaften Bezug zum Erlebensgrund der Spannung, die den eigentlich schöpferischen Vorgang auslöst. Jedes Motiv ist eine abgegrenzte Einheit, ein Konkretum für sich auf bedeutungshaftem Untergrund; der von ihm Erfüllte und Beherrschte lebt gleichsam abgezogen von seinem Ich darauf hin, bis er es zur Ausgestaltung gebracht hat. Das so verwendete Wort bezeichnet am genauesten Bildgehalt und Zugkraft der hier berührten Gegenständlichkeit. In diesem Sinne gebrauchen wir es und fassen die Inhalte der Interessensphäre als «Kreis der Motive» zusammen, ein sprachlich gleichsinniges Gegenstück zum «Kreis der Stilformen».[7]

[7] Worte verpflichten! In solchen Ausdrücken steckt die Forderung, über die wissenschaftliche Festigung astrologischer Begriffe hinaus die Deutung als *Kunst* zu handhaben, im höchsten Rang einer solchen. Geht es ja hier wie mit künstlerischen Dingen überhaupt: der Laie und Dilettant fragt zuerst nach dem Gegenstand und äußeren Nutzen, erst bei gehobenerem Niveau nach der Formgestaltung und inneren Einheit im Stil. Dies, auf wißbare Inhalte bezogen, ist das Verhältnis von «Häuserfragen» und «Tierkreisfragen». Der Deutende muß stets über dem Niveau des Fragenden stehen. Auch ein primitiver Mensch *hat* einen *persönlichen Stil, weiß* es nur nicht, naiv wirkt er ihn aus; je mehr ihn aber die Problematik gegenständlicher Interessen beschäftigt, wird er davon überfremdet. Ebenso haben die Dinge eigentliche Zugkraft als *Motive der Selbstgestaltung,* dies verlieren sie, wenn sie selbstherrlich werden. Bildungsfähigkeit im höheren Sinne setzt voraus, daß nicht nur das interessierende «Was», sondern auch das gestaltende «Wie», die Art und Weise seiner Behandlung, sowie das «Warum», der Lebens- und Entwicklungswert dieser Sache, problematisch geworden sind.

So weit der Begriff des Interesses – wie soeben verstanden – und der erläuterte Doppelsinn von «Motiv» in reale Tatsachenzusammenhänge hineinreicht, im Gebrauch dieser Ausdrücke beschränken wir uns hier auf Anlagekomponenten des Menschen. Wir schreiben diesen Anlagen aber einen Bezug auf Realitäten zu, der als solcher unabhängig ist vom bewußten Erkennen des Motivs – in beiderlei Hinsicht – durch den Betreffenden. An seinem Geburtsbilde ablesbar, sind es Formen kosmischer Einstellung. Erfahrung berechtigt zu sagen: Wenn bei der Geburt ein Planet in dieser oder jener Distanz zu Horizont oder Meridian stand, dann inkliniert der Mensch in der entsprechenden Kraft zu diesen oder jenen Interessen. Ebenso, wie wir die Inhalte der Ausdruckssphäre im Prinzip der Begegnung zwischen Ich und Welt enthalten sahen, betrachten wir diejenigen der Interessensphäre als dem Menschen inhärent. Sie stellen die Weiterführung des gleichen Prinzips in die konkrete Gegenständlichkeit hinein dar. Des Unterschiedes von Ausdruck und Interesse, von Stilform und Motiv bewußt, bedienen wir uns nun derselben ordnenden Gesichtspunkte. Keinerlei Wirkung von außen kann als Grund dieser inneren Geordnetheit gelten, sie ist das Urphänomen welteingepaßter Selbstverwirklichung.

Die schon bekannten Symmetrien also kommen in Betracht, doch ihre Spürbarkeit, ihr Verhältnis untereinander erfährt einige Verschiebungen. Das Temperament, das in den Stilformen stark sich vordrängt und immer merklich mitspricht, tritt im Kreis der Motive zurück, bzw. wird übersetzt in einen *Bedeutungston.* Im «Wie» lebendiger Äußerung spielt der Grad der Affektibilität, der Bedachtsamkeit usw. eine spürbare Rolle, hingegen im «Was», worauf sie sich richtet, klingt nur feineren Wahrnehmungen vernehmlich die untere Seelenschicht an, auf die wir Temperament bezogen hatten. In diesem Sinne sei es verstanden, wenn wir in der Literatur gelegentlich folgende Einteilung der Felder – begrifflich in Anlehnung an die

Gegliedertheit der Temperamente herausgebildet – antreffen:

materiell	*persönlich*	*psychisch*	*spirituell*
10, 2, 6	1, 5, 9	4, 8, 12	7, 11, 3

Da auch der entschiedenste Realist, wenn an Gegenständen interessiert, streng genommen nicht auf diese, sondern ihr «ihm bedeuten» anspricht, verdient der Bedeutungston gar wohl beachtet zu werden. Die spezifische Tönung eines Interessenfeldes schwingt mit, ob bemerkt oder nicht, praktisch können Gegenstände demgemäß mehrfach einreihen. Ein akademischer Titel z. B. hat vom 3. Felde her gesehen seine Bedeutung als Abschluß eines Studiengangs, einer Phase der persönlichen Geistesbildung, hingegen vom 10. Felde her einen materiellen Beiklang, bezeichnet eine gesellschaftliche Realität, Zugang zu bestimmten Berufen usw., vom 2. Felde aus gespiegelt unter Umständen eine höhere Gehaltsklasse. Ein und dieselbe Frau, gemäß dem 5. Felde in persönlich-vitaler Tönung der Liebesbegegnung erlebt, wird zu etwas anderem vom Blickwinkel des 7. Feldes, wo die spirituelle Führung des Zusammenlebens den Ausschlag gibt, die Ich-Du-Diskussion der Ehe, oder vom 4. Felde her, in der psychischen Tönung häuslicher Atmosphäre. Betontheit eines Interessenfeldes besagt Angespanntsein und Erwartung in bestimmter Richtung, wobei die gebietseigene Tönung mit zur Echtheit des Motivs gehört. Durch das Hineinschieben der Ausdruckssphäre kann dies Motivische dann unterströmt werden von einer temperamentsmäßig anderssinnigen Art der Interessenverfolgung, etwa: erdhaftes Zeichen im 3., oder aber verstärkt durch eine gleichsinnige, etwa: erdhaftes Zeichen im 10.. feuriges im 5. Felde usw.

Der Wechsel von tätiger und leidender Form (bzw. + und —) in der Aufeinanderfolge findet seine Entsprechung in einen solchen anschaulicher Gehalte: *Personifikationen* und *Sachmotive*. Der Bedeutungston tritt hierbei gestalthaft verdichtet auf und zwar – zusammengezogen – der persönliche und spirituelle als Personifikation, der materielle und psychische als Sachmotiv. Dieser sehr markanten Motivation des Seelenlebens – in der traditionellen Astrologie kaum beachtet – gilt der besondere Abschnitt «Inbilder der Selbstverwirklichung». Vorerst die Zuordnung, leicht zu merken als gerade Zahlen für —, ungerade für +:

Personifikationen	*Sachmotive*
1, 3, 5, 7, 9, 11	2, 4, 6, 8, 10, 12

Am häufigsten wird die Dreigliederung angeführt, doch, wie schon die unglücklich wertende traditionelle Bezeichnung «Eckhäuser», «nachfolgende Häuser», «fallende Häuser» erkennen läßt, unter der irrigen Meinung, es gehe dabei um Stärkegrade. Auf dieser Basis entstanden zuweilen unsinnige, keiner kritischen Prüfung standhaltende Regeln, wie ☉ im 6. (weil fallenden) Hause = geschwächte Gesundheit. Dieses Urteilsschema sieht die stärksten «Planetenwirkungen» in den unmittelbar an die Eckpunkte anschließenden Feldern gegeben, ein Absinken in den danach folgenden und schließlich die schwächsten in den Endfeldern der Quadranten. Es unterstellt eine terrassenförmige Stufung der Quantität. Abgesehen von dem empirisch gerechtfertigten Zusatz, daß sich am Anfang jedes Feldes der Charakter eines Deutungssymbols am intensivsten geltend macht, liegt eine Verwechslung von Qualität und Quantität vor. Die Dreiheit von kardinal, fix, labil in der Ausdruckssphäre ist eine qualitative Unterscheidung. Übersetzt auf die Interessensphäre kehrt sie wieder als ebensolche *qualitative Stufung der Intensität,* Interessen zu verfolgen. Die Intensität einer Wesenskraft x kann, je nach Stellung in einem der Felder – die wir quantativ neutral Eckfelder, Mittelfelder, Endfelder nennen –, in dreierlei Weise auftreten: als Formungsintensität, Beharrungsintensität oder Durchführungsintensität. Wie vorhin im Bedeutungston, haben wir darin eine ordnungsmäßige Übereinstimmung beider Sphären. Der eigentliche Ausdruck wird dann durch das Zeichen bestimmt, wobei verschiedene Überschneidungen vorkommen können.

Die traditionelle Auffassung rührt als echter Irrtum nicht aus Beobachtungsfehlern her, sondern ist eine irrige Auslegung. Man nahm wahr, daß Planetenstellungen an den Eckpunkten physiognomisch stärker in Erscheinung treten als solche an anderen Feldanfängen und schloß daraus auf erhöhte Quantität der Wirkung. Nach unserer Unterscheidung handelt es sich jedoch um ein Hervorstechen der Formungsintensität, und zwar in einem lebensprimären Vorgang tief unter der Bewußtseinsschwelle. Ein derart ♂-betonter Mensch trägt schon physiognomisch die entsprechende Signatur, zu seiner individuellen Eigenheit gehört es, aktiv formend die durch das betreffende Eckfeld bezeichneten Dinge in Angriff zu nehmen. In einem Mittel- oder Endfelde steht ♂ deswegen nicht «schwächer», die Aktivität ist nur weniger formend intensiv, sondern gibt sich aus im Sinne anhaltend verfolgter oder beweglich vertauschter Motive. Befindet ♂ sich nun in einem labilen Zeichen, so wird dessen Tendenz zum beweglichen Mittreiben in vor sich gehenden Veränderungen bestärkt im Endfelde, im Eckfelde hingegen dringt bei aller Beweglichkeit das spontan Formgebende durch. Richtig ist in jedem Falle, daß diese qualitativen Intensitäts-Unterschiede bei Stellung an einem Feldbeginn (gebräuchlich «Spitze») in erhöhtem Grade hervortreten. Die so verstandenen Zuordnungen sind folgende:

Eckfelder Formungsintensität	*Mittelfelder Beharrungsintensität*	*Endfelder Durchführungsintensität*
1, 4, 7, 10	2, 5, 8, 11	3, 6, 9, 12

Allerdings, wenn auch Qualitäten, dieselbe Farbigkeit erlebnismäßiger Beteiligung wie bei den Stilformen liegt nicht darin. Interessen, für sich genommen, sind gleichsam alle grau; Begeisterung, Farbe, Blut und Leben ihres Verfolgens stammt aus der Ausdruckssphäre. Bei dieser sprachen wir von Wirk- und Werde-Grundformen, bezogen uns also auf entwicklungsmäßige Wandlungen und Arten der Gestaltung, die für sich kultiviert eine gewisse Selbstherrlichkeit gegenüber dem Gegenstand – ein l'art pour l'art – erlangen können. In Fragen der allgemeinen Begabung, der Entfaltung von Fähigkeiten wird die Kombination da anknüpfen. Mit Interessen hingegen sind Begabung und Fähigkeit nicht unmittelbar verquickt, nur Intensität ist es, nie denkbar ohne ein Ziel. Die dreifache Art, die Dinge anzugehen, stellt dabei dreierlei Anwendungsform desselben Quantums an Intensität dar.

Eckfelder

Formungsintensität sucht dem Angestrebten den eigenen Stempel aufzuprägen, bzw. passiv erlebt ist sie die Bereitwilligkeit, durch den Gegenstand des Interesses einen solchen sich aufprägen zu lassen.

Mittelfelder

Beharrungsintensität erweist sich im hartnäckigen Verfolgen eines Interesses, bzw. passiv erlebt ist sie stärkere Ausdauer des Haftens an Gegenständen, die der Interessenrichtung entsprechen.

Endfelder

Durchführungsintensität kann am leichtesten die Ziele wechseln, sich Bedingungen anpassen, zwischen mehreren Gegenständen pendeln, aktiv und passiv leichter vertauschen, wie es die Durchführung eines Interesses verlangt.

Über aktiv und passiv (nicht zu verwechseln mit tätiger und leidender Form der Zeichen, die aber als Ausdrucksqualität mitspricht) entscheidet die Art der Wesenskraft, das Intensitätsquantum wird aus der Stellung des entsprechenden Planetensymbols im Gesamtbilde beurteilt.

Wohl die wichtigste Gliederung der Interessensphäre liegt in den Quadranten. Klar unterscheidbar von Intensität und Bedeutungston tritt damit etwas hinzu, was bei Kreuzung mehrerer Interessen insgeheim den Ausschlag gibt und eines dringlich macht, zum momentan herrschenden erhebt: der *Wert*. Aus dem inneren Gewichtsverhältnis von Werten regelt sich anderseits das Bleibende im Wandel. Die Gegenstände des Interesses machen ja bei jedem Menschen einen solchen durch, bzw. sein Ich, mit dem jeweiligen Interesse identifiziert, ist in ständiger Wanderung begriffen, wobei zunächst mehr der «Neuheitswert» der Dinge sich durchsetzt. In fortwährend herandrängenden Fragen hat es ferner zu entscheiden – nur eingefahrene Gewohnheiten, habituelle Einstellungen nehmen ihm die Wahl ab –, es nimmt Partei für das eine oder andere. Doch trotz Anpassung an die Aktualität der Lage, wechselnder Form und Gegenständlichkeit der Bestrebungen fällt jeder auf bestimmte Hauptgewichte, Wert-Betonungen zurück. Sie sind nicht etwa dasselbe wie Gewohnheiten, sondern zählen zu deren inneren Voraussetzungen. Der Mannigfaltigkeit von Dingen im Fluß des Geschehens gegenüber entscheiden wir gleichsam auf Grund einer angeborenen Musterkarte und folgen darauf fixierten Grundwerten. Wir wählen oder verwerfen den Gegenstand, der symbolisch dafür eintritt, meinen aber einen durch ihn verkörperten Wert. Diese Grundwerte nun liegen in den Quadranten begründet, die für sich betrachtet zu werden verdienen.[8]

[8] Daß die traditionelle Astrologie von diesen Quadranteninhalten so wenig Notiz nahm, ist wohl der Beschränkung des Blicks durch das leidige Orakeln zuzuschreiben. Doch die Beachtung vor allem der Hälften setzt bereits bei Ptolemäus an in der Unterscheidung östlicher und westlicher Stellungen; bei jenen deutet er im allgemeinen auf früheres Durchbrechen der Wirkungen, Begabungen und Erfolgstendenzen, bei diesen auf späteres Wirksamwerden. Auch gibt er, was Morin de Villefranche in seiner «Astrologica Gallica» (1661) dann ausbaute, den Ost- und Weststellungen der Planeten verschiedene physiognomische Entsprechungen. Unter neueren ist besonders v. Klöckler zu nennen, der in seinem mehrfach erwähnten Lehrwerk eine Kombination der Quadranten beider Kreise versucht, sowie Felix M. Diemer, dessen leider nur im Vervielfältigungsverfahren verbreiteter Lehrgang mit der Beurteilung der Quadranten beginnt.

Persönlichkeitsaufbau und Gegenläufigkeiten der Entwicklung

Wonach man bei den Stilformen erst schürfen muß, weil sich im Ausdruck das Temperament vordrängt, das kommt bei den Motiven offensichtlicher zutage, die Wertausrichtung in Dimensionen, die hier den Aufbau der Persönlichkeit im Verhältnis zur Umwelt angehen.

Zum ersten Überblick führt die Zusammenfassung nach oberen (7–12) und unteren Feldern (1–6). Analog den Teilungen der Ausdruckssphäre finden wir die Anteilnahme an der realen Welt geschieden durch den Bezug auf Wesenseigenes und Wesensfremdes. Deutlich verspürbar ist auch in der Interessensphäre die Schwelle vom I. und II. zum III. und IV. Quadranten und wieder zurück. Der Mensch tritt heraus aus dem «nächtigen» Bereich, in dessen Tiefenpunkt (IC) das unbeeinträchtigte Organismus-Sein ihn von der Wurzel her erneuerte, er tritt ein in die «Tagwelt», deren Höhepunkt (MC) weltverpflichtete Leistung von ihm fordert. Im Oberschwelligen überwiegt die sozial bestimmte Welt: Erfahrungen, Normungen, Einrichtungen, extrahiert und geschaffen in einem geschichtlichen Prozeß. Die unterschwelligen Vorgänge hingegen sind im sozialen Sinne ungeschichtlich, retardierend; die von hier bestimmte Individualgeschichte besteht in der Form und Folge, das familienmäßige Erbe darzuleben, sich weiterzupflanzen oder in Auszeugungen übertragenen Sinnes einem eigenen Reich seinen Stil aufzuprägen. Stärkere soziale Einflüsse dort stehen stärkerem Zustrom unbewußter Lebensdirektiven hier gegenüber, obzwar Verfolgung von Interessen immer einen höheren Grad der Bewußtheit in sich schließt als Temperamentsäußerung. Deshalb sind sie für den Persönlichkeitsaufbau so wichtig.

Im praktischen Gebrauch dieser Unterscheidung bestätigt sich, daß das individuelle Wesensgefüge auf den Mitmenschen hin angelegt ist. Hier liegt der Ansatz dessen, was wir in der Einleitung eine «Atomtheorie der Soziologie» nannten. Der allgemeine problematische Widerstreit im Menschen, sowohl Eigenwerte als auch Fremdwerte erfüllend seine Ganzheit aus wechselnden Bedingungen immer neu herstellen zu müssen, verschärft und spezifiziert sich in bestimmten Fällen zum individuellen Konflikt. Ein solcher ist im Gefüge angelegt; doch Entwicklungshöhe und selbstbestimmender Faktor treten zum Kosmotypus hinzu, dies gibt den Gegenläufigkeiten zur Logik des Persönlichkeitsaufbaus, an deren Festfahrungen auch die Umwelt mitwirkt, ihre besondere Bedeutung. Vom Bau der Interessensphäre aus steht nicht Unvereinbares einander gegenüber, nicht starr geschieden hier das Individuum mit seinen egoistischen Trieben, da die es befehdende, Unterwerfung verlangende, ihm sittliche Triebfedern, die nicht schon keimhaft in ihm lägen, anerziehende Mitwelt. Vielmehr lebt die entwicklungsfähige, dynamische Einheit der Menschenseele aus diesem dialektischen Widerspruch des einzelnen zum Gruppendasein. Unabhängig von der Ausbildung sittlicher Begriffe reicht die individuell-soziale Verflochtenheit in die Individuation hinein. Dinge kollektiver Bedeutung können von Geburt an zum Lebensthema gehören und Aufbauwerte der Persönlichkeit, deren Eigentümliches sich auf sozialer Plattform oder nirgends sonst verwirklicht, enthalten.[9] Ob allerdings Wille und Bewußtsein des Betreffenden auf der Höhe seiner Problematik sind, steht nicht im Geburtsbilde. Wie er die inneren Wetterzeichen deutet, ob er die Forderungen kollektiven Lebens begreift, Fremdwerte unter ihrem eigenen Nenner positiv gestaltend in sein Dasein einbezieht, oder ob er sie aus egoistischem Blickwinkel mißachtet und die Mitwelt herausfordert, um am Ende unfreiwillige Korrekturen durch sie einzustecken, dies ist Sache des «Niveaus». Niveau heißt hier, befindlich sein auf der Höhe seiner Aufgabe, den allgemeinen Widerstreit in einer individuell mitgebrachten Problemform zu lösen.

[9] Auch die in der Vulgärastrologie so gefürchteten Felder 8 und 12 gehören dazu! Wer darin nur Tod und Vereinsamung sieht, wird nie begreifen können, was es bedeutet, daß etwa Hindenburg seine Kernpositionen im 8., Hugo Stinnes die seinen im 12. Felde hatte.

Wie in der Ausdruckssphäre gehen die Bedeutungen der Quadranten aus der Überschneidung zweier Kreishälften hervor. Vertikal schieden wir organisch Kontaktloses von organisch Kontaktgebundenem. Das erste bezeichnet das Gemeinsame der linken, hier der Osthälfte (10–3), es ergibt sich über der Horizontale der Quadrant der Gesellschaft, unter ihr derjenige der Einzelperson. Das zweite benennt das Gemeinsame der rechten, der Westhälfte (4–9), es ergibt sich über der Horizontale der Quadrant der Gemeinschaft, unter ihr derjenige der Verwandtschaft. Diese Begriffe werden noch zu klären sein. Auch das Verhältnis zwischen dem Allgemeinen und dem Besonderen wiederholt sich, die erste Achse hat ihre Pole in MC und IC, die zweite in Aszendent und Deszendent. Der inhaltliche Zusammenhang besteht in der Weise, daß Aszendent-Deszendent momentane Wertkonzentrationen desen bezeichnen, was die im Kreislauf nachfolgenden Eckpunkte in dauernden und allgemeingültigen Werten anstreben lassen. Der Aszendent enthält das momentan Ichbezügliche; dessen Eigentümlichkeit wird ausgelebt im Drang und Vorhaben des akuten Augenblicks, gespiegelt im hineinprojizierten Wertcharakter. Der Deszendent enthält das momentan Fremd- und Dubezügliche; die Welt wird im Wert des jeweils anvisierten Objekts, der einmaligen Situation, die Menschheit im Besonderen bestimmter Mitmenschen und ihrer Gruppierungen erlebt. (Daher bei Betonung der Aszendent-Deszendent-Achse besonders lebhafte Ich-Du-Auseinandersetzungen!). Insofern sich nun sowohl in Aszendent als in Deszendent die Werttönung ihrer Hälfte verdichtet, ist jene alte Ost-West-Regel (Anm. S. 285) bei einseitigen Lagerungen nicht ohne Sinn. Der organisch kontaktlos auf sein Ich Ausgerichtete kommt gemeinhin früher dazu, seine Anlagen durchsetzungskräftig zu Fähigkeiten auszubilden und etwas damit zu erreichen. Umgekehrt braucht der organisch kontaktgebunden dem Du Zugewandte, immer wieder abgezogen von sich und seinen Zielen, gemeinhin länger oder er erreicht es eben im Schlepptau solcher Kontakte. Doch summarische Regeln dieser Art erfassen nicht die Differenziertheit des individuellen Falls. Anstatt mit so ungefährer Ausbeute zufriedengestellt, schreiten wir, um sicheren Boden für die Deutung bemüht, im Herausarbeiten elementarer Begriffe fort.

Aus der Überschneidung der Kreishälften gehen die vier Hauptrelationen hervor, in denen der Mensch antreffbar ist: Vereinzelung, Verwandtschaft, Gemeinschaft, Gesellschaft. Sie stellen auf menschliche Verhältnisse übertragen dar, was die Sphäre des Ausdrucks als allgemeine Lebensdimensionen enthält: Einzelwesen, Art, Symbiose, Erdschauplatz. Verstanden wir die Stilformen als Wurzeln wertender Haltung, naturnäher und mit Rückgriffen auf die tierische Stufe, so bezeichnen die Motive bewußtseinsnähere Ausrichtungen und Einstellungen, deren Wertcharakter enger im spezifisch Menschlichen ruht.

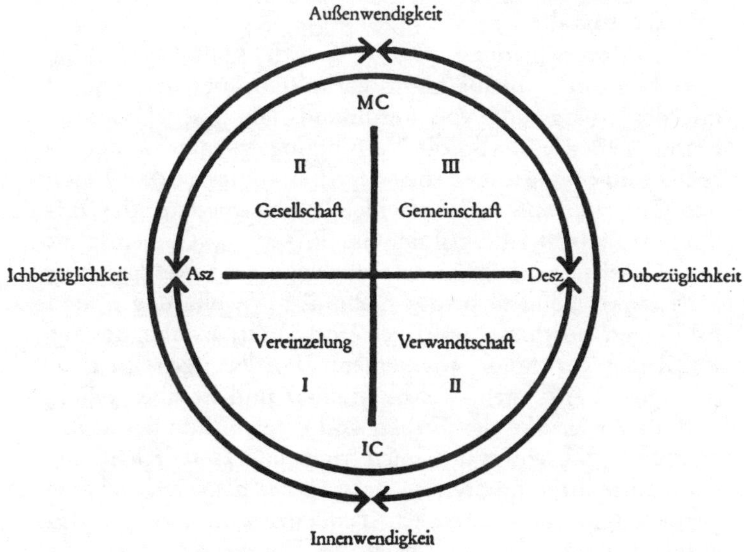

Abb. 13

Die vier menschlichen Hauptrelationen

Vor allem in den Sozialbeziehungen bedarf es der Klarlegung, wie die Begriffe gemeint sind. Gemeinschaft kommt zustande aus besonderen Kontakten, sie kann nicht absehen vom Erlebnis eines Du und vom organisch Gemeinsamen mit dem anderen, Fremden; hingegen Gesellschaft beruht auf der Allgemeinheit verbindender Formen, gleichgültig, wer sich ihrer bedient und ob zu ihm ein besonderer Kontakt besteht. Gesellschaft sind rechtliche und staatliche Formen, solche des Standes und der beruflichen Stellung, der geistigen Verständigung über Nation und Sprache hinweg, letzten Endes die Form und Fortentwicklung allgemein menschlicher Zivilisation. Zur Gemeinschaft gehört das Vereinigtsein einer Gruppe oder zumindest zweier Menschen im unmittelbaren Kontakt und Austausch, geschaffen durch bestimmte Ziele, Anschauungen, Liebhabereien, durch seelische Gemeinsamkeiten, Sprache, im Zusammenleben gefundene Anregung und Ergänzung oder aber Gegnerschaft, Ablehnung, Neid, Mißgunst als negative Wertinhalte.

Die Unterscheidung von organisch kontaktgebunden oder kontaktlos bleibt hierin enthalten, übereinstimmend mit der Auffassung von Ferdinand Tönnies: «Das Verhältnis selber, und also die Verbindung, wird entweder als reales und organisches Leben begriffen – dies ist das Wesen der *Gemeinschaft*, oder als ideelle und mechanische Bildung – dies ist der Begriff der *Gesellschaft.*» («Gemeinschaft und Gesellschaft», 1922, Hervorhebungen ebenda). Nur beschränkt Tönnies beides mehr auf Verbindungen und Bildungen durch ein positives Verhältnis, bejahende, auf Erhaltung gerichtete Wirkungen, «Förderungen, Erleichterungen, Leistungen, welche hinüber und herüber gehen, und als Ausdrücke der Willen und ihrer Kräfte betrachtet werden», während wir Gemeinschaft und Gesellschaft einschließlich ihrer inneren Widersprüche, also auch schädigender und vernichtender Tendenzen, verstehen. Im Widerstreit positiver und negativer Tendenzen spricht die noch zu behandelnde Gegenläufigkeit zum Persönlichkeitsaufbau mit. Weiterhin scheidet Tönnies von der Gemeinschaft nicht die Verwandtschaft ab, der hier ein Quadrant für sich eingeräumt ist; er folgt dem Sprachgebrauch und setzt die Familiengemeinschaft, in der wir durch Geburt stehen, sowie Hausgemeinschaft überhaupt, in die gleiche Kategorie wie Religionsgemeinschaft, die der Sprache, Sitte usw. Dagegen in unserem System direkt und konvers ineinandergreifender Wertstrebungen schiebt sich zwischen Vereinzelung (Relation: Beziehungsformen der Person auf sich) und Gemeinschaft der Lebenszusammenhang von Verwandtem ein; dieser besteht auch ohne direktes Zusammenleben, stellt in einem solchen aber ein vom Unterschwelligen her organisch bindendes Faktum dar. In primitiven Stammesgenossenschaften finden wir beides zunächst verschmolzen. Daß die Einzelperson sich vom Lebenszusammenhang der Sippe absetzen und die eigentliche Individuation anheben konnte, setzt anderseits die geschichtliche Herausbildung eines bestimmten gesellschaftlichen Zustandes voraus, dies unterstreicht die Wechselbezüglichkeit der beiden organisch kontaktlosen Quadranten.

Bei den Inhalten ist zu beachten, daß wir es mit einem Schema logischer Aufeinanderstufung zu tun haben, das Leben jedoch keineswegs immer in dieser werteaufbauenden Richtung verläuft, sondern ebenso gegenläufig. Wir betrachten daher die Aufeinanderfolge ebensowohl in direkter wie in konverser Richtung, was im Ineinandergreifen benachbarter Quadranten gleichbedeutend ist mit sinngemäß und sinnwidrig.

I. Quadrant

Vereinzelung

Die ichbezogene Welt, Ausschnitt des vor sich und anderen zu gelten, zu besitzen und als Werdemöglichkeit zu sein Beanspruchten; Person in ihrer Einzigkeit und Unvergleichlichkeit, Dinge als Eigentum und Schaltglieder persönlichen Willens, subjektiv ursprüngliches Erfassen des einmaligen, unwiederholbaren Augenblicks. – In direkter Fortsetzung des IV. Qu. das gesellschaftliche Atom, auf sich allein gestellt und frei von organischen Bindungen, mit denen anderseits der II. Qu., in Form von Gefühlsfesseln die Unabhängigkeit der Entschlüsse bedrohend, konvers hereinwirkt.

II. Quadrant

Verwandtschaft

Die innenbezogene Person, unterschwellige Vertrautheit mit den durch Geburt oder freie Wahl Verbundenen (hinzutretend zur Blutsverwandtschaft die Triebwahl); Gefühl des Geborgenseins darin ohne Verdienst und notwendige Gegenleistung, Heimischsein und Heimlichkeit der Dinge einer häuslichen Atmosphäre, unbefangene Entfaltung eigener Potenzen im Raum des von Natur Gleichgearteten oder entsprechend Empfundenen. – In direkter Fortsetzung des I. Qu. das Ausschwingen des Ichs im breiten, natürlichen Lebenszusammenhang und im organischen Kontakt mit dem ihm Verwandten, wobei aber im tatsächlichen Zusammenleben auch der III. Qu. konvers hereinwirkt, indem momentane Distanzierungen und Befremdungen das verwandtschaftliche Verhältnis verdunkeln.

III. Quadrant

Gemeinschaft

Das dubezogene Innenleben, der zu anderen hergestellte und noch in der Fremde gefundene organische Kontakt, ob in freiwilliger oder zwangsläufiger Berührung, ob in Form des Zusammengehenkönnens oder der Gegnerschaft, gemeinsame Interessen in aller Strittigkeit, in wechselnder Lage ihrer Probleme und Anforderungen, die in menschenwürdigem Sinne zu bewältigen objektive Gegenleitsungen verlangt, sowie Anerkennung von Gemeinbesitz an bestimmten Dingen. – In direkter Fortsetzung des II. Qu. das Hervorgehen von Beziehungen aus entdeckter Wahlverwandtschaft, dadurch positives Zusammenwirken in innerer Gemeinsamkeit, anderseits sieht sich die freizügige Lebensanpassung bedroht durch konverses Hereinwirken des IV. Qu.: Aneinandergebundensein durch erstarrte und veräußerlichte, lebensfremd gewordene Formen der Gesellung, auch Forderungen sozialer Stabilität, etwa juristischer Begriff der Ehe gegenüber unmittelbarer Lebensgemeinschaft zu zweien.

IV. Quadrant

Gesellschaft

Der außenbezogene Mitmensch, in den Beziehungen zueinander geregelt durch Formen, die absehen vom organischen Kontakt in der Unstabilität und Zufälligkeit momentaner Wendungen; geschichtlich notwendiges Gewordensein sozialer Gruppierungen, Schichten und Kasten, sowie deren Weiterbildung auf Grund allgemein verbindlicher Realitäten, Anschauungs- und Zivilisationsformen; die Bedingungen beruflichen und öffentlichen Wirkens darin, des zu erwerbenden Namens und Nachruhms. – In direkter Fortsetzung des III. Qu. die formelle Anerkennung des Du, des anderen Willens unter dem Blickpunkte der Dauer und Allgemeingültigkeit des Verhältnisses, der rechtlich-politische Ausdruck gemeinschaftlichen Lebens überhaupt, anderseits, wofür das Absehen von organischen Kontakten Vorschub leistet, Bedrohungen durch konverses Hereinwirken des I. Qu.: Eigenwilligkeit und -nützigkeit ichhafter Tendenzen, bei deren Überwiegen die Gesellschaft einen pluralistisch-anarchischen Charakter bekommt.

Verstanden wir die Aufeinanderfolge von Einzelwesen, Art, Symbiose, Erdschauplatz als ein Anwachsen der Lebensdimensionen, so finden wir nunmehr ihm analog ein solches der *Wertinstanzen des Interesses*, wobei wir jeweils den ganzen Umfang der in einem Quadranten möglichen Relationen in Betracht ziehen müssen.

Eindeutig beschränkt sich diese Instanz im I. Quadranten auf die Einzelperson, ihr Wollen, Empfinden, Urteilen.

Im II. Quadranten haben wir zunächst Blutsverwandtschaft und Triebbindung (analog Uexkülls Fortpflanzungskreis), die dazugehörigen kulturellen Lebensformen von der urtümlichen Sippe an bis zur heutigen Familie, sodann im Eigenleben wirksame Stammes- und Rassengemeinsamkeiten, die einer Wahlverwandtschaft ihren unterschwelligen Erlebniston geben, endlich übertragene Formen patriarchalischen oder matriarchalischen Verhältnisses bis zur hausgemeinschaftlichen «Arbeitsfamilie».

Im III. Quadranten schließt die zwischenmenschliche Symbiose die vielfältigsten Formen ein (mit geschichtlich nachwirkender Herrschaft Bevorrechteter, Hörigkeit Unterworfener, Heirats- und Tributsystemen, Schutz- und Treueverhältnissen usw.), in denen einander herkunftsmäßig Fremde lockerer oder fester, improvisiert oder länger dauernd verbunden sind. Jede freiwillig oder unfreiwillig zusammenlebende, -arbeitende, irgendwelche gemeinsamen Interessen anstrebende oder um solche in sich kämpfende Gruppe, jedes Angewiesensein aufeinander im unmittelbaren Kontakt bildet besondere Wertmaßstäbe aus. Das diesem Quadranten Typische, unterschiedliche Interessen und Anschauungsformen unter einigende Wertsymbole zu bringen, reicht bis zum Lebensspielraum des Volkes, der Nation; an den Grenzen stehen die diesen Rahmen sprengenden Religionsgemeinschaften oder Parteien, wenn sie ihr Anrecht aus allgemein menschlichen, höchsten Werten beziehen.

Im IV. Quadranten, geschichtlich beginnend mit wirtschaftlichem Denken gegenüber sakralen Vorstellungen, einer Einstellung, die wiederum Vergrößerung der gesellschaftlichen Verbände herkunfts- und rechtmäßig ungleicher Individuen, Dichtigkeit der Siedlungen usw. voraussetzt, sind es zunächst sachliche Wertmaßstäbe und feste Einrichtungen, deren «organisch kontaktloses Eigenleben» über das der Personen herrscht. Als programmatisch verkündete oder stillschweigend anerkannte Wertinstanz aller sozialen Auseinandersetzungen auf fortgeschrittener Stufe, Rechtfertigung und Weltstandpunkt für obrigkeitliche Maßnahmen darbietend, gilt die Menschheit. Ein geistiges Kontinuum, ist die Menschheit allerdings nur geschichtlichem Vorstellungsvermögen erlebbar, doch ihre geistigen Fortpflanzungen reichen hinein in den realen gesellschaftlichen Ausschnitt der mitgelebten Epoche, die als ihren Repräsentanten wieder den einzelnen wert- und anschauungsmäßig mitbestimmt.

So ergibt sich die «anwachsende Spirale»:

IV Menschheit	Nation III
I Einzelperson	Familie II

Es sind dieselben Wertinstanzen, die bereits Kungfutses «Große Lehre» benennt: Ich, Familie, Land, Reich. Der altchinesischen Denkweise galt dabei «Land» analog unserem Begriff der Nation und «Reich» als der im eigenen Staat verstandene Inbegriff menschlicher Ordnung, die in Einklang mit der Weltordnung zu halten oberstes Gesetz war.

In dieser direkten Folge der Quadranten sehen wir einen Kanon für den Aufbau des vollständigen Menschen; dies heißt also nicht das variable Hintereinander dessen, was in einer Entwicklung empirisch einander folgt und ablöst, heißt auch nicht die allgemeingeschichtliche Folge, worin die Einzelperson sich erst vom Stammestypus abheben mußte, heißt vielmehr logische Stufung aufeinander gesetzter Wertinstanzen. Ausfall einer dieser Stufen bedeutet einen Mangel der persönlichen Vollständigkeit (Gefahrtendenz unbetonter Quadranten, doch sprechen wir noch nicht vom individuellen Fall, sondern der für alle gegebenen Situation; Unbetontheit kann auch ein ansaugendes Vakuum für Erwerbungen sein). Wir werden als Persönlichkeit vollwertig, indem wir diese Stufen durchschreiten und einnehmen gelernt haben, doch mit den aufgenommenen Ergänzungen, sie dem Bestand des Persönlichkeitsbewußtseins einverleibend, wieder zurückfinden zur Ausgangsstufe: ein ständig wiederholter Aufbauweg.

Dem ordnungsmäßigen Aufbau in der Zahlenfolge, der direkten Lesung, hatten wir nun, entsprechend dem gegenläufigen solaren Tagesgang (S. 263 ff.), die konverse gegenübergestellt sowie gleichzeitig das vom Ort aus bestimmte Ruhende des Feldersystems beachtet. Dieses Vielbezügliche läßt einen Betrachtungszusammenhang von jedem Eckfeld nach zwei Seiten zu.[10] Die von einem Eckfelde ausgehende Formungsintensität, beurteilt in Hinsicht auf vorwärtsgehende Entwicklung, wirkt dabei innerhalb ihres eigenen Quadranten (direkte Richtung) ihre Ziele an inhaltlich gemäßen Bedingungen aus. Jeder Quadrant bezeichnet aber nur einen Ausschnitt des ganzen Lebensspielraums und in der Wirklichkeit laufen die Dinge auch gegensinnig zum Entwicklungsstreben, Aufbau der Persönlichkeit will gegen sinnwidrige Tendenzen erworben sein. In unserem Feldersystem ist dies so ausgedrückt, daß da, wo die Quadranten aneinanderstoßen und die Tendenz des nachfolgenden Eckfeldes gegenläufig hereinwirkt (konverse Richtung), ein Widerstreit von Streben und Gegenstreben entsteht. Hierdurch erhalten die Endfelder der Quadranten, also die

[10] Ein Betrachtungszusammenhang, der in den richtig gesehenen überlieferten Zuweisungen steckt. Dies gilt vor allem für die Achse 4–10, in welcher die jüngere Tradition (F. Schwab, W. Knappich, u. a.) die Frage nach dem *woher* und *wohin* des Menschen beantwortet sieht. Gehen wir von 4, der Herkunft, dem Lebensursprung, rückwärts nach 3, so finden wir dort die Geschwister und vorwärts, in 5, die Kinder, also zurückweisende und vorausweisende verwandtschaftliche Zusammenhänge. Von 10 aus, dem Ziel, der öffentlich errungenen Stellung, finden wir rückwärts in 9 das große Vorbild, geschichtliche Persönlichkeiten und religiöse Menschheitsführer, vorwärts in 11 den Freund und Gönner, die erfolgsstützenden Zeitgenossen, also gleichfalls zurück- und vorausweisende Beziehungen. Weniger eindringlich kann diese Betrachtungsart auf der Achse 1–7 zur Geltung kommen, weil die hier flankierenden Felder keine eigentlichen Personifikationen enthalten (vgl. 281/82). Sie deutet sich aber an, indem in 1 die Persönlichkeit gesehen wird, die in 12 ungreifbaren feindlichen Fremdwirkungen ausgesetzt und in die Vereinsamung gedrängt ist, dagegen nach vorwärts, in 2, sich auf greifbaren Besitz, materielle Erwerbungen stützt. Im Gegenfelde 7 steht der Partner, nach rückwärts gezählt, in 6, das Mitlebendige in dienstbarer Form, etwa als Hausangestellter, auch Haustiere rechnen dazu. Nur vorwärts geblickt, im vielverkannten 8. Felde, sieht die Tradition wenig Gemeinschaftsbezügliches, es sei denn Mitgift und Erbschaft; zumeist entnimmt man ihm nur Verluste und andere abbauenden Rückwirkungen der Objektwelt, bis zum endlichen Tod, verlegt das Positive in metaphysische Gedankengänge, sieht nicht *Opfer des Einzelnen als notwendige Voraussetzung für das Leben der Gemeinschaft.*

Bereiche der jeweiligen Durchführungsintensität, eine merkwürdig zwielichtige Note.

Setzen wir das primitiv kindliche «Ich als Ein und Alles» (1). Es ist ein von Nahestehenden zunächst bewundertes Naturphänomen, wie in der ersten Lebenszeit der Trieb zur Ichdurchsetzung aktiv sich der Welt bemächtigt, im Aufbau des Leibes durch Nahrung (2), im Gebrauch der Glieder und Sinneswerkzeuge fortschreitet und in naiver Aneignung der Dinge seines Interesses der kindliche Geist sich differenziert (3). Ungebrochen ist die persönliche Besonderheit schon da, aber noch unerprobt; die primitivsten Grundlagen späterer Gemeinschaft mit anderen (Selbstbeherrschung, Verzichtenkönnen, Anpassung an eine Ordnung außerhalb des persönlichen Lebensrhythmus) müssen gegen das vorherrschende egoistische Lustmotiv erst angebildet werden. Hier schaltet im «Erziehungsfeld» (3) neben der elterlichen Obsorge die Rolle der Geschwister für die frühe Persönlichkeitsbildung ein; noch keine «Schulaufgabe», nicht Übermacht und Autorität der Erwachsenen, sondern lebendige Lernsituation durch aneinander sich reibende Triebe der Ichdurchsetzung. Auch über Niederlagen und Versagungen hinweg bildet sich ein Modus heraus, nach dem der eine kameradschaftlich neben dem anderen bestehen kann. Der hier hereinragende Quadrant «Familie», positiv vom Ichstreben bewältigt, bietet ein Lehrmodell dar, «mit dem Leben fertig zu werden».

3. Feld
konvers

Auch im günstigsten Fall besteht der Ertrag, rein vom I. Quadranten beurteilt, darin, daß die Eigenpersönlichkeit sich mit ihren Urteilsstandpunkten vom Lebensmodus und von den Verhältnissen der Herkunft unterscheiden lernt, eine eigene Lebenstechnik daran erwirbt. Diese Verhältnisse können aber für den Eigenanspruch erdrückend sein, schon hier setzt Schicksal an. Durch das unterschwellige Band wirken auch Enttäuschung und Kränkung umso stärker, in mancher Kinderstube nehmen Neid und Eifersuchtskämpfe erbitterte Formen an, Bevorzugung durch die Eltern kann das «Lieblingskind» und demgegenüber den «Zurückgesetzten», Verwöhntwerden den «Nesthäkchentypus» für das Leben festlegen, entscheidend ist immer, ob Geschwister da sind oder nicht und wichtig, ob ältere oder jüngere. Nicht zu vergessen die Eltern: Wieweit verstehen und würdigen sie ursprüngliche Entwicklungsansätze oder wieweit, was häufiger zutrifft, projizieren sie eigene Wünsche, ihre selbst oft gar nicht taktfeste Moral, ihren vielleicht zu kurz gekommenen Ehrgeiz sowie überhaupt abweichende Lebensansprüche in das Kind hinein? Gerade die gute Absicht, daß es das Kind «besser haben soll», kann bei Unangepaßtheit an sein Wesen dessen Persönlichkeitsaufbau stören (Entwicklungsneurosen aus diesem Grund nicht selten!), zu schweigen von der Beeinflussung eines Werdegangs durch elterliche Ehekonflikte. Dieser Art sind Probleme des 3. Feldes vor aller Beschäftigung mit abstraktem Lehrstoff: Die Erwerbung des geistigen Gesichts inmitten von Zwiespältigkeiten zwischen Persönlichkeitsbestimmtem und familiär Beeinflußtem.

In ihrem eigenen Quadranten erlebt, ist die Familie ein Positivum als Rückhalt, Anlehnung oder, wenn es sie zu gründen und zu ernähren gilt, langfristige Aufgabe der ichhaften Augenblicksimpulse. Eine erst langsam und in Dauerwirkungen intimer Natur erfahrbare Formungsintensität, das «Selbst in Haus und Herkunft» (4). Das Selbst: Der innere Quellpunkt der Person; das Haus: Raum und Atmosphäre des Geborgenseins; die Herkunft: erlebter Erbzusammenhang, auch an Verwandten hervortretende Stammeigenschaften und heimatlicher Wurzelboden. Wie immer der lebensschöpferische Trieb (5) sich auszeugen mag, in Kind, Zögling oder Werk, worin das Selbsteigene abgewandelt wieder auflebt, Verwirklichen heißt Bewältigenmüssen stofflicher Bedingungen (6). Spiel leitet über in Mühe, Heim in Hausstand, Nestwärme in hygienische Verrichtungen, Betätigungslust in funktionelle Beherrschung von Mittel und Werkzeug, der eigene Körper wird zum Instrument, tüchtig gemacht oder untauglich für bestimmte Leistungen, nur solche mißt und entlohnt man. In diesem «Arbeitsfeld» (6), ob im Rahmen der Wohnung gelegen oder abgetrennt in Werkstatt, Laboratorium, Betrieb, schaltet der Mitmensch ein als Lehrmeister, Anordner, Brotgeber oder als Gesinde, Diener, Bote, untergeordnete Hilfskraft, nie eigentlich in Person, sondern «als» etwas, versachlicht. Alles hier wird zum Gegenstand einer auf sich und die Seinen beschränkten Selbstverwirklichung, in den Durchführungen geht es lediglich darum, die Dinge realpraktisch «in den Griff zu bekommen».

6. Feld
konvers

Wirkt sie gegenläufig in den selbsteigenen Naturzustand herein, so stellt uns die Mitwelt gewisse Bedingungen der Arbeitsteilung. Erworbenes Können bedingt die darin erreichbare Rolle, die «Charge», das Fach, die damit verknüpften Lasten und Vergünstigungen, Pflichten und Abhängigkeiten. Übung, Eifer sucht die Lage zu verbessern. Doch konvers bietet sich die Gemeinschaft nicht als Idealfall, sondern im objektiven Zustand an. Wenn in primitiveren Lebensformen hier der Haussklave zu finden war, der «Mensch ohne Sippe und Seele» (mundartlich in Bayern noch «das» Mensch für weibliche Dienstboten), so hat auch die moderne Gesellschaft ihre Arbeitstiere; menschliche Würde, eine Sache der Eigenkultur, zählt meist wenig. In mancher vergifteten Betriebsatmosphäre kommt der Intrigant, der den einen gegen den anderen ausspielt, besser vorwärts, Kollegenschaft besteht oft im Abreagieren gemeinsamen Getretenseins. Das Schicksal verkleidet sich normalerweise in den täglichen Kleinkram, durch welchen man den Tätigkeitsbedingungen gerecht werden muß («Milieukrankheiten»), und am Arbeitsgegenstand in die «Tücke des Objekts». Der Körper selbst ist «Arbeitsmaschine», Krankheit vom Gesichtspunkt maschineller Funktionsstörungen gehört hierher, dementsprechend auch die technischen Maßnahmen zur Erhaltung der Gesundheit, Körperpflege, Ernährungsmethoden. Aus einer Summe von Problemchen setzt sich das Ganze dieses 6. Feldes zusammen: Selbstverwirklichung an objektiven Bedingungen der besonderen Umwelt.

Demgegenüber ist es ein Positivum, wenn der Einbruch in das «Ein-und-alles-Sein» und daraus die Überstufung des Ichs gelingt. Freiwilligkeit der Wahl und Kontakt mit dem Anderssein des anderen schafft das «Ergänzende in Gemeinschaft und Gegnerschaft» (7). Auch Gegnerschaft: offene Feinde von Niveau heben das eigene und machen uns, sofern es um Förderung einer gemeinsamen Sache geht, Lücken, Einseitigkeiten, Übertreibungen besser bewußt als unsere Anbeter. Gleichgestimmtsein hebt nicht das persönlich Besondere auf. Lebendige Gemeinschaft läßt es gelten, sie liegt im schwebenden Gleichgewicht des Handelns aus verschiedener Perspektive, das jedoch über momentane Übereinkünfte hinweg eine Grundlage braucht (8), aus welcher der einzelne auch Verzichte leistet für das Gemeinwesen, damit es in Krisensituationen bestehen kann sowie eine Zielrichtung des Strebens über sich hinaus (9), die überschüssige Energien zusammenfaßt. In diesem Feld der «Fernziele» (9), für den Persönlichkeitsaufbau der Erhöhung in einem Über-Ich, schaltet nun der geschichtliche Befund der Dinge ein, um die es geht. Die weißen Flecken auf der Erdkarte sind rapid im Schwinden, der moderne Columbus wird in die Mondrakete steigen, die Verhältnisse für Eroberungen liegen anders als zur Zeit der Völkerwanderung, der moderne Attila siegt mit Hilfe einer politischen Doktrin, die uralten Glaubenssymbole sind meist von Skepsis angefressen und wollen neu erschaut sein, doch in der Forschung liegt stets offenes Land, solange der Menschengeist vom Nahen und Bekannten nach Lösung der Welträtsel strebt. Unter welchen Zielen es auch sei, ob aus lebendigem Gemeinsinn heraus oder seine Aufgabe vor dem Hintergrund gemeingültiger Werte abzeichnend, das Ungenügen am privaten Dasein drängt «über sich hinauszusteigen».

9. Feld
konvers

Außerordentliches vermag der Zug zum Größeren, Besseren, kühn Angezielten oder auch nur Glänzenden, der Drang von einem gesicherten «Hier» zu einem neue Blickpunkte versprechenden «Dort», der Aufschwung über das behäbige «Heute» in ein noch unsicheres und eben darum spannendes «Morgen» hinein; was der einzelne zu erreichen sich nicht zutrauen darf, erhofft er auf dem Rücken einer erlesenen Schar. Im Quadranten «Gesellschaft» dagegen rechnet man kühl mit Tatsachen; seine Gegenläufigkeiten lenken aufbruchsbereiten jugendlichen Idealismus, Abenteuerlust, daneben Steigerungsbedürfnis und Flucht vor Langeweile in zweckgerichtete Kanäle. Mehr als sonstwo kann Zeitgeschichte hier Schicksal werden, wenn die Über-Iche kleiner Leute durch Uniform und Rang ausstaffiert, mit dem geistigen Marschgepäck vereinfachender Losungen versehen, Geschichtsdynamik spielen. Es ist der Bezirk «Vorbild und Gefolgschaft», in einem gewissen Alter der Nährboden für Geschichten und Filme, die das Absonderliche, Ungeheuerliche und die Patentlösungen der Tat pflegen. Weil aber im Gegensatz zu jenem von den Eltern gewünschten «Besserhabensollen» ein Verbesserungswille im Menschen selbst aufbricht, der die Grenzen des Milieus überschreitend zu unbekannten Ufern auszieht, ist die Beteiligung nie ganz gespielt; sich mißleitet erkennen kann Persönlichkeitskrisen auslösen, maskeradenhaften Ersatz von heute auf morgen abwerfen, einen Flaggenwechsel nach sich ziehen. Auch im bürgerlichen Normalleben gibt es geschäftstüchtig bereitgestellte Mittel, um den Persönlichkeitswert und Wunsch nach höherer Bildung zu blähen; etwa durch raumraffende Motoren, im Rundreisetempo durchjagte Kunststätten; zwielichtig ist manchmal das Angespanntwerden etwa des Sportlers durch Titelkämpfe, des Gelehrten durch einen Lehrstuhl, die anderseits tatsächlich die Leistung heben. Mehr passive Naturen verlegen ihr Über-Ich nach außen, projizieren es in die verehrte Person des Meisters, Führers, Sehers und Weisen, dem sie anhängen. Der Sinn dieses in die Weite ausgreifenden Feldes ist die darin gefundene Leitlinie; Probleme spitzen sich zuweilen auf den «einen großen Augenblick», die Lebensentscheidung zu, das Wagnis, von dem aus das Dasein sich verändert.

Vom nüchternen Boden des Bestehenden aus baut die Gesellschaft weiter; ihr Positivum für den Persönlichkeitsaufbau liegt darin, daß wir endgültig aus dem Fühlen, Wollen, Meinen heraustreten in Tatsachen der bestandskräftigen Verwirklichung. Dies ist das «Verpflichtende in

Öffentlichkeit und Ehre» (10). Öffentlichkeit: Daseinskampf unter Bedingungen wie alle der gleichen Kategorie, Ehre: Spiegelung des herausgestellten sittlichen Werts und der Tüchtigkeit in Zeitgenossen oder Nachfahren. Das mit offenen Fragen an die Welt ausgezogene Ich begegnet, schon von der Schule an, einem geschlossenen Block von Antworten; all seine Ansprüche sind darin genormt, die Triebkräfte in ein Regelwerk von Geboten und Verboten gezwängt, die Bestrebungen abgestempelt und ihre Motive nach dem herrschenden Durchschnitt bewertet, die persönlich erst zu entfaltenden Fähigkeiten resultathaft vorgemerkt und eingeordnet. «Man» setzt sich durch in Übereinstimmung mit den Bewegungsgesetzen, nach denen dieser Block als ganzer weitergewälzt wird. Zur tragenden Grundlage unserer Anstrengung aber finden wir, wo Mensch und Mensch gleichgeschaltet sind in freier Verbindlichkeit (11), sie sich in Wissen und Austausch ihrer Überschüsse gegenseitig stützen, fördern und insgesamt den Zeitgeist verkörpern, dem wir schließlich, um Beruf als Berufung durchführen zu können, eine selbsteigene Mission (12) entnehmen. In diesem Feld der «kommenden Dinge humanen Maßstabes» schalten nun gegenläufig die Mißbräuche und Unvollkommenheiten im Bestehenden ein, die aus der Inhumanität ungereinigter Ichstrebungen stammen, all der ehrgeizigen Streber, Schelme, Erfolgsjäger, die das Zeitalter noch bestimmen sowie das eigene Ich, soweit es an Schäden der Gesellschaft krankt. In Hinsicht auf entwicklungsmäßiges Zurückfinden zu sich, weitergehenden Persönlichkeitsaufbau, müssen wir die Erwerbungen, an denen Eigennutz haftet, zurücklassen, untertauchen ins Namenlose, lernen, «selbstüberwindend sich hinzugeben».

12. Feld
konvers

Gemäß dem allgemeinen Stand der Tatsachen einer der meistverkannten Bezirke, weshalb die vulgäre Auslegung so wenig über heimliche Feinde und Gefängnisse hinauskam. Man kann auch sein eigener Gefangener und heimlicher Feind sein. Wenn die Formungsintensität des primitiven Ichs erstmalig mit derjenigen des sozialen Umraums zusammenstößt, wenn der kindliche Durchsetzungsimpuls sich unbrechbarem Zwang gegenüber sieht, erfährt es sich in der Negation, in Ohnmacht und Hilflosigkeit. Daß dahinter die Absicht der Erwachsenen stehen möge, aus ihm einen künftigen Baustein der Gesellschaft zurechtzumeißeln, ist dem naiven Bewußtsein unfaßbar, Einsehenkönnen der Gründe beginnt erst in einem späteren Alter. Bei besonders anfälliger Disposition entsteht darum bereits frühkindlich ein Feld erlebter Minderwertigkeit gegen Übermacht, hinzutretende verständnislose Erziehungstricks («der schwarze Mann», «in den Schrank sperren») züchten geradezu die Angst vor dem Unbekannten, Geheimnisvollen, Versteckten. Bald wird es zum Feld der Verdrängungen und anderseits der Kompensation durch eigene Heimlichkeiten, verborgen gehaltener Ersatzlösungen der Ichtriebe. In Internaten und Kasernenstuben kann dies im Gruppenmaßstab geschehen («Budenzauber»), wobei der von Natur aus Schwächere und Empfindsamere gern zum Objekt der Gewalt, des Spotts, der Verführung ausersehen wird. Das konvers gegen die Gesellschaft gestellte Ich muß jedenfalls über Unlusterfahrungen und Zweideutigkeiten hinweg zu sozialen Grundsätzen vordringen. Vielfach liegt in empfangenen Schockwirkungen der genannten Art die Voraussetzung späteren Versagens vor der gesellschaftlichen Wirklichkeit. Doch wäre es verkehrt, die ganze Fülle hierher gehöriger Erscheinungen kausal-psychologisch ableiten zu wollen; es geht um wesensmäßige Dispositionen und Hineingeflochtensein in Zusammenhänge, die in unruhigen Zeiten die Form des Massenschicksals annehmen: aus politischen Gründen Verfolgte, im Verlauf von Umschichtungen Emigrierte, wegen einer den herrschenden Mächten unerwünschten Geisteshaltung Geächtete, Verfechter einer Utopie in Zwangsanstalten, die normalerweise für Verbrecher vorgesehen sind usw. Auf der anderen Seite steht freiwillige Weltflucht oder aber tätiges Wirken zu Gunsten der Zurückgesetzten, Geschundenen und Mißhandelten, Kranken und Schwachen. Schlechthin alles, was durch die Risse und Spalten des bestehenden Gesellschaftsbaues hindurchsickert, wirkt sich in diesem Felde aus, dessen Probleme eigentlich nur in Teilnahme an Gesamtentwicklungen gültig zu lösen sind. Für den einzelnen liegt der Sinn, der aus den Ereignissen ihm nahegelegt wird, in Umwandlung, Läuterung, Bereitwerden für eine überpersönliche Aufgabe.

Wie bei den Stilformen handelt es sich bei den Interessenfeldern um Anlagen, die sämtlich im Wesen des Menschen begründet sind; das individuelle Geburtsbild bezeichnet nichts neu Anerschaffenes, sondern das Betontsein bestimmter Richtungen von Kräften, je nach den Planetenständen sowie ein dementsprechendes Hineingestelltsein in überpersönliche Realzusammenhänge. Als einzelne sind wir mit unseren Anlagen je nach der Konstellation ungleich gelagert, mit anderen Wirklichkeiten verknüpft, an diesen setzen unsere Entwicklungen an. Die gebrachten Stufen des Persönlichkeitsaufbaues bestehen aber für jeden Menschen, auch die unbetonten Gebiete sind latent in uns vorhanden und darum ist Vervollständigung über das Individuelle hinaus erreichbar. Hierfür ergibt sich durch das Einschalten konverser Streberichtungen ein merkwürdiges Bild der Bedingungen, das etwas von einer Springprozession an sich hat: zwei Schritte vor, einen Schritt zurück von jeder Formungsintensität aus.

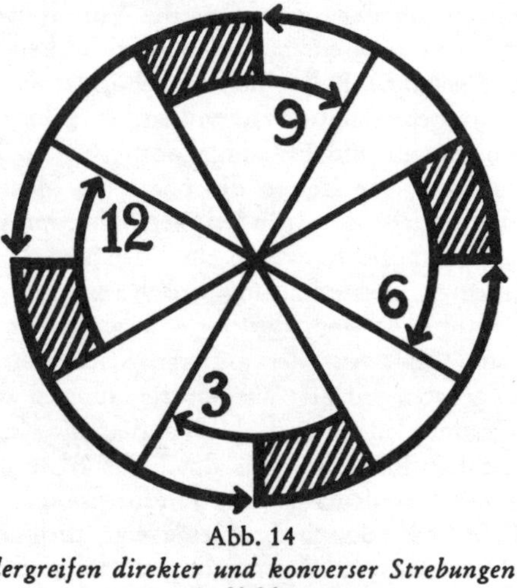

Abb. 14

Ineinandergreifen direkter und konverser Strebungen in den Endfeldern

Die weiterleitende Problematik der Entwicklung entspinnt sich demnach in den Endfeldern der Quadranten, insofern die Durchführungsintensität nicht unbehelligt den Impulsen der zu ihr gehörigen Formungsintensität folgen kann, sondern sich mit der Gegenstrebung einer anderen Wertdimension auseinandersetzen muß. Eben darin liegt aber wiederum ihr Übergangscharakter, analog den ihnen in der anderen Sphäre entsprechenden Zeichen (vgl. Abb. 6, S. 125). Beachtet man den Bedeutungston in den Inhalten dieser Felder, so erkennt man leicht die Beziehungen innerhalb der Trigone. Das ichbezogen Persönliche des 1. Feldes schwingt aus im Über-Ich des 9., das spirituell Gemeinschaftliche des 7. Feldes klingt an im Geschwisterlichen des 3., das aus Artung und Herkunft stammende Psychische des 4. Feldes erlebt im 12. seine letztgültige Verwandlungsform, das sozial bestimmte Materielle des 10. Feldes ragt in die konkreten Tätigkeitsbedingungen des 6. hinein.

Gegensatzführung der Interessen

Mit den Quadranten wird nicht nur das Thema ihrer sinngemäßen Aufeinanderfolge, sondern auch dasjenige einer Gegenübersetzung darin enthaltener Eigenwerte und Fremdwerte angeschnitten. Haben wir in einem Geburtsbilde gegenüberliegende Felder betont, so ist zugleich der Gegensatz zweier Wertdimensionen aufgerührt; zum unausweichlichen Problem wird dies in der Opposition. Der symbolische Gehalt der opponierenden Planeten gibt dabei die hier wie dort verankerten Wesenskräfte an, gegebenenfalls eine personale Einkleidung (s. den folgenden Abschnitt «Inbilder»), die Felder bezeichnen die Gebiete der Auslösung bzw. bei personalen Einkleidungen das durch sie Repräsentierte. Als instruktive Fälle einer Vater-Mutter-Problematik, ausgedrückt durch ☍ von ☉ und ☽, wurden im I. Bande Goethe (Angaben im Anhang dort) und Friedrich d. Gr. gestreift. In beiden Geburtsbildern stand nun ☽, das Muttersymbol, im 4., ☉, das Vatersymbol, im 10. Felde. Hierdurch deutet sich ein Gegensatz der mütterlichen und väterlichen Lebenseinstellung an, im Sohn als beider Erbteil mit den entsprechenden Wesenskräften nach zwei Richtungen strebend; in die hervorgerufenen Konflikte waren bekanntermaßen Vater und Mutter als Person eingeschaltet, bzw. ihr Verhalten bewirkte mit, daß das Problem zum entscheidenden Austrag kam. In fast überpersönlicher Symbolik verdeutlicht diese Lage der Oppositionen den Gegensatz von «Mutter» Erde oder Natur und «Vater» Staat oder Gesellschaftsbau, sowie eine lebenslange Spannung zwischen öffentlichen und privaten Interessen, Willens- und Seelenraum. Der gewaltsame Austrag der Konflikts bei Friedrich d. Gr. liegt freilich nicht in dieser Opposition allein vorgezeichnet, sondern in der hinzutretenden exakteren von ♂ (bei ☉) und ♄ (bei ☽).

Was in einem solchen Falle verschärft als individueller Konflikt auftritt, durchzieht in latenter Form den Bau der Interessensphäre. Als kreisläufiges Bezugssystem stellt sie eine rahmenhafte Ordnung von gegensätzlichen, doch in ihrem Widerspruch zusammengehörigen, sich wechselseitig bedingenden und ergänzenden Strebungen dar. Jedes Interessenfeld empfängt eine bestimmte Note aus dem Gegensatz zu einem anderen; die entsprechenden Anlagen-Gegensätze schließen sich nicht aus, ihr Gegensatz ist relativ und ergänzt sich zur höheren Einheit. Im Erleben, Austragen und fallweisen Lösen der mit diesen Achsen uns eingeborenen Widersprüche, in denen gesteigert auseinandertritt, was zu vereinigen ist, verwirklicht sich die menschliche Totalität.

Das Gegenständliche der Motive macht diese Gegensatzführung dringlicher als bei den Stilformen, wo wir sie gleichwohl schon antrafen. Mit der Interessensphäre befinden wir uns im Raum der Strittigkeit bestimmter Dinge. Was sie aber fixiert trägt, sind nicht die konkreten Ziele, um die es geht. Das bisher Erläuterte zusammenfassend, sagen wir: es ist der Bedeutungston, mit dem wir ein Ding erleben (Viergliederung), die Intensitätsform, mit der wir das Interesse an ihm verfolgen (Dreigliederung), der Grundwert im Sinne einer der Hauptrelationen (Quadranten), außer der noch darzulegenden Doppelung von Personifikation und Sachmotiv. Hieraus versteht sich, daß die gegenständlichen Inhalte der Felder in lockerer, vertauschbarer Weise gelten, dem unterschiedlichen Niveau wie den vielerlei Wechselfällen des Lebens gerecht werdend.

1. und 7. Feld

Achse der Formungsintensität im Besonderen
Widerstreit von persönlich (1) und spirituell (7)

Widerstreitende Interessen aus der Verschiedenheit von Ich und Du. Die Einzelperson in den Besonderheiten ihrer Absichten, Meinungen und spontanen Verhaltensweisen, bestimmte Dinge für sich beanspruchend, stößt mit anderen in Berührung kommend entweder auf offenen Widerspruch oder korrigierende Eingriffe, oder aber auf Unterstützung und ergänzende Anregung. Letzteres erfolgt nicht ohne Forderung einer Gegenleistung, zumindest von Konzessionen an die Eigenart des anderen Ichs. Sie zu erfüllen trägt den Widerstreit in die eigene Persönlichkeit hinein, wo, wer nur bis zur Antithese seiner ursprünglichen Ansätze vordringt, in der Direktheit seiner Entschlüsse, seines Handelns geschwächt wird. Die Behebung liegt im Anerkennen von überbauend Gemeinsamem, wodurch die Energie der Gegensatzspannung umgewandelt wird und im gleichgerichteten Wettstreit, auf überpersönliche Ziele gelenkt, Auslösung findet. Anderseits gehören auch unversöhnliche Gegner zusammen – manches Menschen Niveau sinkt, wenn er keinen Feind mehr hat, der seiner würdig ist –, nur nimmt der Austrag des Gegensatzes vernichtende Formen an, sofern die Betonung im persönlichen Pol liegt. Liegt sie hingegen im spirituellen Pol der Achse, so schwebt eine verbindende Problematik über der diskursiven Auseinandersetzung einander sonst vielleicht gleichgültiger Menschen, Gegenspannung kann in Überzeugtwerden umschlagen. Ob kämpferische, ob friedlich aufbauende Gemeinschaft, die Bewältigung ist auf dieser Achse von Fall zu Fall, aus der Situation heraus und immer wieder als Sonderlösung zu leisten; dies macht den lebendigen Atem der Streitfälle und der Übereinkünfte aus. Buchstabe und Garantiebriefe halten hier nicht stand, kein Amtssiegel rettet eine dahinkränkelnde Gemeinschaft; ihre leitende Idee will sich aus unmittelbarem Zusammenleben heraus, durch Bereinigung entstehender Konflikte und unter Berücksichtigung spontaner Stellungnahmen, ständig wiedererzeugen.

2. und 8. Feld

Achse der Beharrungsintensität im Besonderen
Widerstreit von materiell (2) und psychisch (8)

Widerstreitende Interessen aus den Grundlagen der Person und der Gemeinschaft. Die Bedürfnisse des physischen Aufbaues, der materiellen Sicherstellung, des Schutzes persönlicher Unabhängigkeit bringen einerseits die Ziele des Aneignungs- und Erwerbstriebes zur Geltung, anderseits fordert die Grundlegung gemeinschaftlicher Existenz eine Abgabe und Zubuße. Die Interessen drehen sich in Einzelfällen um Mein und Dein, in größeren Zusammenhängen um die Verflechtung von beidem im Volksvermögen, hierdurch akuten Schwankungen – Konjunkturen und Krisen – ausgesetzt. Ist die Beharrungstendenz dieser Achse im materiellen Pol betont, so erfolgen momentan geforderte Abgaben unfreiwillig; Verluste durch geleisteten Verzicht zu verschmerzen oder gar freiwillige Opfer fallen dem Menschen schwer, erst Katastrophen rütteln ihn aus dem Gleichlauf persönlicher Bedürfnisbefriedigung. Betontsein des psychischen Pols erleichtert all dies. Doch das geringere Haften an persönlichen Gütern enthält ohne weiteres noch keine soziale Gesinnung. Man kann auch auf fremde Rechnung leben, von arbeitslosem Einkommen zehren oder in der Bereicherung am Gemeinbesitz seinen Gewinn suchen – Stiftungen, Erbschaften oder Kriegs- und Inflationsgewinne –; am psychischen Niveau scheidet sich, ob etwa die Annahme eines Stipendiums als Vorschuß auf gemeinnützige Leistung erlebt oder ein solches als Gelegenheit für ein parasitäres Dasein angestrebt wird. Die eigentlichen Inhalte kommen erst in dematerialisierten Interessen und solchen des Wirkens für das Gemeinwohl zum Durchbruch. Hier zweigen metaphysische Gedankengänge, Beschäftigung mit den Grenzfragen des Seins überhaupt, von den mehr praktischen Formen sozialer Betätigung ab. In jedem Falle ist der Einzelne stark in die wechselnden Strömungen der mitmenschlichen Atmosphäre einbezogen. Die Beharrungsintensität erweist sich im zähen Durchfechten langwieriger, in viele Sonderaufgaben zerfallender Auseinandersetzungen, sie muß mit Belastungsproben des eingenommenen Niveaus rechnen oder mit Erlebnissen, die den Grundbau der Anschauungen erschüttern.

3. und 9. Feld

Achse der Durchführungsintensität im Besonderen
Widerstreit von spirituell (3) und persönlich (9)

Widerstreitende Interessen aus dem Unterschied persönlicher und überpersönlicher Entwicklungsrichtung. Urteile, geistige Aneignungen und Anregungen aus Ereignissen des täglichen Lebens, die schon mit Eindrücken der Kinderstube anhebende Entwicklung in ihrer Weiterführung durch Schule, Kurse, Lehrstätte und alle Wendungen des Bildungsgangs, auf Reisen, in Gesprächsform oder in sonstiger Umschau erlangte Kenntnisse bringen vorwärts, befriedigen aber nicht das Verlangen nach einer Leitlinie, die höher trägt. Eine solche bietet sich dar über Vorbilder, die den eigenen Zug zur Größe ansprechen und ihnen nachzueifern auffordern. Im sich-Messen an Außerordentlichem steckt, daß die Person sich mit etwas Überpersönlichem wunschhaft identifiziert, das Ich sich in ein Über-Ich transponiert hat. Bei jeder Heldenverehrung, Nachfolge eines Religionsstifters, Entscheidung für das Forscher-Ideal oder in Begeisterung für irgendeine Form der Leistungsauslese tritt ein gemeinschaftlicher Grundwert in personhafter Repräsentation auf. Demgegenüber hat das unmittelbar und nur der Einzelperson Dienliche, für sie Lehrreiche und technisch-methodisch Erwerbbare, der in den persönlichen Stil des Lebens eingehende Bildungsstoff einen spirituellen Bedeutungston. Dieser verhält sich zu jenem wie Fragen der Taktik zur Strategie der menschlichen Lebensführung, eines ergänzt sich im anderen. Je nach herantretender Lage und Aufgabe schlägt bei richtigem Verhalten das eine in das andere um, so daß diese Durchführungs-Intensität am allerwenigsten eine starre Haltung erträgt; im einen Fall gebietet Zweckmäßigkeit, den naheliegenden Vorteil des Augenblicks zu nutzen, im anderen Fall ist es sinnvoll, ihn zurückzustellen, um vorzuschreiten auf Fernziele höchsten Wertgrades. Es sind zweierlei Formen des Situativen, die des täglichen Zickzackkurses und die des lebensbeherrschenden Bogens, die auf dieser Achse in Übereinstimmung zu bringen sind.

4. und 10. Feld

Achse der Formungsintensität im Allgemeinen
Widerstreit von psychisch (4) und materiell (10)

Widerstreitende Interessen aus dem Gegensatz des Familiären und des Sozialgültigen. Die naturwüchsigen Eigenschaften entfalten und verfeinern sich am ungezwungensten in einer häuslichen Eigenatmosphäre, in psychischer Rückverbindung zum Raum und Boden der Herkunft und allem, was den Menschen mit mütterlicher Geborgenheit umfängt. Demgegenüber verlangt das väterliche Prinzip des Existenzkampfes eine Hinwendung zur äußeren Tatsachenwelt. Deren Zucht und Zwang gilt es durchzustehen und sich den Schliff gesellschaftlicher, zeitgültiger Formen zu geben, auf diese Formen- und Normenwelt sind die Kräfte zu konzentrieren und Tatsachen gegen Tatsachen zu setzen. In der Breite sozialer Verhältnisse, auf der Straße, im Betrieb oder Amt, auf der öffentlichen Plattform bestehen können, den Pflichten des Berufs und Standes entsprechen, heißt ständig den Weg aus der inneren Heimat in die Fremde wiederholen und die soziale Gestalt aus dem Naturgeschöpf herausmodeln. In diesem Rahmen sind Geltung und Achtung zu erringen, «man» wird «jemand» für die öffentliche Meinung, unter Umständen eine Autorität, die mitlenkt an den Fäden der Zeitgeschichte, deren Marionetten andere sind. Doch ohne Kultivierung des Eigenlebens hat die soziale Gestalt nur das Scheinleben eines Robots, klingt der erworbene Name hohl, bedeutet die Verausgabung von Energie dafür einen Raubbau. Die regenerativen Kräfte werden dort geweckt, wo der Mensch sich in natürlichen Äußerungsformen unbekümmert darleben kann wie er ist, vielleicht Neigungen pflegt, welche die äußere Stellung verbieten würde. Betonung dieses psychischen Pols der Formungsintensität gestaltet Leben nur dem eigenen Selbst und Nahestehenden verantwortlich, Betonung des materiellen Pols behaut den Baustein des sozialen Überbaues. Vereinseitigung nach hier oder dort ergibt Flucht in die Fassade oder Flucht in den Unterschlupf. Beide Enden der Achse zufammenfassen, erfordert Umschaltenkönnen des Strebens in aller Vielfalt hierhergehöriger Erscheinungen.

5. und 11. Feld

Achse der Beharrungsintensität im Allgemeinen
Widerstreit von persönlich (5) und spirituell (11)

Widerstreitende Interessen aus der Spannung zwischen Naturtrieb und Zivilisationsgehalt. Auf dieser Achse will das Bleibende vitaler Bedürfnisse und das Typische des Menschseins zur beherrschenden Regel gelangen: das Kreatürliche und unmittelbar aus dem Herzen kommende, zu Herzen gehende Menschliche und Allzumenschliche einerseits, anderseits das aus kollektiven Verallgemeinerungen zusammengefügte Menschenbild, ausgerichtet auf den Übermenschen, dessen Klarblick zurückgelegte Phasen der Geschichte überfliegt und künftige Dinge plant. Wie dort persönliches Eigenleben lustvoll, schaubedürftig, vergnügungssuchend oder organische Werte schaffend ausschwingt und sich fortpflanzt, so schaltet hier der Geist der Epoche das Ungleiche parallel im kontinuierlichen Weitergang des Ganzen. Der am persönlichen Pol mächtige Trieb der Gattung speist vitale Wunsch-Erwartungen, entfaltet sich im Liebesspiel, führt zur leibhaften Erzeugung des Nachwuchses und dessen Heranbildung im spielmäßigen Kontakt, wie schon bei höheren Tieren die Alten den Jungen ihre Lebensart vorspielen. Demgegenüber tritt der im spirituellen Pol gegründete Mensch aus dem Kreis des Triebbestimmten heraus, stellt sich zum Mitmenschen – gleich welcher Herkunft – in ein Verhältnis, welches das Zwischenmenschliche nach Spielregeln geselligen Nebeneinanders auf der Erde, nach allgemeinen Erfordernissen der Produktion, Verteilung und des Verbrauchs der Güter von gemeinsamem Wert reguliert. Bildet letzteres die soziale Anstiegs- und Erfolgsbasis durch Beziehungen, und wenn man oben steht, diejenige der Förderung anderer, des Mäzenatentums oder der Belehrung, so liegt im ersteren die Basis des spekulativ Schöpferischen wie des Lebensgenusses in gröberer oder feinerer Form. Das dimensional Auseinanderstrebende auf dieser Achse gilt es zusammenzuhalten, dann wird sie zur Achse des in allen Lagen des Seins «richtig liegenden» Vollmenschen.

6. und 12. Feld

Achse der Durchführungsintensität im Allgemeinen
Widerstreit von materiell (6) und psychisch (12)

Widerstreitende Interessen aus den verschiedenartigen Bedingungen individueller und kollektiver Lebensfunktionen. Den materiellen Pol der Achse bildet die Körperlichkeit und Arbeitskraft des Einzelnen, worin er, Produkt eines Erbganges, das Mitbekommene ausbildet und anwendet, den psychischen Pol bildet das, wofür er Gefäß und Werkzeug ist in Hinsicht auf die Bestimmung im größeren Zusammenhang. Zweierlei Anforderungen schlingen sich damit ineinander. Das leibliche Organgefüge und Funktionsgetriebe, die Automatismen, auf denen Handfertigkeit und methodisches Geschick beruhen, ihre Pflege und Übung, ihr Ausspielen im Werkfleiß, das Heranziehen technischer Hilfsmittel dabei verwirklichen den Menschen als Tätigkeitsform. Hochspezialisierung – wohin dies tendiert – wirkt qualitätssteigernd bei wesengemäßer Art der Arbeit, ist aber auch um so störbarer und sozial bedingten Umstellungsforderungen unangepaßt. Leichter fällt die Anpassung vom psychischen Pol her, insofern der Mensch beliebig gestellte Aufgaben und dargebotene Gelegenheiten aufgreifen kann, wenn er im Gefühl einer Sendung sich Übergeordnetem dienstbar weiß. Das einmalig Konstellierte, Erbbedingte und Eingeübte, die Liebe zu einer bestimmten Materie und Methode tritt dann an Bedeutung zurück. Doch dies «wenn» ist Sache des psychischen Niveaus sowie der instrumentalen Tauglichkeit, schließlich des Berufenseins durch die Zeitlage. Betontheit dieses Pols enthält nicht ohne weiteres das Organ, in der Spannweite des Möglichen seinen Kurs zu finden – mancher ist ein treibendes Etwas im Strom des Zeitgeschehens und glücklich, wenn er sich auf eine Insel retten kann –, noch ist damit Willigkeit und Kraft gegeben, Verspürtes zu erfüllen. Ein Versagen in dieser Region des Anbahnens kommender Dinge, ein Zuwiderhandeln oder oft nur am unrechten Platz stehen setzt den Menschen am stärksten unfreiwilligen Korrekturen aus. Die Durchführungsintensität auf dieser Achse verlangt menschliche Breite und Fülle; ihre Problematik ist nicht durch rasche Sonderlösungen zu bewältigen, sondern in langsamer Wechselwirkung der Pole aufeinander, den individuellen Aktionsradius immer erneut am größeren Geschehenszusammenhang überprüfend.

Von unmittelbarer Wichtigkeit ist, wie gesagt, die Gegensatzverwandtschaft der im Kreis sich gegenüberliegenden Felder für entsprechend gelagerte Probleme (Oppositionsaspekte). Ein den Widerstreit der Interessen akut machender Kräfte-Antagonismus erhebt es dann zur Forderung des Zusammenhalts, jedem der Pole in irgendeiner Weise zu genügen, es entsteht eine anlagemäßige Hauptachse der Selbstverwirklichung. Bei einseitiger Betonung dagegen, wenn also der Gegenzug nicht direkt verspürt wird, geben diese Achsen die Entwicklungsrichtungen über das Determiniertsein hinaus an; der Vergleich mit anderen oder deren Reaktion bringt dann nahe, wo die Aufrundung ansetzen müßte. Dieses Verhältnis zwischen dem *Zug der Neigung* und dem *Gegenzug der Ausgleichsforderung*, allen polar angelegten Elementen gemeinsam, ist in der motivischen Gestaltung des Daseins praktisch am ehesten in die Hand zu bekommen.

Inbilder der Selbstverwirklichung

Die Objektivation wird in der Interessensphäre weiter getrieben als in der Sphäre des Ausdrucks. Angeborene Grundeinstellungen auf die Gegenständlichkeit der Welt bilden die Basis zur Ausbildung habitueller Einstellungen, die es ermöglichen, Interessen in einem bestimmten Milieu zu verfolgen, soziale Beziehungen reibungslos zu pflegen. Für das mitspielende Bewußtsein geht es meist nur um die Objekte. Die Lebensunmittelbarkeit der Vorgänge aber ist getragen vom Bedeutungston, mit dem die Dinge erlebt werden. Über diesen Bedeutungston – ebenso unveränderliche Anlage wie das Temperament – verlegt sich die subjektive Anteilnahme in die Gegenstände hinein; zur Gesamtbeteiligung treten noch Intensitätsform und Wertausrichtung hinzu. Praktisch fließt dies alles zusammen zum lebendigen Interesse. Die Aufgabe der astrologischen Diagnostik, individuelle Wirklichkeit aus Grundkomponenten zu erschließen, gebietet hier eine genaue Unterscheidung, da diese einzelnen Momente verschiedene Einsatzpunkte für Niveau und Milieuwirkung darbieten.

Erlebt werden anschauliche Gehalte. Dabei verdichtet sich der Bedeutungston, wie schon berührt, in zwiefacher Form, als Personifikation und als Sachmotiv. Das System der zwölf Felder – individuell konstelliert zu verstehen – stellt in diesem Zusammenhang eine Art Filter dar, das dem betreffenden Menschen die herantretende äußere Welt siebt und sichtet. Sind ausschließlich ungerade Felder betont, so muß und wird er sich zwar auch mit sachlichen Dingen beschäftigen, vor allem wenn die Sachbezogenheit des erdhaften Temperaments mitspricht. Motivisch geschieht es jedoch mehr oder minder in Hinsicht auf bestimmte Personen getätigt, aus direkten Begegnungen angeregt oder auf Umwegen personhaft bezogen. Umgekehrt, bei ausschließlicher Betonung gerader Felder, kann der Betreffende sich natürlich nicht mitmenschlichen Auseinandersetzungen entziehen und spricht die Impulsfärbung des feurigen Temperaments mit, so geschieht es im Ausdruck personunmittelbar. Motivisch jedoch ordnen sich die Reaktionen irgendwelchen Sachmotiven unter, bzw. die Personen werden zu Gegenständen eines Besitzanspruchs, des beruflichen Interesses, zu Hilfswerkzeugen der Arbeit usw. Darin liegt eine für die Herausbildung der Stellungnahmen wichtige Akzentverschiebung, wenn auch dem Erlebenden in seiner Befangenheit von sich meist unmerklich. Extreme einer ausschließlichen Betonung der geraden oder ungeraden Felder sind zwar selten, kommen aber vor.

Solche Reaktionen auf Herantretendes umfassen erst die eine Seite des Verhältnisses zur äußeren Welt. Die andere liegt in mitgebrachten Bereitschaften und Erwartungen, innerseelischen Anspornen zum Aufsuchen von Wirklichkeiten. In der seelischen Bilderwelt nämlich machen sich bestimmte Motive bereits geltend, bevor dazu passende Erfahrungen eintreten, sie sind dem Seelengrunde eingeboren wie der Huhn-Seele die Gestalt des Habichts, doch positiv gestaltträchtig auf Zukunft hinzielend. Diese vorformenden Motive der Selbstverwirklichung heißen hier Inbilder.

Gewisse Personbeziehungen, mehr die Reaktionsart des Naturtriebs betreffend als suchend-projektiv wie diese Inbilder, fanden wir bereits durch Wesenskräfte vertreten: Vater ☉, Mutter☽, Liebhaber ♂, Geliebte ♀, bei den letzteren einerseits die eigene Rolle, anderseits den Ausgleichstypus des Geschlechts. Zu ihnen tritt nun gemäß der Betonung ungerader Felder (Kombination von Planet und Zeichen) etwas erwartungsbesetzt Vorschwebendes mit gestalttypischen Merkmalen, erinnernd an Uexkülls «Suchbilder» und Rothackers «imago-motorische Reaktionen». In der individuellen Abwandlung können diese Inbilder, wenn eine der obengenannten Wesenkräfte ein entsprechendes Feld besetzt, mit jenen Personbeziehungen zusammentreffen, eines vom andern sich Züge ausleihen; z. B. kann die erwünschte Ehepartnerin mehr Geliebten- oder Muttertypus sein usw., Überformungen, denen nachzugehen Sache der Kombination ist. Während jedoch jene Personbeziehungen im Naturzuständlichen bleiben, haben die Inbilder ein Beziehungen schaffendes seelisches Eigenleben bis zur Verselbständigung.

So umfaßt das Mittelfeld des für die Fortpflanzung bedeutsamen Quadranten, das 5., in der Region des vorbereitenden Suchens den Liebespartner, in derjenigen des Erwartens nach eingetretener Verwirklichung das «wunschbesetzte Kind». Ihre Bildfunktion ist das Hervorrufen einer triebunterströmten Erwartungsstimmung, Bereitschaft zum Abenteuer und Liebesspiel, Anbahnungen vorzeichnend, ferner die Einstellung auf ein Wunschkind mit dementsprechendem Korrigierenwollen abweichender Wirklichkeit. Der Ton liegt in diesem Felde verheißend auf dem Erlebenswunsch, der ein spekulatives Wagen und Gestalten anregt; die Personifizierung kann je nach mitsprechender Tendenz zu illusionären Erwartungen, Götzenanbetung treiben, manche gestalthafte Vorprägungen tragen die Unerfüllbarkeit in sich, anderseits setzen hier häufig Sublimierungen an wie künstlerisches Gestalten, pädagogische

Übertragung, alles in lebensunmittelbarer Weise und mit Rückverbindungen zum Spieltrieb. Diese seelenbildlich vorgemerkte Liebeswahl – etwas anderes als der geschlechtliche Ausgleichstypus ♀ oder ♂ – unterscheidet sich vom Inbild des Ehepartners, des Lebenskameraden analog dem 7. Felde. Lebt das 5. vom «ewigen Suchen», so setzt das 7. Feld ein Gefundenhaben voraus, um mit seinem Eigentlichen zu beginnen, dem hier obwaltenden spirituellen Bedeutungston geht es um menschliche Ergänzung in gemeinsamer Lebensführung. Sie muß durchaus nicht immer harmonische Ergänzung sein, manchem ist eine Rolle des Partners als antreibender Stachel eingeboren. Jedenfalls sind das Bild der Partnerschaft und das der Liebeswahl zweierlei, Aspekte sagen aus, wieweit sie leicht in Deckung zu bringen oder schwer vereinbar sind, es kann aber auch nur eines betont sein.

Läßt sich analog dem 5. und 7. Felde die Liebe, wenn zum Zusammenleben führend, in Kameradschaft überleiten, so steht ihr gegensatzverwandt im 11. Felde gegenüber, was hier als Freundschaft gilt. Es wäre ein undialektischer Gegensatz, den Begriff in der mißbräuchlichen Form zu nehmen, wonach ein Reden von «Freundschaft» als Signal für das Abflauen wahrer Liebesleidenschaft verstanden wird. Doch echt gemeint klingt selbst darin der Unterschied persönlichen Bedeutungstones in 5 zum spirituellen in 11 auf, insofern die Freundschaft, unabhängig vom Gefallen an Leiblichkeit und Erscheinung der Person, in geistiger Sympathie wurzelt. Geschlechtsunterschied schließt sie nicht aus, obzwar er oft eine gewisse Erschwernis für die Wertausrichtung des Quadranten darstellt, dessen Mittelfeld das 11. ist. Auch hier pflanzt sich etwas fort, in geistiger Form: allgemeinmenschlich Bedeutsames. Es geht um dessen Austausch, Diskussion des Standpunkts zur und in der Welt, der Freund ist nach einem Worte St. Exupérys ein «Fenster zur Welt»; über ihr Andersgeartetsein hinweg wissen sich Freunde verbunden in dem, was Menschen überhaupt angeht. Demgemäß zehrt das hierhergehörige Inbild am wenigsten von eroshaften Motiven – wenn nicht mit ♂

oder ♀ in 11 eine Überlagerung eintritt –; es enthält sozusagen die Idee des Menschen in individuell erlebbarer Gestalt. Wie das Gegenfeld hat es einen typischen Erwartungston, doch epochal gerichtet: an der Schwelle eines neuen Zeitalters stehen, Bestärkung finden im Freund, mit ihm zusammen «sein Jahrhundert in die Schranken fordern». Urtümlicher Brauch heiligte den sippenfremden Bund im Ritual der Blutsbrüderschaft, unsere symbolferne Zeit genügt sich an gefundenen Übereinstimmungen, die aber von gleich zwingendem Ernst sein können. Fehlt dies Regulativ einer im Zeitgeist verankerten Interessengemeinsamkeit, so entsteht die Pseudo-Freundschaft mit Erwartung eines Vorteils, das «Beziehungen haben», die Erfolgsbasis in diesem Sinne.

Früheste Distanzierung vom anderen und ebensowohl gleichgeordnetes Nebeneinander erleben wir an Geschwistern, ausgedrückt im 3. Felde. Gleichsam Anfangsübungen mitmenschlichen Umganges, wirkt auf die spätere Haltung nach, wieweit darin Überhebungen oder Unterdrückungen möglich waren, ob man der ältere, der jüngere, ob überhaupt auf Geschwister sich einzustellen gedrungen war. Jede Entwicklungsstufe läßt wieder damit beginnen, wo immer wir, in gleiche Aneignungsbedingungen versetzt, «auf einer Schulbank sitzend», zu Mitmenschen in ein geschwisterlich-nachbarliches Verhältnis treten. Im spirituellen Bedeutungston dieses Feldes kommt es nicht so sehr auf Blutsverwandtschaft an (Unfreiwilligkeit konversen Hereinwirkens aus 4); das von Eindrücken der Kinderstube freigesetzte Inbild betrifft «den anderen» schlechthin, den Gleichgeordneten mit dem wir uns wohl oder übel auseinandersetzen müssen, abfinden lernen, Wissenswertes austauschen, an dem wir den eigenen Fortschritt messen, uns durchsetzen üben. Demgegenüber liegt im 9. Felde das Inbild des Vorbildhaften, Erstrebenswürdigen, das zur Nachfolge aneifert. Wer es auch sein mag, der zu den großen Repräsentanten, den Lehrern, Heilern und Helfern, den Helden und Heiligen des Menschengeschlechts oder auch nur zu Sternen bedingterer Leuchtkraft gezählt wird, solch

Erlebtwerden steigert seine Erscheinung über das Normalmaß hinaus. Das hier wurzelnde Verehrungsbedürfnis verträgt schwer private Züge eines Mitlebenden, leichter projiziert es sich in große Männer der Geschichte (konverse Beziehung von 10 her), anderseits verlangt der persönliche Bedeutungston, irgendwann dem Vorbild leibhaft zu begegnen. Dies wird zur Quelle projektiver Vergrößerung empirischer Personen, der Idolbildung und Verleihung von Überformat, sofern nicht als eigener Ansporn zu Außerordentlichem erkannt.

Wird Lebens-Grundantrieb in Interesse übersetzt, so ist der einzelne zunächst sich der wichtigste Gegenstand. Mit einem Inbilde seiner selbst tritt er seine Bahn an. Darin eröffnet sich die Gestaltenreihe im 1. Felde, dessen persönlicher Bedeutungston das eigene Einzigsein in der Einstellung auf die äußere Welt betrifft. Unser Wort Persönlichkeit ist bekanntermaßen die Umbildung von Persona, der Maske des antiken Schauspielers – abgeleitet von personare = durchtönen –; so verwendet bezeichnet es die erscheinungsmäßige Gestalt und Form der Äußerung, mit der wir vor andere hintreten. Letzteres enthält auch die Auffassung von C. G. Jung, daß der Funktionskomplex der Persona sich ausschließlich auf das Verhältnis zu den Objekten beziehe. Bei seiner Ausbildung sprechen die Gründe der Anpassung an das Milieu mit, dasjenige, worin wir kollektiv sind in C. G. Jungs Begriffsfassung, d. h. den allgemeinen Umständen, den allgemeinen Erwartungen entsprechend. Doch nur von dieser habituellen Einstellung aus verstanden wäre die Persona ein Abstraktum. Konkret tritt das Persönliche in einer bestimmten Gestalt und leibseelischen Anlage auf, bevor im bewußten Vergleich mit anderen der Mensch sich selbst zum Objekt seiner Betrachtung wird. Diese physiognomische Prägung ist angegeben durch das Zeichen am Aszendenten, ergänzt durch Planetenstellungen im 1. Felde, und zwar mit unverkennbaren Merkmalen für den kundigen Beobachter.

Überzeugend erweist sich in diesem konkreten Geprägtsein die selbständige Realität des Kosmotypus. Persönlichkeit und Interessensphäre stehen ferner in unlöslichem Zusammenhang, nicht als Produkte des rationalen Ichs, sondern von Geburt an vorgeformt. An der Ausbildung der habituellen Züge, die der Mitwelt und ihren Maßstäben angepaßt sind, ist vornehmlich das rationale Ich beteiligt, indem es die Verwirklichung des Vorgeformten steuert. Ihm als untergründiges Gestaltmotiv beigegeben wirkt sich das zum Kosmotypus gehörige Inbild seiner selbst aus. Diesem Inbild dürfte man den Hauptanteil an der gestaltenden Kraft der Persönlichkeit zuschreiben, den Unterschied zur Persona betonend: Lebendiges Interesse an der eigenen Person mit der Erwartung, sich in unvergleichlich einmaliger Weise in der Welt zu verwirklichen, an deren Objekten sein Ureigenes zu gestalten. Nicht also nur angeborene starre Maske physiognomischer Prägung (bei eineiigen Zwillingen nahezu gleich), auch nicht aus rationalen Gründen angenommene Maske, die vorspiegelt, wie man sich zu sehen wünscht und vor anderen gelten will, sondern Ansporn zur selbsttätigen Auseinandersetzung mit der Welt (worin eineiige Zwillinge differieren). In der Richtung auf «Erwirken», «Bewirken», im verwirklichenden Interesse der so verstandenen Persönlichkeit liegt dennoch ein Äußeres, wenn auch lebendig sich Fortbildendes. Ihr Hingewandtsein zur Welt der Objekte stellen wir uns vor «durchtönt» vom Eigentlichen, dem Wesenskern. Diese beiden Einsatzpunkte, Identität im Gesamt-Lebensantrieb und sein Übersetztsein in Interesse, können in verschiedenem Verhältnis stehen, nur wo ☉ sich genau am Aszendenten findet, treffen sie anlagemäßig zusammen.

Vorgeformt im Seelengrunde, weitergebildet durch schöpferische Phantasie, leben diese Inbilder von der erwartungsmäßigen Zugkraft, die sie ausüben. Über sie verströmt, verzweigt sich der Drang zur Objektivation. Das uns Eingeborene suchen wir in der äußeren Welt, wählen oder verwerfen, stimmen zu oder grenzen uns ab, je nach der gestalttypischen Art der Bilder und mit der Spannung der ihnen anhaftenden Problematik. Als Gestalten der Selbstverwirklichung sind sie am wenigsten Milieueinflüssen ausgesetzt, in dem was sie hervorrufen, bringen sie das Niveau dessen, der sie erlebt und ausgestaltet, zum Vorschein.

Immer steuern diese Personifikationen auf Wirklichkeiten hin, welche den sie anzeigenden Planeten und ihren Aspekten entsprechen. Sie können von Haus aus im harmonischen wie im dissonanten Lichte stehen, manche dürsten nach Tragik, andere sind mit Triebkonflikten besetzt, es gibt Lockungs- und Verweigerungstendenzen. Einem Menschen zufällig begegnende Personen, die ihn da anreizen, setzen unabhängig von ihrem Verhalten eine seelische Dynamik in Gang, bei der sie eine vorbeurteilte Rolle spielen. Man kann unter Umständen Beglückungen oder Enttäuschungen hervorrufen, ohne Zutun, wenn man an solche Inbilder rührt. Dasjenige der Liebeswahl trägt den Hauptanteil einer «Liebe auf den ersten Blick» mit dem Erlebnis zweier Menschen, sich schon von Urzeiten her zu kennen. Auch das Bild der eigenen Person ist nicht ausgeschlossen davon, daß dies Bereitschaftssystem tatsächliches Leben zeugt, indem seine Kriterien in die Begegnungen und den Lauf der Handlung eingreifen. Das Scheinleben, das ein Dichter auf die Bühne stellt, bezieht aus den Inbildern seine echtesten Gestalten, entbunden von Zügen der Wirklichkeit, die für den Gestaltungsvorgang akzessorische Bedeutung haben. Auf der Wirklichkeitsbühne gehört nun gerade dies Zusätzliche zur durchgeführten Objektivation. Der Spielleiter Schicksal verlangt, eine Fehlerhaftigkeit konfliktbelasteter Blickweise zu korrigieren an dem, was ist, fordert, die Selbstverwirklichung in das Vorhandene einzubauen. Je mehr die in uns vorgeformten «anderen», die Inbilder, uns zu tatsächlichen Mitmenschen in Beziehung gebracht haben, umso mehr werden sie von Erfahrungsbildern überlagert. Besteht jedoch der eine Fehler der Selbstverwirklichung darin, sich nur im eigenen Kreis zu drehen, so der andere, den Drehpunkt seiner Motive zu verlieren. Wenn die Inbilder an den Erfahrungsbildern verblassen, gewinnt die Wirklichkeitsangepaßtheit. Im gleichen Maß aber tritt der selbstgestaltende Drang, der innere Ansporn, über schon Bekanntes hinweg neue Begegnungen zu wagen und sich an Unbekanntem zu versuchen, zurück. Schließlich ist ein Grad von Angepaßtheit erreichbar, in dem die lebenzeugende Bildkraft sich an habituellen Einstellungen totgelaufen hat.

Noch eine weitere Möglichkeit besteht. In Fällen, in denen die Objektivation nicht geleistet wird, kommt es zu Erscheinungen der Dissoziation. Die mit den einzelnen Inbildern verknüpfte, jeweils andere Einstellung und Erwartung erzeugt dementsprechende Verhaltensunterschiede auf den betreffenden Gebieten. So entstehen verschieden sich verhaltende Figuren bzw. Masken eines und desselben Menschen. Hier liegen motivische Voraussetzungen krankhafter Persönlichkeitsspaltung, wie in den nunmehr zu streifenden Sachmotiven solche eines Fetischismus: inhaltliche Ansätze bei dafür gegebenen Bedingungen, die als solche nicht im Meßbild stehen.

In den Sachmotiven dürfen wir uns kürzer fassen. Deutlicher als die Personifikationen, die ein seelisches Sonderleben führen und einerseits Züge von empirischen Personen ausleihen, anderseits ihnen solche andichten, lösen sich die Sachmotive in Relationen auf: Bezüge der einzelnen Dinge zur persönlichen Gesamteinstellung auf die Welt der Objekte. Die lebendige Gestalt tritt zurück, es geht mehr um leblose Dinge und Sachverhalte, Zustände und Verhältnisse. Vergebens sucht die traditionelle Astrologie – unsicher in diesem Punkt, wie die wechselnde Zuordnung beweist – Vater und Mutter aus dem 10. und 4. Felde zu deuten. Was daran statthaft, begründet sich in der Bedeutung des MC für die gesellschaftlich konstellierte Außenwelt, des IC für die familienmäßig konstellierte Innenwelt. Jene wird normalerweise durch Wollen und Wirken des Vaters, diese durch Wesen und Walten der Mutter verkörpert und vorgelebt. Problematische Verwicklungen mit diesem und jenem sind dementsprechend im 4. und 10. Feld zu finden, insofern ragen die Eltern schattenhaft in die eigene Gestaltung häuslicher oder öffentlicher Angelegenheiten herein; nicht aber personifizierende Deutungen lassen diese Felder zu.

Die personalen Beziehungstypen ☉, ☽, ♂, ♀ haben in den gerade bezifferten Feldern einen schlechten Nährboden des Personunmittelbaren. Eine solche Stellung drückt aus, daß die symbolisierten Personen mit einem sachmotivischen Beigeschmack erlebt werden, ihre Gestalt steht im Bezug zur Verwirklichung des betreffenden Interessengebiets. Nur die Temperamentsfärbung des Zeichens kann zuweilen über diese versachlichtere Note täuschen. Projektive Verselbständigungen eines Inhalts – wozu die Personifikation im vorhinein neigt – sind bei den geraden Feldern im allgemeinen etwas Nachträgliches, Habituelles, wenn nicht Krankhaftes (Fetischismus). Die konkreten Vorstellungen werden an Dingen der Erfahrung erweckt und in deren Form gehen die Inhalte des Interessengebiets ein, belegt mit einem materiellen oder psychischen Bedeutungston; demgemäß ist hier die Prägsamkeit durch das Milieu relativ stärker, auch vorgezeichnete oppositionelle, kämpferische Stellungnahmen sind enger durch konkrete Eindrücke bestimmt.

Wenn man es so formulieren will, lassen sich eine Reihe von Trieben und Instinkten hier unterbringen: Nahrungs-, Aneignungs-, Besitztrieb in 2, ins Menschliche übersetzte Nestbau- und Brutpflegeinstinkte in 4, Beschäftigungstrieb, hygienische Instinkte in 6, Kampf-, Todestrieb, auch die Ambivalenz von Raub- und Opfertrieb in 8, soziale Geltungstriebe und Klasseninstinkte in 10, Verheimlichungstrieb und Weltflucht sowie anderseits Masseninstinkte in 12. Doch wäre dies nur die Übersetzung einzelner Inhalte – der Verbindung und des Übergangs zu anderen ermangelnd – in gewohnte Begriffe und würde zu den Fehlern allzu spezialisierter Trieblehren verleiten.

Was in solchen Lehren unberücksichtigt bleibt, gehört zur Eigentümlichkeit der menschlichen Interessensphäre: Austauschbarkeit von Inhalten. Sie ist ohne Einbuße möglich, sofern ein anderes als ein ursprünglich angestrebtes Objekt denselben Bedeutungston und Grundwert anspricht und wenn an ihm sich dieselbe Intensitätsform auslösen kann. So haben wir in diesem System einen Kanon, nach dem Milieuanpassungen und Sublimierungen unbeschadet der Persönlichkeitsstruktur, mit Niveauhebungen oder -senkungen, erfolgen können. In dieser entwicklungsmäßigen Hinsicht verhalten sich die Sachmotive meist weniger sperrig als die Personifikationen, die ihrerseits wieder als Erreger zwischenmenschlicher Dynamik von Bedeutung sind.

EINZELDARSTELLUNGEN

Vorausbemerkungen

Jede Aufzählung gegenständlicher Entsprechungen bekommt unvermeidlich etwas Katalogartiges, wenn nicht das Verbindende dazwischen, das indes nunmehr als bekannt vorausgesetzt werden darf, mitgelesen wird. Nach dem Vorangegangenen können wir uns auf eine Zusammenfassung der Grundmotive bzw. -erscheinungen in jedem Felde beschränken.

Als primär betont gilt ein Interessengebiet, wenn ein Planet in dem entsprechenden Felde steht. Dieser gibt dann an, worauf sich die durch ihn symbolisierte Wesenskraft richtet, bzw. durch welche Gegenstände ihr Einsatz ausgelöst wird. Ebenso macht sich die mit seinen Aspekten umschriebene Problematik in Angelegenheiten des betreffenden Gebiets bemerkbar. Mehrfache Planetenbesetzung heißt, daß auf diesem Gebiete sich Kräfte verschiedener Art manifestieren. Die Gesamtbesetzung des Felderkreises läßt somit auf den ersten Blick überschläglich erkennen, welche Gebiete individuell gewichtig und welche minder betont sind, wo Konflikte und wo unbeschwertere Auswirkungen liegen.

Unbesetzte Felder besagen jedoch nicht, daß die darin umfaßten Motive völlig fehlen. Sie sind nur anlagemäßig minder betont. Ein Schluß auf die Art ihres Erlebt- und Betätigtwerdens – zunächst allgemein die Stilform betreffend – ergibt sich aus dem Zeichen am Feldbeginn, im weiteren Verfolgen dieser Frage tritt dann das Vertretungsverhältnis zwischen Kräften und Prinzipien in Rechnung. Dies Zeichen an der «Spitze» gilt als individuell tonangebend für das ganze Gebiet. Bei der ungleichen Größe der Felder kommt es vor, daß manche Zeichen auf diese Weise für 2 Felder tonangebend, andere aber ganz von einem solchen eingeschlossen sind, d. h. noch nicht an dessen Spitze liegen, während an die Spitze des nächsten Feldes schon das darauffolgende Zeichen rückt. Einem solchen «eingeschlossenen Zeichen» – wenn nicht durch Planeten besetzt – fehlt gleichsam die Handhabe, unmittelbar wirksam zu werden. Nur über das Dominanzverhältnis findet die betreffende Stilform zur Auswirkung. Steht nun ein Planet in einem eingeschlossenen Zeichen, so macht sich dieses zwar in der Modifikation der betreffenden Wesenskraft geltend, die Kraft selbst aber erscheint in der freien Verfügung über die fraglichen Interessen meist ein wenig behindert; auch hier gibt das Dominanzverhältnis weiteren Aufschluß.

Bezüglich der Stellung von Planeten in der Nähe von Feldspitzen, wo ihnen eine hervorgehobene Bedeutung zukommt, kann ein gewisser Umkreis (Orbis) für jede Spitze angenommen werden. Er erstreckt sich im allgemeinen auf 5 Grade nach rechts und links – an- und abschwellend, Exaktheit bedeutet immer markanteste Stellung –, so daß also ein Planet bereits ab 5 Grad vor der Spitze teilweise auf das betreffende Feld bezogen gilt. Beim Aszendenten darf dies auf 8–10 Grad erweitert werden, je nach Planetencharakter (s. bei den Aspekten gültige Umkreise). Ebenso darf der Umkreis bei den übrigen Eckpunkten etwas weiter, doch nicht so weit als beim Aszendenten, gerechnet werden. Gleichwohl gilt ein solches Planetensymbol noch verankert in den Motiven des Feldes, in dem es steht, nur von hier ausgehend bereits orientiert auf diejenigen des Feldes, zu dessen Spitze er Kontakt hat. (Diese Übergänge enthalten die Hauptschwierigkeit, zwischen den Methoden Placidus und Regiomontanus eindeutig zu entscheiden.)

Ein nach diesen Richtlinien beurteiltes Interessenfeld sagt aus:

1. ob es durch Kräfte der Individuation primär betont ist und zwar, welche Kräfte sich unmittelbar darin auswirken,

2. auch bei sekundärer Betontheit, auf welche Art und Weise die betreffenden Interessen verfolgt, Motivisches erlebt, gestaltet und ausgewirkt, Gegenstände behandelt werden – mehr theoretisierend, praktisch tätig, gefühlsbewegt usw. –, sowie welche Kraft sich mittelbar darauf bezieht,

3. primär oder sekundär betont: Grundauffassung des betreffenden Gebiets und mit ihm verknüpfte Problematik.

Jeder Punkt der Kombination schafft zugleich eine Auslese unter der Vielzahl möglicher Entsprechungen, die nun folgen.

1. Persönlichkeit

Die Grundform der äußeren Erscheinung, soweit den Rassen- und Familientypus modifizierend, Gestaltbau und insbesondere Gesichtsbildung, Eigentümlichkeiten der Gebärde, des Mienenspiels. Konstitutionelle und psychische Eigenheiten in Zusammenhang mit dem Wuchshaften; nicht Gesamtkonstitution, sondern bezüglich der Reaktionen auf unmittelbare äußere Einwirkungen (Klimaempfindlichkeit, Sensibilität, Motorik usw.), sowie die psychomotorische Grundeinstellung zur Welt, die Art, an die Dinge heranzugehen und die Instinkte, sich in seiner Besonderheit durchzusetzen. Ihr Ausdruck in Stimme, Bewegungsweise, sonstige besondere Merkmale und Kennzeichen.

Das vom Inbild seiner selbst bestimmte Interesse an der eigenen Person. Der Aufwand, der Gebrauch von Mitteln, sie zur Erscheinung zu bringen und persönliche Motive in Szene zu setzen, Grad der Selbständigkeit dabei oder der Anpassung an Erwartungen der Umgebung. Selbstbewirkte Persönlichkeitsprägung, Stilisierung des Benehmens auf eine Form, in der man zu gelten wünscht. Umkreis der Dinge, mit denen man sich fraglos identifiziert, die Art ihrer Handhabung, die Abhängigkeit von solchen Dingen als Attributen persönlichen Lebensstils oder das Freisein davon.

Ursprünglich naiver Anspruch des Ichs: «die Welt gehört mir», fortgebildet in späteren Lagen der Bewußtseins-Differenzierung zum Standpunkt «dies meine Welt», «so sehe ich die Dinge», «dies habe ich zu fordern». Die darin enthaltenen subjektiven Grundmotive und ihr Wirksambleiben über Erziehung, Sozialanpassung und den weiteren Prozeß der Objektivation hinweg. Ihre interessenhafte Einkleidung in direkter oder durch Kompromiß mit der Umwelt maskierter Form. In jeder Auseinandersetzung sich wiederholender Kampf der persönlichen Lebensunmittelbarkeit gegen das Selbstzweckwerden der Dinge.

2. Eigentum

Die Mittel, mit denen das Ich in der realen Welt Fuß faßt, die vorfindlichen Aufbaustoffe, das zur Verkörperung Angeeignete. Nahrungsgrundlage, Genuß und Assimilation von Stoffen, physiologischer Aufbau, organische Maßnahmen zum Schutz der körperlichen Unversehrtheit. Seelische Einstellung auf diesen realen Untergrund und seine Anforderungen, seine Sicherungsbedingungen. Beschaffung und Bereitstellung materieller Mittel, Erwerb zur Fristung der Existenz. Über dies Notwendige hinaus sich verselbständigender Stoff-Aneignungs-Trieb bzw. seine Übertragungsformen; Besitz und seine Hortung, Verhältnis zu Finanzen und ihrer Verwaltung, wirtschaftliche Regelungen nach Gesichtspunkten der Sicherstellung einer Reserve. Ankauf (Wertpapiere, bewegliche Güter) und Verkauf, Ausgabenregelung, Wirtschaftsgebaren überhaupt.

Körperliches Eigenwertgefühl, «Recht auf den eigenen Körper». Wertgefühle dinglichen Bezugs, insgesamt das auf Privateigentum gestützte Unabhängigkeitsgefühl, besonderes Verhältnis zu selbsterworbenen Dingen (Einrichtungsgegenstände und andere Anschaffungen), sich objektivierend in ihrer Pflege. Interesse an der geschmacklichen Verwendung des Erworbenen. Umgang mit Wertobjekten, Schmuck, Kunstgegenständen usw. Instinkte für den Aufbauwert der Nahrungsmittel und den Gebrauchswert der Gegenstände praktischen Bedarfs.

Übertragene Formen der Einverleibung von Dingen in den persönlichen Bestand, auch geistiger Besitz und seine Dogmatisierung gemäß den Sicherheiten, die er dem Realitätsbewußtsein bietet. Ferner Besitzanspruch auf bestimmte Menschen, zur Gewohnheit gewordene Liebhabereien, geregelte Wiederkehr von Lustbedürfnissen und ihrer Befriedigung. Grundlagen des Persönlichkeitsaufbaues – mehr oder minder differenziert –, alles Materialhafte in seiner Rolle als «Ding für mich», je nach Auffassung «unbedingt notwendig» oder «notfalls entbehrlicher Luxus».

3. Werdegang

Die Entwicklungsform des täglichen Lebens. Aufgreifen von Anregungen aus dem Wechsel der Umstände und begegnenden Personen, Bewußtmachung des Vorteils, des emotionalen Verhältnisses zu ihnen, Betätigung des Lern- und Bildungstriebes sowie des Drangs nach geistigem Austausch und Ausgleich. Eindrücke der Kinderstube, Auseinandersetzung mit Geschwistern, Aneignung von Wissensstoff in Schule, Lehre, Studium, weitere Fortbildung durch Gewerbekunde, Kurse, Vorträge und private Diskussionen; Bücher in diesem Sinne, auch Zeitungen und Zeitschriften, Reiseeindrücke, alles was dem Erwerben von Kenntnissen dient oder Neuigkeiten in Umsatz bringt.

Anwendungsformen des praktischen Urteils im nachbarlichen Verkehr und besuchsweisen Umgang, im ganzen Umkreis der Lebenstechnik, soweit sie den Stempel des Persönlichen bekommt. In diesem Sinne Rationalisierung der Erwerbs- und Berufspraxis gemäß den persönlichen Interessen und Bedürfnissen, erzielte Verbesserungen, zweckdienliche Veränderungen. Reisen sowie das Verhältnis zu den Wegen und Verkehrsmitteln, sie durchzuführen. Differenzierung des mündlichen und schriftlichen Ausdrucks, Stilübungen, Befassung mit dem Schrifttum, Briefwechsel.

Niederschlag und Kennmarken des persönlichen Entwicklungsweges, insbesondere der Ausbildung logisch-formaler Intelligenz; Krisen, Wendungen und durchgehende Linie dieses Weges. Interesse am Handschriftlichen im direkten und übertragenen Sinne, am Biographischen, an allen Zeugnissen eines Ichs in seinem Wollen und Wesen, seinem Standpunktwechsel und den Formen seines Umtriebs in der Welt: die eigene Werde-Persönlichkeit, an anderen sich spiegelnd und kontrollierend.

4. Wurzelboden

Die Rückverbindung zu Elternhaus, Heimat, angestammten Milieuverhältnissen und ererbtem Besitz, ferner zur Natur im allgemeinen. Anderseits eigen gegründete Familie und selbstgeschaffene Häuslichkeit. Grund- und Hausbesitz, unbewegliche Güter und Liegenschaften, Verhältnis zur Scholle, auch zu Bodeninhalten und deren Auswertung (Bergwerke, Sandgruben usw.). Insgesamt der Komplex «Blut und Boden».

Heim und Herd als mütterliche Region. Das Hauswesen als Organismus und die Fähigkeit bzw. das Interesse, ein solches in Gang zu setzen, zu pflegen, ihm vorzustehen und, das Wohlergehen der Hausgenossen ungestört erhaltend, es mit innerer Atmosphäre zu beleben. Abstimmen mehrerer Personen und Verrichtungen aufeinander, so, daß jeder zu seinem Recht kommt und sich in persönlichen Eigenheiten entfalten kann, dabei aber im Zusammenspiel das Ganze gefördert wird.

Sich Zurückziehen ins Private und «vor der eigenen Tür kehren», selbsterzieherische Rechenschaftslegung vor dem «inneren Richterstuhl», Erschütterungen und Krisen der Eigenmoral bei Einbruch des Schicksals in die Privatsphäre. Das Leben im eigenen Gehäuse, sich darin gebend gemäß dem Wuchs der Naturanlagen und selbsterworbenen Maßstäben. Einerseits der Wesensgrund in seinen frühkindlichen Erinnerungsbildern, der Nachwirkung versunkener Märchenwelt, unausgewirkter Wünsche, verborgen gebliebener Strebungen, anderseits die den Lebensumständen abgerungene Selbstverwirklichung, bzw. deren Niederschläge und konsolidierten Werte, welche die Problematik im Alter bestimmen. Anklingen urtümlicher Symbole für allgemeine Lebensmotive, Befassung mit Anfang und Ende der Dinge.

5. *Fortzeugung*

Im engeren Sinne die Mittel und Wege zur Verwirklichung der Gattungstriebe, Bedingungen für zeugende Potenz oder Konzeptionsfähigkeit. Die Liebe mit ihren Hoffnungen und Enttäuschungen, Ereignis- und Erlebnistendenzen. Kinder und das Verhältnis zum Kind als pflegebedürftiges Wesen und Träger ihm überpflanzter Lebenserwartungen, auch als Gegenstand der Erziehung, sowie angenommene Zöglinge und Schüler. Im weiteren Sinne die Fortzeugung im schöpferischen Werk, vor allem im Kunstwerk oder in Unternehmungen, die auf künstlerische Weise projektiert wurden. Sublimierung vitaler Triebe und deren Sichtbarmachung, Vergegenständlichung.

Spielsituation des Lebens im ganzen Umfange. «Spekulation der sich regenerierenden Gattung» in der Fortpflanzung, eingreifend in das Wagen und Wähnen des Liebesabenteuers, die in das Kind gesetzten Hoffnungen. Pädagogik vom Spieltrieb her – wie Tiere ihren Jungen gewisse Griffe der Lebenskunst vorspielen –, ebenso Ausübung und Betrachtung der Kunst als spielmäßig sich gestaltender Schau- und Darstellungstrieb, von der Erfüllung höchster ästhetischer Forderungen an bis zur Unterhaltung; Lustbarkeit; Vergnügungen, die der Erholung dienen, Sport in diesem Sinne betrieben; schließlich Glücksspiele, Lotterie, Wetten und Geldspekulationen. Jedes echte Spiel als ein in sich Beschlossenes – Raum und Regel zur Begrenzung des Überschwangs –, innerhalb dessen aber eine spontane Bewegung entfesselnd, die ihre Ziele mit außerrationalen Mitteln erreicht. Fiktionen, «als-ob» spekulativer Gedankengänge, Wagnis ins Unbekannte, Unternehmungen über berechenbaren Erfolg hinaus, soweit sie ihren Ansporn aus solchem spielhaften Freiwerden vom rational Berechenbaren beziehen.

Selbstregulierungen von der Triebgrundlage her. Teils Ausspielen von Potenzen in schon gekonnter und wirkungssicherer Form, teils Ahnung und Erweckung noch unerschlossener; ihr Ausdrucksuchen in Liebhabereien, Steckenpferden, dilettantischen Neigungen oder aber Exzessen des Daseinsgenusses. Das in aufkeimenden Hoffnungen einer Liebe erlebte Hinauswachsen über den Alltag; einerseits Ausblicke und Zukunftspläne, anderseits selbsterzieherischer Drang, eines wertgeachteten Partners sich würdig erweisen zu wollen. Interesse, in einem Zögling anzuregen, was seinen besten Antrieben zufolge aus ihm werden kann.

6. Arbeit

Der Körper als Arbeitmaschine, deren Störungen und Ausbesserungen (Ernährungsreform, Kuren usw.), Stoff- und Energiewechsel; gesundes Ineinandergreifen der Funktionen bzw. Erhaltung der Leistungsfähigkeit, oder aber Beeinträchtigung, organische Erkrankungen und ihre Behandlung. Körperpflege, Gymnastik, sportliche Tüchtig- und Tauglichmachung, Übung des Körpers in instrumentaler Hinsicht, Erwerben von Handfertigkeiten oder sonstige Leistungs-Spezialisierung.

Methode und funktionelle Durchführung der Arbeit überhaupt, sei es in Anwendung körperlicher, sei es in Auswertung geistiger Energien. Verwendung von Hilfsmitteln und dienstbaren Kräften, ihre technische und werkgerechte Beherrschung bzw. das Versagen darin. In diesem Sinne also die Eignung im Arbeitsverhältnis, Behandelnkönnen von Angestellten und Untergebenen bzw. Hervorrufen von Reibereien, Nichteinschaltung, oder aber eigene Dienstbarkeit; ferner Beziehung zu Werkzeug, Gerät, Arbeitsgegenstand. Ordnung der Dinge nach ihrer Funktion und Gebrauchsfähigkeit für beabsichtigte Zwecke, Einteilung der Arbeitsgänge, Materialpflege.

Haushaltsführung, Verhältnis zu Wirtschaftsgegenständen und Bekleidung, hygienischen Einrichtungen und nützlichen Dingen des Lebenskomforts überhaupt, zur «apparatmäßigen» Durchführung des Eigenlebens im ganzen. Verrechnung des Aufwands im Rahmen der zur Verfügung stehenden Mittel, oder aber Schulden- und Kreditwirtschaft. Dienstboten und Hilfspersonal, Haus- und Arbeitstiere.

7. Zusammenleben

Die Auseinandersetzung mit dem Anderssein und den Ansprüchen der Mitwelt, Durchsetzung gegen sie, aber auch interessemäßiges Verknüpftsein mit ihr, Bedürfnis nach Anregung und geselligen Umgang. Wechselfälle des Gegeneinander- oder Gleichstrebens in jeder Form von Vereinigung und Teilhaberschaft; sich auslesende Interessenverbindungen und ihre parlamentarische Plattform, Bündnisse, zusammenwirkende Gruppen, ihr die Privatinteressen überwachsendes Sonderleben; führende Posten in solchen Vereinigungen, erlangtes Übergewicht oder Zukurzkommen in Geschäftsteilhaberschaft. Bildung von Verträgen, deren Bestand oder Bruch, Streitfälle und ihre Bereinigung, offene Gegenerschaft und ihr Austrag, Prozeßführung.

Lebenskameradschaft zu zweien, Ehe. Das Strittigwerden der Ichtriebe an Recht und Person des Du. Die jeweils zwischen Behauptung und Gegenbehauptung ermittelte Brücke und Übereinkunft, Zugkraft überbauender Gemeinsamkeit, Harmonie der Lebensführung, gefundenes Echo oder aber entdeckte Mängel der Resonanz, Unverträglichkeiten. Eigene Schwächen und wunde Punkte, auf die der Partner hinweist, Möglichkeiten ihrer Korrektur aus dem Zusammenleben heraus, Mißverständnisse, innere und äußere Störungen des Verhältnisses, Trennung.

Situationsangepaßtheit in wechselnden Lagen der Umwelt – auch rednerische Bezauberung einer Hörerschaft – oder aber ihr Aussetzen, das «Stolpern über die Tücke des Objekts», Unverständnis für Beschaffenheit des anderen oder Antriebe gemeinschaftlichen Lebens, Unzugänglichkeiten, Abgrenzung. Demgegenüber wieder Offensein für geistigen Zustrom aus Gespräch und Mitteilung, kommunikatives Verständnis, Angesprochenwerden durch das «an sich» der Dinge, objektiviertes Streben.

8. Lebenshintergrund

Bedingungen und Grenzen des Verbrauchs vitaler Energie, naturbemessene Zeitdauer eines Lebens. Umstände der physischen Abnutzung, des Ermüdens und Alterns, des Todes; anderseits in den Erbreserven vorhandene Elastizität, Regenerations- und Widerstandskraft. Aufbau einer Leistungsform durch Ansaugen und Umsatz fremder Energie aus der engeren Umgebung, sowie Getragensein durch soziale Umweltsatmospäre; aber auch darin enthaltene Gefahren, körperlich und seelisch, Spannungen aufgewühlter Rudimentärtriebe, Schauder erregende Eindrücke, psychische Ansteckung in diesem Sinne.

Hineingestelltsein der Persönlichkeit in die konkreten Bedingnisse und Widersprüche der Gemeinschaft, besonders eng bezogen auf Krisen, Geldentwertung, Katastrophentendenzen, Kriege und Unruhen, anderseits auf Konjunktur und Wohlstand. Gewinne oder Verluste dadurch, außernormale Bereicherung oder Enteignung. Mitarbeit an Aufgaben zu Gunsten des Gemeinwohls und Gemeinbesitzes; Sozial- und Steuerämter, verwaltungs- und vermögensmäßige sowie vertragliche Grundlagen von Geschäftszusammenlegungen, Trusts, Körperschaften und Parteien aller Art, sowie Tätigkeitsbereich der Sicherheitsorgane. Fähigkeit der Einpassung in den internen Ton von Ämtern, Instituten, Büros usw. Aufbauarbeit für fremde Rechnung, Verwaltung und Revision gemeinsamen Besitzes. Anderseits Zersetzungsarbeit an der sozialen Sicherheit, entweder hinzielend auf neue politische Formen oder aus asozialen Motiven. Extreme des freiwilligen Opfers an Gut und Blut, wie anderseits der Bereicherung am Volksvermögen (Kriegs- und Inflationsgewinne), der Beraubung anderer, sowie Sabotage gesetzlicher Forderungen (Steuerhinterziehung). Auch rechtlicher Zuwachs an Besitz über persönlich Erworbenes hinaus (Stiftungen, Legate, Unterstützungen, Mitgift, Erbschaften).

Die in der letzten Einsamkeit des Sterbens Trost und Halt bietenden Gewißheiten: Befriedigung über sinnerfülltes Leben oder Vorstellung von Existenzformen jenseits der Schwelle, die aus diesem Leben herausführt. Befassung mit den Rätseln, die uns Vergänglichkeit des Irdischen, leiblicher Zerfall und Tod bei Bewußtsein von geistig Dauerndem aufgibt. Interesse für Grenzfragen überhaupt, metaphysische Anschauungen und Erlebnis von Hintergründigem, das in lebendige Gegenwart hereinragt.

9. Leitziele

Formen der menschlichen Gesamtentwicklung, darauf Abzielendes. In diesem Sinne Teilnahme an Glaubensbewegungen, Aufgaben der Forschung, Missions- und Entdeckungsreisen, politischen Umgestaltungsversuchen und -kämpfen, am Kulturfortschritt, auch an wirtschaftlichen und technischen Entwicklungen großen Stils, Welthandel und Weltverkehr. Vorstoß in den Blickraum des Überpersönlichen und Internationalen von bestimmten Dingen aus, zu denen ein persönlicher Kontakt besteht; geographische oder geschichtliche, rechtliche oder theologische Interessen, Folklorismus und Mythenkunde. Die «Auslese der Unsterblichen» in der Weltliteratur, die Lehrer und Führer der Menschheit, ihr persönliches Vorbild und dessen Nachfolge. Bewegungen aktuellen Charakters, die in irgendeinem Punkte das «Heute» aus einem «Morgen» in seinen optimalen Möglichkeiten ansteuern. Organisation völkerüberbrückender, gemeinnütziger Einrichtungen; entsprechende Ziele, Lehrtätigkeit an Hochschulen, Gelehrten- und Studentenaustausch, öffentliche Bildungsstätten in diesem Sinne.

Expansion über das angestammte Milieu hinaus, Überschreiten des normalen Daseins und gewohnter Grenzen. Auswanderung als Projektion dieses Strebens und schroffer Bruch mit der Herkunft, weite Reisen im Sinne empirischen Welt-Anschauens, Verarbeitung befruchtender Eindrücke der Fremde oder mehr äußerliches Kennenlernen der Welt, Exotismus, Globetrotter, geschäftliche Auslandsbeziehungen.

Der weltanschauliche Blickpunkt, seine wissenschaftliche oder religiöse Durchbildung. Sicht auf große Linie, Wertungen vom Hoch und Tief menschlicher Qualitäten aus, des Edlen, Erhabenen, Heldenhaften, Gigantischen einerseits, des abgründig Verworfenen anderseits. Philosophie unter dem Aspekt der Erziehung des Menschengeschlechts, Befassung mit «letzten Dingen», aufgestellte Idealtypen und Begriffswandel in der Deutung des Ewigen. In einzelnen Fällen prophetische Intuitionen und Wahrträume.

10. Öffentlichkeit

Realitätsbewältigung vor den Augen der Allgemeinheit, Prägung und Durchfeilung einer sozialgültigen Form des Auftretens, dem Stande, der Klasse, dem geschichtlichen Zeitpunkt angemessen. Selbstbeweis unter geltenden Normen, Anschauungen und Gebräuchen, sowie Durchsetzung gegen den Druck der allgemeinsten, zwingendsten Tatsachen. Hervortreten aus der Anonymität und Emporgetragensein von der öffentlichen Meinung, Erwerben von Anerkennung, Name, Amt und Würde, Machteinfluß und Ruhm. Der zum Forum geistiger Auseinandersetzungen, in staatliche Stellung oder wirtschaftliche Schlüsselposition drängende Ehrgeiz, autoritatives Wirken, Pflichten des öffentlichen Auftrags, Repräsentationsstellung. Voraussetzungen des Standorts innerhalb der gesellschaftlichen Struktur, die mit ihm verknüpften Ehrbegriffe und Kriterien der Leistung. Aufstieg, aber auch seine Gefährdung bzw. Bedingungen des Sturzes aus bereits erreichter Höhe. In Bemeisterung äußerer Formen der «Mann von Welt», in Konzentration des politischen Willens der «epochemachende Staatsmann».

Berufliches Streben, bei fehlendem Dienst an der Sache «Strebertum». Führung des Existenzkampfes im Maßstab sozialer Breite gesehen, begünstigende oder beeinträchtigende Umstände, spezielle Eignungen und Materialbeziehungen; «Selfmademan» oder Hinaufdienen auf vorhandener Stufenleiter, eigenmächtige Methoden oder Unterordnung unter das Übliche, unternehmerischer Schwung oder passive Anlehnung an geschätzte Autoritäten.

Eingriffe der Zeitgeschichte in die äußere Laufbahn, deren Einbezogensein in soziale Umschichtungen, politische Veränderungen, auch kriegerische Verwicklungen oder Aufbau- und Blüteperiode, je nach Epoche und sozialem Standort; dadurch Bestimmtwerden des Welt-Standpunktes, der geschichtlichen Plattform des Politikers, der wirtschaftlichen des Geschäftsmannes, beim Geistigen das erfahrungsmäßige Unterbautsein der Sicht auf zeitgenössische Angelegenheiten, beim Künstler das Allgemeinverpflichtete.

11. Zeitgeist

Bedingungen und Gelegenheiten zeitgenössischen Erfolgs, der Fähigkeit, den allgemeinen Bedürfnissen und Erwartungen der Zeit gegenüber «richtig zu liegen». Gestützt- und Getragensein durch Gewerbe- oder Standesinteressen, ideologische Gemeinsamkeiten, gesellschaftliches Zeremoniell und Auswertung von Beziehungen, im Rahmen der Erhaltungs-Grundsätze einer breiten sozialen Schicht oder im Zukunftsanspruch eines engeren Kreises. Die hiermit gegebenen Aussichten, gefundenen Gönner, Ratgeber und Fürsprecher; Protektion und Produktionsförderung durch sie, oder aber Mißleitung durch den Umgang sowie verfehlte Anstrengungen, vorwärtsbringende Bekanntschaften zu machen, zweifelhafte Chancen. Zuweilen exzentrische Wirkungsbasis, deren Tragkraft davon abhängt, ob sie bestimmten Zeitforderungen entspricht und das Beabsichtigte im Kolorit der Gegenwart einen Wert bedeutet.

«Mensch unter Menschen sein» im Freundeskreise, auswählende Strömungen der Sympathie und Antipathie, Zusammenschluß von Gesinnungsgenossen. Der Freund als Repräsentant des Bildes vom Menschen überhaupt, geistige Intimität und Aussprache mit ihm, seine Rolle als Prüfstein des eigenen Werts in einem von egoistischen Interessen freien Bund, oder aber «Zweckbeziehungen», «Vetterwirtschaft», Cliquenfreunde».

Der Geist der Epoche in all seinen Spiegelungen, Gleichgeschaltetsein mit anderen in gewissen Ideen der Zeit, ihren Problemen und technischen Aufgaben. Die im Querschnitt durch einen gesellschaftlichen Zustand zutage tretenden Zellen und Organisationsformen, der sie bestimmende Korpsgeist sowie die ideologischen Verbindungskanäle zwischen ihnen. Orientiertsein in diesem Gesichtsfelde, darauf basierte Ausrichtung der Interessen; ferner philantropische Bestrebungen, Ausübung eines Mäzenats, Förderung aufkeimender Talente. Allgemein: soziale Gegenwart in der wechselseitigen Durchdringung von geschichtlich Nachwirkendem und Vorausgreifendem.

12. Anonymität

Abrücken von den offiziellen Brennpunkten gesellschaftlichen Lebens, Wirken im und aus dem Verborgenen. Der namenlose Helfer in Notlagen, der unbekannte Soldat der Zeitgeschichte, der Weltabgeschiedene in klösterlicher Ruhe, auch die heimlichen Könige in Wirtschaft und Politik. Alles was von den herrschenden Mächten verboten oder an den Rand geschoben, vom geltenden Meinungsdurchschnitt mißachtet, in seiner wahren Natur nicht erkannt und gewürdigt wird, in den gegebenen Verhältnissen nicht entwickelt werden, der üblichen Mittel sich nicht bedienen kann oder aus anderen Gründen verdeckte Wege geht. Geheimdienst, illegale Verbände und ihre konspirativen

Methoden, Schüsse aus dem Hinterhalt, politische Hintertreppengeheimnisse, Denunzianten, Mißbrauch des Namens, der Firma, gefälschte Dokumente und verschollenes Gut; die unbestimmten Faktoren im Massengeschehen, Legenden, Gerüchte und Panikstimmungen, der Einzelne als Exponent der Masse. Aber auch humanitäres Wirken in der Stille, Rettung Schiffbrüchiger, Heilung und Wiedergutmachung der Schäden sozialer Härten, der Massenkatastrophen, private und religiöse Organisationen, die sich dieser Aufgabe widmen.

Im staatlichen Rahmen das Abseits- und Ausgeschaltetsein der als asozial, gefährlich oder gefährdet Geltenden, sowie die Unterbringung von Hilfsbedürftigen. Gefängnisse, Zuchthäuser und Korrektionsanstalten, Konzentrationslager, Strafkompagnien; ferner Irrenhäuser, Heil- und Pflegeanstalten, Krüppelheime, Krankenhäuser; schließlich Auffang von Flüchtlingen. Das Heer der an solchen Orten Festgesetzten, anderseits die mit Behandlung und Wartung bzw. Strafvollzug Beauftragten. Politische Verfemung und Verbannung, Gefangenschaft und Verschollensein im Kriege. Untertauchen Verfolgter, Heraustreten aus bürgerlichen Bindungen, Vagabundieren. Anderseits die unpersönliche Atmosphäre einer Internatserziehung, Zucht einer Ordensregel, die auf Umgestaltung abzielenden Normen einer Parteischule usw.

Innerlich betrachtet Orte der Prüfung, der möglichen Umkehr und Läuterung, des Durchgangs zu noch unbekannten Zielen. Physiologisch die Auswirkung verborgener Schäden, infektiöse oder epidemische Krankheiten. Allgemein: die anonymen Mächte der Zeitlage, ihr undurchsichtiger Kurs; Opferung des einzelnen im Gefolge von Umschichtungen, untergründige Vorbereitung kommender Dinge, allgemeine Wenden und Wandlungen der Menschlichkeit; dementsprechende utopische Vorstellungen oder aber seherisches Aufgreifen neuer Entwicklungsziele.

NACHLESE

Sparsamkeit der Mittel ist ein erzieherisches Prinzip beim Erlernen jeder Kunst. Indem die Übung sich auf die Hauptelemente beschränkt, lernt man ihre Möglichkeiten ausschöpfen und bekommt sukzessive eines nach dem anderen in die Hand. Die strenge Schulung unterscheidet den Künstler vom Dilettanten, der wahllos mit einer Fülle von Mitteln umgeht und, weil ihm die Selbstüberwachung des Gebrauchs fehlt, ständig ihre Aussagekraft durcheinanderwirft. Am Anfang der Befassung mit der astrologischen Diagnostik lautet die Frage nicht: was kommt noch alles in Betracht, was könnte und müßte noch eingesetzt werden? Es gilt vielmehr, die Stammbegriffe zu studieren und anwenden zu lernen. Sie sind der Inhalt dieser beiden Bände: wesensaufbauende Kräfte (Planetensymbole), die Art und Weise ihres Ausdrucks (Tierkreiszeichen), ihre gegenständliche Gerichtetheit (Häuser bzw. Felder) und ihre Beziehungen in der Lebensdynamik (Aspekte). Bewußtsein der Aussagegrenzen gehört bei alledem dazu. In der Zueinander-Ordnung dieser Elemente liegt der Sinn der astrologischen Menschenkunde, deren Grundzüge darzulegen mein Bemühen war.

Vermehrung der Mittel birgt immer die Gefahr, sich im Zusätzlichen zu verlieren. Indes steckt die Auswertung konstellativer Verhältnisse noch voller offener Fragen. Soweit deutungstechnische Erweiterungen bereits in der Literatur aufgetaucht sind, ist eine wenigstens knappe Beantwortung nötig; es gibt teils Neuerungen jungen Datums, teils aus früheren Jahrhunderten mitgeschleppte Einreihungen und Gesichtspunkte, zu denen Stellung genommen sei. Im Wesen der Deutung als Kunst liegt, daß jede Epoche den mit ihren Gesamtanschauungen übereinstimmenden Deutungsstil finden muß, und die antike statische Auffassung, deren Begriffe noch umlaufen, behindert zuweilen die Ausbildung einer zeitgemäßen diagnostischen Methode.

In letztgenannter Hinsicht verwerfe ich den ganzen Apparat von *«Würden»* (Erhöhung, Grenze oder Termin) und *«Schwächen»* (Vernichtung, Fall oder Casus), womit der Stellung eines Planeten in einem bestimmten Zeichen bzw. in bestimmten Graden diese oder jene Qualitäten zugeschrieben werden. Wer das Verhältnis zwischen Wesenskräften und Stilformen durchdenkt, findet, was daran plausibel ist, in «Entsprechung» und «Widerspruch» als den Beziehungsextremen enthalten. Desgleichen erübrigt sich die mit *«Tag- und Nachthäusern der Planeten»* gemachte Unterscheidung, nur ein anderer aber verwirrender Ausdruck für + und — der beiden einem Planeten zugeordneten Zeichen. Der Unterschied der solaren und saturnalen Gruppe, auf den sich meine Unterscheidung von «unmittelbar» und «mittelbar» bezieht, kommt darin nicht zur Geltung.

Nicht unbegründet dagegen sind *Tierkreis-Unterteilungen*, wenn man sich darüber klar ist, daß dies nur eine Durchvariation der Stilformen betreffen kann. Der Abschnitt von 30^0 wird dabei als Teileinheit genommen, worin sich die Symmetrie des Kreisganzen bzw. seiner Aufbauzahlen widerspiegelt. Am wichtigsten ist die Dreiheit, wodurch drei Unterabschnitte von je 10^0 (Dekanate) abgeteilt werden, die das Verhältnis kardinal-fix-labil wiederholen. Was daraus oder aus willkürlichen Planeten-Zuordnungen an «Dekanats»- oder «Triplizitätsherrschern» abgeleitet wird, betrachte ich als irreführend. In die Beachtung kleiner Abschnitte von $2^1/_2{}^0$ führt die Spiegelung der Zwölfheit in jedem Zeichen, die vor allem für Urteile über den Aszendenten, sogar Abwandlungen des Erscheinungstypus, gewisse Anhaltspunkte gibt. Insgesamt bekommen wir damit ein System feiner Tönungen, allerdings erst bei genauer Bekanntschaft mit den Stilformen anwendbar.

Zufolge dem obersten Grundsatz der Deutung «keine Einzelaussage ohne Blick auf das Ganze» bedarf es methodischer Untersuchungen dieses Ganzen, der «inneren Gestalt» des Menschen. Sinngemäß sind sie Bestandteil einer noch zu bringenden Formen- und Kombinationslehre; sie tragen keine neuen Mittel hinein, sondern werten die schon in der Elementarlehre enthaltenen Ansätze aus. Das mit der Planetenkonstellation eines Augenblicks – bezogen auf einen bestimmten Ort – gegebene individuelle Thema wird darin einer Betrachtung seiner Proportionen unterzogen.

In einer solchen Formen- und Kombinationslehre wird zu den Figurinen- bzw. Gestalttheorien von Meier-Parm und W. A. Koch Stellung zu nehmen sein.

Betrachtung von Proportionen enthält im Keim, was sich in der Literatur oft als selbständiges Mittel gebärdet und dann als rechnerische Spielerei erscheint, die Einbeziehung von *Hilfspunkten.* Gemeint sind solche Punkte der Ekliptik, die nicht als Raumrichtung eines Gestirns eine astronomische Realität angeben, sondern was sie aussagen, aus dem beziehen, woraus ihre Proportion genommen ist. Wer kausalistisch denkt, wird darin fiktive Elemente, leere Konstruktionen sehen, da es sich um nichts «Bewirkendes» handelt. Wer hingegen an proportionale Bestandglieder eines Gestalt-Ganzen denkt, betrachtet sie als deutbare Verhältnispunkte, eine Auffassung, der ich prinzipiell zustimme. – Diese Punkte leuchten in Verhältnisse zwischen sämtlichen Planeten hinein, auch solchen, die nicht im Aspekt verbunden sind; in der Deutung ist allerdings darauf Rücksicht zu nehmen, ob ein Aspekt vorliegt und welcher, sowie überhaupt, wie der interstrukturelle Zustand der in Beziehung gesetzten Wesenskräfte ist. Daher Vorsicht beim Gebrauch verallgemeinernder Regelbücher! – Die Hilfspunkte gehen unter verschiedenen Namen. Bei den sog. *Sensitivpunkten der Ekliptik* wird die Strecke zwischen zwei Planeten vom Aszendenten aus in Kreisrichtung abgetragen, das zu rechnende Verhältnis kehrt sich um mit Tag- oder Nachtgeburt (☉ über oder unter dem Horizont). Z. B. hat der seit altersher gebräuchliche «Glückspunkt» (⊕) im ersten Falle die Proportion ☉ : ☽, im zweiten Falle ☽ : ☉. Vom Aszendenten unabhängig sind die sog. *Teilungspunkte oder Halbdistanzen,* sie betreffen die halbierte Kreisstrecke zwischen zwei Planeten. Eine dritte Gruppe, bei der sich die Lage nur eines Planeten an einer Hauptachse spiegelt, stellen die *Antiscien* oder «Gegenschattungen» dar. Bei ihnen gilt die Linie zwischen den tropischen, den Wendepunkten (0° ♋ 0° ♑) als Scheidelinie, und es wird für jedes Gestirn derjenige ekliptische Punkt aufgesucht, der den gleichen Abstand nach der Gegenrichtung hat. Weniger gebräuchlich sind ebensolche Spiegelpunkte zur Linie der Aequinoktien (0° ♈ und 0° ♎). Diese Unzahl von Punkten rückt die Gefahr der Überwucherung mit Detail nahe, sie dürfen niemals verselbständigt betrachtet werden, ihre Aussagekraft ist Sache der richtigen Kombination.

Bezüglich der Planeten und anderen astronomischen Komponenten kommt einiges in Betracht, was ihre Rolle innerhalb der Konstellation weiter beleuchtet.

Haben zwei Planeten gleiche *Deklination* (Orbis bis zu 1°), so stehen sie in einem *«Parallelaspekt»* (//) genannten Verhältnis. Dieser Aspekt kommt nach Qualität, aber nicht Quantität einer ☌ gleich und besagt, daß das sonstige Bezogensein der betreffenden Planeten eine Verstärkung erfährt. Analoge Parallelen der *Breite* (wenige Bogenminuten Orbis) sind von noch geringerer Bedeutung. – Manche rechnen sog. *Mundanaspekte*, bei denen nicht Ekliptikgrade, sondern proportional einander entsprechende Abschnitte der Häuser in Vergleich gesetzt werden (bei ☌ und ☍ dasselbe, doch z. B. ein □ auf der Ekliptik kann in entsprechende Abschnitte von Häusern fallen, die untereinander ein △ bilden). Als Modifikation bei eindeutigen Fällen in Betracht zu ziehen, hängt diese Beurteilungsweise noch am Problem der richtigen Zwischenfelder. – Die *Rückläufigkeit* eines Planeten (für den geozentrischen Blick), vulgär meist schematisch als «Verschlechterung» gewertet, bedeutet analog der Gegensinnigkeit zur allgeminen Umlaufsrichtung etwas, was z. B. bei ☿ originalitätsbetontes Denken steigern, bei ♀ Kontaktempfindungen mindern kann usw., will also nach dem aus Planet und Zeichen Kombinierten beurteilt sein. Zwischen Recht- und Rückläufigkeit liegt die mit *Stillstand* bezeichnete Wende: relative Aufhebung der Bewegungsnatur, stationäre Kraftentfaltung. In die Beurteilung eines Aspekts spielt die Rückläufigkeit hinein hinsichtlich *Applikation und Separation*, ansonsten nur auf das Verhältnis zwischen Planeten nach ihrer Umlaufsgeschwindigkeit anwendbar; ein langsamer Planet wird normalerweise von einem schnelleren «eingeholt», ein Planet, der eine exakte ☍ zu einem anderen schon überschritten hat, doch rückläufig ist, «läuft in die Opposition hinein». Dies gilt dann als Verstärkung, hingegen Separation als Abschwächung des Aspekts, ohne dessen Qualität zu ändern. (Nicht zu verwechseln mit dem Verhältnis von Impulsion und Repulsion in meiner Aspekttheorie). – Ein erst in jüngster Zeit mehr beachteter Umstand (gelegentlich schon von Kepler in Betracht gezogen) ist die *Erdnähe der Planeten* (Tafeln von Schreiweis, Ebertin-Verlag), noch Gegenstand der Untersuchung. – Bei großer *Breitenabweichung eines Planeten* und Stellung am Aszendenten trifft sein wahrer Aufgang nicht mit dessen Ekliptikgrad zusammen, bei exakt bekanntem

Aszendenten bedarf es zur Genauigkeit (ob der Planet über oder unter dem Horizont) einer besonderen Berechnung. Die *Auf- und Untergänge der Planeten* insgesamt zieht Dr. Michel in einem eigenen Deutungsverfahren heran, woraus sich neue Gesichtspunkte ergeben, ebenso deren *heliozentrische Konstellation.* Eine ergänzende Bedeutung der letzteren kann ich bestätigen. – Gleiche Breite von ☉ und ☽ bei geozentrischer ☌ und ☍ ergibt bekanntlich die *Finsternisse,* im Geburtsbild als Verstärkung des Aspekts mit «Überschattung» eines von beiden zu werten.

Aus verschiedenen Gründen kann eine *Unabgeschlossenheit der Planetenreihe,* die Möglichkeit der Entdeckung weiterer mit bloßem Auge nicht sichtbarer Planeten vermutet werden. Dies hat manche zur Einführung *hypothetischer Planeten* in die Deutung veranlaßt, was ein Experimentiergriff, doch vom Standpunkt gewissenhafter Aussage völlig undiskutabel ist. Nach den an ♅, ♆, ⊖ gemachten Erfahrungen kann es sich kaum um Elemente handeln, die für den normalen Aufbau des Wesensgefüges gelten. – Anders liegt die Frage der *Planetoiden* (über die ich mich in «Das Sonnensystem – ein Organismus» äußerte); Untersuchungen über *Vesta* sind im Gange (Meier-Parm). – Ergänzend wurden besonders von der arabischen und mittelalterlichen Astrologie die *Fixsterne* einbezogen. Alle Angaben darüber sind mit großer Vorsicht aufzunehmen, teils wegen hineingelegter bedingter Wertungen, teils weil diese Faktoren außerhalb unseres – als Einheit betrachteten – Systems sich überhaupt einer Deutung mit denselben Maßstäben entziehen; die Untersuchbarkeit beschränkt sich auf gradgenaue Konjunktionen (Planeten, Asz. und MC).

Last not least: der *Mondknoten.* Die etwas schräg zur Ekliptik liegende Bahn des Mondes schneidet diese in zwei Punkten, einem der Erhebung (☊, aufsteigender Mondknoten, «Drachenkopf») und einem der Senkung (☋, absteigender Mondknoten, «Drachenschwanz»), beide stehen sich in der Ekliptik gegenüber. In der alten Gut- und Böse-Wertung wurde diese Knotenlinie als «Wunschachse» gedeutet, mit guten Versprechungen dort und bösen Erfüllungen hier. Zu einem brauchbaren Gesichtspunkt kommen wir durch Analogie, indem wir das Verhältnis der Mondbahn zur Ekliptik als Gegenbild auffassen des Verhältnisses dieser, der (scheinbaren) Sonnenbahn, zur Ebene der Erdrotation (Äquator); danach entspricht also ☊ dem ♈-Punkt und ☋ dem ♎-Punkt. Wir hätten dann im ersten einen

Punkt der Subjektivation, im zweiten einen der Objektivation dessen, was auf ☽ bezogen werden kann, es betrifft das lebensfunktional-Passive im Gefühls-, Phantasie- und insofern auch Wunschleben gegenüber dem lebensschöpferisch-Aktiven aus ☉. Wenn hierbei Objektivation «böse Erfüllungen» bedeutet, so liegt es an der Einstellung des betreffenden Menschen zur Realität; derselbe Punkt ☋ kann auch objektiv dargelebtes Gefühl, in realen Mitteln gestaltete Phantasie bzw. Verwicklungen im wunschhaften Tendieren danach andeuten, ☊ hingegen den subjektiven Ansatz zu alledem. Geht man einen Schritt weiter, so kommt man zu einem Kreislauf des lebensfunktional-Passiven, in den sich die Symmetrie der Zwölfheit hineinspiegelt. Bis dahin berührt sich meine Auffassung mit derjenigen von M. Froger und M. Vági (abgesehen von des letzteren Felderberechnung); nur beziehe ich die 12 Regionen des «Mondkreises» nicht auf äußere Realitäten, sondern auf urbildhafte Vorbereitung und kompensatorisches Ausklingen dessen, was im lebensschöpferisch-aktiven Kreis geschieht. Nicht zu verwechseln ist dieser «Mondkreis» mit den *Mondstationen*, einer alten Ekliptikteilung in 27 oder 28 Abschnitte, über die wir wenig wissen.

NAMENVERZEICHNIS

SACHVERZEICHNIS

Band 1 u. 2

Heraushebungen im Druck sind Hinweise auf selbständige Abschnitte

Das Horizont-Meridian-System

Der Beobachtungsort bzw. Ort einer Geburt bildet den Bezugspunkt eines feststehenden Systems von Raum-Koordinaten. Die Gerade vom Erdmittelpunkt her gibt in den Raum verlängert den Scheitelpunkt diese Ortes an, den *Zenit,* sowie nach der Gegenseite, in Lotrichtung geführt, den *Nadir.* Diese Achse steht senkrecht auf der *Horizontebene* und damit auch der Kreis Zenit-Nordpol-Nadir-Südpol, der *Meridian,* der den Horizont in zwei Punkten schneidet; der Punkt näher dem Nordpol heißt *Nordpunkt,* der gegenüberliegende *Südpunkt.* Im rechten Winkel zur Horizont- und Meridianebene steht die Ebene des *ersten Vertikals.* Ihr Großkreis führt durch Zenit und Nadir des Meridians sowie Ost- und Westpunkt des Horizonts. Die Schnittpunkte des letzteren durch Meridian und ersten Vertikalkreis markieren also die vier Himmelsrichtungen. – In dieses ruhende Koordinatensystem beziehen wir nun die beiden Ebenen der Bewegung ein, *Äquator* und *Ekliptik.* Untereinander im Winkel von rund 23½ Grad, erheben sie sich – von einem Ort auf der nördlichen Halbkugel gesehen – nach Süden zu über die Horizontebene, sinken sie nach Norden unter diese (auf der südlichen Halbkugel umgekehrt). Der Äquator ist die *Rotationsebene der Erde,* ihm parallel geht die Scheinbewegung der Fixsterne. Die Ekliptik scheint für unseren Blick in einer Bewegung begriffen zu sein, die täglich einmal jeden Punkt auf ihr über den Osthorizont heraufbringt, zum oberen Meridian führt, wo er «kulminiert» und wieder am Westhorizont hinab verschwinden läßt. Der Schnittpunkt der Ekliptik mit dem Osthorizont heißt *Aszendent* oder aufsteigender Punkt, derjenige mit dem oberen Meridian heißt *Medium Coeli* oder Himmelsmitte (abgekürzt MC), der Schnittpunkt mit dem Westhorizont heißt *Deszendent* oder absteigender Punkt und derjenige mit dem unteren Meridian heißt *Imum Coeli* oder Himmelstiefe (abgekürzt IC). Dies sind die vier natürlichen Teilungspunkte, welche vier Hauptabschnitte (sog. Quadranten) unserer ortsbezogenen Ekliptik-Ausmessung angeben, in das Meßbild eingetragen heißen sie die «Eckpunkte». Die vom Frühlingspunkt («Widderpunkt») an in Grade geteilte Ekliptik gleitet durch unser ruhend gedachtes Koordinatensystem hindurch; wird diese Bewegung in einem bestimmten Augenblick gleichsam angehalten, so lassen sich die Eckpunkte in Gradzahlen von 0 bis 360 ausdrücken, bzw. als so und so viel Grade in diesem oder jenem «Zeichen». Die bezifferten sphärischen Zweiecke der Figur geben die später erläuterten zwölf Felder an.

Über die naturgegebene Festlegung der vier Eckpunkte hinaus wird es problematisch, eine Drittelung der ekliptischen Abschnitte zwischen Eckpunkt und Eckpunkt vorzunehmen. Das Problem lautet, was dabei zu unterteilen sei. Es entstanden in geschichtlicher Folge drei Auffassungen. Horizont und Meridian treffen in Nord- und Südpunkt zusammen und schneiden den ersten Vertikal im rechten Winkel. Diese Schnittpunkte beibehaltend, teilte *Campanus* (um 1260, † um 1297) den *Vertikalkreis* in zwölf gleiche Teile und übertrug diese durch sog. *Positionskreise* (Großkreise, welche durch die Teilungspunkte auf dem ersten Vertikal sowie durch Nord- und Südpunkt des Horizonts gehen) auf die Ekliptik, wo sie die «Häusergrenzen» (auch «Spitzen») ergaben. So entstand eine Konstruktion sphärischer Zweiecke von der Art einer geschälten Orange, deren Kelchrest und Stielansatz dem Nord- und Südpunkt entsprechen, mit zwölf gleich großen Keilstücken. Man kann sich dabei den Horizont um die Achse Nordpunkt-Südpunkt gedreht denken und die Drehung in gleichmäßigen Abständen innehalten lassen, woraus fünf weitere Quasi-Horizonte hervorgehen; diese sechs Ebenen schneiden auf der Ekliptik sechs «obere» und sechs «untere» Häuser bzw. Felder aus, dort können sie verschieden groß sein. Eine solche Drehung entspricht jedoch keiner wirklichen Bewegung und der erste Vertikal ist eine mathematische Abstraktion. Die wirkliche Drehebene ist der Äquator. Hier setzte die Konstruktion des *Regiomontanus* an (Johannes Müller aus Königsberg in Franken, 1436–1476). Indem er die durch Horizont und Meridian ausgeschnittenen *Äquator-Quadranten* drittelte, entstanden zwölf Abschnitte von je 30 Äquatorgraden; die erhaltenen Teilungspunkte übertrug Regiomontanus über ebenso durch Nord- und Südpunkt gelegte Großkreise auf die Ekliptik. Er erhielt ein ähnliches Bild wie Campanus, mit etwas anderen Graden der Zwischenfelder. Bleiben diese beiden Auffassungen in einer geschlossenen Raumvorstellung, so bezweckte die von *Placidus de Titis* (Hauptwerk 1650, † 1688) stammende, räumlich schwieriger vorstellbar zu

Das Horizont-Meridian-System
(Abbildung: Konstruktion von Regiomontanus)

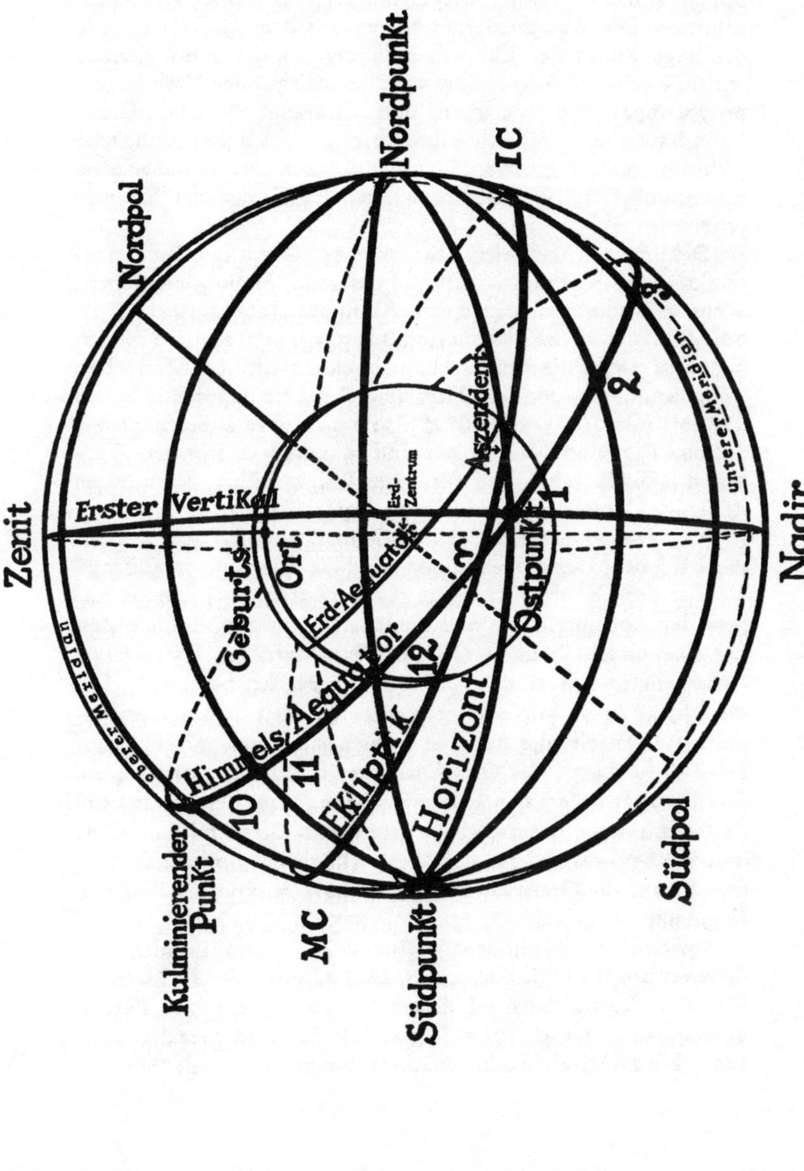

machende Rechnungsart eine *Proportionierung der Raumteile der täglichen Bewegung*. Die vier Eckpunkte bleiben bestehen und darin liegt ein Bezug zu den Äquator-Quadranten. Doch bilden sich in diesem Zeit-Teilungssystem keine «Orangenschnitte». Die Zwischenfelder folgen aus dem Grundsatz, daß derjenige Punkt der Ekliptik gefunden werden muß, der auf seinem *eigenen Bewegungbogen* (halbem Tag- oder Nachtbogen) proportional von Meridian und Horizont absteht. Dieser Grundsatz sucht der schraubenförmigen Scheinbewegung der Ekliptik gerecht zu werden. Als die zur Bestimmung eines Raumpunktes nötige Deklination wird diejenige der Ekliptik genommen.

(Deklination heißt der Abstand eines Gestirns oder Raumpunktes vom Äquator, nördlich mit +, südlich mit – bezeichnet. Wenn z. B. die Sonne in einem Äquinoktialpunkt steht (0° ♈ oder 0° ♎), d. h. die Deklination 0 hat, so sind Tag- und Nachtbogen je 180°, die Sonne befindet sich zwölf Stunden über, zwölf Stunden unter dem Horizont. Steht sie dagegen in einem der Solstitien (0° ♋ oder 0° ♑), so hat sie ihre äußerste Deklination, Tag- und Nachtbogen sind maximal verschieden. Tagbogen heißt in jedem Fall derjenige Teil, der über, Nachtbogen derjenige, der unter dem Horizont liegt).

Die Berechnung ist durch die «Häusertabellen» sehr vereinfacht worden. Den Ephemeriden wird die Sternzeit des Mittags, welcher der Geburt vorausging (bzw. Mitternacht, je nach Anlage der Ephemeriden), entnommen, und zwar gilt diese Zeit für *Greenwich*. Sodann ist die *Ortsgeburtszeit* festzustellen (Abweichung von Normal- und Sommerzeiten beachten!). Die seit Mittag (bzw. Mitternacht) verflossene Zeit ist nun, verwandelt in Sternzeit, der aus den Ephemeriden genommenen, auf die östliche Länge des Orts korrigierten Sternzeit zuzuzählen. Das Resultat drückt den *kulminierenden Punkt* des Äquators in Zeit aus, unter diesem und der Breite des Orts sind die Grade und Zeichen aus der Häusertabelle abzulesen. Schließlich werden die auf die Greenwichzeit der Geburt berechneten Planeten eingesetzt.

Abweichende Methoden. – Ein Versuch, das Problem der höheren Breiten (vgl. Buchtext S. 262) zu lösen, ist die Methode Witte. Sie betrachtet die Häuser als *Zeitabschnitte des Fundamentalkreises der Rotation* (Äquator), der vom Meridian ausgehend in zwölf gleichmäßige Abschnitte zerlegt wird, überträgt diese Abschnitte in *gerader* Aufsteigung auf die Ekliptik und erhält so zwölf annähernd gleich große Ekliptikteile. Diese Methode der «Zweistundenmeridiane» ist bis in die höchsten Breiten anwendbar. Doch ihr künstlicher Aszendent stimmt nur in ganz seltenen Fällen mit dem im Osten aufsteigenden Punkt der Ekliptik überein. Damit entfällt das neben dem MC sicherste Prüfmittel der Richtigkeit. Die Lösung des Breitenproblems ist dadurch erzielt, daß das Rotationssystem des Äquators von der Ekliptik *abgetrennt* und *verselbständigt* wird, während Placidus versuchte, die *Beziehung beider Bewegungskreise* aufeinander, gesehen in dem für den Ort gültigen Koordinatensystem, herzustellen. – Überhaupt nicht an Bewegung denkt die sog. äquale Manier, die den Aszendenten richtig berechnet und von ihm aus eine gleichmäßige *12-Teilung der Ekliptik* vornimmt. Als Gegenstück zur Witte-Methode erhält man eine künstliche Himmelsmitte, die mit dem mathematischen MC nur in seltenen Fällen übereinstimmt. Eine der Versionen (Vehlow) teilt von den so ermittelten Punkten, sie als «Häusermitten» betrachtend, nach rechts und links je 15 Grade ab und erhält damit «Häusergrenzen». Bei diesen äqualen Methoden handelt es sich um geometrische Konstruktionen, errichtet auf der Linie Aszendent-Deszendent; in analoger Weise wie Auf- und Untergang am Horizont, können folgerichtig auch Meridian und Mondknotenlinie (s. «Nachlese») als Achsen eines Symmetriesystems dienen. Läßt man eine symbolische Geltung solcher Systeme und die Möglichkeit von Aussagen daraus offen (analog den gleichfalls auf geometrischer Ekliptikteilung beruhenden sog. «symbolischen Direktionen»), so könnte dies für Ergänzungen herangeholt werden. Verfehlt aber ist das Ausspielen eines Totalitätsanspruchs gegen das Horizont-Meridian-System. – Die Vertreter äqualer Methoden nennen ihr Verfahren gern «antike Manier» und berufen sich auf das kompilatorische, viele Mißverständnisse und Unklarheiten enthaltende Werk von Firmicus Maternus, der sich angeblich auf Ptolemäus stütze. In des letzteren «Tetrabiblos» finden wir eine Tagesstundenrechnung, die an die babylonischen Doppelstunden erinnert. Nach dem Übersetzer E. M. Winkel («Tetrabiblos», Linser Verlag, Berlin-Pankow 1923) sind diese «Aufgangsstunden» des Ptolemäus als natürliche Sonnenstunden zu betrachten, man kann darin gewissermaßen den Vorläufer der placidischen Methode sehen.

Hermann Bauer Verlag · Freiburg im Breisgau

H. Freiherr von Klöckler

KURSUS DER ASTROLOGIE

in drei Bänden.
Durchgesehen, berichtigt und erweitert
von Erich von Beckerath.

Freiherr von Klöckler ist versierter Astrologe und ausgezeichneter Pädagoge, der es versteht, auch schwierige technisch-mathematische Arbeitsvorgänge, Deutungsregeln und Erfahrungswerte so einleuchtend und leicht verständlich darzustellen, unterstützt von zahlreichen Tabellen und Abbildungen, daß jeder imstande ist, sich in die Materie einzuarbeiten.

Band I: *Lehrbuch der astrologischen Technik für Anfänger und Fortgeschrittene*
212 Seiten mit Beispielen und Abbildungen, gebunden.
Dieser erste Band beginnt mit einer ausführlichen, aber dennoch leicht verständlichen Einführung in die astronomischen Grundlagen der Horoskopberechnung.

Band II: *Grundlagen für die astrologische Deutung*
268 Seiten mit 23 Abbildungen, gebunden.
Im zweiten Band sind alle Horoskop-Deutungsmöglichkeiten zusammengefaßt, die als Grundlage für den forschenden und praktizierenden Astrologen gelten können.

Band III: *Solarhoroskop, Transite und aktuelle Konstellationen in ihrer Bedeutung für die astrologische Prognose*
248 Seiten mit 39 Abbildungen, gebunden.
Der Verfasser umreißt die Eigenheiten verschiedener Prognosemethoden, geht ausführlich auf das Solarhoroskop und seine Ausdeutung ein und behandelt ebenso gründlich die Auswirkungen der Übergänge der laufenden Planeten über die wichtigsten Punkte im Geburtshoroskop.

Hermann Bauer Verlag · Freiburg im Breisgau